아도르노 강의록 001

부정변증법 강의

Vorlesung über Negative Dialektik

테오도르 W. 아도르노

이 순 예 옮김

세창출판사

아도르노 강의록 001

부정변증법 강의

초판 1쇄 발행 2012년 7월 31일
초판 3쇄 발행 2022년 12월 5일
—

지은이 Theodor W. Adorno　　**옮긴이** 이순예
펴낸이 이방원
편 집 김명희 · 안효희 · 정조연 · 정우경 · 송원빈 · 박은창
디자인 손경화 · 박혜옥 · 양혜진　　**마케팅** 최성수 · 김 준 · 조성규
—

펴낸곳 세창출판사

신고번호 제1990-000013호

주소 03736 서울시 서대문구 경기대로 58 경기빌딩 602호

전화 02-723-8660　팩스 02-720-4579

이메일 edit@sechangpub.co.kr　홈페이지 www.sechangpub.co.kr

블로그 blog.naver.com/scpc1992　페이스북 fb.me/Sechangofficial　인스타그램 @sechang_official
—

ISBN 978-89-8411-370-1 94160

978-89-8411-369-5 (세트)

값 39,000원

그 밖의 핵심용어들 · 322

1 이 책의 토대는 아도르노가 1주일에 두 번 25회에 걸쳐 진행한 강의이다. 하지만 『부정변증법 강의』에 수록된 '강의록'은 10강까지이다. 11강에서 25강은 녹음테이프가 유실되어 강의를 이끄는 '핵심용어'만 실었다. '강의록' 없이 '핵심용어'만 등장하는 후반부의 결함을 보완하기 위해 독일어판 편집자가 부록으로 수록하면서 11강에서 25강의 핵심용어와 나란히 짝 맞추어 실은 아도르노의 논문 「정신적 체험 이론을 위하여」도 포함된다. 이처럼 불완전한 강의록에 대한 해명은 편집자 주 2, 181(23, 241쪽) 참조.

2 '핵심용어'는 아도르노가 강의를 준비하면서 적어둔 메모이고 '강의록'은 기입된 날짜에 시행된 강의를 녹음한 음원의 텍스트 판본이다. 따라서 '핵심용어'는 '강의록'에 비해 전달력이 매우 떨어진다. 편집의 일관성을 유지하기 위해 '핵심용어'와 '강의록'을 차례로 싣고 당해분의 '편집자 주'를 덧붙였다. 한국어판 편집진은 일반 독자와 아울러 전문 연구자층 독자도 고려하면서 편집에 임하였다. 일반 독자라면 '강의록'을 바로 읽는 독서법을 권한다. '핵심용어'와 '편집자 주'는 전문가 독자들이 참고하면 좋을 것이다.

3 '편집자 주'의 서지정보는 한국어로 옮기지 않고 독일어 원문 그대로 두었다. 정보 활용의 편의성을 위해서이다.

4 독일어판 편자가 편집자 주에서 인용하는 아도르노 텍스트 중 한국어 번역판이 나와 있는 경우 원칙적으로 그 번역을 수용하였다. 원서의 쪽수와 더불어 번역서의 서지정보와 쪽수를 병기하였다. 일례(GS 6, S.21 / 『부정변증법』, 홍승용 옮김, 63-64쪽). 독자들은 인용된 문장의 전후 맥락을 폭넓게 살펴볼 수 있을 것이다. 아울러 기존의 번역을 공유하는 기회를 가짐으로써 한국에서 '번역 공론장'이 활성화되기를 기대한다.

5 원문에서 이탤릭체로 처리된 '강조'는 한국어 고딕체로 처리하였다.

6 역주의 경우 *로 표기하여 각주로 설명하였다.

아도르노의 저술들은 전집(롤프 티데만Rolf Tiedemann이 그레텔 아도르노 Gretel Adorno와 수전 벅-모스Susan Buck-Morss 그리고 클라우스 슐츠Klaus Schulz 의 도움을 받아 편집한 것으로 1970년 프랑크푸르트 암 마인Frankfurt am Main에서 출간되었다)* 그리고 유고들(테오도르 W. 아도르노 자료실 편, 프랑크푸르트 암 마인 1993)에서 인용하였다. 줄임말들은 아래와 같 다.

GS 1 Philosophische Schriften. 3. Aufl., 1996.
철학논문집

GS 2 Kierkegaard. Konstruktion des Ästhetischen. 2. Aufl., 1990.
키르케고르. 미적인 것의 구성

GS 3 Max Horkheimer und Theodor W. Adorno, Dialektik der Aufklärung. Philosophische Fragmente. 2. Aufl., 1996.
계몽의 변증법

GS 4 Minima Moralia. Reflexionen aus dem beschädigten Leben. 2. Aufl., 1996.
미니마 모랄리아

GS 5 Zur Metakritik der Erkenntnistheorie/Drei Studien zu Hegel. 5. [recte: 4.] Aufl., 1996.
인식론 메타비판 / 헤겔 연구 세 편

---

* 이 판은 1977년에 나온 포켓판과 동일한 텍스트이고 쪽수도 똑같다.

존재론과 변증법 강의

NaS IV·10 Probleme der Moralphilosophie(1963). hrsg. von Thomas Schröder. 2. Aufl., 1997.
도덕철학 강의

NaS IV·13 Zur Lehre von der Geschichte und von der Freiheit (1964/65). hrsg. von Rolf Tiedemann. 2000.
역사와 자유에 관한 강의

NaS IV·14 Mataphysik. Begriff und Probleme(1965). hrsg. von Rolf Tiedemann. 1998.
형이상학 강의

NaS IV·15 Einleitung in die Soziologie(1968). hrsg. von Christoph Gödde. 1993.
사회학 강의

프랑크푸르트 암 마인 소재 아도르노 자료실에 보관되어 있는 미발표 자료들의 경우에는 자료실에서 기입한 기호들을 그대로 따랐다. "Ts"는 타자본으로는 완성되었으나 미완성으로 남은 작업들을 지칭한다. 아도르노 강의 녹취록을 텍스트로 변환한 것과 강의에 대한 핵심용어들을 자필로 기록한 것에는 기호 "Vo"를 붙였다.

이 책의 바탕을 이루는 녹취록 변환본은 테오도르 W. 아도르노 자료실에 분류기호 Vo 10809-10919로 정리되어 있으며, 이 강의에 대한 아도르노의 핵심용어들은 분류기호 Vo 11031-11061이다.

부정변증법 강의

아도르노가 1965/66 겨울학기에 열었던 이 강의는 (『존재론과 변증법 강의』, 『역사와 자유에 관한 강의』, 『형이상학 강의』와 더불어: 옮긴이) 1966년 출간된 대표작 『부정변증법』을 쓰는 과정이 어떠했는가를 보여주는 마지막 4개의 강의를 이룬다. 그 중 전반부 10회 분은 강의내용이 녹음된 상태로 남아있어 음원을 문서화했으며, 나머지 15회 분은 아도르노가 강의를 위해 써두었던 메모를 그대로 수록하였다. 평소 아도르노는 이런 메모들만을 가지고 자유롭게 강의를 진행했다고 한다.[2]

부정변증법 강의

핵심용어들

시작한 날: 1965년 10월 25일[3]

연구와 교육의 특별한 관계

진행 중인 과제work in progress를 토대로 하는 강의

계획: 1) 부정변증법 개념 소개

2) 현재 논의되고 있는 철학 그 중에서도 특히 존재론에서 출발하는 철학을 비판하면서 부정변증법으로 넘어감.

3) 부정변증법의 범주 몇 가지

부정변증법이란— 동일성identität의 변증법이 아니라 비동일성 Nichtidentität의 변증법이라는 것. 삼단계 도식이 아님. 삼단계 도식은 너무 피상적. 소위 말하는 진테제Synthese를 강조하는 것이 일을 그르치는 주범. 변증법은 사유를 짜나가는 씨실/날실과 같은 것, 그 내적 구조에 관련된 것이지 건축학적 배치를 말하는 것이 아니다.

기본 개념: 모순의 구조, 이중적인 의미에서.

1) 개념의 모순투성이 성격, 즉 개념은 자신의 사안Sache과 모순을 이룬다(설명: 개념에서는 무언가가 떨어져나간다. 그 떨어져나간 무엇이 있으므로 개념은 개념보다 더mehr이다. 모순 = 부정합성. 개념의 성격을 중심으로 보았을 때 모순이라는 것. 개념 안에 들어선 모순이지, 개념들 사이의 모순을 이야기하는 것이 아님).

2) 현실Realität의 모순투성이 성격: 모델은 적대적 사회. (해명, 삶＋ 파국. 오늘날 사회는 자신이 폭파해버리는 것을 통해 유지된다.)

이러한 이중성격은 이 세계에서 특별한 것이 아니다. 현실을 적대적으로 주조해내는 계기들이 바로 정신을, 개념을 적대주의로 한정시키는 계기들이라는 사실이 입증될 것이다. 자연지배의 원칙은 정신화를 주도하여 동일성을 낳는다.

변증법은 자의적으로 고안해낸 것이 아니며, 세계관도 아니라는 사실. 내가 풀어야 할 과제는 변증법이 시작되는 지점, 그 발단의 엄정함을 밝히는 것, 바로 이 일을 하려 함.

변증법의 두 유형: 관념론적 그리고 유물론적.

그런데 왜 부정변증법?

노련한 이의제기. 부정, 변증법적 소금(정신현상학 서문 13[4] 인용), 주체. 사유 자체가 일단 소여das Gegebene에 대한 지체 없는 부정성이다.

모든 변증법은 부정적이다. 그렇다면 왜 부정변증법? 동어반복?

_1965년 11월 9일

여러분 안녕하십니까, 몇 주 전에 파울 틸리히Paul Tillich5)가 사망하였습니다. 그는 1929년에서 1933년 사이, 그러니까 우리 모두가 히틀러한테 쫓겨서 여길 나가야 했을 때까지, 당시로서는 단 하나였던 이 대학의 철학교수직을 보유하고 있었습니다. (호르크하이머Horkheimer가 교수가 된 것은 1932년이 되어서였지요.) 이제는 고인이 된 내 친구 틸리히의 존재와 업적에서 결정적인 것, 즉 신학에 대해 말하는 것은 내가 할 일이 못 됩니다. 나는 그 일에 적합하지 않습니다. 그 주제로는 필립Philipp 교수6)가 공개강연을 하기로 예정되어 있습니다. 그리고 또 나는 오늘 강의를 틸리히에 대해 말하는 것으로 다 채우고 싶지 않습니다. 많은 시간을 할애할 생각도 아닙니다. 우리는 철학 전공 세미나 첫 시간 그러니까 돌아오는 목요일 세미나 때 철학과 신학의 관계를 다루면서 틸리히가 몰두했던 문제들에 한번 깊이 들어가 볼 수 있을 것입니다.7) 난 그렇게 계획하고 있습니다. 그때 보충을 하도록 하지요. 그래도 이 자리를 빌려 꼭 하고 싶은 말이 있습니다. 여러분에게 아래의 사실만큼은 알리고 싶은 것입니다. 나는 그렇게 해야 할 의무를 지고 있습니다. 여러분에게만이 아니라 나 자신에게 부과된 의무입니다. 여기에 계신 여러분에게는 파울 틸리히라는 이름이 그냥 그런 이름으로 들릴 수도 있겠습니다만, 그는 내가 살아오면서 만난 사람들 중에서 가장 탁월한 인간이었으며, 1931년에 내 교수자격 논문을 통과시켜준 분이시기도 합니다. 그때는 파시즘이 바로 코앞에까지 밀어닥쳐 있었습니다. 그래서 우리가 생각할 수 있는 이런저런 일들이 모두 다 자행되던 터였습니다. 나는 그에게 깊이 감사합니다. 그냥 그렇고 그런, 흔한 감사가 아닙니다. 처음 만났을 때부터 너무도 명백했던 우리 사이의 입장차, 그리고 둘 다 조금도 양보할 생각이 없었던 상황에서도 그는 내 논문을 통과시키기 위해 온갖 열성을 쏟아부었습니다. 만약 그가 그 당시에 나를 위해 그처럼 애써 주지 않았다면, 내가 지금 여러분 앞에서 이렇게 강의를 하고 있을 수 있을까 매우 의심이 됩니다. 내가 도대체 살아남을 수나 있었을는지요. 난 지금 그냥 개인적인 회상을 하고 있는 것이 아닙니다. 이는 틸리히가 지녔던 유례없고 그리고 참으로 독보적인 인간적 자질에 관련된 것입니다. 그가 지녔던 개방성, 지적으로 열린 태도는 내가 다른 어느 누구에게서도 두 번 다시 경험해 보지 못한 것이었습니다. 바로 그런 개방성과 열린 태도 때문에 틸리히에게 무수한 비난이 쏟아졌음을 나는 압니다. 그리고 나부터가 누구보다 먼저 비난을 제기했던 당사자에 속합니다. 하지만 지금 이 순간 내가 정말로 말하고 싶은 것은 틸리히가 보여준 참으로 넓은 의미에서의 자유주의적 성향Liberalität입니다. 자유주의는 그의 피와 살 속에 체화되어 있었습니다. 따라서 그것은 결코 퇴색될 수 없는 것이었습니다. 그는 자유주의의 모델이었습니다. 그리고 나는 그에게 비견될 만한 사람을 여태껏 본 적이 없습니다. 그는 어떤 정신적인 경험을 하더라도 글자 그대로의 평화로운 본성을 타고난 사람이었습니다. 그의 처신에는 늘 한계를 모르는 개방성과 단호한 결단력이 결부되어 나타났습니다. 국가사회주의자들이 틸리히 같은 인물에게, 사람들이 흔히들 '지도자감'이라고 하는 그런 특출한 자질을 지닌 인물에게 손을 내밀었을 것임은 너무도 뻔한 일입니다. 그리고 실제로 그들은 그렇게 했습니다. 1933년 여름 우리가 함께 뤼겐Rügen에 머물던 때였습니다. 틸리히는 내게 그런 일들에 관해 많이 이야기했었습니다. 그는 나치의 유혹들을, 그에게도 분명 유혹이었음이 틀림없는 제안들이었습니다, 한순간의 머뭇거림도 없이 물리쳤습니다. 그가 정말 품위 있는 인간인가 아닌가가 판가름 날 바로 그 순간, 그의 열린 태도는 아무런 문제가 되지 않았습니다. 그는 단호히 처신했습니다. 이런 말이 있지요. 품위 있는 인간이라면, 내가 지금 여러분에게 암시한 바 있는 그런 상황에서 여느 때 같으면 그에게서 볼 수 없는 단칼 같은 면이 나오는 법이라는. 오늘 이렇게 강의를 시작하는 첫 시간에 이 자리에 모인 많은 젊은이들 앞에서 틸리히에 대해 이야기하자니, 바로 그 개방성과 결부된 틸리히의 교육자로서의 역량에 어쩔 수 없이 생각이 미치는군요. 나는 조금도 과장하지 않고 여태껏 틸리히만큼 탁월한 교육자를 본 적이 없다고 말할 수 있습니다. 아주 단순하고도 초보적인 재능만을 가진 사람에게서도 최대치를 끌어내는 능력을 발휘했다는 의미에서 그렇습니다. 그는 다함없는 따뜻함으로 그들의 반응에 응대함으로써 그렇게 할 수 있었습니다. 틸리히의 세미나에 한번 참석해보면 —난 교수요원이 되기 전 몇 년간 틸리히의 비공식 조교였습니다— 누구나 금방 알 수 있게 됩니다. 그는 사람들이 흔히 재능이라든가 지적 능력에서 차이가 난다고 말하는 것이 아무런 문제가 되지 않는 상황으로 유도해갑니다. 그러고는 젊은이들로부터 무언가를 이끌어 내는 것이지요. 둘 사이에 실질적인 접촉이라고나 할 만한 무엇이 발생하는 것이며, 이를 통해 차이들이 해소되는 것이지요. 그러면 억눌리고 위축된 의식이 훨훨 기지개를 펴게 됩니다. 오늘날에는 아마 어디서도 찾아볼 수 없을 것입니다. 그런 것이 허용되지도 않습니다. 여기에 덧붙여 내가 말하고 싶은 것은 나 자신이 습득한 교육적 능력, 그래서 어쩌면 여러분에게 일말의 신뢰를 얻을 수 있었을 터인 교육능력 또한 바로 그런 것이라는 사실입니다. 다른 사람의 생각으로부터 끄집어내고, 그들의 생각에 연결시키는 객관성 말입니다. 확실히 나는 틸리히보다 못합니다. 잘 압니다. 하지만 나 역시 그에게서 무언가를 배운 것은 분명합니다. 그와 오랫동안 함께 했던 세미나와 예비세미나[8] 덕입니다. 내 운명에서 그토록 큰 의미를 지닌 사람은 정말 몇 명 안 됩니다. 그중에서도 책보다 훨씬 더 큰 영향을 준 사람은 아주 적시요. 정말입니다. 세상에는 그가 쓴 책보다 훨씬 창의적이고 인간적으로도 탁월한 사상가들이 있습니다. 틸리히는 바로 이러한 유형에 속하는 분이셨습니다. 그리고 여러분, 그를 전혀 모르거나 아니면 잘해야 이곳 프랑크푸르트에서 나와 틸리히 사이에 있었던 토론[9]을 한 번 들어본 것이 전부일 여러분이 이런 사정을 이해하기는 어려울 것입니다.— 여러분이 틸리히에게 경의를 표해주시기를 바라마지 않습니다.

고맙습니다.

여러분, 여러분은 대학이 전통적으로 교육과 연구를 함께 담당하는 기관이라 자처해왔음을 잘 알고 있습니다. 아울러 이런 식으로 굳어진 이념을 실현한다는 것이 얼마나 많은 문제를 안고 있는가에 대해서도 알고 있겠지요. 내가 지금 진행하고 있는 작업 역시 이런 문제에서 자유롭지 못한 형편입니다. 한마디로, 강의를 해야 하고, 그에 따르는 행정적인 업무가 과중해서 학기 중에는 이른바 연구 활동을 수행하기가 무척 힘들다는 것입니다. 객관적으로 무슨 성과를 내놓는 일 자체도 그렇지만, 무엇보다 내 경우에는 내 나름의 호흡에 맞추어 일을 추진하기가 정말 불가능할 정도입니다. 이러한 상황에서 그런저런 강제와 압박을 받으면, 사람들의 심성은 특정한 형태로 변하게 됩니다. 약삭빨라진다고 하지요. 하여 나도 이러한 상황에 적응할 방도를 찾았습니다. 나는 —지난 두 학기에 이미 그렇게 했고, 이번 학기에도 그렇게 하려 하는데— 광범위하고 아주 부담이 큰 책, 내가 6년 전부터 써오고 있고 이 강의의 제목과 똑같은 『부정변증법』이라는 제목을 달게 될 책의 내용을 가지고 강의를 진행하려고 합니다. 이런 식으로 강의를 진행하는 것에 대해 이의가 있을 수 있음을 나는 알고 있습니다. 무엇보다도 실증주의적인 사유를 하는 사람들은 자고로 대학선생이라면 완성되고 설득력 있으며 반박할 수 없는 결과물을 내놓아야 한다고 즉각 이의를 제기할 것입니다. 그런데 나는 여기에 궁여지책이라고 응답할 의사가 전혀 없습니다. 그런 견해야말로 철학이라는 개념에 썩 적합하지 않아 보이기 때문입니다. 철학이란 바로 영속적인 생성 상태에 있는 관념Gedanke이라는 것이 나의 지론입니다. 그리고 변증법의 대역사를 이룩한 헤겔이 말했듯이 철학에서는 결과와 마찬가지로 과정도 중요한 법입니다. 과정과 결과는 『정신현상학』의 저 유명한 구절에서처럼 심지어 동일한 것이라고 말해지기도 하는 것입니다.[10] 여기에서 더 나아가 나는 바로 이 철학적 관념에는 무언가를 종결시키는 계기가 아니라 실험하고 노력하는 계기가 들어 있다고 생각합니다. 이런 관념이 철학을 여타의 실증과학과 다르게 구별짓는 것이지요. 이 강의에서 놓치고 싶지 않은 점이 바로 이와 관련된 문제입니다. 그러므로 내가 여기에서 여러분에게 내놓는 이런저런 생각들은 내 능력이 미치는 범위 내에서는 어느 정도 완성했다고는 해도 아직 완전한 언어로 표현되지는 못한 것들인 까닭에, 바로 그런 견지에서 실험적인 성격을 띤다고 하겠습니다. 그리고 내 입장을 말하자면, ─여기에서 다시 파울 틸리히가 생각나는군요─ 내가 여러분에게 이야기한 것을 통해 여러분이 함께 생각하도록 하고, 스스로 이런저런 궁리를 해보도록 몰아갈 작정인데요, 난 그렇게 할 수 있습니다. 여러분이 한껏 뿌듯해져서 집에 돌아갈 수 있도록 내가 무슨 확실한 지식을 손에 쥐어 주리라는 기대는 아예 마십시오.─ 내 계획은 이렇습니다. 우선 먼저 부정변증법이라는 것이 대체 무엇을 말하는지 그 개념을 다루려고 합니다.─ 내가 이렇게 미리 말하는 것은 지금 여러분이 온통 뒤죽박죽이 되었을 텐데, 그래도 좀 정신을 차리도록 해주기 위함입니다. 이 지점에서 약간 각오를 할 필요가 있겠습니다.― 그 다음으로 현 단계의 철학논의에서 나올 수 있는 비판적인 고려사 항들을 가지고 부정변증법에 접근하고자 합니다. 한마디로 여러분에게 부정변증법의 이념을 전개해 보여주고자 하는 것입니다. 그 것도 할 수 있다면 아주 논리정연하게 말입니다. 그런 다음에는 이 부정변증법의 몇몇 범주들을 제시하겠습니다. 여기에 덧붙여, 나의 지금 계획이 ―외견상 대충 건축학적으로 보면― 내가 본래 하고자 하는 바에 대한 일종의 방법론적 고찰에 해당되는, 바로 그런 것일 수 있다는 말을 할 수 있겠습니다. 요컨대 여기에서는 말하자면 근본 바탕을 이루는 이런저런 생각들이 관건으로 된다는 것이지요. 앞으로 여러분은 내가 이 생각들을 두고 재료상으로나 내용적으로 엄청나게 작업했음을 보게 될 것입니다. 이렇게 해서 나는 한마디로 나의 다른 연구들을 알고 있는 분들조차 부분적으로 의심쩍어할 것이 분명한 물음에 대한 답변을 이번에는 반드시 내놓고자 하는 것입니다. 저이는 어떻게 저런 생각을 하게 되었을까? 저 모든 이야기 뒤에는 무엇이 있는 것일까 하는 물음 말입니다. 내 수중에 있는 패를 전부 탁자위에 올려놓을 작정입니다.― 내가 알고 있는 모든 패들을 내놓을 것인데요. 사유하는 인간이 자기 자신의 패를 아는 한에서 그렇게 한다는 뜻입니다. 허나 자신의 패를 안다는 일은, 여러분에게는 그것이 선험적으로a priori 비 춰질지 모르겠습니다만, 결코 그리 확실한 게 아닙니다. 또 다른 한편으로는 방금 전에 암시를 한 터이기도 하지만, 내가 내용과 형식이라는 통상적인 구분을 받아들이지 않기 때문에 문제를 더욱 어렵게 만드는 측면도 분명히 있긴 합니다. 한마디로 이른바 방법 론적 고려들은 그 자체로서 내용적인 고려들에 종속되어 있다는 좀 특별한 의미에서 나는 통상적인 구분을 받아들이지 않는 편입 니다. 앞으로 우리가 다루게 될 대상에는 여러분이 각자 자신의 전공에서 일반적으로 받아들이고 있는 구분들, 즉 한편으로는 방법론으로 나아가고 다른 한편으로는 내용을 파고드는 구분들에서 벗어나 혼란을 주는 그런 주제들도 있습니다.

그러면 이제 부정변증법이라는 개념을 가지고 내가 하려는 말이 대체 무엇인가, 이에 대해 한마디 하고 넘어가도록 하지요.─ 미리 살펴본다는 의미에서도 그렇지만 우선 좀 해명이 필요한 구석이 있기도 해서입니다. 그러니까 부정변증법이어야만 한다는 것인데, (그리고 꼭 이 하나이어야만 한다는 것인데요. 말하고 보니 꽤나 옹색하고도 아주 형식적인 무슨 공지사항처럼 되어버렸습니다만) 동일성Identät의 변증법이 아니라 비동일성Nichtidentät의 변증법이라는 것입니다. 여기에서 관건은 존재Sein와 사유Denken의 동일성이라는 개념을 전제하지 않으며, 그 개념에 안주하지 않는 철학을 구상하는 것입니다. 이런 철학의 구상은 반대로 개념Begriff과 사안Sache이, 주체Subjekt와 객체Objekt가 서로 어긋나고 불화하는 상황을 명백히 하려는 의도를 지닙니다. 그런데 그러면서도 나는 계속 변증법이라는 표현을 사용합니다. 따라서 청하건대 지금 이 시각부터 저 유명한 3단계의 도식, 즉 통상적으로 말하는 정립θέσις, 반정립ἀντίθεσις 그리고 종합σύνθεσις을 염두에 두는 습관을 그만두십시오.─ 변증법 배울 때 학교에서 이런 식으로 피상적인 설명들을 해서 줄곧 들어온 그 도식 말입니다. 헤겔 자신도 말입니다, 결국 마지막에 가서는 체계 같은 무엇을, 체계로서 종합σύνθεσις이 되려는 그런 것을 갖고 말았지만 애당초 이 3박자를 도식적인 의미에서 시종일관 고수할 생각이 절대 없었음은 물론, 심지어 그는 내가 앞에서 거론한 『정신현상학』 서설에서 사람들이 끊임없이 떠들어대는 3단계 도식에 대해 아주 무시하는 발언까지 한 적이 있습니다.[11] 무엇보다도 여러분은 ─문제의 핵심을 미리 밝힌다는 의미에서 말하자면─ 부정변증법에서는 이 종합σύνθεσις 개념이 현격하게 위축됨을 확인할 것입니다. 언어적인 모티브를 제일 먼저 공략하고 나서는 셈인데요, 도대체 사유라는 것을 하기 시작한 이래로 나를 짓누른 진테제Synthese라는 개념에 대한 뿌리 깊은 불신 때문입니다. 그리고 철학적 사유란 —『신독일지』12)에 실린 내 글「철학적 사유에 대한 주석」을 여러분이 읽었으리라 믿습니다— 네, 진정 철학적 사유란 본질적으로 자신의 정신적 체험을 따라잡는 데서 비롯된다는 견지에서 내가 왜 진테제라는 개념에 그처럼 반발하는지 그 심리를 파헤쳐보고, 내막을 밝혀 낼 필요도 있을 것입니다. 바로 이것이 부정변증법을 촉발한 계기 중 하나입니다. 또 다른 계기를 들자면 나의 독자적인 (말하자면 남의 것을 해설하는 것이 아닌) 철학적 구상 중 가장 오래된 것인 —그 사이 폐기되었습니다만— 와해의 논리학입니다.13) 와해의 논리학은 그 자체로 이미 우리가 이제 시작하고자 하는 부정변증법을 지칭한다고 외람되지만 말할 수 있겠습니다. 그러므로 내가 여기에서 변증법을 이야기한다면, —그리고 여러분에게는 처음부터 이 점을 분명히 숙지할 것과 피상적으로 골자만 추리려 들지 말 것을 요청하는 바입니다— 이는 사유의 씨줄과 날줄을, 사유의 내적 구조를 말하는 것이 됩니다. 즉 헤겔식으로 이야기해서 개념이 자기운동을 하는, 다시 말해 자신의 대립물로, 비개념자das Nichtbegriffliche로 넘어가는 방식에 대한 이야기라는 것이지요.— 무슨 사유건축물 같은 것에 신경을 곤두세우는 것이 아닙니다. 사유건축물 따위는 그냥 잊으십시오.

그럼에도 내가 여러분에게 부정변증법이라며 앞으로 제시하게 될 것은 변증법 개념과 결정적으로 관련되어 있습니다.— 이 문제도 반드시 한번 짚고 넘어가야 할 것입니다. 요컨대 모순Widerspruch이라는 개념 말입니다. 모순이란 정말이지 사안Sache 자체의 모순으로서, 개념 안in의 모순이지 개념들 사이zwischen의 모순이 아닙니다. 이 모순 개념은 앞으로 우리의 논의에서 핵심적인 역할을 하게 될 것입니다. 여기서 말하는 모순 개념은 그 자체로서 이중적인 의미를 지니고 있습니다.― 이렇게 하면 헤겔적인 모티브를 그대로 옮겨온 것이거나 아니면 계속 발전시킨 것이 되겠는데, 일정한 의미에서 그렇게 됨을 여러분은 바로 알아챘겠지요. 한편으로는, 앞에서 암시했듯이, 이른바 개념의 모순적인 성격이라는 관점에서 다루어지게 될 것입니다. 이는 개념 자체가 그 개념으로 의미되는 사안과 모순에 빠지게 됨을 뜻합니다. 난 지금 당장 아주 단순한 예를 들어 설명할 수 있습니다. 그런데 거의 유아적인 방식인지라, 여러분 중 아마도 많은 분들이 나를 비난하고 나설 것 같습니다. 이렇게 하는 이유는 지금 생각들을 풀어나가면서 여러분이 아주 단순하고 소박한 사실들과의 접촉을 잃지 않도록 하고 싶기 때문입니다. 왜냐하면 사유란 일차적primitiv 사물들Dinge을 벗어나는 데서 비롯된다는 견지에서 보면 이는 또 다른 한편으로는 직접적인 체험들에 대한 접촉을 보존하는 것 역시 사유의 요소가 되기 때문입니다. 이제 일단 개념에 관해 말하고자 하는데, 그 개념으로 여기 이 변증법에서 강조하고자 하는 바가 무엇인지에 대하여는 차후 이야기하게 될 것입니다. (이렇게 되면 물론 일상적으로 말하는 개념은 아니겠고, 이미 이론인 개념이지요.) 예를 들어서 말하겠습니다. 하나를 들어 보겠는데요. 그런데 아주 단순한 것으로 하겠습니다. 내가 일련의 특징들Merkmale, 일련의 요소들Elementen을 어떤 하나의einen 개념 아래로 포섭한다고subsumieren 하는 경우, 통상적인 개념형성 과정이라면 그들 요소들 중에서 공통점이 있는 어떤 특징 하나를 추상해낸다는 말이 됩니다. 이 하나의 특징이 그러면 개념으로 되는 것인데, 말하자면 그 특징을 서로 공유하고 있는 요소들 전부의 통일체가 되는 것이지요. 하지만 이 개념 아래 포섭한다고 하는 한, 즉 "A란 이 통일된 특징Merkmaleinheit을 근거로 그 아래 포섭되어 파악된 그 모든 것"이라고 말을 하는 한,

필연적으로 이 개념에는 들어가지 않는 개별적인 요소들의 무수한 규정들도 아울러 생각하고 있다는 뜻이 됩니다. 그러므로 개념은 항상 자기 아래 포섭하는 깃 그 뒤로 물러나비리게 됩니다. A라고 말해지는 모든 각각의 B는 또 언제나 A와는 다른 것이며 그리고 A, 즉 술어부에서의 판정에 동원되는 개념보다는 항상 더mehr이기도 합니다. 하지만 어떤 의미에서 모든 개념은 또한 그것으로 포섭되는 것보다 더이기도 하다고 또 다른 측면에서 말할 수가 있는 것입니다. 내가 만일 자유라는 개념을 생각하고 그 단어를 말한다면, 그때 이 자유라는 개념을 주어진 헌법의 테두리 안에서 형식적인 자유에 근거하여 자유롭다고 규정되는 개인들 모두가 지닌 특징의 통일, 그 통일된 특징에 국한해서 적용하는 것이 아니지요. 오히려 이 '자유'라는 개념에는 그런 자유, 말하자면 직업선택의 자유라든가 기본권 혹은 그런 것 모두를 보장하는 상황에서 본질적으로 그런 모든 것을 넘어서는 무엇, 본질적으로 그것을 초과하는 무엇이 섞여들어 있습니다. 우리가 개념에 섞여든 이 더dieses Mehr를 항상 의식하면서 산다고 볼 수는 없습니다. 개념이 늘 그 개념으로 파악한 요소들에 비해 더임과 동시에 덜Weniger인 이 상황,— 그런데 이런 상황을 만드는 관계가 비합리적이거나 우연적인 것이 아니라는 사실이 중요합니다. 철학이론과 철학적 비판은 이 관계를 규정할 수 있으며, 세부까지 낱낱이 규정해야만 합니다.

그 정도의 부정합성을 뭐 꼭 모순이라고 해야 하느냐— 이런 말을 할 수 있겠습니다. 그렇다면 벌써 여러분은 변증법적 사유의 필연성과 첫 대면을 한 겁니다. 난 그렇게 믿습니다. 한마디로 A는 B라거나, A = B라고 하는 술어를 통한 판정Urteil에는 모두 이루 말할 수 없이 강력한 요구사항이 들어 있습니다. 그 둘이 정말로 동일하다고, 그렇게 진술되는 겁니다. 둘 사이의 비동일성은 이런 식의 판정에서는 드러나지 않는 무엇일 뿐 아니라, 만일 드러나는 경우에는 전통적인 논리학의 규칙에 따라, 술어 논리학에 따라, 동일성을 논박하는 것으로 됩니다. 달리 말하면 이렇습니다. A = B라는 판정이 내적으로 한갓 모순일 수밖에 없는 까닭은 B가 우리의 체험과 우리의 식견이 알려주듯 A가 아니기 때문입니다. 논리학의 형식들을 통해 사유에 자행되는 이런 동일성 강제 때문에 이 동일성 강제에 순응하지 않는 것은 필연적으로 모순의 성격을 띠게 됩니다. 부정변증법에서는 모순 개념이 핵심적인 역할을 한다고 처음 시작하면서 여러분에게 말했을 텐데요, 바로 논리적 사유의 구조 자체에서 비롯되는 문제이기 때문입니다. 그 많은 논리학자들이 (수많은 부류의 현대 논리주의, 현대 수학적 논리학의 의미에서는 아닐지언정) 모순율의 타당성에 의해 규정되는 것이 논리적 사유라고 말하고 있습니다. 그렇다면 이런 말이 되겠지요. 모순되는 모든 것은 논리학에서 제외되어야만 한다고.— 그리고 동일성 설정 Identitätssetzung에 부응하지 않는 것은 모두 그냥 모순되는 것이라고. 모순 개념을 토대로 해서 혹은 그 개념을 방어하는 가운데 우리의 논리학 전체가 구성되어 있으며 그리고 이 논리학으로 우리의 사유도 구성된다고 하겠습니다. 이러한 사실을 놓고 보면, 변증법에 모순개념을 핵심개념으로 투입하고 그로부터 이 모순개념을 계속 분석해 나가는 작업이 일단은 정당화된다고 하겠습니다.

공부를 많이 한 사람들은 바로 이러한 양면성에서 아주 심하게 변형된 헤겔적인 모티브를 어렵지 않게 발견할 터인데요, 하지만 이는 변증법의 문제에서 그냥 하나의 단면에 불과한 것입니다. 여러분이 원한다면 주관적 측면이라고 말해두지요. 그러나 마지막에 가서는 결정적인 것으로 되지는 않는 측면입니다. 모순 범주가 그 중심에 들어선다는 의미에서의 변증법적 사유를 강제하는 것이 개념의 구조와 개념의 자기 사안 자체에 대한 관계라고 조금 전 말했습니다. 이 말을 거꾸로 하면 객관적 현실Realität인 객체의 영역 또한 변증법적 사유를 강제한다는 이야기가 됩니다.— 아주 간단하게 말입니다, 순진한 리얼리즘이 표방하듯 사유와는 상관없다고 하는 객관성의 영역 같은 것을 한번 떠올리면 됩니다. 이에 대한 모델로 우리가 적대적인 사회에서 산다는 사실을 들 수 있겠습니다. 이 문제는 그냥 짧게 언급하고 넘어가고자 하는데, 왜냐하면 오늘 사회학 전공 세미나에서 바로 이런 생각을 담은 강연을 할 작정이기 때문입니다.[14] 똑같은 것을 두 번 반복하면서 시간을 허비하고 싶지 않습니다. 따라서 지금은 이처럼 적대적인 사회의 형태에 대한 모델로서 사회가 모순들을 지니고 있다거나 혹은 모순에도 불구하고 유지되는 것이 아니라 바로 사회의 모순을 통해 사회가 유지된다는 사실을 여러분에게 제시하는 것에 한정하고자 합니다. 한마디로 이윤에 기반하고 있는 사회는 이윤의 객관적 모티브에 이미 사회의 분열을 필연적으로 배태하고 있다는 것이지요.— 바로 이 모티브, 사회를 분열시키고 잠재적으로 붕괴시키는 모티브가 동시에 그것을 통해 사회가 자신의 존속을 재생산하는 모티브이기도 한 것입니다. 여러분에게 사태를 좀 더 뚜렷하게 부각시키기 위해 다시금 실례를 들자면, 오늘날 전체 경제 시스템이 유지되는 것은, 대부분의 사회생산이, 즉 체계가 —이른바 자본주의 국가들과 마찬가지로 러시아나 중국의 세력권에 속한 국가들까지 거의 모든 나라에서— 이 나라에서 사회생산의 상당부분이 대량살상수단, 무엇보다도 핵무장과 여기에 부속되는 산업에 몰입하는 가운데 유지된다는 사실입니다. 지난 20년간 성공적으로 사회를 안정시켜왔다고 보통 말을 합니다만, 사실 이 사회의 안정성은 바로 사회의 기술적 자기 파괴의 잠재성과 밀접하게 연관되어 있는 것입니다. 내 생각으로는 일단은 이렇게 해서 모순개념, 서로 다른 사안들 사이의 모순이 아니라 내재된 모순, 사안 자체 내의 모순이라는 개념을 적용할 때, 어떻게 객관적인 측면으로부터도 강압을 받게 되는지를 얼마만큼은 보여준 것 같습니다.— 자 여러분 —그런데 나는 오늘 강의 첫 시간에 여러분으로부터 좋은 질문을 많이 받고 싶으며, 또 조금은 미리 앞지르는 답변을 하고 싶은데요,— 여러분은 이런 이중적 성격을 의아하게 여길 수 있습니다. 한편으로는 모순이 관념과 개념에 놓여 있다고 하고, 다른 한편으로는 세계 자체가 객관적 형태에서 적대적이라고 하니 말입니다. 이건 뭐 마치 예정부조화설 같기도 하고, 일종의 불가사의나 사안과 인식의 부정적인 합치 아니냐고 말할 수도 있을 터인데요, 이에 대해서는 내가 여러분에게 해명을 해야만 하는 것이지요. 내가 시도하고자 하는 바는 (여하튼 내 계획은 이렇답니다. 오늘 여러분에게 약속한 바를 모두 해낼 수 있을지 어떨지 잘 모릅니다만. 수업하면서 하겠다고 했던 것을 못 하고 끝내는 경우가 항상 있기 마련이니까요.) 이 계기들, 현실을 적대적인 현실로 만드는 계기들이 바로 정신을 그러니까 개념을 자기 자신에 대해 내재적 모순이 되도록 하는 계기와 동일한 것임을 여러분에게 제시하겠다는 의도만큼은 확고합니다. 다른 말로 하자면, 이 두 경우 모두 지배, 자연지배의 원칙이 문제가 된다고 할 수 있는 것입니다.[15] 자연지배가 확산되고 인간에 대한 인간의 지배로까지 치달아 인간의 정신적 반성이 동일성 원칙에 포섭되어 버린 것입니다. 자연지배는 모든 정신에 내재된 투지, 자신에게 부가되거나 마주하게 되는 타자를 자신과 똑같이 만들고 그리고 똑같이 만듦으로써 자신의 지배권역으로 끌어들이려고 애쓰는 그 수준으로 인간의 정신적 반성을 끌어내려놓았습니다. 이렇게 해서 난 기대했고 그리고 내 자신에게 제기했던 질문에 대한 답변을 미리 내놓게 되었습니다. 일종의 형식적인 통고라고 해둡시다.

그런데 여기에는 말입니다, —여러분, 단 일 초 동안만이라도 마음을 너그럽게 열고 이런 생각에는 어떤 핵심이 있는 법임을 승인하십시오— 변증법은, 다시 말해 사유기관과 사유내용이 본질적으로 모순을 이루는 사유는 그냥 자의적으로 고안해낸 것이 아니며 소위 말하는 세계관도 아니라는 사실이 당연히 들어 앉아 있는 것입니다. 왜냐하면 모순의 강압이 실제로 여러분에게 간략하게 말한 것처럼 관념에서 비롯되는 만큼이나 사안으로부터도 비롯된다고 한다면, 그렇다면 진정 사유란 자신의 대상으로부터 자신에게 주어지는 것을 받아들이는 것이요, 그런 일을 하는 집행관과 같은 것이라고 해야만 하겠지요.— 사유는 외부에서 끌어다 붙인 입장이 아닙니다. 헤겔주의자로서 나는 알고 있습니다.— 일단 이렇게 말하겠습니다.— 변증법을 단순한 관점철학16)과 정반대되는 것으로 여겨야 한다고요. 하지만 또 어떤 것이 관점철학이 아니다라고 못 박는다고 해서 거기에 씌워진 관점철학이라는 혐의를 털어내 버리지는 못한다는 사실도 나는 아주 잘 알고 있습니다. 왜냐하면 이 세상에서 관점의 대립물로 자신을 설정하지 않는 것이 어디 있어야 말이지요. 사람들이 관점을 벗어나서 이른바 영원한 가치를 지닌 것으로 만들어내지 않은 것이 무엇이며, 그리고 이 영원한 가치들은 또 하나같이 얼마나 단명한 것으로 드러나곤 했던지. 변증법은 분명 영원한 가치가 아닙니다.— 그런 면모를 가장 적게 가지고 있습니다. 앞으로 여러분에게 반드시 보여주어야만 할 것이 있습니다. 다 잘 되어야 할 터인데요.— 무엇보다도 부정변증법으로 넘어가는 과정에서 나타납니다.— 변증법적 단초의 논리적 엄밀성을 입증하는 것입니다. 그리고 아마 바로 이것이 지금 내 앞에 놓인 핵심과제가 아닐까 합니다.— 여러분 모두 벌써 알아차렸겠지요, 별다른 사족을 달지 않고 변증법을 언급하는 경우 고대의 변증법 개념은 고려하지 않고 내가 말을 한다는 사실을요. 고대의 변증법 개념은 인식론 및 논리학과 두루 겹치고 있어서 내가 지금 여기에서 변증법이라고 말하는 것보다 훨씬 더 일반적인 개념이 됩니다. 이 개념은 제외되겠습니다. 사안 내에서 그리고 개념 자체 내에서의 모순이라는 의미에서의 변증법이 위대한 두 양태로 버티고 있음을 모두 익히 알고 있겠지요. 관념론적인 변증법은 얼마만큼은 철학적 사변의 최고치로 받아들여지기도 합니다. 그리고 유물론적 변증법이 있는데, 이는 오늘날 공식적인 세계관으로서 (그래서 그만 변증법과는 정반대되는 것으로 전락해버렸지요.) 세계의 매우 광대한 부분을 지배하고 있습니다. 그리고 여러분은 나한테 왜 이 대안에 그냥 만족하지 않고 또 다른, 이른바 부정변증법을 거론하는지 반문할 수 있습니다. 그리고 혹시 내가 자기 식의 철학을 주조해서는 '위버벡-하인체Ueberweg–Heinze' 편람(혹은 이런 유의 것들이 무슨 이름을 달고 계속 나오든)[17] 목록에 이름을 올릴 기회를 얻어 일자리를 얻어 볼까 생각하는 그런 부류의 교수는 아닐까 의혹에 찬 눈초리를 보낼 수도 있습니다. 이런 반론들에 대해서는 가장 정통한 측에서 제기한 이의에 응하고자 합니다.— 사실대로 말하자면, 바로 여러분 가운데, 바로 지금 여기에 있는 사람들 중에서 나온 이의입니다.— 변증법이라는 개념 안에, 변증법이라 했으니 바로 그 모순이라는 것을 통해 부정성의 계기가 그 안에 들어간다고 그냥 말할 수는 없느냐는 것이지요.— 변증법이라면 모두가 전부 부정변증법이라 해야 하는 것 아니냐고요. 그리고 내가 여기에서 특별히 끌어들인 이 단어를 통해 일종의 동어반복을 하고 있는 것은 아니냐는 이의제기가 있었습니다. 아주 간단히 말해서 주체는, 사유 자체는 무엇보다도 일단 순전한 소여bloße Gegebenheit에 그냥 만족하고 말지는 않는다는 사실을 통해 그 소여를 부정하며, 그리고 헤겔의 『정신현상학』에 들어 있는 저 유명한 구절에 따르면,[18] 주관성 자체가 사유의 한 동인ein movens으로서 부정의 원칙이라고 말할 수 있을 것입니다. 그곳에서 헤겔은 주체로서 살아있는 실체Substanz가, 다시 말해 사유가 순수하고 단순한 부정성이라고 말했습니다. 바로 그로 인해 단일한 것

das Einfache이 둘로 쪼개지거나Entzweiung 대립적인 것이 짝을 지어 배가되는Verdoppelung 것인데, 이는 또 다시 그렇고 그런 다름과 이 다른 것과의 대립의 부정이라는 겁니다. 달리 말하면 이렇게 되겠습니다. 사유 자체는, 그리고 사유는 주관성에 결부되어 있습니다. 부정성이며 그리고 그런 한에서 바로 변증법적 사유는 원래가 처음부터 부정변증법이라는 것입니다. 이 점에 대해서는 다음 시간에 자세하게 답변하겠습니다. 오늘은 단지 내게 들이밀어진 방식으로 그리고 곧장 답변이 필요한 상태로 문제를 드러내는 선에서 그치렵니다.

1) 아도르노는 자신의 강의에 [부정변증법]이라는 제목을 붙였다. 같은 제목
   의 책과 혼동을 피하기 위하여 이 강의록에는 편집자 임의로 『부정변증법
   강의』라는 제목을 붙였다.

2) 아도르노는 강의할 때 일반적으로 핵심용어들을 적은 간단한 메모를 가
   지고 자유롭게 이야기하곤 했다. 그의 강의는 1958년부터 녹음되었고 사
   회연구소의 비서들이 이를 문서화하였다. 1968년 여름에 있었던 아도르노
   의 마지막 강의를 제외하고 녹음테이프는 모두 지워졌고 문서본만 남았다.
   유감스럽게도 이 강의는 제10강까지만 전해오고 11강에서 25강까지는 핵
   심용어들을 적은 메모만 남고 강의 자체는 유실되었다. 문서가 사라진 것
   인지, 기기상의 문제로 녹음 자체가 안 된 것인지는 불분명하다. 당시 녹
   음작업에 참여했던 조교들과 보조원들 중에서 사정을 정확하게 말해줄 수
   있는 사람은 없었다. 아도르노의 저술을 이해하는 과정에서 강의록이 차지
   하는 비중 때문에 이 10회분밖에 남지 않은 강의나마 불완전한 채로 유고
   발간 작업에 포함시키지 않을 수 없었다. 문서화된 열 개의 강의를 인쇄
   하고 11강에서 25강까지는 아도르노가 적어놓은 핵심용어들에 만족해야만
   했다. 핵심용어들은 모든 강의분량이 남아 있는 터이라 1강에서 10강까지
   의 강의를 위한 핵심용어들도 그대로 모두 실었다. 나중에라도 잃어버린
   녹음테이프나 아니면 수강생들의 노트 중 신뢰할 만한 무언가를 입수하게
   된다면, 이 편집본은 당연히 새것으로 교체될 것이다.

3) 이 날 아도르노는 제1강의 핵심용어들을 기록하기 시작하였다. 보통은
   핵심용어들을 적어나가다가 해당 강의가 있는 그날의 날짜를 옆에 적어두
   곤 했다.

4) Hegel, Phänomenologie des Geistes, Georg Lasson 편집, 제2판, Leipzig
   1921(Philosophische Bibliothek, 114)에서 인용. 인용 자체는 주 18 참조.

5) 신학자이자 종교철학자인 Paul Tillich(1886-1965)는 지난 세기 20년대 종
   교적 사회주의의 대변자였다. 아도르노는 Kierkegaard에 관한 책으로 틸리
   히에게 교수자격논문 심사를 받았다. 아도르노의 'Erinnerung an Paul
   Tillich', Ein Gespräch mit Wolf-Dieter Marsch, in: Werke und Wirken
   Paul Tillichs. Ein Gedenkenbuch, Stuttgart 1967, S.24ff. 참조. 틸리히에
   대한 아도르노의 입장을 가장 상세하게 알려주는 책은 Entwurf contra

Paulum. 지금까지 발표되지 않은 아도르노의 틸리히 비판은 1944년의 Theodor W. Adorno contra Paul Tillich. Erdmann Sturm 편집 in: Zeitschrit für neuere Theologiegeschichte, 제3권, 1966, S.251. 이하 참조.- NaS IV·14, S.280. 주 213 역시 참조.

6) Wolfgang Philipp(1915-1969). 1964년 이래로 프랑크푸르트 암 마인 소재 요한 볼프강 괴테 대학교의 정교수로 재직. 신교학. 1966년 2월 16일 틸리히 추모행사에서 연설함. 연설문 Die epizyklische und ostkirchliche Theologie Paul Tillichs은 Werke und Wirken Paul Tillichs, S.135 이하에 수록.

7) 1965/66년 겨울학기에 아도르노는 호르크하이머와 공동으로 진행한 철학 전공수업에서 [Negation bei Hegel]을 주제로 강의하였다.

8) 프랑크푸르트 대학의 수강편람에 수록된 바에 따르면 틸리히는 아도르노와 함께 1932년 여름학기에 레싱Lessing의 [Erziehung des Menschenge-schlecht]에 관한 강의를, 1932/33년 겨울학기에는 짐멜Simmel의 [Haupt-probleme der Philosophie]에 관한 강의를 했다. 1933년 여름학기에 개설된다고 알려진 로크Locke의 [Essay]에 관한 강의는 열리지 않았다. 틸리히는 그의 책 Sozialistische Entscheidung(포츠담Potsdamm 1933) 때문에 이미 1933년 4월 교수직을 잃은 처지였다. 아도르노는 1933년 초 강의를 그만두었고 1933년 9월 8일 교원자격을 박탈당했다.

9) 아도르노는 [Die Theologie in der gegenwärtigen Gesellschaft]에 관한 토론을 염두에 두고 있다. 1961년 5월 25일 틸리히, 호르크하이머 그리고 아도르노가 함께 사회연구소에서 개최한 후 'Schultheiß im Westend'의 소그룹 모임에서 계속 이어짐. Max Horkheimer, Gesammelte Schriften, 제18권 Briefwechsel 1949-1973, Gunzelin Schmid Noerr편, Frankfurt a. M. 1966, S.511도 참조.

10) 원전 그대로 인용되지는 않았음. 아마도 아도르노는 서설의 다음 구절을 염두에 두었던 듯하다. "왜냐하면 참으로 문제의 핵심이 되는 것은 목적이 아닌 그의 전개과정 속에 담겨 있으니, 실은 결론이 아니라 이 결론과 그의 생성과정을 합쳐놓은 것이 현실의 전체를 이루는 것이기 때문이다. 목적 그 자체는 뚜렷한 표적이 없는 생명 없는 일반적인 것이고 목적을 향한 충동이라는 것 역시 현실성이 결여된 한낱 의욕에 지나지 않는 것이어서, 이렇듯 거두절미된 벌거숭이 결론이란 거기서 아무런 충동도 솟아날

수 없는 시체나 다름없다"(Georg Wilhelm Friedrich Hegel, Werke in 20. Bänden. Red.: Eva Moldenhauer und Karl Markus Michel, Frankfurt a. M. 1969-1971, Bd.3: Phänomenologie des Geistes, S.13. / 임석진 옮김, 『정신현상학』 제1권, 37쪽).

11) 다음 문장 참조. "이와 마찬가지로 칸트에 의한 '삼중성·삼위일체'의 개념을 보면, 애초에는 그저 본능적으로 재발견되어 생명이 없는 몰개념적인 것에 지나지 않았던 것인데, 새삼 여기에 절대적인 의미가 주어지면서 참다운 내용 속에 담긴 참된 형식이라고 치켜세워지고 이로부터 학문의 개념이 부상하게 되었다. 여기까지는 또 그렇다 치더라도 이를 기화로 하여 삼위일체의 형식을 환영幻影에나 비길 수 있는 생명 없는 도식으로 꾸며내 학문적인 체계를 한낱 일람표 정도로 전락시켜놓은 마당에 이런 삼위일체 형식을 두고 학문적이라 할 수는 없다"(Ebd., S.48. / 임석진 옮김, 제1권, 86-87쪽).

12) Theodor W. Adorno, Anmerkungen zum Philosophischen Denken, in: Neue Deutsche Hefte, Jg.12(1965), Heft, 107, S.5ff. 지금은 GS 10·2, S.599ff. 참조.

13) 부정변증법에 관해서 아도르노는 같은 제목의 책에서 이렇게 말했다. "변증법의 논리는 와해의 논리이다. 즉 그것은 인식하는 주체가 우선 직접 대면하는 주체들의 대상화되고 정비된 형태를 와해시키는 논리다. 그런 개념들이 주체와 동일하다는 것은 허위이다. 이 허위와 더불어, 현상을 주관적으로 미리 형식화하는 작업은 그 속의 비동일자, 혹은 말로 표현할 수 없는 개별자individuum ineffable를 향해 진행된다"(GS 6, S.148 / 홍승용 옮김, 『부정변증법』, 220쪽). 『부정변증법』 말미에 이렇게 적어두었다. "와해의 논리라는 이념은 그의 (저자 자신) 철학적 구상 중에서 가장 오래된 것이다. 학창시절에 생각해둔 구상이다"(Ebd., S.409).

14) 1965/66년 겨울학기에 아도르노는 사회학 전공세미나에서 [Zum Begriff der Gesellschaft]를 주제로 강의하였다. 첫 수업에서 낭독된 것으로 보이는 강연문이 아도르노가 1965년 Evangelische Stattslexikon을 위해서 쓴 [Gesellschaft] 항목에 들어가 있다. 현재는 GS 8, S.9 이하 참조.

15) 아도르노의 철학에서는 거의 초기부터, 최소한 키르케고르에 관한 책에서부터는, 자연지배와 자연을 지배하는 이성에 대한 비판의 모티브 그리고 자연과의 화해, 일종의 자연계기로서 정신의 자기의식 모티브가(GS 2, S.262) 결

정적이다. 그의 철학에서 자연지배는 계몽의 변증법을 일으키는 근본현상이다. 더 이상 운명의 굴레를 뒤집어쓰지 않는 주체는 성숙해지면서 차츰 막스 베버가 논증한 바 있는 목적합리적으로 행동하는 경향을 보인다. 오디세우스처럼 되는 것이다. 아도르노의 설명은 이러하다. 그는 자기 자신을 자연의 지배자로 자처하면서 자신을 지배하는 자연을 극복한다. 자연을 지배함으로써 자연의 지배를 단절시킨 듯 보이지만, 그러나 자연이 단절되도록 함으로써 자연강제를 단절시키는 모든 시도는 그럴수록 더 자연강제에 빠져들 뿐이다. 유럽의 문명은 이 길로 달려왔다(GS 3. S.29). 지배에 대한 비판은 아도르노가 생각했던 모든 관념의 동인動因이다. 근본적으로 자연지배의 모델에 따라 지배가 이루어져 왔다고 한다면 그러면 자연지배는 언제나 일차적으로 인간의 자기 자신의 자연에 대한 지배를 의미한다. 자연지배의 원칙은 자기보존의 원칙과 결코 분리될 수 없다. 스피노자의 "자기 자신을 지키는 것"에 해당하는 이 자기보존은 지배하는 이성만의 본질이 아니다. 스피노자마저 여기에서 미덕을 찾지 않는가. 아도르노에 따르면 이 원칙은 최고도로 승화된 채 심지어 전적으로 논리적으로 보이는 '동일성원칙'에서 조차 감지된다(NaS IV·10, S.140 참조. GS 3, S.106f. 참조). 정신적인 것의 절대화는 모두 자연으로 다시 추락하는 값을 치르고서만 자연 위에 군림할 수 있다. 오늘날까지 역사는 정신에 대해서 지배하는 자연의 패권으로서만 알고 있다. 한마디로 자연에 대한 지배권을 가지고 자연을 지배하는 것이 순전히 자연적인 것에 갇힌 채로 남아 있는 것이다. 관념론의 정신은 어떻게 보면 지배에 묶인 자연의 정신이라고 할 수 있는데, 자연적인 삶을 … 파괴할 뿐인 정신이 아니다. 정신 자체가 파괴된 자연적인 삶에, 신화에 포획되어 있다(GS 2, S.155). 아도르노의 책 Kierkegaard에서 정신은 자신의 실제 내용인 자연을 깨우치고 신화적 정신으로 각성하는데, 이 자연속성이 모습을 드러내는 신화적 형태들은 정신이 자연적인 것에 속해 있었음에 대한 기억이다. 신화는 아도르노가 나중에 쓴 Kiergaard noch einmal이라는 논문에서 표현하고 있듯이 자연 안에 들어앉아 있는 다자多子, Vielen의 저항(Ebd., S.252), 일자一子 das Eine인 로고스에 대한, 논리적 통일성에 대한 저항을 의미하며, 자기 스스로를 일자一子로 알고 통일을 만들어내는 정신의 지배원칙에 대한 저항을 의미한다. 그러나 신화적인 정신으로서 정신이 되돌아가려고 애쓰는 자연에는 화해의 여지가 거의 없다. 아도르노에 따르면 자연은 '자연적인 지배의 영역'

이며(Ebd., S.133 참조), 지배 자체이다. 자연의 저항 역시 지배원칙에 그대로 귀속된다. 그러므로 자연의 지배는 정신의 지배에 비해 결코 더 화해적이지 않다. 반대로 자연의 지배가 원형이다. 정신의 지배가 자연의 지배를 모방하는 것이다. 아도르노의 철학은 그러므로 지배 그 자체에 대한 이의제기라는 주제를 끝없는 변주로 반복하게 된다. 단지 예술에서만 무언가 다른 것이 등장한다. 성공한 작품들이 대립각을 세우는 곳은 "자연을 지배하는 이성ratio이 머무는 곳, 즉 그 작품들의 바깥쪽이며, 그래서 일종의 대자Für sich로 된다. 그런데 미적 이성은 이 자연을 지배하는 이성에서 발현해 나오는 것이다. 지배를 거스르는 예술작품의 적대는 지배에 대한 미메시스이다. 예술작품들은 지배의 세계와 질적으로 다른 무언가를 생산하기 위해 자신을 지배적인 행동거지Haltung에 닮도록 한다. 존재자를 거스르는 예술작품의 내재적으로 논쟁적인 행동거지가 그 존재자를 지배하면서 그것을 그저 단순히 존재하는 것으로 만들어 질을 탈각시키는 원칙을 자기 속으로 흡수해 들이는 것이다. 미적 합리성은 저 밖에 있는 자연지배의 합리성이 만들어 내놓은 것을 원래대로 되돌려놓으려 한다"(GS 7, S.430).

16) 이에 대해서는 Drei Studien zu Hegel에 수록된 아도르노의 논문 Aspekte 참조. "모든 평가와 인정들이 정신현상학 서설에서 말하는 그런 판단의 수중에 떨어진다. 사안들 안에 있지 않기 때문에, 바로 그래서 사안들 위에 있을 뿐인 그런 것에 대해 내리는 판단 말이다. 이런 평가와 인정들이 헤겔 철학의 진지함과 구속력을 미리 제거시켜 버리는데, 헤겔이 지당하게도 무시하는 어투로 관점철학이라고 말한 것을 헤겔 철학이 헤겔 자신에 대해 수행하기 때문이다"(GS 5, S.251). 헤겔의 저서 자체에는 관점철학이라는 개념이 나오지 않는다.

17) Friedrich Ueberwegs Grundriß der Geschichte der Philosophie는 사용 빈도가 매우 높은 편람으로 1862년에 첫 권이 출간되었고, 제5판부터 9판 (1876-1906)에 이르기까지 막스 하인체Max Heinze가 수정과 편집을 담당하여 개정판을 냈다. 1993년부터 나오는 『완전 재개정판』의 편집 담당은 헬무트 홀츠하이Helmut Holzhey이다.

18) 아도르노는 다음 구절을 염두에 두고 있다. "생동하는 실체야말로 참으로 주체적인, 다시 말하면 참으로 현실적인 존재이다. 그것은 실체가 자기 자신을 정립하는 운동이며 나아가서는 스스로 자기를 타자화하는 가운데 자기와의 매개를 향하기 때문이다. 실체가 곧 주체라고 하는 것은 바로 이

실체에 순수하고도 단순한 부정성이 작용하면서 바로 이로 인하여 단일한 것이 분열됨을 뜻한다. 그러나 이렇듯 분열되는 데서 오는 대립은 이중화됨으로써 분열된 양자가 서로 아무런 관계도 없이 차이와 대립을 빚는 그런 상태는 부정된다. 이렇게 해서 회복된 동일성, 다시 말하면 밖으로 향하면서 곧 다시 자기 자체 내로 반성·복귀하는 움직임이 진리이지 최초에 있던 근원적 통일성 혹은 직접적 통일성이 진리가 아니다"[Hegel, 위 책(주 10), 제3권. S.23 / 임석진 옮김, 제1권, 52쪽].

핵심용어들

지난 시간에 이어서[19]: 1) 헤겔 변증법은 실증적positiv이다. 빼기에 빼기를 곱하면 더하기가 된다는 공식을 생각해보자. 부정을 부정하면 긍정Affirmation이어야만 한다는 것. 헤겔이 젊은 시절 실증성에 가했던 비판. 사회기구Institution를 통한 추상적 주관성 비판에서 제시할 것임. V 49[20) [첨가 2 a]

[첨가] 실증자das Positive는, 그것이 부정을 부정한 결과로 도출된 것인 까닭에 그 자체가 청년 헤겔에 의해 비판된 실증성이요, 직접성으로서의 어떤 부정적인 것이다.

　　사회적 속박contrainte sociale.

　　헤겔이 보여주었듯이 사회기구는 당연히 추상적 주관성에 비판을 가한다. 다시 말하자면 사회기구는 필연적인데 자기보존에 의거하는qua 주체를 위해서 꼭 있어야 하는 것이다.

　　이 사회기구는 주체가 즉자존재라는 가상을 파괴한다. 이 주체 자체가 사회적 객관성의 계기이다.— 하지만 주체를 대할 때 사회기구는 더 고차원적인 것이 되지 않는다. 오늘날까지도 사회기구는 주체에 대해서 외적인 것으로 남아 있고, 어쩔 수 없이 집산적이며, 억압적이다.— 부정을 부정하면 그냥 실증성으로 귀결되는 것이 아니다. 요즈음처럼 모두들 대체로 문제가 있다고 느끼는 상황에서는 추상적 실증성 개념이 횡횡한다. "케스트너Kästner 씨".[21]

억지로 망명해야만 했던 사람들에게는 실체가 있던 것들이 모두 코앞에서 사라져버림과 더불어 이데올로기들이 갈수록 희미해져서 추상적으로 다가온다.

무엇이 실증적이라는 것은 ("긍정적인 인생관, 양각陽刻 조형", 긍정적 비판), 그 자체로서an sich 이미 참되다는 것인데, 이는 한마디로 개념의 운동이 자의적으로 정지되었다는 뜻이다. 물신으로서의 실증성, 즉 무엇이 긍정되는가 묻지 않음. 바로 이 때문에 실증성은 부정자이다. 즉 비판을 받아야 하는 것이라는 뜻.

바로 이런 사정이 나로 하여금 부정변증법을 구상하고 부정변증법이라는 전문용어를 구사하도록 부추김. [첨가 끝]

이는 전체에 해당. 모든 부정들의 총체성은 실증성으로 됨. "현실적인 것은 모두 이성적이다."[22]

이 테제는 시효가 지났다. 거짓말하지 않고는 의미를 실증적으로 끌어들이는 것이 불가능하듯, (누가 감히 아우슈비츠 이후에도 삶이 의미 있다고 말할 수 있겠는가!) 부정들을 모두 모아들여 이론적으로 실증성을 구축하는 것이 더 이상 가능하지 않음.

2) 이렇게 하여 변증법은 본질적으로 비판적이 됨. 여러 가지 의미에서.

a) 개념과 사안의 동일성 요구에 대한 비판으로서.

b) 그 밑바탕을 이루는 정신의 본질에 대한 비판으로서(이데올로기 비판). 이런 테제의 힘은 극도의 긴장으로 몰아간다.

c) 적대적이며 아울러 잠재적으로 자기파괴로 나가는 현실성 Realität에 대한 비판으로서.

이러한 비판은 변증법적 유물론이 스스로 실증과학임을 자처하는 한, 여기에도 역시 해당된다. 이리하여 부정변증법은 현재 존재하고 있는 모든 것에 대한 가차 없는 비판이 됨.

_1965년 11월 11일

지난 시간에 나는 부정변증법과 같은 개념이 왜 필요한가, 그리고 변증법에서 부정성의 규정하는 역할에 비추어 보았을 때 이는 동어반복이 아닌가 하는 질문에 답하겠다고 여러분에게 말했습니다.─ 여러분, 생각나지요. 그래서 지난 시간에는 우선 그런 의문이 들수밖에 없도록 하는 계기들을 아주 간략하게 살펴보았었지요. 한마디로 헤겔의 변증법 구상에서 사유 자체가 부정성에 등치되도록하는 계기들 말입니다. 이제 나는 여러분에게, 최소한 잠정적으로나마, 바로 그 무척 중요한 이의제기에 대해 답하려 합니다. 여러분은 아래 사실을 숙지하고 있어야만 합니다. 헤겔의 이론은 주관성에 의거하는qua 이 부정성이라는 개념에 맞서며, 그리고 헤겔변증법에서는 이 부정성 개념이 종결어가 아닙니다. 철학사가 공연히 객관적 관념론이라는 이름을 갖다 붙인 것이 아니지요. 헤겔의 변증법은, 좀 상투적으로 표현한다면, 실증변증법이라고 하겠습니다. 지금 여러분은 ─여러분을 이제 막 고등학교를 졸업하고 대학에 갓 들어와 첫 학기를 맞이하는 학생들로 간주한다면─ 머릿속에 아주 단순하고 명쾌한 사태를 떠올리고 있어야만 합니다. 사태는 바로 이렇지요. 수학시간에 빼기에 빼기를 곱하면 더하기가 된다든가 아니면, 부정을 부정하면 명제설정이 된다고, 실증자das Positive, 긍정자das Affirmative가 된다고 배웠을 것입니다. 사실 일반적으로 헤겔 철학의 기초라고 알려진 가정들 중 하나이지요. 헤겔에 대해 이렇게 알고 있는지라 여러분은 헤겔이라면 일단 피상적인대로 곧장 삼단논법의 도식을 가지고 접근한단 말입니다. 그래서 내가 전 시간에 헤겔이 아주 불친절하게 팽개쳐 둔 지점을 말하였던 것입니다만, 그렇게 배운대로 접근하면 여러분이 대면하게 되는 것은 부정의 부정은 긍정이라는 사유과정이 되지요. 그렇다면 이것은 무엇을 의미하는가, 이 문제는 헤겔이 추상적 주관성이라고 명명한 것을 비판하는 데서 가장 잘 볼 수 있을 것 같은데요, 이 비판을 그는 자신이 주관성이라고 명명한 것을 마주하는 대척점에 내세운 사회적 객관성의 형식과 설비Einrichtungen들을 통해 수행합니다. 사실 이 관념Gedanke은 그때마다 방점이 조금씩 달라진 채로 이미 『정신현상학』에서 여러 차례 피력된 바 있지만, 방금 여러분에게 말한 것처럼 첨예한 형식으로 언급된 것은 『법철학』에서입니다.— 한마디로 사유하는 주체로서 주어진 사회기구들을 비판하는 주체가 정신의 해방하는 계기라는 관념이며, 이처럼 정신의 해방하는 계기로서 주체가 순전한 즉자존재에서 대자존재로 이동하는 도정에서 결정적인 단계를 점한다는 관념입니다. 이 말은 곧 이렇게 해서 도달하게 되는 단계, 정신이 객관성들에, 물론 사회적인 객관성들도 포함하지요, 객관성들에 대해 독립적인 것 그리고 비판적인 것으로서 맞서는 이 단계가 무엇보다도 하나의 필연적인 계기로 승인된다는 것이지요. 그런데 이 정신에 헤겔은 비난을 쏟아 붓습니다. 거기서 멈추었다고, 정신이 스스로 자신을 제한했다고 말입니다. 자신의 추상성 속에서의 정신이라는 하나의 계기를 유일하게 참된 정신으로 상승시키면서 이런 추상적인 주관성이, —이 모델은 어떻게 보면 칸트가 말하는 순수 실천이성의 주체 같기도 하고, 또 일정 정도로는 자유로운 행위의 피히테적 주관성이 되겠는데요— 아무튼 이러한 주관성이 그 자체로서 하나의 온전한 계기로 절대화되어 버리는 것을 알아채지 못한다고 비난하는 이야기입니다. 주관성은 그 실체Substanz와 형식Formen과 현존Dasein에 따라 사회의 객관적 형식과 객관적 현존에 빚지고 있는데, 이 사실을 간과하고 있다는 것이지요. 주관성이 자기 자신을 의식할 수 있으려면, 겉으로 보기에는 자신에게 낯선, 심지어 억압적인 것으로 앞에 버티고 서 있는 사회기구들을 자신과 동류로 이해하고 있어야만 하며, 사회기구 자체를 주관성으로 그리고 사회기구들을 그 기구들의 필연성 속에서 이해하고 있어야만 하는데, 그렇지 못하다고 비난하는 것입니다. 그러므로 헤겔 철학의 가장 결정적인 속임수는, 아니 그런 말을 쓰느니 차라리 가장 결정적인 전환점이라고 합시다. 전환점은 아래와 같은 사실에 있다고 할 수 있겠습니다. 순전하게bloß 대자적으로 존재하는, 즉 비판적으로 사유하는 추상적·부정적 주관성이 ―여기에서 부정성 개념이 본질적으로 끌어들여집니다― 스스로를 부정해야만 하고 자신의 한계를 깨달아야만 한다는 것인데, 바로 이런 방식으로 부정의 실증성에서, 즉 사회, 국가 그리고 객관적인 정신과 절대정신의 사회기구들에서 주관성이 스스로를 지양하기 위해서 그렇게 해야 한다는 것입니다.[23]

　이것이 바로 예의 그 실증적 부정성의 모델입니다. 부정의 부정이 새로운 입지Position가 되는 것이지요. 헤겔 철학이 내놓은 모델입니다. 그냥 한번 흘긋만 봐도 눈에 확 띄는 특성인데, 헤겔 철학 해설의 역사에서 여태 그 의미를 제대로 인정받지 못한 특성에 해당한다고 말할 수 있겠습니다. 헤겔 철학은 대단히 역동적인 사유입니다. 이 철학은 범주들을 고정된 것으로 설정하지 않으며, 생성되는 것으로 그럼으로써 자기 변화하는 범주로 설정하고 있습니다. 하지만 정작 실제로는 변화하지 않는 개념의 구조들에서 말할 수 없이 많은 것을 자기 속으로 끌어들입니다. 자신이 그렇다고 인정하는 것보다 훨씬 더 많이 고정된 상수常數에 기대고 있는 것입니다. 그리고 이 상수들은 이 철학의 의지를 일정하게 거스르면서 거듭 자신을 드러냅니다. 논증의 특정한 유형들이 ―여기에 유형이라는 말을 일단 써도 된다면 말입니다― 헤겔의 『논리학』에서 그리고 또 이미 『정신현상학』에서도 거듭 반복되지요. 여러분

중 장차 철학을 전공할 사람들을 염두에 두고 하는 말입니다만, 나는 이전부터 여러 번 이 말을 했습니다, 헤겔 철학 내부에서 논증들이 반복됨으로써 드러나는 이러한 상수들을 정리해보면 좋은 논문이 될 것이라고요. 방금 여러분에게 말한 계기는 바로 그런 상수 중 하나이며, 이 상수를 여러분은 헤겔에게서 이런저런 형태로 거듭 발견할 겁니다. 논리학 혹은 자연철학의 단순한 범주들이 아니라 내용적인 부분을 다루게 되면 헤겔 철학 어디에서나 발견하게 되는 면모이지요. 오늘 내가 여러분에게 하고자 하는 설명내용을 풀어줄 열쇠가 될 만한 어떤 역사적 사건이 있는데요, 참 특이하다고 할 만한 일입니다. 이 부정의 부정이 헤겔에 의해 실증성으로 대체되고 있지 않습니까. 그런데 이 실증성이 바로 그 똑같은 이름, 실증성 혹은 실증자의 이름으로 헤겔이 청년시절 쓴 책, 놀Nohl에 의해 『신학적 청년저작Theologischen Jugendschriften』[24]이라고 이름 붙여진 책에서 아주 강도 높게 비판되었다는 사실입니다. 이 청년기의 저작들은 중요한 부분에서 실증성을 곧바로 공격해 들어가는데요, 그중 무엇보다도 종교적이고, 신학적인 실증성을 공격하지요. 이 실증성에서는 주체가 온전한 상태가 아니라고, 이 실증성은 주체에 대해 낯설고 물화된 것이라고 공격합니다. 바로 그처럼 물화된 것 그리고 외적인 것, 파편적인 것으로서 실증성은 결코 절대자가 될 수 없는 것인데 이 범주들이 바로 절대자인 듯 행세를 한다는 것입니다. 이 관념을 헤겔은 나중에 결코 부인하거나 포기하지 않았습니다. 단지 의미를 변형시켜 놓았을 따름입니다. 그는 자신의 모티브들을 포기하거나 철회하는 경우가 거의 없습니다. 단지 강조점만을 바꾸는 식이지요. 그런데 이렇게 해서 모티브들이 전혀 다른 의미를 띠게 되는 경우가 많았습니다.

내가 방금 언급한 이 논증을 여러분은 헤겔 후기 철학 전체에 고유한 프로그램인 이른바 '차이의 책Differenzschrift'이라고 불리는 책 『피히테와 셸링 철학체계의 차이』25)에서 방금 언급했던 그대로 다시 발견할 수 있습니다. 이 비판에 따르면 한마디로 실증성들이란 순전히 사유하는 그래서 자신만을 의지하는 주관성의 부정성에 맞서 방어되는 실증성입니다. 『법철학』에서 방어를 하지요. 그렇습니다, 요즈음 우리들이 강압적 상황이라고 표현하는 것은 에밀 뒤르켐Emile Durkheim이 사회적 속박26)이라는 언어로 지칭했던 것입니다. 사회기구Institution는 비판하는 추상적 주관성에 대한 비판이라고, 즉 필연적인 것임을 드러내 보여준 헤겔은 옳았습니다.─ 심지어 주체가 여하튼 자기 자신을 유지하기 위해서도 반드시 있어야 하는 게 사회기구라고 했지요. 순전한 대자존재, 자기 자신에게 의지하고 있다고 믿는 주체의 직접성은 사실상 그냥 환상에 불과합니다. 인간들은 실제로 오직 사회를 통해서만, 그리고 도입된 사회적 설비들에 의해서만 살 수 있다는 의미에서 정치적인 동물ζῶον πολιτικόν입니다. 인간들은 이 설비들에 자율적이고 비판적인 주관성으로서 마주 서 있는 것이지요. 그리고 헤겔은, 이 점을 우선 먼저 강조해야 할 것 같은데요, 다음과 같은 비판을 통해 사회를 보는 눈, 그리고 개인과 사회의 관계에 대한 통찰에 결정적으로 기여하였습니다. 어떤 한 사람에게 가장 가까운 것, 이른바 자기 자신과 자신의 의식을 근본적이고 제1의 것이라고 정말로 믿는 것이 가상이라는 비판이지요. 이와 같은 헤겔의 통찰이 없었더라면, 오늘날 우리가 말하는 사회이론은 결코 가능하지 않았을 것입니다.─ 한마디로 그는 주체의 즉자라는 가상을 파괴하였으며, 주체가 사회적 객관성의 한 계기임을 입증하였다고 나는 말하겠습니다. 그리고 더 나아가 그는 이러한 추상적인 주관성에 맞서 사회적 계기가 필연적으로 더 강력하게 자신을 관철시켜낼 수밖에 없음도 밝혀내었습니다. 그러나 ─그리고 여기가 바로 요점이 되겠는데요. 바로 이 지점에서 헤겔에 대해 비판적인 이런저런 생각들, 부정변증법이라는 말을 만들기를 정당화시켜주는 생각들이 풀려나옵니다ㅡ 이런 의문이 드는 것이지요. 그런데 정말로 이 객관성이, 필연적인 소선임이 입증되고 그리고 추상적인 주체를 자기 아래로 포섭시킨다는 객관성이 진정 더 상급의 것인지, 아니면 오히려 이 객관성이 헤겔이 청년시절에 비판했던 이른바 외재적인 것, 강압성을 띤 집단적인 것으로 남아 있다고 해야 하는 것은 아닌지, 혹은 이처럼 더 상급의 것이라고 갖다 붙임으로써 자신의 자유를 끝없는 고통과 노력으로 쟁취해야 하는 주체의 퇴행을 불러오는 것은 아닌지 하는 물음들 말입니다. 주관성과 사유를 그 사유가 대면하고 있는 객관성에 몰다 붙이는 억압의 메커니즘을 통찰한다고 해서, 그리고 여기에서 발생하는 종속성 그리고, 이런 말이 되겠는데, 객관성의 승리로 귀결되는 사실들의 논리를 직시하고 있다고 해서 왜 객관성이 필연적으로 정당하게 유지되어야만 하는지, 이 점이 해명되지는 않습니다. 양심을 압박하는 어떤 계기가 작용한다고 하겠는데요, 나는 이를 헤겔주의적 마르크스주의자들과 논쟁할 때 가장 강력하게 체험한 바 있습니다. 바로 젊었을 때, 게오르크 루카치Georg Lukács와 그랬지요. 당시 루카치는 당과 치렀던 갈등을 막 정리하고 난 직후였습니다. 루카치는 내게 이런 말을 했었습니다. 자신이 관념과 논증에서는 당보다 옳았을지 모르지만, 사실은 당이 옳았다고.ㅡ 왜냐하면 당이 객관적인 역사적 단계를 구현하는 것이며, 반면 전적으로 사유의 논리에 따라서보면 더 진보적인 그자신의 입장은 이러한 객관적인 입장에는 못 미친다는 것이었습니다.[27] 이 말이 무슨 뜻인지, 여러분에게 전부 다 그려 보여주면 안 된다고 나는 믿습니다. 더 성공적인 것, 자신을 관철시킨 것, 변증법의 도움을 빌어 일반적으로 수용된 것이 이런 것들의 터무니없음을 꿰뚫어보는 의식보다 더 높은 진리의 위상을 점한다는 식으로 들리기나 할 것이기 때문입니다. 사실 동구권의 이데올로기를 광범위하고도 깊숙하게 파고든 모티브이지요. 그리고 한발 더 나아가 의식이 자기 자신을 차단하고, 자신에게 고유한 자유를 스스로 포기하고, 그러고는 그저 더 강한 진영에 적응하고 마는 방향으로 흘러가 버리겠지요. 나로서는 이런 일을 한다는 것이 불가능해 보입니다.

이런 근거에서 전반적으로 보아 —나는 지금 그저 그와 같은 어떤 하나의 모델에서 예를 들어 보는 것인데요— 부정의 부정이 실증성이요, 입지이자, 긍정이라는 테제는 유지될 수 없다, 부정의 부정은 실증성으로 귀결되지 않는다, 혹은 자동적으로 그렇게 되지 않는다, 그냥 그렇게 되는 것이 아니라고 말을 하는 것입니다. 오늘날과 같이 인류가 한편으로는 모두 깊은 의구심에 휩싸여 있고, 또 다른 한편으로는 그렇다고 해서 무얼 할 수 있는 상황도 아닌 상태, 그리고 정말로 할 수 있는 일이 아무것도 없을지 모르는 상태에서 정작 일반적으로 광범위하게 퍼진 의식을 지배하는 것은 —헤겔이 비판한 추상적인 주관성 혹은 추상적인 부정성과는 정반대로— 추상적 실증성의 이상Ideal과 같은 것입니다. 제대로 신랄한 위트를 날린 존경할 만한 케스트너Kästner의 시에서와 같은 의미에서의 실증성 말입니다. "케스트너 씨, 그런데 실증자는 어디에 있나요?"[28] 이 지점에서 다음 사실을 밝히지 않을 수가 없군요. 이 실증성이라는 개념이 내게 아주 의심쩍어진 것이 바로 망명을 가야 했던 시절의 일이었음을 말입니다. 망명이란 상황에서는 가장 극단적인 방식으로 사회적 억압에 노출된 사람들이 그 상황에 자신을 적응시켜야만 하게끔 되어 있습니다. 그리고 적응이라는 것을 하기 위해, 자신들에게 강압적으로 여겨지는 것을 어쨌든 해내기 위해, 허심탄회하게 이렇게 말해볼까요, 그래, 그 혹은 그녀는 매우 포지티브했다 … 이런 말만큼 망명자들이 어떻게 자신을 가해자와 동일시하고 말았는가를 제대로 드러내주는 것도 없을 겁니다.[29] 이것이 무엇을 의미하는가 하면, 정신적이고 세련된 인간이 소매를 높이 걷어붙이고 접시를 닦는다는 뜻이지요.ー 아니면 그 밖의 어떤 사회적으로 유용한 무슨 일을 하게 되있음을 밀하겠지요. 의식에 실체적으로 들어 있던 실제내용들에서 모든 것들이 녹아 없어지면, 그래서 갈수록 내실이 없어져 이데올로기가 집어삼킬 여지가 늘어나게 되면, 그러면 이데올로기들은 하나같이 끝 모르게 추상적으로 될 수밖에 없습니다. 필연적으로요. 국가사회주의자들의 경우, 여기에서는 바로 인종이 그러했는데요, 정말 가장 아둔한 사람이라도 실제로 그 인종이 문제된다고 믿는 사람은 없었습니다. 나는 이렇게 생각합니다. 퇴행적인 이데올로기의 다음 단계에서는 마치 사람들이 공개 구혼을 위한 광고를 신문에 내면서 '긍정적인 인생관'이라는 표현이 제일 낫겠다고 여기는 그런 의미에서 일단 믿는다고 해두어야 하는 그런 실증자가 될 것이라고요. 내가 알기로는 "포지티브한 인생설계를 위한 협회"라는 이름을 지닌 사회기구도 있습니다. 여러분은 아마도 내가 이 이름을 지어냈으리라고 생각하겠지요. 그렇지 않습니다. 정말 그런 이름을 내건 단체가 있습니다. 그리고 이 "포지티브한 인생설계를 위한 모임"은 당연히 남 앞에서 말을 잘하게 되고, 장도 짜임새 있게 잘 봐서 신과 세상 앞에 좋은 모습으로 설 수 있게 하는 훈련을 실제로 합니다. 이것이 바로 실증성이라는 개념의 귀결입니다. 여기에는 실증자가 그 자체로서 이미 어떤 실증적인 것이라는 믿음이 감추어져 있습니다. 도대체 무엇이 실증자로 수용되는 것인지 묻지를 않는 것입니다. 여기에 있으며 그리고 설정되었고 현존하는 것이라는 의미에서 실증적인 것이 그냥 달리 까닭이 없는 탓에 좋고, 차원 높으며, 긍정할 만한 것이라고 ㅡ'포지티브'라는 말에 손쉽게 따라 붙는 이 수사들 말입니다ㅡ 포장되는 아주 단순한 오류는 아닌지 묻는 일이 없습니다. 그리고 사실은, 내 나름의 언어형이상학으로

이 단어를 풀어보자면, 실증자das Positive라는 개념 자체에 이런 이중의 의미가 들어 있는데, 참 흥미롭습니다. 특징적이기도 하구요. 실증적이라는 것은 한편으로는 주어지고, 설정되고 거기 있는 것이지요.─ 데이터를 중요시하는 철학을 실증주의라 일컫듯이 말입니다. 하지만 동시에 실증적인 것은 긍정할 만한 것, 선한 것, 일견 이상적인 것을 말하기도 합니다. 내 생각으로는 말입니다, 이 단어를 둘러싼 이러한 의미론적 짜임관계는 수많은 사람들의 의식에 들어 있는 무엇인가를 표현하고 있는 것입니다. 그리고 또 실제적인 일에서도 누군가에게 '포지티브한 비판'이 꼭 필요하다고 말할 때와 같은 경우를 생각해볼 수 있겠습니다. 나도 며칠 전에 그런 일을 겪었는데요, 라인란트Rheinland의 한 호텔에서였습니다. 모든 점에서는 손색이 없는 호텔이었지만, 소음은 정말 참기 어려웠습니다. 호텔 지배인에게 소음이 이렇게 심하니 이중창을 달아야 하지 않겠느냐고 말했더니, 그가 이런저런 고차적인 근거에서 그것이 절대불가하다고 말한 뒤, "하지만 저는 물론 포지티브한 비판에 대해서는 항상 대단히 고맙게 생각하는 바입니다."라고 말하는 것이었습니다. 내가 부정변증법을 거론한다면, 여기에는 실증자 일반의 물신화 ―이 물신화로 말하자면 이데올로기적 영향력이 대단한데, 최소한 그런 꿈을 꾸도록 하는[30] 특정한 철학적 흐름들의 진보와도 관련이 있다는 것이 나의 지론입니다만─ 그 물신화로부터 확실한 선을 긋겠다는 모티브가 결코 적지 않게 들어 있는 것이지요. 무엇이 긍정되는가, 무엇이 긍정되어야만 하는가, 그리고 무엇이 긍정되면 안 되는가를 물어야 합니다. 그냥 그 자체로서 벌써 가치로 승격되는 일이 벌어지도록 하는 대신에 말입니다. 니체Nietzsche가 삶을 긍정한다Jasagen고 완전히 격앙되어 토로하였을 때 말입니다, 유감스럽게도 그런 조짐이 이미 나타났지요. 확실한 것은 이 긍정이 쇼펜하우어가 말하는 삶에 대한 부정Neinsagen의 경우와 똑같이 추상적인 것이란 사실입니다. 니체야 그렇지 않다는 반대 입장을 분명히 밝히고 나서겠지만 말입니다.[31] 변증법적으로 표현을 해본다면 바로 그런 연유로 포지티브하게 드러나는 것이 본질적으로 부정자라고, 즉 비판에 직면해 있는 것이라고 말할 수 있겠습니다. 이것이 바로 부정변증법 구상과 이름 짓기에서 본질적인 모티브입니다.

　내가 지금껏 헤겔의 구조 전반을 특징짓는 모델에서 여러분에게 보여준 것은 그의 철학의 총체성에도 역시 해당된다고 할 수 있습니다. 아주 엄격한 의미에서 그렇다는 것이지요. 이를테면, 어떻게 말해야 할까요, 이 철학의 비밀 혹은 요점은 그 속에 포함된 부정들의 총체가 ―단순한 총량으로서가 아니라 서로 결합하여 형성되는 과정이― 저 유명하고 그리고 또 여러분 모두에게 친숙한 변증법 테제, 현실적인 것은 모두 이성적[32]이라는 테제의 의미에서 실증성이 되어야 한다는 것에 있다고 할 수 있습니다. 바로 이 지점, 전체로서 변증법의 이 실증성이라는 것 말입니다. 이는 사람들이 이성적인 것으로서 전체를 그 개별 계기들의 비이성까지도 속속들이 파고들어 알 수 있기 때문에― 전체가 바로 그 때문에 의미 있다고 주장할 수 있다는 것인데, 사실 저로서는 이런 주장은 더 이상 유지될 수 없다는 입장입니다. 19세기에 이미 이 요점을 방어하고 나선 적이 있었지요. 헤겔을 실증주의적으로 천박화하면서 방어를 했던 것입니다. 별로 성과는 없었습니다. 전체의 이 실증성이라는 것이 한마디로 모든 것이 아주 대단하게 꾸며진 그런 것이 아니고 바로 이 전체라는 것, 실증적이라고 하는 이 전체 dieses Ganze가 끝도 없이 자기 속에서 매개되어지는 것이라는 사실을 방어하는 측에서 제대로 이해하지 못하고 있었다고 해야만 하겠습니다.― 그럼에도 19세기 실증주의 철학들이 이러한 헤겔의 일반정립Generalthesis에 가했던 비판들은[33] 일면 정당한 구석이 있었음을 인정해야 할 것입니다. 하지만 오늘날 현실적인 것이 이성적이라는 실증적 복속, 즉 무엇인 그것은 의미를 갖는다는 주장은 더 이상 가능하지 않게 되었습니다. 존재자가 그 총괄개념에서 하나의 특정하고 그 자체로 통일적인 원칙, 즉 자연지배의 원칙으로 해명될 수 있다는 것과는 다른 의미에서 의미 있는 것으로 판명될 수 있다는 주장─ 이 주장은 여하튼 불가능하게 되었습니다. 아우슈비츠 이후에 더 이상 시를 쓸 수 없다는[34] 말이 여전히 유효한지 모르겠습니다. 하지만 아우슈비츠 이후 사람들이 더 이상은 진지하게 그런 일을 거론할 수 없게 되었고, 시 쓰는 일이 가능했던 세상이, 매일 새롭게 다른 형태로 위협받으며 그리고 유사한 방식으로, 베트남을 생각해 보십시오, 바로 지금 이 시각에도 그런 일이 벌어질 수 있는 것입니다.─ 전반적인 현실을 돌아보면 이렇게밖에 파악이 안 되는 상황에서 현실이 의미 있다고 주장하는 것이 내게는 냉소주의요 파렴치로 보입니다. 한마디로, 나는 이런 표현을 쓰겠습니다, 단순히 철학이전적 경험이라는 의미로도 거론되어서는 안 되는 파렴치지요. 그리고 여기에 대해 눈을 가리고, 현실을 받아들이지 않는 정신의 어처구니없는 오만으로, 이 모든 것에도 불구하고, 그럼에도 어떤 의미가 있다라고 주장하는 철학이 있다면 말입니다.─ 그런데 이런 일은 철학으로 인해 아직 완전한 바보가 되지 않은 사람에게서는 (철학에는 여러 기능이 있지만 우둔화 역시 당연히 성공적으로 수행합니다) 일어날 가능성이 없는 일입니다. 이 맥락에서 기억이 아주 생생한 사건이 하나 있습니다. 제3제국이 발흥하기 얼마 전에 틸리히와 함께 예비세미나를 진행하고 있었는데요, 한번은 어떤 여학생이 존재의 의미라는 개념에 대해 아주 과격하게 이야기했던 적이 있었습니다. 그 여학생이 삶은 의미 있다고 여겨지지 않습니다, 삶이 의미 있는지 알지 못하겠습니다 하고 말을 하자, 그때 이미 사람들 눈에 띄기 시작하던

나치 패거리들이 극도로 흥분해서는 발을 거칠게 굴러대더군요. 나는 그 나치들의 발길질이 무언가를 증명하거나 반박했다고 주장하려는 것이 아닙니다. 하지만 그것은 어쨌든 매우 특징적인 것입니다. 사유가 자유에 관계 맺는 하나의 신경점Nervenpunkt이라고 말하겠습니다. 주어진 현실이 무의미하고, 그러므로 이 현실에서는 정신이 자기 자신을 못 알아본다는 사실을 인식하면서 견뎌내는지, 혹은 의식이 처참하게 무기력해져서 모든 것이 최선으로 되었다고 항상 재확인 하지 않고는 도대체가 아무것도 할 수 없게 된 것은 아닌지를 알려주는 겁니다. 이러한 근거에서 모든 부정들의 총괄로서 실증성을 이론적으로 구축하는 것이 더 이상 가능하지 않다고 생각합니다. 철학이 세상과 소원하다는 세간의 악평을 정말 명예로 삼아야 할 처지에 빠진다 해도 할 수 없는 일이지요. 이런 악평은 사실은 철학이 세상과 특별히 친숙한 행보를 보이고 이 세상에 포지티브한 의미 같은 무언가를 약속할 때 제일 많이 받아야할 만한 것인데 말입니다.

여기까지 말했으니 변증법 개념, 부정변증법 개념이 비판적으로 되는 정황이 ―부정이라는 용어 선정에 대해서도 본질적인 뒷받침이 될 터인데요― 여러분에게 명확해졌겠지요. 그리고 이런 변증법은 말년의 헤겔이 요구했던 것처럼 모든 부정들에서 긍정적인 것das Affirmative을 찾아내는 것을 중요하게 여기지 않습니다. 오히려 그 반대이지요.― 자신에 대해 비판적인 태도를 취합니다. 그리고 아주 일반적으로 여러분에게 요소들과 이념들을 발전시켜 보여주려는 부정변증법은 비판이론과 본질적으로 동일한 것이라는 사실을 일단 말하고 싶습니다. 나는 비판이론과 부정변증법[35]이라는 두 용어는 같은 것을 지칭한다고 생각하고 있습니다. 아마도, 적확하게 말해본다면, 한 가지 차이는 있을 것입니다. 비판이론이 사실상 단지 사유의 주관적 측면만을, 다시 말해 바로 그 이론을 지칭한다면, 반면 부정변증법은 이 계기만이 아니라 그 계기가 직면하는 현실Realität도 아울러 제시한다는 것입니다. 그러므로 이 과정은 사유의 과정만이 아니라 선량한 헤겔이 주목했던 대로 동시에 사안 자체에서 일어나는 과정이 된다는 것입니다. 변증법의 이런 비판적인 특성은 계기들을 하나씩 집어내 배열하는 가운데 전체 면모가 드러날 수 있습니다. 제일 먼저는 내가 지난 시간에 여러분에게 개념과 그 사안 사이의 관계에서 전개시켜 보여주려 했던 ―여러분은 기억나지요― 그 계기가 될 것입니다. 우리는 이 문제를 다루게 될 것입니다. 우리는 이 개념과 사안 사이의 동일성이라는 테제가 관념론적 사유의 명줄Lebensnerv이라는 사실, 더 나아가, 전통적인 사유일반의 명줄이라는 사실을 목도할 것입니다. 그리고 개념과 사유가 동일하다는 이 주장이 또한 아주 깊이 현실 자체의 구조와 결부되어 있다는 사실을 보게 될 것입니다. 비판으로서의 부정변증법은 무엇보다도 바로 이러한 동일성요구에 대한 비판인 바, 이 동일성요구를 물론 끝도 없이 계속되는 개개의 사안에서 모두 다 꺼내 보여드릴 수는 없는 노릇이지요. 하지만 철학적 관심이 마주해서 포착하는 본질적인 구조들에서는, 철학적 주제를 통해 매개해서라도, 동일성요구를 드러내 보여줄 수 있을 것입니다. 더 나아가 비판으로서의 변증법은 어쨌든 정신이 제1자이고, 정말 무언가를 배태하고 있는 것Tragenden이라는 본질을 정신이 갖는다는 설정에 대한 비판을 의미합니다. 망명 시절에 나는 이런 관념을 브레히트Brecht에게 한번 털어놓으면서 철학이 그렇지 않느냐고 말을 건넸던 기억이 납니다. 그랬더니 브레히트는 그 문제는 이미 오래전에 끝난 토론이 아니냐 ―그는 간단히 유물변증법을 생각한 것입니다― 역사는 돌이킬 수 없을 만큼 진전되었는데, 저만큼 뒤처진 논쟁으로 사유를 되돌릴 작정이냐는 반응을 보였습니다. 나는 그런 생각에 동의할 수 없습니다. 일단 브레히트가 자신의 주장에 대한 방증으로 끌어들인 책, 이른바 경험비판주의[36]에 대한 레닌의 저작이 정신의 본질에 대한 혹은 관념론에 대한 철학적 비판이라는 의미에서 작정하고 나선 바를 전혀 수행하지 않았다고 여겨지기 때문입니다. 완전히 도그마적인 저술에 그쳤고, 그저 어떤 테제를 전후 맥락의 근거를 짚어냄 없이 쉬지 않고 해대는 욕설과 그런 비슷한 것들로 뒤범벅시켜 놓았을 따름입니다. 유물변증법이 그것이 한때 되고자 했던 것, 즉 고차적인 의미에서의 학문이요, 참으로 가장 진보한 단계의 인식이 되지 못하고 그처럼 의심쩍은 의미에서 일종의 세계관으로 굳어졌다는 사실이 내게는 바로 이 도그마와 전적으로 관계가 있어 보입니다. 하지만 나는 바로 이런 계기 속에 정신의 본질을 철학적으로 제대로 비판하도록 이끄는 근거가 충분히 들어 있다고 믿습니다. 왜냐하면 정신의 그러한 본질이 철학의 경우에는 ―철학의 매개자가 사실 정신이고, 철학은 항상 그리고 언제나 오직 정신 속에서만 움직이므로― 어떤 불가항력적인 것이기 때문입니다. 위대한 철학이 어떤 것인지 한번 제대로 경험한 사람이라면 누구든 정신의 우위라는 이 테제의 폭력을 경험했으리라 나는 믿습니다. 이런 폭력은 이른바 최상의 철학으로 꼽히는 것에는 모두 들어 있기 마련입니다. 이 경험이 의심쩍어진 후에 경험을 자기 자신에게 빗대어 재어보고 그리고 그 경험의 힘으로 운동과정에 들어가는 대신, 이런 경험으로부터 그냥 비껴나간 사유, 그런 사유는 모두 하나같이 완전히 힘을 잃어버릴 것입니다. 여러분 잊지 마십시오, 개념 안에서 사유가 일어나는 것이라는 사실, 이 사실을 통해 개념의 기관, 한마디로 의식에 이미 처음부터 일종의 우위선점 방식으로 출동명령이 내려진 것이라는 사실을요.[37] 잊지 마십시오, 한번 그저 아주 은밀하게나마 정신의 우위에 ―감각적인 데이터들로 정신에 주어진 '소여들'의 형태 속에서든 아니면 범주의 우위라는 의미에서든― 이 원칙에 얼핏 한번 손가락이라도 가닿는 날에는, 정말이지 그로부터 결코 헤어날 수 없게 된다는 사실을요. 헤겔의 엄청난 폭력은, 폭력이 맞습니다, 그 영향을 오늘날에도 여전히 우리가 받고 있으며, 나 역시 — 그렇습니다— 아주 강하게 받고 있는 폭력입니다. 내가 지금 여러분에게 펼쳐 보여드리는 관념들 중에서 어느 것도 최소한 경향적으로라도 헤겔 철학에 포함되지 않은 것은 없다는 사실을 나는 잘 알고 있습니다.[38]

19) 지난 시간 끝자락에서 언급했던, 부정변증법이란 동어반복이 아니겠냐는 비난에서부터 시작하겠다는 뜻.

20) 무슨 뜻인지 알 수 없는 표식.

21) 에리히 케스트너의 유명한 시 "케스트너 씨, 실증자는 어디에 있나요?"를 빗댐. 위 37쪽 및 아래 주 28 참조.

(역주: 케스트너의 시 첨부)

Und wo bleibt das Positive, Herr Kästner?

케스트너 씨, 그런데 실증자das Positive는 어디에 있나요?

_에리히 케스트너 Erich Kästner

Und immer wieder schickt ihr mir Briefe,
in denen ihr, dick unterstrichen, schreibt.
"Herr Kastner, wo bleibt das Positive?"
Ja, weiß der Teufel, wo das bleibt.

> 그대들은 나에게 거듭 편지를 보낸다.
> "케스트너 씨, 실증자는 어디에 있나요?"
> 라는 말에 굵은 밑줄을 그어서.
> 그게 어디 있는지 알 턱이 있나.

Noch immer räumt ihr dem Guten und Schönen
den leeren Platz überm Sofa ein.
Ihr wollt euch noch immer nicht dran gewöhnen,
gescheit und trotzdem tapfer zu sein.

> 여전히 그대들은 선하고 아름다운 것을 위해
> 소파에 빈자리를 마련해 둔다.
> 하지만 똑똑하면서도 용감해지는데
> 그대들은 아직 익숙하지 못하구나.

Ihr braucht schon wieder mal Vaseline,
mit der ihr das trockene Brot beschmiert.
Ihr sagt schon wieder, mit gläubiger Miene.
"Der siebente Himmel wird frisch tapeziert!"

그대들은 벌써 바셀린이 또 필요하구나.
메마른 빵에 발라뎉.
그리곤 또 다시 말한다. 아주 경건한 표정을 지은 채.
"일곱 번째 하늘이 방금 새로 칠해졌어요!"

Ihr streut euch Zucker über die Schmerzen
und denkt, unter Zucker verschwänden sie.
Ihr baut schon wieder Balkons vor die Herzen
und nehmt die strampelnde Seele aufs Knie.

아픈 데다 설탕을 뿌리곤
그 설탕 아래서 아픔이 사라질 것이라 생각한다.
또다시 심장 앞에 발코니를 지어 올리고는
무릎 꿇으며 발버둥치는 영혼을 부여잡는다.

Die Spezies Mensch ging aus dem Leime
und mit ihr Haus und Staat und Welt.
Ihr wünscht, daß ich's hübsch zusammenreime,
und denkt, daß es dann zusammenhält?

인간이라는 종種은 갈갈이 찢겨나갔다.
더불어 집도 국가도 세계도
그대들은 내가 그걸 반듯하게 붙여놓기를 원하느냐?
그러면 그게 붙어 있으리라 믿느냐?

Ich will nicht schwindeln. Ich werde nicht schwindeln.
Die Zeit ist schwarz, ich mach euch nichts weis.
Es gibt genug Lieferanten von Windeln.
Und manche liefern zum Selbstkostenpreis.

나는 사기 치지 않으련다, 그러지 않을 것이다.
사악한 시절이다. 나는 그대들에게 이걸 감추지 않겠다.
포대기를 공급하는 자들은 충분하다.
그리고 적잖은 이들은 원가로 공급하기도 한다.

Habt Sonne in sämtlichen Körperteilen
und wickelt die Sorgen in Seidenpapier!
Doch tut es rasch. Ihr müßt euch beeilen.
Sonst werden die Sorgen großer als ihr.

> 그대들은 몸 속 구석구석 햇빛을 받아들여
> 걱정거리를 비단종이로 잘 싸두어라!
> 그래 빨리 해라. 그대들은 서둘러야만 한다.
> 설핏 하다가는 걱정거리가 그대들보다 더 커진다.

Die Zeit liegt im Sterben. Bald wird sie begraben.
Im Osten zimmern sie schon den Sarg.
Ihr möchtet gern euren Spaßdran haben…?
Ein Friedhof ist kein Lunapark.

> 시간은 지금 죽어가고 있다. 곧 무덤에 묻힐 것이다.
> 동쪽에서는 사람들이 벌써 관을 짜고 있다.
> 그래 그대들은 거기서도 재미를 찾고 싶으냐…?
> 묘지는 달공원이 아니란다.

22) 헤겔 Rechtsphilosophie에 나오는 악명 높은 문장. 위 40쪽과 아래 주 32를 볼 것.

23) 추상적 주관성 비판으로서의 사회기구Institution들에 대하여는 Drei Studien zu Hegel에 들어 있는 아도르노의 논문 Aspekte 참조. GS 5, S.289f.

24) 헤겔의 Theologische Jugendschriften 참조. 베를린 왕립 도서관 소장 수고를 Hermann Nohl이 편집, Tübingen 1907.

25) Hegel, Differenz des Fichte'schen und Schelling'schen Systems der Philosophie in Beziehung auf Reinhold's Beyträge zur leichtern Übersicht des Zustands der Philosophie zu Anfang des neunzehnten Jahrhunderts, Jena 1801. 현재는 Werke a.a.O.(주 10), Bd.2. Jenaer Schriften(1801-1807), S.9ff.

26) 뒤르켐의 사회학으로부터 아도르노가 차용한 개념. 이 개념으로 '사회학적 사태'의 특수부문이 규정됨. "이는 개별자의 외부에 있고 강압적인 폭력이 내장되어 그 힘으로 개별자들에게 파고드는 특수한 종류의 행동들, 사유들 그리고 느낌들에 존재한다"(에밀 뒤르켐. Die Regeln der soziologischen Methode. Les regles de la methode socioligipue, in neuer Übers. hrsg. und eingeleitet von Rene König, Neuwied 1961, S.107). Einleitung zu Emile Durkheim "Soziologie und Philosophie"에서 아도르노는 사회적 속박을 다음과 같이 정의한다. "그(뒤르켐)의 경우 사회적 사태는 여하튼 사회적 속박이다. 제각기 주관적으로 이해되는 감정이

입에서 벗어나는 위압적인 사회적 속박이다. 이 속박은 주관적 자기의식으로 되지 않으며, 어떤 주체도 이 속박에 스스럼없이 자신을 일치시킬 수 없다. 특수하게 사회적인 것은 환원불가능하다는 구실이 주체에게 마침 떠오른다. 이 환원불가능성이 주체가 점점 더 사회적인 것을 즉자적인 것으로 만들도록 거들며, 인식하는 사람에 대해서만 아니라 집단에 흡수된 개별자에 대해서도 사회적인 것을 절대적인 것으로 독립시키도록 하였다"(GS 8, S.250).

27) 아도르노는 여기에서 루카치와의 첫 만남을 염두에 두고 있다. 1925년 6월 빈Wien에서 이루어진 이 만남에 대해 그는 1925년 6월 17일 지그프리트 크라카우어에게 보고하였다. NaS IV·7, S.383f. 주 194 참조.

28) 1930년 출간된 Ein Mann gibt Auskunft에 수록된 시 "케스트너 씨 실증자는 어디에 있나요?" 참조. Und immer wieder schickt ihr mir Briefe, / in denen ihr, dick unterstrichen, schreibt. / 'Herr Kastner, wo bleibt das Positive?' / Ja, weiß der Teufel, wo das bleibt. (Erich Kästner, Gesammelte Schriften für Erwachsene, Bd.1. Gedichte,)ㅡ 이 주제에 대해서는 아도르노가 말년에 쓴 논문 Kritik 역시 참조. "아주 철두철미하지는 않더라도 다른 나라들에서는 유사한 것이 발견되는 경우가 없는 본질적으로 독일적인 것은 반비판적인 도식이다. 이런저런 이의를 제기하는 사람들을 중상 모략하는 철학에서 잡담으로 전락해버린 그 도식, 실증자에 탄원하는 것 말이다. 비판이라는 단어, 무슨 일이 있어도 참아져야 하던가 아니면 스스로 비판적으로 처신하는 경우가 되겠는데, 이 단어에 구성적이라는 단어가 덧붙여지는 것을 거듭 확인하게 된다. 여기에서 전제되는 바는, 비판된 것 대신 무언가 더 나은 것을 제안할 수 있는 사람만이 비판을 가할 수 있다는 것이다. 레싱은 2백 년 전에 미학영역에서 이에 대해 비웃은 적이 있다. 실증자의 부담으로 비판에는 처음부터 재갈이 물려지고, 그 격렬함이 사장된다. 고트프리트 켈러Gottfried Keller에게서는 건설적인 것에 대한 요구를 생과자 단어라고 명명한 구절이 보인다"(GS 10·2, S.792).

29) 안나 프로이트Anna Freud에 의해 매우 설득력 있게 서술된 Identifikation mit dem Angreifer(Anna Freud, Das Ich und die Abwehrmechanismen, London 1946, S.125ff.)는 아도르노에 의하면 추방 및 퇴행메커니즘의 '특수한 경우'이다(GS 8, S.76). 아도르노는 이 경우를 현대사회이론의 맥락에서 자주 언급하였다(같은 곳 S.119, S.168 그리고 S.251 참조).

30) '독일 이데올로기에 대하여'라는 부제가 달려 있는 Jargon der Eigent-lichkeit에서 아도르노는 그 이름들을 적시하였다. "실증성을 찬양하는 데서 야스퍼스 이래로 은어들에 정통한 사람들은 모두 한결같다. 유일하게 용의주도한 하이데거만이 실증성 그 자체를 위한 현실추수적 태도가 노골적으로 드러나지 않도록 했으며 자신의 임무를 간접적으로 완수했는데, 진정성을 위해 각고의 노력을 들인 어조를 통해서이다. 하지만 야스퍼스는 '이 세상에서는 실증자로 먹고 사는 사람만이 참될 수 있다 실증자는 연결시키기만 하면 언제든지 얻을 수 있다.'라고 거리낌 없이 썼다"(GS 6, S.427f.).

31) 일례로 Ecce Homo에서 이렇게 말한다. "나는 진정한 대립을 최초로 알아차렸던 것이다.— 삶에 대해 저승의 복수욕을 가지고 저항하는 퇴화하는 본능(— 그리스도교, 쇼펜하우어의 철학, 어떤 의미로는 이미 플라톤 철학도 그렇고, 이상주의 전체가 그 전형적 형태다) 그리고 충만과 과잉에서 탄생한 최고의 긍정 형식, 고통 자체와 죄 자체와 삶 자체의 모든 의문스럽고 낯선 것들에 대한 아무런 유보 없는 긍정이라는 대립을 말이다. … 이 두 번째 것, 즉 삶에 대한 가장 즐겁고도 가장 충일하면서도 들뜬 긍정은 최고의 통찰일 뿐 아니라, 진리와 학문에 의해 가장 엄격하게 확인되고 유지되는 가장 심오한 통찰이다. 존재하는 것에서 빼버릴 것은 하나도 없으며, 없어도 되는 것은 없다.— 그리스도교인과 다른 허무주의자들에 의해 거절당한 삶의 측면은 그 가치 서열상 데카당스 본능이 승인하고, 승인해도 되었던 것들보다 무한히 높다. 이 점을 파악하려면 용기가 필요하고, 그런 용기를 위해서는 넘쳐나는 힘이 필요하다. 왜냐하면 용기가 과감히 전진해도 되는 꼭 그만큼, 꼭 힘의 정도만큼, 사람들은 진리에 다가가기 때문이다. 실재에 대한 긍정인 인식은 강자에게는 필연이다. 약함에 의해 고무되어 있는 약자에게 실재에 대한 비겁과 실재로부터의 도망이— '이상' 필연이듯 …"(Friedrich Nietzsche, Sämtliche Werke. kritische Studienausgabe, hrsg. von Giorgio Colli und Mazzino Montinari, Bd.6. Der Fall Wagner · Götzendämmerung u.a. 2.Aufl., München 1988. S.311f. / 백승영 옮김, 391-392쪽).

32) Vorrede zur Rechtsphilosophie 참조. "이성적인 것 그것이 현실적이다. 그리고 현실적인 것 그것이 이성적이다"[Hegel, Werke, a.a.O.(주 10), Bd.7. Grundlinien der Philosophie des Rechts oder Naturrecht und Staatswissenschaft im Grundrisse, S.24].

33) 아마도 Rudolf Haym의 강의 [Hegel und seine Zeit](Berlin 1857)를 생각
해볼 수 있을 것이다. 여기에서 헤겔의 현실적인 것의 이성성에 대한 격
언이 "복고정신의 고전적인 언어로, 정치적 보수주의, 정적주의 그리고 기
회주의에 대한 절대적 공식으로"(Ebd., S.365) 낙인찍혔다. 반면 아도르노
는 그와 같은 단순화에 맞서 항상 헤겔을 옹호하였다. Aspekt에서 이렇게
말한다. "그의 이설들 중 가장 의심쩍고 그래서 가장 널리 유포된 현실적
인 것이 이성적이라는 설은 그저 단순히 정당화하는 것만이 아니다. 그렇
지 않고 헤겔의 경우 이성은 자유와의 일정한 구도 속에 위치해 있다. 자
유와 이성은 서로 상호적이지 않다면 난센스이다. 현실적인 것이 자유의
이념에, 즉 인류의 자기규정에 투명하게 드러나는 한에서만 현실적인 것은
이성적이라고 간주될 수 있다. 헤겔에서 비롯되는 이러한 계몽의 유산을
유야무야 희석시키면서 그의 논리가 세상을 이성적으로 세우는 것과 도대
체가 아무런 관련이 없다고 열을 올리는 사람은 헤겔을 날조하는 것이
다"(GS 5, S.288).

34) 여기에서 아도르노는 그가 쓴 글 중에서 가장 유명하고 또 가장 빈번히
오해되는 문장을 염두에 두고 있다. "재앙에 대한 가장 극단적인 의식 역
시 잡담으로 타락할 위험에 직면한다. 문화비판은 문화와 야만의 변증법에
서 마지막 단계를 맞이하고 있다. 아우슈비츠 이후 시를 쓴다는 것은 야
만적이다, 그리고 이 사실은 오늘날 시를 쓴다는 일이 왜 불가능하게 되
었는가를 말해주는 인식 역시 갉아먹는다"(GS 10·1, S.30). 자신이 여기에
서 한 말이 의미하는 바가 무엇인지 아도르노 자신의 해석에 대해서는
Rolf Tiedemann, "Nicht die Erste Philosophie sondern eine letzte".
Anmerkungen zum Denken Adornos. in: Theodor Wiesengrund
Adorno, "Ob nach Auschwitz noch sich leben lasse". Ein philosoph-
isches Lesebuch, Frankfurt a. M. 1997. S.11ff. 참조.

35) 헤겔이 플라톤의 대화편에 나오는 소크라테스의 담화를 '부정적 변증법'이
라 성격 규정했지만 [Hegel, Werke, a.a.O.(각주 10), Bd.19. Vorlesungen
über die Geschichte der Philosophie II, S.69] 이 개념은 명백히 아도르
노에 의한 것이며, 무엇보다도 1966년에 출간된 그의 책 제목으로 사용된
개념이다. 반면 비판이론은 막스 호르크하이머의 논문 Traditionelle und
kritische Theorie 이래로 사회연구소와 관련된 연구자그룹의 사유를 특징
짓는 개념이었고 더 나가서는 정치적인 근거에서 마르크스주의를 은폐하

는 '암호Deckwort'(게르숌 숄렘)였다. "호르크하이머의 표현 '비판이론'은 一아도르노는 이렇게 말한다.一 유물론을 수용가능하게 만드는 것이 아니라 유물론에 이론적인 자의식을 부여하는 것이다. 이를 통해 유물론은 학문의 '전통적인 이론'과 거리를 두는 만큼 딜레탕트적인 세계해석으로부터도 거리를 두게 될 것이다. 변증법적인 것으로서 이론은 一마르크스의 이론까지도― 결국에는 자기 자신이 움직이는 전 권역을 부정하게 되더라도 내재적이어야만 한다"(GS 6, S.197).

36) W. I. Lenin, Materialismus und Empiriokritizismus. Kritische Bemerk-ungen über eine reaktionäre Philosophie, russ. Erstausg.: Moskau 1909, erste dt. übers.: Wien, Berlin 1927. 참조.― 호르크하이머의 Über Lenins 'Materialismus und Empiriokritizismus' 역시 참조. 호르크하이머는 레닌의 철학적 저술들에 대해 아도르노와는 매우 다른 평가를 내림 [in: Horkheimer, Gesammelte Schriften, a.a.O.(주 9), Bd.11. Nachgelassene Schriften 1914-1931. hrsg. von Gunzelin Schmid Noerr, Frankfurt a. M. 1987. S.171ff.].

37) 아도르노는 자기 철학의 핵심에 해당하는 이 생각을 이미 1965년 5월에 메모지에 기록해두었다. "철학은 모두 그 처리방법에 따라 관념론으로 사전에 결정이 내려진다. 왜냐하면 철학은 개념들로 처리를 해야만 하기 때문에 소재들, 비개념적인 것을 자신의 텍스트에 가져다 붙일 수 없다. (예술에서는 아마도 꼴라쥬의 원칙이 의식하지 못한 채로 여기에 대한 저항을 펼칠 수 있을 것이다. 토마스 만의 이어붙임 기술 역시.) 그러나 이를 통해서 애시당초 굳어지는 사실이 있으니 철학의 재료로서의 개념들에 우선권이 주어진다는 사실이다. 재료 자체가 하나의 추상인 것이다. 하지만 철학은 자신에게 필연적으로 설정된 거짓말ψεῦδος을 인식하고, 명명할 능력이 있다. 그리고 만일 철학이 이 지점에서 계속 사유를 진전시킨다면, 그것을 실제로 제거하지는 못하나, 그런 비진리라는 자기의식 속으로 자신의 모든 명제들이 빠져들도록 재구성해낸다. 바로 이것이 부정변증법의 이념이다"(GS 6, S.531). 아도르노가 『부정변증법』 서문으로 생각해둔 이 메모는 내용이 더 채워지지 않은 채로 남았지만, 『미학이론』에 이와 관련된 표현들이 들어 있다(GS 7, S.382f.).

38) 제2강 마지막 부분인 이 지점에 이르러 원본에는 이렇게 적혀 있다(여기서부터 격한 소음이 나고 목소리가 사라졌다. 10-12줄 정도가 빠짐).

핵심용어들

3)³⁹⁾ 오늘날에는 실증성 개념이, 추상화된 상태에서, 이데올로기로 되어버림.

비판 자체가 의심쩍어 진다는 것.

반면 부정자 개념은 추상적인 상태에 있어도, 저항으로서, 자신의 권리를 갖는다. 설령 이 개념이 자신의 실증자를 추상적으로 안 가지고 있더라도 말이다.− 그 실증자는 부정되어진 것 속에 들어박혀 있다.

하지만 문제는 규정된 부정이다. 즉 개념을 대상과 대질시키고 그리고 역으로 대상을 개념과 대질시키는 내재적 비판.

부정성은 그 자체로서는 소유물이나 재화가 아니다.− 그렇다면 이는 나쁜 실증자이리라.

그렇지 않으면 그 안에 들어가 있지 않아 사안 위에 머무는 존재의 허영에 불과하다. 나르치스적 오용에 대한 경고.− 자기 자신에 대한 부정성.

아마 심지어는 어떤 실증적인 동인Movens이 있을 것. 하지만 이는 말해지면 안 된다. (형상금지Bilderverbot!) 즉 스스로를 설정하면 안 되는 것이다. 확고한 것, 실증적인 것을 부인leugnen하지는 말 것.− 이는 하나의 계기인 것이다. 거기로 환원시키면 안 되는 계기.

헤겔에게서는 변증법의 실증성이 변증법의 전제이자 (즉 주체,

정신) 동시에 결과τέλος이다. 이 실증성이 체계를 떠받치고 있다.

그러므로 내가 관념을 발전시키는 동안 대답하기 위해 노력해야 하는 물음은 두 가지로 요약 가능.

1) 부정변증법이라는 게 도대체 가능한가? 즉 부정을 도출하는 실증적인 설정을 배제한다면, 어디서 부정의 규정성이 나오는가? 여기에 덧붙여. 부정을 부정하면 무엇이 되는가. 나의 대답은 예의 저 나쁜 실증성은 허위에 대한 시금석Index falsi이라는 것— 진테제 개념에 대한 극도로 진중한 유보. 헤겔의 경우, 이른바 진테제(의외로 헤겔의 텍스트에서 별 역할을 하지 않는)는 그냥 단순히 더 좋은 것이거나 더 고차원적인 것이 아니라 안티테제 속에서 테제를 유효하게 만드는 것이다. 이 점에서는 경험주의 철학과 그리 큰 차이가 나지 않는다.— 미세한 차이. 이것이 철학에서는 결정적임.
[첨가 3 a][40]

2) 체계 없는 변증법은 존재하는가. —표현만 다를 뿐, 마찬가지인 질문— 벤야민의 테제와 그 테제가 풀어야 할 과제.

_1965년 11월 16일

이 강의제목이 [부정변증법]이지요.41) 따라서 실증성 개념이 요즈음 어떤 형태로 사용되고 있는지 한번 살펴본다고 해서 크게 무리가 되지는 않을 겁니다. 오늘날에는 실증성이라는 개념 자체가 추상적인 상태에서 이데올로기로 되었다고 지난 시간에 잠깐 말한 바 있습니다. 그리고 비판 자체도, 어떤 내용이든 모두 마찬가지로, 요즈음에는 의심을 사고 있습니다. 바로 이런 사정들이 ―여러분은 사안을 개별적인 문제들로부터 살피지 말고 커다란 철학적 건축학에 따라 보아야 합니다― 나를 이 길로 들어서게 하였지요. 부정변증법에 대해 이야기하도록 말입니다. 그렇다고 여러분이 지금 여기에서 문제되고 있는 징후Phänomen를 실증성 개념에 대하여 의식Bewußtsein이 취하는 지배적인 지위에 한정시키려 든다면, 그래서 그것과 마찬가지로 부정성 개념에 대해서도 그렇게 한정한다면, 이 또한 잘못되고 피상적인 경우가 아닐 수 없겠지요. (그리고 이야말로 진심으로 피하고 싶은 경우입니다.) 중요한 것은 그렇게 되는 경과Vorgang입니다. 사람들은 이 과정을 아마도 현재 확보하고 있는 의식을 총동원하여 추적할 수 있을 것입니다. 이 진행과정에 대하여는 물화된 의식이라는 개념이 실제로 아주 잘 들어맞습니다. 나의 희망은 이 개념을 한번 제대로 발화시키고 이론적으로 발전시키는 것입니다.― 이는 물론, 보기에 따라서는, 철학적 과제라기보다 사회학적 과제라고 하는 편이 더 어울릴 것 같기도 하지만요.42) 내가 생각하는 바는 이렇습니다.― 그리고 여러분도 말입니다, 여러분 자신의 정신적 자각이라는 의미에서 여기에 제대로 한번 주목을 해보십시오. 아주 무의미한 일은 아닐 것입니다.― 개념들은, 우리가 지금 변증법을 주제로 이야기하는 중임을 잊지 마십시오, 그 개념들이 내포하고 있는 것에 빗대어 측정되지 않으며, 또 개념들이 내포하고 있는 것이 그 개념에 빗대어 측정되지도 않고 있습니다. 반면에 개념은 그냥 그대로 있고, 그리고 사람들은 개념에 할당된 진리내용에 대해서는 조금도 묻지 않으면서 그 개념과 어떤 관계를 맺고 있습니다. 이 '실증적positiv'이라는 개념, 그런데 이는 본질적으로 관계 개념입니다, 이 개념은 따라서 절대로 그 자체로서 유효하지 않으며 언제나 긍정되어지거나 혹은 부정되어져야만 하는 무엇과의 관련 속에서만 효력을 지닙니다.— 사람들은 이 'positiv'라는 개념을 정말이지 자신이 획득한 감정적 가치 때문에, 거기서 쥐어 짜낸 격정들 때문에 그 해당되는 관계들에서 움켜쥐는 것이며, 독립적이고 절대적인 것으로 수용해 모든 사물의 척도로 만들고 있습니다. 오늘날 대중적 인기를 누리고 있는 지식인 논쟁에서 —8일 전, 사회학 전공세미나 입문시간에[43] 이 사실을 언급한 바 있습니다— 바로 이런 일들이 벌어지고 있음을 볼 수 있습니다. 사람들은 지식인들을 두고 인류학적 혹은 정신적 또는 도덕적 유형을 논합니다만, 그런데 그 정신적 내용이라고 하는 것이 무엇인지에 대해서는 묻지 않습니다. 지성Intel- lektualität이라는 것이 한마디로 정신적인 것을 적합하게 지각하는 기관이 아니기라도 하듯이 말입니다.— 그 밖에도 물어야 할 것들은 많습니다. 나는 물화된 의식의 이러한 경향이 갈수록 치명적으로 된다는 인상을 받습니다. 존재하는 모든 개념들을 굵은 선으로 그어대는 선전지 문구들이 하는 식으로 일시에 정지시키고 물신화시키는 경향은,— 이젠 도처에 만연해진 탓에 제대로 의식에 포착되지도 않습니다. 그만큼 치명적으로 되었습니다. 그리고 철학이 할 일은 —여기에 대해서는 곧바로 몇 가지를 언급하도록 하겠습니다— 결코 부정성 그 자체에 있지 않습니다. 무엇보다도 일단 각자가 자기 자신의 사유방식을 관리하는 것, 자기 자신의 사유에 대해 비판적으로 입장을 취하는 것이 철학의 과제가 될 터인데요, 물화된 사유방식에 저항하기 위해서이지요. 내가 부정변증법이 어디로 귀착되는지, 여러분이 독자적으로 사유를 하도록 돕는다는 의미에서 ―우리의 강의는 이 과제를 절대 소홀히 해서는 안 되겠지요― 이 기회에 간략하게 말을 해본다면, 부정변증법은 여러분이 이러한 경향을 의식하게 해주는 것이라고 하겠습니다. 그리고 이 사실이 여러분에게 의식됨으로써, 여러분이 물화의 경향을 따르고 그대로 행하는 일이 없도록 차단하는 것입니다.

　　이러한 의식의 물화 경향은 당연히 사회적으로 그리고 역사철학적으로 아주 광범위하게 추적이 가능합니다. 핵심적인 원인은 절대적인 구속력을 발휘하는 통일된 범주들의[44] 상실, 그 돌이킬 수 없는 상실에 있음이 분명합니다. 이른바 실체적인 것으로부터 의식에 넘겨지는 것이 줄어들수록 ―이를 보완하기 위하여 어느 정도는 보충적으로― 개념들이, 그런데 개념은 자가 주조된selbst gemacht 것으로서 의식을 넘어선 것Transzendentes을 전혀 가지고 있지 않지요, 이 개념들이 이런 방식으로 글자 그대로의 의미에서 물신화되는 경향을 보인다는 말입니다. 한마디로 자가 주조된 것을 절대화하는 것이지요. 말하자면 관련된 맥락에서 떨어져 나와서는 그리고 더 이상 사유되지 않음으로써 절대화된다는 것입니다. 그러므로 이렇게 되겠습니다. 이런 사태에 직면하여 부정자라는 개념이 그 추상성 속에서도 ―일단은 불가피하게 나는 이 개념을 바로 그 추상성 속에서 끌어들일 수밖에 없는데요, 그 때문에 오류인 채로 말입니다― 일정하게 권리를 갖는다고요. 이를테면 그러한 방식의 사유습관들에 대한 저항권 같은 것이지요. 비록 그것이 자기 자신의 실증성을 안 '가지고' 있을지라도 말입니다. 왜냐하면 바로 이러한 '무언가를 갖는다'는 것, 느긋하게 의지할 수 있는 어떤 고정된 것으로서, 주어진 것으로, '무언가를 갖는다'는 것, ― 바로 거기에 맞서 사유는 정말 제대로 된 저항을 해야만 하는 것이 기 때문입니다. 사실은 말입니다. 철학적 관념이 정말로 제대로 된 철학적 관념이라면, 들어가 노닐 수 있는 매개물Medium 말인데 요, 그런 것을 가지고 있지 않은 사유에 결함이라는 비난이 적용 되어야 맞는 것이겠지요. 이런 이야기가 될 수 있겠네요. 그와 같 이 저항하는 사유에는 내가 여러분에게 물화된 의식이라는 개념을 통해 해명하려고 시도했던 그런 계기들에 대한 저항 속에 실증성 이 박혀 있다고요. 여기에서는 무엇보다도 일단 아주 단순하게 주 관적인 의식의 지위, 우리들 각자 개개인의 정신적 태도의 지위에 대해 생각해보면 된다고 하겠습니다. 그러나 여러분은 내가 어디 로 벗어나 가려고 하면서 지금은 그저 단계적으로만 펼쳐 보일 따 름인 그것의 의도가 무언지 파악하기 위해 지금 당장 그리고 처음 부터 이 사실만큼은 분명히 하고 있어야만 합니다. 여기에서 보편 적이고 추상적인 원칙으로서의 부정성을 문제 삼아서는 안 된다는 사실 말입니다. 내가 여러분에게 궁여지책으로 그런 식으로 보여 줄 수밖에 없기는 했지만, 그런 추상적 부정성이 관건인 것이 아 닙니다. 이 부정성에는, 내가 여러분에게 풀어 보여주었듯이 ─안 보여주었던가요. 그렇다면 강의 초반에 무언가를 제시하기는 했을 것입니다, 여하튼 무언가로 첫 시작은 해야 하는 것이니까. 아무 리 절대적으로 새로운 시작이란 없는 법이라고 굳게 믿고 있다 하 더라도 말입니다─ 이 부정성에 헤겔에게서 규정된 부정이라고 불 리는 것에 대한 지침이 들어 있다는 바로 그 사실이 중요한 것입 니다. 다른 말로 하자면, 이런 종류의 부정성은 부정성이 개념을 그 대상과 대질시키고 그리고 역으로 대상들을 그 개념들과 대질 시킴으로써 내재적 비판을 수행하는 가운데 단순한 관점철학을 넘 어서며, 이를 통해 스스로를 구체화한다는 이야기가 되겠습니다. 부정성 그 자체는, 이 개념이 하나의 난센스가 아니라면, 바로 이 즉자존재를 통해 그 자신이 의미하는 바의 정반대가 되는 개념인 바, 단지 콘텍스트 속에서만, 그렇게 '다른 것'에 적용되면서 이미 반대가 되는 것입니다.— 부정성 그 자체는 방어되어야만 하는 재화가 아닙니다. 그렇다면 부정성은 그 즉시 나쁜 실증성으로 전도되고 맙니다. 그리고 이렇게 잘못된 부정성은 그 자체로서 허영심 Eitelkeit이라는 특정한 태도를 표출시킵니다. 젊은 시절 쉽게 빠져들 수 있는 태도이지요.— 허영심은 개별 사안들의 규율 속으로 완전히 파고 들어가지 않은 사람들에게서 나타납니다. 그렇게 되면 정말로 헤겔이 『정신현상학』 서문의 저 유명한 구절에서 말한 예의 그 태도, 내가 끊임없이 다시 되돌아보면서 여기 이 수업을 듣고 계신 여러분 모두에게 하루속히 철저하게 한번 검토하기를 권하고 싶은 그런 태도가 나오는 것입니다.— 헤겔은 『정신현상학』 서문에서 사안의 안으로 들어가 있지 않기 때문에[45] 언제나 사안 위에 머무는 사람의 허영Eitelkeit과 공허Leere라고 했습니다. 추상적 부정성은 그러므로 사람들이 즉각적으로, 이른바 외부에서, 현상들의 오류를 감지해내는 것인데, 그렇게 하여 자신을 현상들 위에 올려놓기 위해서이지요. 이 추상적 부정성은 전반적으로 지식인들의 자기연민적 만족에 기여할 뿐이며, 그리고 그런 한에서 처음부터 오용에 노출되어 있다고 하겠습니다. 이 문제는 정말로 변증법적 사유의 규율이 요청하는 첫 조목에 해당합니다. 이 조목은 매우 강조해서 상기시킬 필요가 있는데요, 그 유혹에 맞서야 하기 때문입니다.— 물론 이런 유혹 역시 일말의 생산적인 측면을 담고 있긴 하겠지요. 이런 사정말입니다. 사람들이 배불리 먹었다고 해서 거기에 그냥 만족하고 말지 않으며, 그리고 또 몸에 걸친 잡동사니보다는 자신이 더 나은 존재라고 느낀다는 것입니다. 이런 일면을 나는 결코 가볍게 여기고 싶지 않습니다. 하지만 그렇다 해도 이런 태도를 취하는 수준에 머물면 안 되겠지요. 바로 여기에서 규정된 부정의 요청이 제기되는 것입니다.

하지만 그와 같은 사유가 당연히 한순간도 멈추지 않는 자기반성에 대한 의무를 진다는 사정 역시 가로놓여 있습니다. 이 지점에서는 정말 이런 말을 하고 싶은데요, 내가 시도하는 바에 대하여 제기되는 이의들, 이는 아주 강력합니다.─ 사람들은 미처 더나은 것을 생각해내지 못하자 (유감스럽게도 사람들에게는 정말 좋은것이 생각나는 경우가 일반적으로 아주 드뭅니다) 이렇게 반격해 들어오는 것입니다. 그는 도대체 자신의 부정성을 자기 자신의 사안에도 적용하는가? 바로 이런 것이야말로 제가 나쁜 추상적인 문제제기로 특징짓고 싶은 것의 교과서적인 예가 되겠습니다. 여기에서관건은 말입니다, 내가 모든 가능한 현상들에 대해 어떤 특정하고그리고 매우 잘 가다듬어진 연관성을 도출하는 방식으로 비판적인태도를 견지하므로, 그렇다면 선험적으로 그러한 소위 부정성을저 자신의 사안에 대해서도 적용해야 할 것 아니냐는 그런 문제가아닙니다. 궁극적으로 말입니다, 오직 규정된 부정의 관계 속에서만 구성하는 나 자신의 일을 만일 내가 전반적으로 잘못되었다거나 비진리라고 여긴다면, 그러면 나는 실제로 그만 둘 것입니다.내가 그 일들을 말한다는 것, 내가 그것을 발설한다는 것에는 근본적으로 내가 그 일들에 대한 자기반성을 할 만큼 했다는 사정이깔려 있는 것입니다. 하지만 밖에서 들이대는 요구, 정말 부정의원칙을 가지고 있다면 혹은 부정성을 본질적인 매개로 여긴다면이래야 하지 않느냐 하면서, 그러면 정말로 아무것도 말해서는 안되는 것 아니냐는 식의 요구─ 여기에 대해서는 근본적으로 이렇게밖에 대답해 드릴 수 없겠습니다. 바로 그 말에도 적용되지요!어쩌면 말입니다.─ 이런 맥락에서 취할 수 있는 가장 극단적인 대안이지 않을까 싶습니다만,─ 이른바 사유의 실증적인 동인 같은무엇이 있는 법이라고 생각합니다. 사람들이 그것을 의도하지 않는다면, ─여기에서 나는 '그것'을 의도적으로 언급하는데요, 사람들이 이 '사유의 동인'을 말할 수 없고 표현할 수 없기 때문이지요─ 그렇다면요, 그러면 규정된 부정은 없게 됩니다. 그러면 본질적으로 도대체가 아무 것도 없게 되지요. 그러나 나는 부정성에 그 의미에 따라서 관계적으로 귀속되는 실증성의 바로 이 계기가 규정된 부정의 원리와 연결된다고 믿습니다. 사람들이 실증성의 계기를 추상적으로, 확고하게, 정적으로, 늘 똑같은 상태에 머물도록 일시 정지시키는 것을 거스르기 때문이지요. 어떤 식으로든 진리에 대한 일말의 요구를 제기할 수 있는 철학이 하나같이 과거의 불로연명을 하고 있음이 사실이라면, 즉 철학[46]만이 세속화된 것이 아니라 바로 신학도 세속화된 것이 사실이라면, 그러면 바로 구원의 종교들에서 중심적인 위치를 차지하는 형상금지Bildverbot가 관념 깊숙이 그리고 관념의 가장 미세한 지류들에 까지 흘러들어가는 과정이 세속화 과정의 결정적인 지점이라고 나는 믿습니다. 좀 더 명쾌하게 말하자면 이렇게 되겠지요. 어떤 결절Punktives을 부정하는 것이 문제가 아니라고, 사유에서 어떤 확고한 것ein Festes을 부정하는 것을 문제 삼고 있는 것이 절대 아니라고요. 우리가 언제 변증법 논리에서 확고한 것이 차지하는 의미를 제대로 한번 구체적으로 들여다볼 날이 오기를 희망합니다. 하지만 이 확고하고 실증적인 것은 바로 부정이, 하나의 계기가 ─그런데 이 계기는 선취되는 것이 아니지요─ 이 계기가 어떻게 처음 시작지점에 설정될 수 있는가 하는 데 달려 있다고 하겠습니다. 여러분이 바로 내가 여러분에게 말하였던 바를 가지고 내게 이렇게 묻는다면, 즉 당신은 실증자나 부정자 모두가 단지 계기들일 뿐이고, 모두 절대자로 확립될 수 있는 게 아니라고 하지 않았느냐,─ 그런데 왜 그토록 부정성의 개념을 강조하는가 하고 묻는다면, 그러면 나는 여기에 대한 진정한 대답을 우리가 지금 막 시작한 일이 다 마무리되었다고 여러분이 받아들이게 될 때에서야 내놓을 수 있다고 답변할 수밖에 없습니다. 다시 말하자면 내가 전통적 사유의 동일철학적 전제를 일목요연하고도 내재적으로 비판하는 데 성공했을 때입니다. 그러므로 나는 여러분에게 기다려 달라고 양해를 구해야만 합니다. 지금으로서는 할 수 없는 일인 것입니다. 하지만 일상적인 용도라면, 이를테면 그냥 평범한 민초의 입장에서 할 말은 있습니다. 실증성의 세계가 정말이지 너무도 범람해서, 그런 까닭에 실증성 자체가 부정자로 드러나고 있습니다. 따라서 이런 부정자에 대해서는 무엇보다도 바로 부정변증법이라는 개념을 통해 특징지어지는 그런 태도를 취하는 것이 일단 어울린다고 하겠습니다.

그리고 바로 여기가 헤겔과 달라지는 지점입니다. 이 차이는 그 무엇으로도 덮을 수 없으며, 아울러 소위 말하는 보편적인 입장들을 단순히 분간해내는 그런 작업에 속하는 것도 아닙니다. 이 차이는 개별적인 범주들 하나하나에까지 전부 파고듭니다. 헤겔은 실로 너무도 무궁무진하기 때문에, 그리고 참으로 많은 철학적 사유들이 헤겔에게서 배웠음을 진지하게 내세우고 있기 때문에, 바로 이 지점에서 차이들을 간과하고 지나치는 일은 사실상 불가능합니다. 체계적인 단초Ansatz의 표면에 드러나는 차이 정도로 파악하고 넘어가기도 어렵지요. 헤겔에게서 변증법의 실증성, 궁극적으로 전체는 모든 부정들의 총합인데, 전체는 실증자이며, 의미이며, 이성입니다. 그래요, 신성Gottheit이며 절대자입니다. 그런 한에서 이 전체는 애당초 변증법을 촉발시키는 전제가 되며, 다른 한편으로는 이 변증법에서 도출되어 나올 수 있어야 하는 결과이기도 한데, 사실은 강제로 나와야 하는 결과이지요. 그리고 바로 이런 돌림놀이를 헤겔은 특히 즐겼습니다. 그래서 자신의 철학을 원환형태圓環形態, Kreisgestalt에 비교하기도 했던 것이지요.[47] 이를 완전히 다른 영역, 즉 수학의 영역에서 나온 단어에 빗대어 말할 수도 있답니다. 앙리 포앵카레Henri Poincaré의 표현에 의하면48) 헤겔 철학 전체를 하나의 거대한 동어반복으로 파악하여 이해할 수도 있다고 합니다.49) 사안에 걸림돌이 하나도 없다면, 모든 것이 아름답고 좋겠지요. 그 모든 것을 다 가지고자 하는 철학, 그 무엇도 포기하고 싶지 않은 철학, 바로 이 철학, 비록 기꺼이는 아닐지라도 자기 안으로 끌어들여서 부담을 줄, 바로 그 자신과는 매우 현격하게 상반되는 그런 개념이 하나도 없는 이 철학은― 이 철학은 그러므로 한편으로는 거대한 분석 판단으로서 자신을 드러내면서, 다른 한편으로는 하지만 동시에 진정한 종합판단이라고 주장하고 나서는 것입니다. 이 말은 정신이 내리는 분석판단에는 종합판단이 포합되어 있다는 것이지요. 이른바 정신이 아닌 것을 정신과 일치시킨다는 겁니다. 그리고 바로 이러한 이중의 요구, 무엇이 분석적이면서 동시에 종합적인 판단이라는 이중의 요구야말로 내 생각에는 바로 헤겔을, 만일 사람들이 그를 진지하게 받아들인다면 (진지하게 대하는 것보다 더 큰 존경은 없을 것입니다) 그를 넘어서야만 하는 지점이 됩니다. 그러니까 이 지점에서 비판적 사유는 헤겔을 벗어나야만 하는 것입니다. 이런 사정으로 내가 처음부터 변증법에 대한 철학적으로 최고의 형태로서만이 아니라 이제껏 철학이 도달한 최고의 입장으로 간주하는 변증법의 형태와의 차이를 지적하게 된 것입니다.― 이제껏 내가 여러분에게 윤곽을 드러내고자 했던 내용에서 그러면 두 가지 질문이 나오겠지요. 바라기로야 관념을 발전시키는 가운데 답변이 어느 정도는 제시되었으면 하는 것이지요. 아울러 여러분에게 부탁하는 바는 이를 주제로서 항상 염두에 두고 있으라는 것입니다. 한 가지 질문은 바로 **부정변증법**이라는 게 도대체 가능한 것인가 하는 질문입니다. 다시 말하자면, 만일 운동이라는 것이 말입니다, 근본적으로 보면 언제나 객체가 이미 정신이라는 사실, 정신과의 차별성 속에서 파악되어져야만 하는 객체가 이미 정신이라는 사실을 통해 운동이 저절로 일어나지 않는다면, 그렇다면 도대체가 변증법적 과정에 대해 말할 수가 있기나 한지 그런 물음이지요. 정신에서 모든 것이 생겨나온다면서요, 그 정신의 실증적 설정positive Setzung이 처음부터 그렇게 유도하지 않는다면, 그러면 대체 어디에서 부정의 규정성이 나오게 됩니까? 이런 식의 어법도 적용해볼 수가 있겠습니다. 그러면 그런 부정변증법에서는 무엇이 ─이 문제는 내가 이미 강의를 시작하면서 처음에 들추어냈었습니다─ 헤겔의 경우라면 부정의 부정이라고 불리는 것, 바로 거기에서 부정변증법은 그렇다면 무엇이 나오는 거냐고 말입니다. 이 물음에 대해 지금 이 순간에는 이렇게 답변하고 싶습니다. 부정의 부정은 실증자 일반이 아니며, 그 자신의 실증성은 물론 그 자신의 오류가능성 그리고 허약함에, 다시 말해 나쁜 실증성 속에 있는 실증자라고요. 이렇게도 말할 수 있겠습니다. 이는 방법론적 기본명제들 중의 하나인데, ─내가 이런 것을 거론한다고 해서 여러분이 내게 득달같이 달려들어, 음 그래 넌 고로 보편적인 방법론적 기본명제를 하나 가지고 있다는 거로구나 하고 말하지 않는다면 말입니다─ 여기에서 관건은 이러저러한 보편적이거나 확고한 원칙들을 가지고 있지 않은지 어떤지가 결코 아닙니다. 중요한 것은 단지 그런 원칙들이 철학의 맥락 속에서 어떤 위상을, 어떤 기능을 차지하고 있는가 하는 것이지요.─ 그러므로 어쩌면 이렇게도 말할 수 있을 것입니다. (이전에도 이런 식으로 문제를 풀어보려고 시도했던 적이 이따금 있었습니다만)[50] 스피노자적이고 진정으로 동일성철학적인 명제, 자신과 허위에 대한 시금석으로서의 진실Verum index sui et falsi[51]이라는 명제 말인데요, 이는 참das Wahre에서 직접 그 자신인 진리와 그리고 허위가 추론된다는 것인바, ─그것이 실제로는 통용되지는 않지만, 그러나 무엇이 그것이면 안 되는 허위는 사실상 그 자신의 시금석Index이라는 사실, 무엇이 틀렸다는 것, 즉 무엇보다도 일단 그 자체가 아니라는 사실, 말하자면 무엇이기를 요구하는 바의 그것이 아니라는 의미에서 그 자체가 아니라는 사실— 이런 허위는, 뭐 원하신다면 어떤 일정한 직접성 속에서 자신을 선언하는 것이라고 해두지요, 허위의 이러한 직접성은 자신과 진실에 대한 시금석으로서의 허위falsum, index sui atque veri라는 명제로도 될 수 있다는 것입니다. 이렇게 해서 내가 '올바른 사유'라고 여기는 것에 대한 어떤 특정한, 결코 과도하게 긴장을 준다고 할 수는 없는 지침이 나오게 되었습니다.

하지만— 내가 개괄적으로 윤곽을 잡아 본 바로 이 부분에 진테제 개념에 대한 가장 심각한 유보가 들어 있답니다. 이쯤에서 여러분에게 한 가지 고백해야만 할 일이 있습니다. 참 나로서도 마음대로 안 되는 일인데요. 내가 사유하면서 과민증상을 보이는 지점이 있다는 사실입니다. 이를테면 신경증적 반응이라 할 수 있겠지요. 그리고 소위 이론적 사유란 아주 넓은 의미에서 보자면 그런데 이런 신경증적 반응을 의식Bewußtsein을 통해 추적해보는 시도에 불과하다고 할 수 있겠습니다. 여러분이 내가 얼마 전 『신독일지』에 발표한[52] 철학적 사유에 관한 소논문을 읽어보셨다면, 그러면 내가 지금 무슨 말을 하려는지 조금이나마 이해할 수 있을 터인데요. 여하튼 난 아주 일찍부터 진테제라는 개념에 대하여 극심한 신경증을 가지고 있었습니다. 그것이 무엇을 뜻하는지 제대로 알지도 못했으면서 말입니다.— 참말이지 극단으로 치우치는 성향이 있는 한 인간의 저항이라고나 할 수밖에 없는 것으로서, 융합주의라면 오류로 치부하는 인간, 그리고 아놀드 쇤베르크Arnold Schönberg[53]의 말을 빌리자면 로마로 통하지 않는 단 하나의 길인 중도Mittelweg에 저항하는 인간입니다. 하지만 어쨌든 삼중성의 도식에 따라 진테제가 되어야만 한다고 하는 부정의 부정, 여기에 대한 입장을 취하는 가운데 이러한 신경증을 적어도 개념화시키기는 하였지요. 나는 그렇게 믿고 있습니다. 이 지점에서 나는 여러분에게 다음과 같은 점에 주목하라고 말하고 싶습니다. 헤겔의 경우, 진테제에 그 나름 매우 고유한 정황이 결부되어 있다는 사실을요. 무엇보다도 헤겔에서는 이렇습니다. 만일 여러분이 그의 텍스트들을 세심하게 들여다보신다면, 흔히 말하는 식의 진테제, 실증성들은 처음의 기대와 달리 정말 아주 적게 나올 뿐임을 발견하게 될 것입니다. 그리고 또 사람들이 한번 순수하게 사전적인 의미에서 진테제 개념을 추적해본다면, ─칸트식의 인식비판적인 의미에서 종합명제라는 뜻이 아니라─ 그러면 설정, 입지 혹은 부정과 같은 개념들에 비해 진테제라는 표현이 그에게서 아주 드물게 나타남을 확인할 수 있습니다.─ 이런 정황은 정말이지 사안 자체와도 관계가 있다고 보아야 합니다. 사안에 어떤 근거가 있기 때문에 이렇게 된 것이지, 헤겔식 언어의 외적 특징 때문이 아닙니다. 그에게 있어 이른바 진테제는 사유의 세 갈래Dreigliedrigkeit를 ─일단 헤겔에게서 그와 같은 무언가가 있다 치고─ 하나하나 떼어놓고 보았을 때 세 번째 단계를 이룰 터인데요, 그런데 이 단계가 결코 더 좋은 것이거나 더 고차원적인 것이 아니라는 사실입니다. 그렇지 않습니다. 그처럼 세 단계로 이루어진 어떤 변증법을 하나 생각해보면 좋겠습니다. 예컨대 존재Sein, 무Nichts, 생성Werden과 같은 저 유명한 삼각도[54]를 보도록 하지요. 여러분들은 여기에서 말하는 소위 그 진테제가 일종의 운동으로 되어 있음을 발견할 겁니다. 사유의 운동, 개념의 운동이라고 할 만한 것인데, 뒤로 방향이 잡혀져 있습니다. 결코 앞쪽을 향해 나아가 달성한 것을 어떤 고차원적인 것으로서, 행복하게 획득한 하나의 차원 높은 것으로서 내놓는 운동이 절대 아닙니다. 헤겔의 진테제는 ─이를 한번 개별적인 세세한 부분까지 파고들어 분석해보아도 참 좋을 것 같습니다─ 안티테제가 일단 설정되고 나면, 그 안에서 테제를 다시 유효하게 만들곤 합니다. 그리하여 서로 대립적으로 설정된 두 개념들의 동일성이 일단 성사되거나 혹은 최소한 안티테제에서, 저 제일 유명한 안티테제, 무와 존재의 안티테제에서 그렇듯이, 동일성이 주장되고 나면, 그러면 그 다음 단계의 반성이 뒤따르게 됩니다. 그래, 그것은 정말 동일하다, 내가 그것을 그렇게 갖다 붙였어.— 말하자면 전적으로 규정되지 않은 것으로서의 존재는 동시에 무無라는 것이지요.— 하지만 그러고 나니 이런 생각이 —가장 초보적인 수준에서 표현을 해보자면 말입니다— 이런 생각이 드는 것입니다. 그렇다고 완전히 똑같은 것은 정말 아니야. 동일화하는 사유는 동일화를 통해서 개별 개념에 언제나 폭력을 행사하는 것이지요. 부정의 부정이란 그러므로 예의 저 폭력에 대한 상기想起, ἀνάμνησις에 다름 아닙니다. 서로 마주하고 있는 두 개념을 하나로 만듦으로써 한편으로는 그들 안에 들어 있는 필연성을 따라간 것이지만, 또한 동시에 그들에게 폭력을 행사했다는 사실을 변명하는 것과 같은 것이지요. 그들은 교정되어야만 했으니까요. 그리고 동일화에서 자행되는 이 교정이라는 폭력은 사실상 헤겔이 항상 진테제라고 말하는 그것입니다.[55] 바로 이것인데요, 이 구조가 —지금 여기에서 관건은 변증법의 구조입니다— 이 구조가 그렇다고 항상 아주 엄중하게 유지되는 것은 아닙니다. 그리고 사람들이 헤겔의 『논리학』에서 약간 다른 방식으로 형성되는 구조들을 나에게 들이댈 수도 있겠지요. 그 점에 대해서 나는 잘 알고 있습니다. 하지만 나는 기꺼이 그 의도는 원래 항상 이 의도였음을 열심히 설파하는 역할을 자청하겠습니다. 슬쩍 보기만 해도, 매우 흥미로운 체계적 귀결이 도출되는 의도입니다. 사유의 운동은, 변증법이 급진적으로 역동적인 유형의 사유로 특징지어지는 까닭이 바로 이 운동이라는 점 때문이겠는데요, 결코 단지 앞으로만 나가는 운동이 아닙니다. 그런 한 가지 성질만 있는 것이 아니라, 언제나 동시에 후진도 하는 운동이어서, 이 운동은 무엇에서 벗어나겠다고 움직이고 나면, 그런 의도로 반드시 벗어나겠다고 했던 그것을 다시 안으로 끌어들이게 됩니다. 무척 놀라우면서도 가장 파악하기 어려운 헤겔 변증법의 구조적 특징을 들자면 한편으로는 범주들이 한순간도 쉬지 않고 생성하는 것으로 그리고 스스로 변하는 것으로 규정되지만, 그러나 또 다른 한편으로는 그럼에도 그 범주들이 논리학의 범주들로서 여느 전통적인 논리학 혹은 인식론에서처럼 반드시 꼭 유효해야만 한다는 사실일 것입니다.— 그렇다면 말입니다, 내가 만일 혼동하고 있지 않다면, 그 근거는 바로 여기에 있겠지요. 앞으로 나가는 운동 자체에 놓인 후진하는 경향을 통해서, 바로 그 때문에 계속 나가는 것 역시 언제나 정지되어 버린다는 것입니다. 그러므로 이러한 의미에서도 (이는 여하튼 헤겔 변증법의 의도인데) 생성과 존재는 서로 동일한 것이어야만 합니다. 내가 지금 여러분에게 말한 것이 맞는다면, 다시 말해 이른바 그 진테제가 테제와 안티테제의 비동일성에 대한 표현에 불과하다면, 그렇다면 이러한 비동일성의 표현은 내가 부정변증법이라는 개념으로 사용하고 있는 것과 절대적인 차이가 있는 것이 아닙니다. 여러분이 일단 처음에, 첫인상으로 그리고 내가 나름의 일반적인 특성으로 앞서 말한 바가 있기 때문에 그렇게 생각하였을 수도 있겠지만, 이들 사이에 뭐 그리 큰 차이가 있는 것이 아닙니다. 차이들로 말할 것 같으면 철학이 전문가들에게 허용하는 가장 큰 추측이라고 해야겠습니다.— 철학에서 정말로 문제가 되는 이 차이는 (여기에 대해서는 이미 지난 시간에 이러저러하게 설명한 바 있지요. 그래도 또 반복하는 것은 여러분이 독자적으로 작업할 때 약간이나마 도움이 될까 싶어서입니다) 이 차이는 육중하게 서로 마주하고 있는 두 입장들 사이의 차이가 아닙니다. 두 입장들이라고 하는 것들을 서로 비교해봅시다. 예를 들어 합리주의자의 원형인 데카르트를 경험론의 시조인 프란시스

베이컨과 비교한다면, 그러면 사람들은 이 두 사람이 수없이 많은 것들에서 정말 똑같은 이야기를 하고 있음을 발견할 뿐 아니라, 비록 매우 다른 개념적인 도구들을 사용하고 있지만, 결국은 같은 것을 의미하고 있음을 발견할 것입니다. 이 철학들의 의도가 이른 바 세계관적인 입장이나 공리상의 관점들 때문에 그렇다고 여겨지는 것보다 서로 훨씬 더 근접해 있다는 사실을 알게 됩니다. 하지만 헤겔판 진테제 개념이나 규정된 부정이라는 개념에서 드러나는 미세한 차이들, 그 차이를 내가 지금 구제하고자 애를 쓰고 있는 중이지요— 바로 이 미세한 차이들에 변별성들이 들어 있는 것입니다. 그리고 철학적으로 사유하는 능력은 본질적으로 이런 능력이라 할 수 있겠지요. 판세를 가르는 차이들을 언제나 이런 미세한 차이들, 최소한의 차이들에서도 체험하는 능력 말입니다.

제기되는 질문들이 있다고 여러분에게 말했었지요. 이런 단초들을 통해, 여전히 매개된 채일지언정, 답변을 해야만 한다고 여기는 질문들이었는데요. 일단 부정변증법의 가능성에 대한 질문을 다루었으니, 이제는 두 번째 질문에 답해야 할 터인데요, 허나 이 두 번째 질문은 사안에 따라서라기보다는 표현방식 때문에 첫 번째 의문과는 천차만별인 것입니다. 바로 체계 없는 변증법이 정말로 가능한가 하는 물음입니다. 그리고 더 나아가 체계 없는 철학이 도대체 가능한가를 묻게 되지요. 철학체계라는 개념은 오래전에 불신임 받은 상태입니다. 제일 먼저 니체의 명제를 통해 격앙된 방식으로 그렇게 되었지요. 여러분 모두 잘 알고 있다시피 체계의 불성실함56)이라는 명제인데요. 허나 그보다 더했던 것은 하인리히 리케르트Heinrich Rickert57)의 이른바 열린 체계 등과 같은, 이런저런 신칸트주의 조류들에서 등장한 아류체계들을 통해서였습니다. 여기에서 보면 개념적인 장비들이 그러한 사유가 제기하는 요구에 대해 매우 부적절한 관계에 있음이 갈 데 없이 명백하게 드러납니다. 이렇게 해서 이제는 체계에 반대하는 입장을 표명하고 나서기 위해서 뭐 그리 큰 정신적 시민의식이 필요하지 않게 되었습니다. 그리고 오늘날에는 자신에 대한 확신을 약간이나마 가지고 있으면서도 여전히 체계를 다루는 사람은 더 이상 없다고 해야 할 형편입니다. 그보다는 오히려 이렇게 말하는 편이 더 나을지도 모르겠습니다. 체계가 가능하지 않음을 자꾸 확인하기보다는 체계 없는 철학이 도대체 가능한가 하는 물음을 제기하는 편이라고요. 내가 시도하는 중이고 그리고 여러분에게 설명해 주고 싶은 것은 사실상 체계 없이 그리고 존재론 없이 어떤 구속력 있는 의미에서 철학이 가능한가의 여부입니다.— 나는 정말로 이 지점에 다다르고 싶습니다. 그러나 이 일이 얼마나 진지한 것인지 —마지막으로 여기에 대해 이야기를 좀 하겠습니다— 에세이스트요, 미시주의자 Mikrologen로 명성이 드높은 벤야민이 요즈음 『증인들』58)이라는 제목으로 나온 책에 실린 글에서 체계 없이는 철학이 가능하지 않다는 견해를 강력하게 표명했다는 사실만 보아도 금방 알 수 있습니다. 그리고 벤야민이 거의 파국에 이르기까지 유지했던 사유의 긴장은 사실상 체계 없는 철학의 가능성에 대한 물음을 따라간 결과입니다. 앞으로 강의를 계속하면서 이 물음을 한번 아주 깊이 파고들어가 볼 작정입니다.— 하지만 거꾸로 된 타이틀로 나갈 겁니다. 모두들 철학의 체계는 가능하지 않다고 자명한 듯 말하는 세간의 표현을 뒤집는 거지요.

39) 이 일련번호는 제2강의 핵심용어들에서 붙이기 시작한 것을 이어받고 있다. 29쪽 참조.

40) 다음 강의, 즉 제4강에서 적용되는 [첨가 3 a], 75쪽 참조.

41) 이 강의의 제목에 대하여는 23쪽, 주 1 참조.

42) 물화된 의식에 대한 연구를 계획하고 있음을 아도르노는 메모장에 수없이 적어두었지만 진척시키지 못하였다.

43) 아도르노는 1965/66 겨울학기에 [Zum Begriff der Gesellschaft]라는 주제를 가지고 사회학 전공 세미나를 열었다. 주 14 참조. 그의 Einleitung은 하지만 그때 강연한 텍스트 Gesellschaft(GS 8, S.9ff. 볼 것)와 동일한 것 같아 보이지는 않는다.

44) 녹취록 대본(Vo. 10834)에는 다음 글이 더 있다. "어제 쉘스키 씨가 말리노프스키를 인용하여 지칭한 것 …" 헬무트 쉘스키의 말리노프스키 인용이 거론되지 않았기 때문에 이 문장은 삭제되었다.

45) "이렇게 볼 때 목적이나 결론을 찾아낸다거나 철학체계 상호간의 차이를 놓고 판정을 내린다는 것은 겉으로 보기보다 그리 어려운 작업은 아니라고 하겠다. 왜냐하면 그러한 행위는 문제의 핵심을 놓고 고심하기보다는 언제나 사태를 넘어서 있는 까닭에, 그렇게 얻어진 지知는 사태 안에 머물러서 거기에 몰두하는 것이 아니라 언제나 밖으로 무언가를 찾아 나서면서 사태에의 몰입이 아닌 자기 안주에 그치는 것이기 때문이다" [Hegel, Werke, a.a.O.(주 10), Bd.3, S.13 / 임석진 옮김, 37쪽].

46) 타자 원본에는 'Philologie'로 되어 있음(Vo 10837).

47) 증거를 대자면 무척 많겠지만 여기에서는 1830년 Enzyklopädie §25를 들어보겠다. "철학의 각 부분은 하나의 철학적 전체이며, 자기 속에서 자기 자신을 완결하는 원이지만 그러나 철학적 이념Idee은 그중에서도 어떤 특정한 규정성 혹은 요소들Elemente 가운데 있다. 각각의 원이 파괴되는 까닭은 그것이 자기 안에 있는 총체성이기 때문이며 그리고 자기 요소의 한계이기도 해서 또 다른 영역을 하나 더 근거 지우기 때문이다. 그러므로 전체는 원들로 이루어진 원으로 드러나며, 그 각각의 필수적인 계기이고, 그래서 그것의 고유한 요소들의 체계는 전체 이념이 된다. 이 이념이 마찬가지로 각각의 개별적인 요인들 속에서 나타나는 것이다" [Hegel, a.a.O.

Enzyklopädie der philosophischen Wissenschaften im Grundrisse (1830)].

48) 확인할 수 없음. Henri Poincaré(1854-1912). 아도르노 시대에 명성이 높았던 수학자, 이론물리학자, 철학자. 저서 "La science et l'hypothèse [Wissenschaft und Hypothese]"(1902, dt. 1904) und "Science et méthode [Wissenschaft und Methode]"(1908, dt. 1914).

49) 강의 [Kants "Kritik der reinen Vernunft"]에서 아도르노는 칸트가 이를테면 헤겔에 대해 미리 예견된 비판을 수행한다는 식의 표현을 사용하고 있다. " … 칸트가 한편으로는 형식 분석을 해나간 것이 사실이지만, 그러나 그는 동시에 다음과 같은 사실도 간파하였다. 모든 인식이 형식에 불과하다면, 즉 모든 인식이 주체한테서 생성되는 것이라면,- 그래서 인식이 본질적으로 단 하나 거대한 동어반복에 불과하다면, 주체가 인식을 하게 됨으로 인해 거듭 자기 자신만을 인식할 뿐이라면, 이 순전한 주체의 자기 자신 인식, 이렇다면 그것은 바로 계몽주의자 칸트가 막아내려 하였던 신화적 사유로 되돌아가는 것이다"(NaS IV·4, S.105f.).

50) Dialektik der Aufklärung 참조. "하지만 계몽이 어떤 식으로든 유토피아를 실체화하려는 시도에 미혹당하지 않고 또 지배를 당당하게 '분열'이라고 선언하고 나서면, 그러면 계몽이 굳이 감추려들지 않은 '주체와 객체의 단절'은 바로 이러한 단절 자체가 비진리임을 말해주는 증거이자, 그 비진리가 진리라는 사실에 대한 증거가 된다"(GS 3. S.57 / 김유동 옮김, 『계몽의 변증법』, 75쪽). 혹은 헤겔 연구 Skoteinos oder wie zu lesen sei에 나오는 "언어 자체는 참의 시금석Index이 아니며, 오히려 거짓의 시금석 중 하나이다"(GS 5, S.339) 참조.

51) Spinoza, Ethices pars secunda, prospositio XLIII, scholium 참조. "정말이다, 빛이 자신과 어둠을 드러내듯이 그렇게 진리는 그 자신과 거짓의 기준이다"(Benedictus de Spinoza, die Ethik, lateinisch und deutsch. Rev. Übers. von Jakob Stern, Nachwort von Bernhard Lakebrink, Stuttgart 1997. S.214/215).

52) 14쪽, 주 12 참조.

53) 아놀드 쇤베르크는 〈Drei Satiren op.28〉을 "나이 어린 몇 명의 동시대인들로부터 공격을 받고 심하게 격앙되어서는 자신과 싸우려 드는 것은 좋지 못하다고 경고하려" 1925년에 썼다. Chorsatiren 서문에는 이렇게 되

어 있다. "첫째는 자신의 개인적인 치유를 중도Mittelweg에서 찾는 사람들 모두를 공략하고자 했다. 왜냐하면 중도란 로마에 이르지 않는 유일한 길 이기 때문이다. 그 길을 그래도 사용하는 이들은 불협화음을 야금야금 핥 고 하여 모던하다고 간주되고자 하는 그런 사람들이다. 하지만 그로부터 도출되는 결과에 책임을 지는 일에서는 매우 조심스러운 이들이다"(Willi Reich, Arnold Schönberg oder der Konservative Revolutionär, München 1974, S.161f.에서 인용).

54) Hegel, Werke a.a.O.(주 10), Bd.5. Wissenschaft der Logik I, S.82ff. 참조.

55) 이런 생각을 설득력 있게 표현한 『부정변증법』 서문의 문장 역시 참조. "사유가 그 재료를 향해 겨누는 창끝은 정신화된 자연지배에 그치는 것이 아니다. 사유는 자신이 종합해내는 것에 폭력을 가하지만 동시에 그 대립 물 속에서 기다리는 잠재력에 따르며, 그것과 관련해 스스로 가한 바를 보상한다는 이념에 무의식적으로 순종한다. 철학에서는 이러한 무의식이 의식된다"(GS 6, S.30f. / 홍승용 옮김, 75쪽).

56) Götzendämmerung 참조, "나는 체계주의자들을 모두 불신하며 피한다. 체계를 세우려는 의지는 성실성이 결여되어 있다[Friedrich Nietzsche, Sämtliche Werke, a.a.O.(주 31), Bd.6, S.63 / 백승영 옮김, 『우상의 황혼』, 81쪽].

57) "시선의 넓이와 공평무사함 역시 체계에의 의지와 합치되지는 못하는 것 일까? 다른 말로 하자면 체계란 그 안에 어느 한 곳 새로운 것을 위한 자 리가 남아 있지 않을 만큼 폐쇄적인 것일 수밖에 없는가? 철학이 체계적 으로 처리하면서도 사람들이 열려진 체계라 칭할 수 있는 그런 것을 추구 하는 것을 막을 근거는 존재하지 않는다. 하지만 이는 무엇을 뜻하는가? 어떤 한 사유의 결절이 이런 관점에서 보면 체계적이면서 동시에 개방적 이어야 한다는 말인가? 그렇다면 이는 모순을 발생시키게 된다. 허나 그런 뜻 역시 아니다. 개방성은 오히려 역사적인 문화생애의 비완결성을 제대로 평가하는 필연성에 관련되는 것이고, 그리고 본래의 체계성이란 모든 역사 를 능가하면서도 그 때문에 역사와 갈등을 빚지 않는 요인들에 근거할 수 있는 것이다"[Heinrich Rickert, Vom System der Werte, in: Logos 4(1913), S.297] 참조.

58) Walter Benjamin, Über das Programm der kommenden Philosophie,

in: Zeugnisse. Theodor W. Adorno zum 60. Geburtstag, hrsg. von Max Horkheimer, Frankfurt a. M. 1963, S.33ff. 지금은 벤야민, Gesammelte Schriften, Unter Mitwirkung von Theodor W. Adorno und Gerschom Scholem hrsg. von Rolf Tiedemann und Hermann Schweppenhäuser, Bd. II·1, 3.Aufl., Frankfurt a. M. 1990, S.157ff.

핵심용어들

[첨가 3 a] 1965년 11월 18일 시작

말하자면 체계이다Ad vocem System.

일반적인 악평, 더 중요한 것은 강압Nötigung을 통찰하는 것.

전통적인 개념에 따르는 철학에서는 체계가 아닌 철학은 단죄 된다. 전통적인 개념은 세계 전체에 대한 해명을 내놓으려 하거나 세계의 근거를 해명하려 한다.

체계 = 형식, 이러한 전체가 있어야 한다는 요구를 제기하는.

체계성Systematik과 체계System의 차이

체계성은 내적으로 통일된 서술형식이며, 그 안에서 모든 것 이 활동공간을 찾는 도식이며, 주관적 이성이 시행하는 행사 Veranstaltung이다.

체계는 하나의 원칙으로부터 사안 자체가 풀려나오는 것 Entwicklung이었다. 역동적이고 총체적이이어서, '그 무엇도 체계 밖 에 머무는 법이 없다.' 전형은 피히테.

이렇듯 체계에 대한 욕구는 대단한 것이다. 그래서 오늘날에 는 암암리에 체계성이 그 대체물로 투입되고 있다. 모든 사실들이 그 사실들로부터 미리 추상되어진 질서도식 안에서 활동공간을, 자신의 고정된 위치를 발견하게 되는데, 이 점에 대한 해명.

이러한 욕구 때문에 반체계적(니체) 혹은 무체계적으로 드러나는 사유구조물들 역시 잠재적으로는 체계가 되고 마는 것.

하이데거에 대한 하아크Haag의 지적. 하이데거의 존재개념에는 주체와 객체가 구분되지 않고 하나로 섞여 있어서, 체계원칙의 기능을 떠안는 처지가 됨. 물론 거대철학체계들처럼 체계임을 분명히 내보이는 것은 아니지만. 파악하기의 포기와 총체성의 결합.

하지만 그 잠재성을 통해 체계를 향한 충동Impuls은 변형됨, 더이상 똑같은 충동이 아니게 됨.

이러한 관점에서 보자면 부정변증법은 이런 충동의 변형을 의식하는 것. [첨가 끝]

그러면59) 관념Gedanke은 우연적이지 않고, 자의적이지 않게 된다. 답변: 관념은 (잘못된) 실증성의 형태Gestalt에서 도출된다. 늘 그렇듯이, 역사적으로 주어진 관념의 형태에서 철학적으로 도출되는 것이다. 이와 동시에 관념은 저항을 조준한다. 체계 대신에 사안의 강제가 들어섬.

한 가지: 체계의 힘은 개별자에 대한 비판으로 변환되어질 수 있어야만 한다. 개념과 사안! 이 둘에 대한 이중의 의미에서의 비판. 토론에 부쳐져야. 자기 자신 안으로 체계를 흡착해 들이는 사유. 개별자를 폭파시키는 가운데 분출되는 힘은 한때 체계에 영혼을 불어 넣었던 힘이다. 왜냐하면 이 힘을 통해 징후Phänomen가, 자신의 개념과 비동일적인 것으로서, 그 자신보다 더Mehr인 것으로 되기 때문이다. 체계에서 구제되어야 할 것. 징후들이 객관적으로 하나의 연관을 형성한다는 사실이다. 징후들이 체계화되면서 비로소 연관이 형성되는 것이 아니다. 하지만 이는 실체화되거나 혹은 외부에서 현상들에 덧붙여지는 것이 아니다. 징후들 그 자체 내에서, 징후들의 가장 내밀한 규정에서 찾아져야만 하는 것이다. 그리

고 이를 위한 방법은 부정변증법일 수밖에 없다.

(1)[60] 철학은 철 지난 것처럼 보인다. 포이어바흐Feuerbach의 테제들. 오늘날 철학의 무정체성Unidentität에 대한, 철학의 사소함Irrelevanz에 대한 물음, 망망대해의 일엽편주une barque sur l'Ocean.[61] 철학은 비교할 수 없이 제한된 세계에 속하는 듯 보인다. 오두막Häuschen.[62]

　　이를 뜯어고치는 일이 실현되지 않았다고 해서 철학의 무용성이 입증되는 것은 아님.

_1965년 11월 18일

지난 시간에 체계 개념을 다루기 시작했습니다. 그리로 넘어갔던 것, 여러분 기억하겠지요. 이 강의에서는 체계 개념이 거듭 반복해서 거론될 터이므로, 이에 대해 여러분이 마음의 준비를 하고 있으라고 이 자리를 빌려 일러두고 싶습니다. 나는 항상 모종의 압박을 받아왔었는데, 내가 어떤 책, 즉 『인식론 메타비판』을 쓰면서 아주 짧게 다루었던[63] 이 카테고리를 한번은 제대로 논구해야 하지 않겠느냐는 것이었습니다. 바로 지금이야말로 입장을 밝힐 아주 절호의 기회라고 확신합니다. 그래서 여러분에게 이 자리를 빌려 자기변호를 하고자 합니다. 그동안은 여기저기서 조금씩 언급하다가 또 처음부터 다시 시작해야 하는 등, 제대로 한번 끝까지 가본 적이 없었습니다. 우선은 여러분을 좀 몰아붙이고 싶은데요, 오늘날 그 누구에게도 쉽지 않게 된 일, 무언가를 정신적으로 성취하는 일로 말입니다. 바로 철학이 자행하는 체계로의 강압을 그래도 한번 고스란히 추체험해보는 것입니다. '체계적으로 철학한다'라고 말하는 것이 오늘날에는 아주 진부하게 돼버렸습니다. 불가능하게 되었지요.— 그러다 보니 무엇이 대체 체계 개념에 그처럼 대단한 무게를 실어주었던가, 한번 확인해보는 일도 포기하였습니다. 그런데 나는 여기에 큰 가치를 부여합니다. 그 까닭은 여러분이 내 사유의 발단Ansatz을 그냥 단순히 체계와는 무관하게 이루어지는 우연한 사유로 생각하지 말아야 하고 그리고 체계와의 관련 하에서 보았을 때 비로소 제대로 이해되는 것으로 받아들여야 하기 때문입니다. 또 어떤 의미에서 보면 과거에 철학적 체계들을 필요로 했던 모종의 모티브들이 있었다면, 그렇다면 내 경우에도 마찬가지라는 이야기가 되겠지요,— 여하튼 내 의도는 그렇습니다. 철학에 관한 전통적인 개념에 따르자면 체계가 아닌 철학은 아예 사전에 결판이 난 것으로 되지요. 우연성이라는 낙인이 찍혀 버리는 깃입니다. 구성요소들에 구속력이 없어서 ―현대의 수리논리학이 하는 말입니다― 서로를 강제하는 연관성이 안 생기고 뚜렷한 형상도 못 갖게 되었다고요. 이런 주장의 이면에는 플라톤에서 독일 관념론에 이르기까지 철학이라는 전통적인 개념이 세계 전체를 해명하겠다는 뜻을 품고 있었다는 사정이 있습니다.― 아니면 최소한 그로부터 전체가 창조되어 나오는 세계의 근거를 해명하겠다는 마음을 먹은 것이지요. 여기에서 체계는 그 아래에서 그러한 전체가 주어질 수 있는 형식을 말하게 되겠습니다. 그러므로 이러한 형식은 자기 외부에 남겨두는 것이라곤 아무것도 없는 경우를 말합니다. 철학적 체계개념에 들어 있는 이러한 요구는 정말 놀랄 만큼 커서, 철학 자체의 요구와 거의 동일시되곤 했습니다.

문제를 좀 더 분명하게 드러내기 위해 자구 그대로의 의미에서의 체계와 그리고 전반적으로 그 자리를 대신하고 있는 것, 이른바 사유의 체계성이 서로 어떻게 다른지 그 차이를 명확히 밝히고 넘어가야 할 것입니다. 여기에서 체계성이라고 했을 때, ―이 말은 단어들을 그냥 자의적으로 갖다 붙인 것이 아니라 오늘날 시행되는 체계적인 설명의 실태에 실제로 아주 잘 들어맞는 조어입니다― 이 체계성을 나는 내적으로 통일된 서술의 형식이라고 이해합니다. 즉 하나의 도식이지요, 철학까지도 포함하여 (철학을 전문영역으로 친다면) 사안에 해당되는 전문영역에 속하는 것이 모두 자기 자리를 찾고, 자신이 귀속될 정당한 공간을 발견하는 그런 도식입니다. 그것은 주관적 이성이 개최하는 행사Veranstaltung입니다. 아마도 이런 유형의 체계성 중에서 가장 영향력 있고 잘 알려진 것은 기능 구조주의 사회이론일 것입니다. 탈콧 파슨스에 의해 발전되었고 사회학에 강력한 영향력을 끼친 이론이지요.[64] 그런데 내가 여기에서 문제 삼는 것은 사회학적인 것이 아닙니다. 그러한 사유의 구조를 주목하는 것인데요, 어떤 계획 혹은 하나의 연관체계인 것같은 사유, 사람들이 기획을 하고는 그러고 나서는 발생하는 것은 무어든 그리로 보내버릴 수 있는 그런 기획안 같은 것 말입니다. 그런데 말입니다, 어떤 한 상황에서 하나의 통일된 관점으로부터 풀려나가는 객관성의 발전, 이른바 즉자존재의 발전, 즉 사람들이 본질적으로 철학적인 체계라고 말할 만한 것─ 이런 것이 체계성이라고 일컬을 수 있는 것에 의해 상당할 정도로 대체된다는 사실입니다. 이 점이 내게는 아주 특이하게 보입니다. 나는 이를 체계 구성 그 이면에 들어앉아 있는 욕구가 얼마나 큰지를 알려주는 시금석으로 간주합니다. 체계관념을 철학적으로 불신임하는 데서 선뜻 짐작하게 하는 수준을 훨씬 뛰어넘습니다. 그런데 우리로 하여금 체계개념에 철저하게 파고들도록 몰아붙이는 것이 바로 그런 욕구인 것입니다. 체계란 그러므로 명백하고도 강하게 방점이 찍힌 철학 본래적인 의미에서 보자면 ─체계성이 주관적 이성의 질서도식, 사람들이 체계적으로 구상할 수 있는 질서도식을 뜻하는 개념인 반면─ 하나의 원칙으로부터 사안 자체가 전개되어 나오는 것이 되겠는데요, 역동적이지요, 말하자면 바로 발전 Entwicklung으로서, 모든 것을 자기 속으로 끌어들이는 움직임으로서, 모든 것을 파악하고, 그래서 동시에 총체적인, 그리고 헤겔식으로 말해서[65] 하늘과 땅 사이에 생각해볼 수 있는 것이라면 그 무엇 하나 체계 밖에 나와 있을 수는 없다는 식의 객관적 타당성에 대한 요구를 지녔다고 보아야 합니다. 아마도 피히테적 의미에서의 체계가 그런 요구를 가장 일사분란하게 실현한 경우일 것입니다. 실제로 피히테는 하나의 이념, 이른바 나Ich, 즉 절대적 주체로부터 모든 것이, 심지어는 유한한 주체와 그리고 그 유한한 주체에 맞서는 유한한 비아Nicht-Ich가 도출되는 것이라고 보았습니다. 그리고 내가 생각하기에 만일 여러분이 엄격한 체계개념에 대해 어느 정도 명확하게 하고 싶다면 피히테의 『학문론 또는 이른바 철학의 개념에 관하여Wissenschaftslehre』66)에 나중에 덧붙여진 시문들을 읽어보면 좋을 것 같습니다. 여기에서 여러분은 체계에 대한 강압을 피히테 논리학 특유의 폭력으로 생생하게 떠올려 볼 수 있답니다. 이런 강압은 오늘날의 느슨해진 의식으로는 좀처럼 느껴보기 어려운 것이지요. 그리고 나는 어쨌든 오로지 극단적으로 비체계적이거나 반체계적인 사유만이 체계와 겨룰 수 있다고 생각하는데요, 이런 사유가 강압 자체를 감지하거나 또 결국에 가서는 —이런 강령사항을 미리 끌어다 써도 된다면 말입니다— 이 거대한 체계의 단초들에 저장되어 있던 힘에서 무언가를 자기 속으로 끌어들이는 일을 할 수 있게 되는 경우라면 말입니다. 그와 같은 어떤 체계에 대한 욕구가 너무도 큰 것입니다. 그래서 오늘날 체계성이 —즉 질서도식이, 일정하게는 실증주의적 세기에 등장한 체계에 대한 창백한 모조품이라고 할 만한 것인데— 은근슬쩍 체계에 대한 대용품으로 받아들여졌다고 하겠습니다. 여기에서 이런 체계성들에 대해 한마디 좀 해야 하겠습니다. 내가 하고 싶은 말은 무엇이냐면,— 아주 수상쩍은 일이 벌어지고 있다는 것입니다. 사실들을 논리적으로 투명하게 정리해 낼 수 있기 위하여 그 사실들 그리고 사실들의 이어짐으로부터 일단 하나의 도식을 추상화시켜 내면, 그러면 이 도식이 마치 체계이고자 했던 것, 철학이라면 응당 늘 그것이어야만 하는 그 무엇으로 취급된단 말입니다. 다시 말해 해명, 그것에 의해 파악되어진 것에 대한 해석Deutung이나 된 듯 받아들여지는데, 정말 수상쩍은 일이 아닐 수 없습니다. 물론 내가 제대로 이해하고 있지 못할 수는 있지만, 이러한 체계성이 오늘날 어떤 매력을 발산하는지 알고는 있기 때문에 이런 말을 하는 것입니다.

이러한 욕구는, 이 점에 대하여도 난 여러분의 주의를 환기시키고 싶은데요, 우리를 이 지경에 이르도록 한참 떠밀어낸 모티브의 진지함을 여러분이 상기하도록 하기 위해서입니다.ㅡ 바로 이러한 욕구 때문에 사유구조물들Denkgebilde이 니체에게서처럼 반체계적으로 드러나든 아니면 현대의 현상학과 존재론처럼 무체계적인 형태를 띠든 모두 상관없이 잠재적으로는 하나같이 체계가 되는 것입니다. 후설은 결국 정직하게 실토를 하고 말았지요. 그는 의식의 징후들과 그 상관개념들에 대한 개별분석에서 출발하기는 했습니다. 그런데 존재하는 것을 모두 의식구조들로 환원시키는 방법론을 어떤 식으로든 일단 투입하고 보니 이와 더불어 체계에 대한 요구가 섞여들어 가게 되는 상황을 피할 수가 없었습니다. 이런 사정 때문에 후설의 현상학이 후기에 이르러서는 일종의 체계로 되돌아갔던 것이겠지요. 안도의 숨을 내쉬며 초월관념론의 체계에 의해 다시 재조립되었다[67]고 말하는 사람도 있을 수 있습니다. 하이데거에 오면 문제는 보기보다 훨씬 복잡해집니다. 한때 하이데거 철학이 매혹의 빛을 발한 이유들 중에는 이와 관련된 것도 한 가지 있음이 틀림없습니다. 이 철학이 체계라는 개념의 물레에 맞물려드는 소리를 전혀 내지 않으면서도 분명한 방점을 찍어가면서 자기 자신을 필연적이고 수미일관한 것으로 제시한다는 사실입니다. 하지만 또 이렇기도 하답니다. 잠재적으로는 최소한 하이데거에게서도 체계의 기능이 작동한다는 것인데요, ㅡ지금 이 지적은 며칠 전 하아크Haag 교수[68]와 나누었던 대담 덕분입니다ㅡ 그의 존재개념에 존재하는 것was ist과 관념Gedanken의 동일성이 들어 있기 때문입니다. 이런 동일성이야말로 철학체계들이 전통적인 방식으로 증명하려 시도했던 바이지요. 물론 이 존재개념이 정말로 그런 계기들의 구분되지 않고 직접적인 통일체이어야만 하는 선에서 그렇다는 이야기입니다. 그렇게 되면 이 통일성으로부터,

왜냐하면 이것이 구분되지 않은 상태의 통일이기 때문에, 존재의 다양한 존재방식들 그리고 존재론적인 것과 존재적인 것의 차이들이 비로소 파생되어 나올 터이니까요. 그러므로 하이데거에게서는 존재개념이 최소한 '산출하는' 기능 그리고 동시에 독일 관념론의 전통에서 체계들에 해당되었던 것과 비슷한 총체적인 기능을 갖는 것으로 됩니다.─ 물론 변형을 겪게 되지요. 그처럼 본원적인 원칙과 연관되어 있음이 더 이상 투명하게 드러나지 않습니다. 논리적 연역이라는 의미에서 실행되지 않는 것입니다. 그리고 여기에서 끌어들이는 원칙이 그 자체로서 이제는 더 이상 이성에 합당해야만 하는 것도 아닙니다. 그래서 하이데거의 경우, 이치에 맞지 않는 소리로 들리겠습니다만, 비합리적으로 되어버린 철학체계라는 말을 들을 수도 있다는 것입니다. 이렇게도 말할 수 있겠습니다, 그의 체계는 총체성에 대한 요구, 혹은 최소한 『존재와 시간』처럼 자신이 직접 써내려간 문장들에서 언급한 전체성에 대한 요구를 파악하기의 포기와 결합시키고 있다고요.[69] 이처럼 기이한 결합은 이미 칸트에게서부터 발견되는 것이기도 합니다. 칸트로 말할 것 같으면 초월관념론의 체계라는 이념을 매우 강하게 옹호했고, 3대 비판서들을 그처럼 실증적으로 완결된 체계를 통해 채워나가려는 계획을 가지고 있었지만 그러나 동시에 대상들을 '내부로부터' 파악한다는 관념은 라이프니츠적이고-주지주의적이라고 거부했던 사람입니다.─ 존재하는 것이라면 모두 잔류하는 어떤 잉여도 없이 대상의 개념으로 보내는 일에서 철학이 성공을 거둔다면, 그렇다면 실제로 말입니다, 그로 인해서 필연적으로 철학이 거느리고 있는 징후들 역시 파악이 되겠지요. 하지만 칸트에게서 미해결상태로 남는 수많은 문제들 중에는 ─엄청난 문제들이 미해결 상태에 있다고 말해야만 할 것입니다─ 이 문제도 포함됩니다.

하지만 그래도 철학체계의 기능과 형태에서 나타난 주목할 만한 변화들에는 주의를 좀 기울이라고 여러분에게 말하고 싶습니다. 이렇게 말하는 사람들이 있겠지요. 아, 그래, 하이데거가 어쨌든 하나의 체계라고 한다면 말이야, 그 자신이야 원치 않았겠지만 그러면 그것은 바로 관념론일 것이고, 그러면 이야기는 다 된 셈인 거지. 뭐 아주 지당한 말이 되겠습니다. (나라면 무슨 일이 있어도 그렇게는 말하지 않을 것입니다) 내가 하이데거의 철학을 위장된 관념론으로 간주한다는 사실을 부인할 생각은 전혀 없습니다. 하지만 여기에서 벌어지는 일은 이런 것입니다. 이른바 체계개념이 더 이상 그 자체로서 모습을 드러내지 않고 그 대신 내가 앞서 지목했듯이 체계개념이 잠재적으로 되는데요, 그리하여 더 이상 현존하는 것was da ist 모두가 명시적으로 도출되거나 아니면 자신을 구성하는, 산출하는 개념 아래로 보내지지 않고 있는 것입니다. ─ 이런 식으로 해서 체계 개념 자체를 질적으로 변화시켜 놓는 것이지요. 그런데 내게는 체계를 개별 단위들을 서로 묶는 잠재적인 힘으로 세속화시키는 길이 (건축학적 질서를 구축하는 대신에 말입니다) 아직 철학에 남아 있는 유일한 길로 ─내가 이 지점에서 약간 감동하고 있다는 사실을 난 아무 거리낌 없이 말할 수 있는 것입니다─ 보인답니다. 물론 당연히 존재라는 개념을 넘어서 단지 존재개념의 무차별성에 시중드는 그런 길과는 다른 길이 될 터이지만요. 이런 견지에서 여러분에게 간청하고자 하는데요, 부정변증법 개념을 철학적 체계의 이념이 겪어온 이러한 변화에 대한 비판적이고 자기비판적인 의식으로 이해하라고 말입니다. 체계는 사라집니다. 하지만 사라짐 속에서 자신의 힘들을 방출시키는데요, 어쩌면 우리가 신학에 대해서 주장할 수 있는 바와 유사할 것입니다. 완결되고 의미 있는 세계로서의 체계라는 이념으로 사실 신학의 세속화가 그 나름으로 이미 존재하고 있었다고요.─ 내가 여러분에게 말한 바가 있으므로 여러분은 어쩌면 철학과 같은 것이 체계로서가 아닌 무엇으로도 도대체 가능한 것이냐는 질문이 그렇게 구식은 아니고 또 꼭 학술적으로만 받아들일 일도 아님을 수긍할 수 있겠지요. 여기에 대해서는 벤야민이 초기에 크게 강조해서 한 말을 다시 한 번 꺼내볼 수 있을 것입니다. 그때 벤야민은 체계로서가 아닌 철학은 가능하지 않다고 했습니다.[70] 그리고 나선 정작 자기는 이런 통찰로부터 이탈해서 다른 길을 갔는데, 그 길은 참으로 매우 어렵고 고통스러웠으며 그리고 그 결과 또한 무척이나 파편적으로 남았습니다. 철학이 체계 없이도 가능한가 하는 물음에 진지하고도 또 꼭 필요한 만큼 강력한 공격이 감행되었다고 보이지는 않습니다. 오늘날까지 그런 적이 없다고 말하는 지금 내가 부풀려서 과장한다고 여기지 마십시오. 사태는 이렇습니다. 마치 뭐 체계 속에서의 통일을 완전히 포기한 관념인 것 같고, (비우호적으로 표현을 해본다면 말입니다) 그냥 방기된 상태에서 다 해치우는 식으로 사유하는 것같이 보인다는 말입니다.─ 그래서 마치 관념이 우연성과 자의에 넘겨져 버린 것처럼 보이고 있지 않은가 그렇게 생각된다는 것이지요. 바로 이런 재기 넘치는 이의가 아주 오래전부터 내 마음을 파고들었는데, 그렇게 한참을 지내고 보니 차츰 여기에 맞서 다른 이의제기가 머리를 들었고 ─한마디로 결국은 서로서로 맞물려서 하나의 연관을 엮어내는 수많은 사물들이 있었던 것입니다. 그렇게 해서─ 마침내 이전의 이의제기를 물리치고 득세하게 되었습니다. 하지만 오늘날까지 난 직접 그 패들을 책상 위에 내놓지는 않은 상태로[71] 말하자면 연결하고 통일을 이룩해내는 것은 무엇인지, 정작 제시하지는 않았습니다. 마침내 이 공백을 만회하는 시도를 하렵니다. 내가 궁리해둔 생각들 중 최소한 몇 가지는 이 수업에서 여러분에게 말하게 될 것입니다.

존재하고 그리고 사유되어질 수 있는 것들 모두의 총체성이 하나의 통일성 계기로부터 발전되어 나올 수 있다고 관념이 더 이상 확신하지 못하는 것 아니냐는 물음에 대한 지극히 잠정적인 대답— 여기에 대해 내놓을 수 있는 대답은 우리가 지난 수업에서 살펴보았던 실증성 개념과 실증성 비판에 대한 생각들과 매우 밀접하게 관련되어 있습니다. 이렇게 말할 수 있을지도 모르겠습니다. 이런 관념은 늘 의심쩍기는 해도 자신이 마주하고 있는 실증성의 형태로부터 도출되어지는 것이라고요. 관념의 구조가 관념에 장착되는 일이 이제는 더 이상 관념이 자신의 대상들을 자기 자신으로부터 불러내고 산출했던 권위와 주권에 의해서 발생하지 않습니다. 바로 관념이 산출해내서 마주하고 있는 것의 형태Gestalt에 의해서 그렇게 됩니다. 철학에 국한된 더 좁은 의미로 말하자면 —당연히 새로 생긴 일이 아닙니다. 철학사를 통틀어 늘 그래왔습니다— 역사적으로 이미 나와 있는 사유의 형태, 물론 관념의 촉수가 미치는 범위 내에서지만, 그 사유의 형태에 의해 강제되는 것입니다. 이런 의미에서 보면 사유의 통일성은 항상 사유가 자신의 역사적 위치에서, 특수한 상황 속에서 부정하는 것 그 안에 놓여 있다는 말도 됩니다.— 헤겔의 명제에 따르자면, 철학이란 자신의 시대를 관념 속에 포착하고 있는 것이라는 뜻이 되겠지요.[72] 체계 없이 구속력을 지니고자 하는 관념은 자신을 거슬러오는 저항에 스스로를 내맡긴다고 말할 수도 있겠습니다. 그러므로 사안이 관념에 대해 행사하는 강제를 통일성의 계기가 접촉하게 되는 것이지, 관념 자체의 '자유로운 처리'가 아닌 것입니다. 이 관념의 자유로운 처리가 피히테에게서는 체계의 중심을 이루고 있었습니다. 물론 늘 은폐되어 있었고 결코 공개된 적이 없는 채로 그랬던 것이지요. 이것을 한번 내가 전혀 다른 맥락에서 말한 관념과 연결시켜 보십시오. 즉 체계의 세속화라는 관념 혹은 체계적인 모티브의 변환이라는 관념 그리고 철학적 체계가 불가능하게 되었다는 관념과 말입니다. 이즈음에서 그러면 한번 좀 더 강령적으로, 앞선 개별 사안의 경우보다는 더 테제식으로 표현해보도록 하겠습니다. 요청하는 바는 한마디로 한때 전체 속에서 사유구조물을 통일하는 힘이었던 체계의 힘이 방향을 돌려 개별자들에서, 개별 현상들에 대한 비판으로 역전되어야 한다는 것입니다. 그런데 여기에서 비판이란 이중적인 것입니다.— 나는 이 두 계기들을 서로 분리시키라는 학문적인 훈련의 세뇌를 거부하겠습니다.— 하나는 이성학적 의미에서의 비판Kritik im noologischen Sinn입니다. 한마디로 명제와 판정들 그리고 구상들에 대해 전체로서 참인지 거짓인지 가려내는 비판입니다. 하지만 또 다른 한편으로 이 비판은 그 비판적 계기들을 징후들Phänomenen에 대한 비판과 필연적으로 연관시키게 됩니다. 여기에서 징후들이 그들의 개념에 계측되는 거지요. 왜냐하면 징후들의 자기 자신과의 비동일성, 이런 비동일성을 징후들은 늘 보유하고 있게 되는데요, 이 비동일성이 또한 동시에 징후들 자체의 정당함과 부당함에 대해 무언가를 말해주고 있기도 하기 때문입니다. 지금은 비판 개념의 이중적인 의미에 대해 더 길게 말할 수 없습니다. 다만 내가 비판이라고 말할 때는 항상 이런 이중성을, 그렇지만 동시에 하나이기도 한 뜻으로 사용할 것임을 여러분에게 분명히 해두고는 싶습니다. 그 밖에도 이 문제를 중요하게 다룬 것들로 사회과학 분야에서 영국 논리학자 포퍼와 벌였던 논쟁을 참조하라고 말할 수 있겠습니다. 튀빙엔 사회학자 대회에서의 발표문들을 담은 책이 나와 있습니다.73) 그 책을 찾아 읽어도 되겠지요. 이 자리에서 내가 여러분에게 제시해야만 하는 바로 그 프로그램이 그 책에 들어 있다고 할 수 있습니다. 그리고 역사적으로 보자면 이 프로그램은 이런 관점에서 니체의 머리에 떠올랐던 것에 가장 근접할 것입니다. 사유란 진정 체계는 아니지만, 하지만 자기 속으로 체계와 체계적인 충동을 집어삼키는 것이 사유일 것입니다. 개별자를 분석하는 가운데 한때 체계형성의 힘이고자 했던 그런 힘을 건지하는 사유인 거지요. 이 힘은 개별징후들에 대해 자기주장을 하는 사유를 통해 개별징후들이 폭파되면서 방출되며, 이는 한때 체계에 혼을 심었던 바로 그것과 동일한 힘이라고 생각합니다. 왜냐하면 바로 이를 통해 개별적인 징후들이, 각자 자신의 개념과 비동일적인 것으로서 그 자신보다 더Mehr인 그것으로 되는 힘이기 때문입니다. 그러므로 철학에서 체계에 의해 구출되어야만 하는 무엇이 있다면 이는 바로 징후들이 객관적으로 ㅡ인식하는 주체에 의해 그 징후들에게 부과된 징후들의 등급화가 아니라ㅡ 하나의 연관을 구성하는 일이라고 하겠습니다. 사안 자체에서의 이러한 연관은 하지만 실체화되어질 수는 없습니다. 즉 하나의 절대자로 만들어질 수 없고 그리고 또한 밖에서 가져와 덧붙여질 수도 없는 것입니다. 반면에 이 연관은 징후들 자체 속에서 징후들의 내적 규정 속에서 발견되어져야만 하는 것입니다. 그리고 부정변증법은, 그것이 방법론인 한에서 ㅡ부정변증법은 단지 한 측면에서만 방법론인데ㅡ 바로 그런 점에서 도움을 주어야 합니다.

자 여러분, 이즈음에서 나는 특별히 바라는 바가 있는데 ㅡ이 모든 것이 사실 필연적으로 강령적인 성격을 띨 수밖에 없기는 한데, 그래서는 아니고요, 어쨌든 나는 내 강령을 발전시켜나야만 하겠습니다. 그래야 한발 한발 차례로 나가는 발걸음을 통해 여러분을 설득할 수 있을 터이니까요. 이런 사정만 제외하고ㅡ 이 자리에 있는 모든 사람들로부터 이의제기를 받고 싶다는 것입니다. 이렇게 말하라는 겁니다. 도대체 당신은 순진하게도 철학이 결코 할 수 없는 무엇을 철학에 기대하고 있는 것이 아니냐고요. 거대한 체계들이 나온 시대에는 ㅡ근세 말입니다. 데카르트에서 헤겔에 이르는 시기라고 말해둡시다ㅡ 세계가 어떤 식으로든 일목요연함을 갖추고 있었습니다. 그렇다고 그런 체계의 일목요연함이 ㅡ지금 나는 그저 한없이 복잡한 헤겔적인 체계를 생각해내고 있을 뿐입니다만— 전적으로 일치하는 것은 아니라는 사실도 덧붙입시다. 하지만 어쨌든 그런 한때가 있었습니다. 사람들이 세계를 속속들이 알고 있는 그런 세계에서 체계들이 생겨났던 것입니다. 하지만 그렇다고 그 당시 세계가 사회학에서 쿨리Cooley 같은 사람이 원시 공동체 또는 1차적 공동사회라고 특징짓는[74] 그런 상태였다고는 절대로 말하지 않겠습니다. 결코 그런 것이 아니었습니다. 하지만 그 세계는 산업혁명이 시작될 무렵에 이르기까지, 여하튼 여전히 일목요연함의 성격을 지니고 있었고, 이런 일목요연함은 어쩌면 고가철도와 지하차도, 삼각형 꼴의 선로들 등과 그 비슷한 사회기구들의 엄청난 혼란을 지닌 거대도시에 비교했을 때 소도시의 특성이라 할 수 있는 것이겠지요. 내 생각으로는 철학에 대해서 말할 때 의식되는 모종의 순진성이 이런 소도시적 속성에 해당되지 않을까 합니다. 여기에서는 일단 말입니다, 내가 말하고 싶은 이야기는 —만일 그런 요구를 지닌 철학에 대해서 이야기를 한다면 말입니다, 지금 내가 그러고 있는 중이지만— 철학이 현실에 끌어들이는 모델들에서 철학은 오늘날 일반적으로 마치 현실 관계들이 일목요연하므로 모든 생명체를 일정하게 꿰뚫어 보고 그리고 어떤 통일된 개념으로 보내도 된다는 듯, 그런 일을 허용 받은 듯 정말 그렇게 처신하고 있다는 것입니다. 참 순진하지요.— 정말 그렇게 전제하고 있습니다. 그래서 이렇게 말할 수 있게 되는 거지요. 오늘날에는 철학 자체에 변방성Provinzialität의 계기가 들어 있다고요. 게다가 아래와 같은 점도 시대의 징표로 되지 않았습니까. 그 무엇에 좀처럼 빠져들지 않는 저항자가 늘 일반적인 트렌드에 맞서 —비록 그 흐름이 질적으로 매우 진보되고 앞선 것이라 할지라도— 특정한 악의 없음 그리고 뒤처짐이라는 이 계기를 갖는 것 말입니다. 그리고 이런 한에서 이 변방성의 계기들은, 내가 『고유성이라는 은어』에서 강조한 바 있듯이,[75] 결코 우발적인 것이 아니며, 어느 정도까지는 사안 자체에 속하는 것입니다. 왜냐하면 철학이라는 전통적인 개념 자체가 사유가 마치 한때 철학이 관여하면서 작업하였던 바로 그런 전통적인 관계들에 몰입하는 듯 처신할 때, 바로 그렇게 했을 때만 제대로 자리매김될 수 있는 것이기 때문입니다. 이처럼 변방주의로 내모는 철학의 강압을 사람들이 일단 알아채기만 한다면, 나도 이 협박에 대해 『고유성이라는 은어』에서 필요한 만큼 그렇게 가차 없이 이야기하지는 않았습니다만, 그렇다면 사람들은 두 가지 일에 대한 의무를 지게 됩니다. 한편으로는 말하자면 이러한 변방성에서 완전히 벗어나야 한다는 것입니다. 다시 말해 사람들이 이제 더 이상 마치 내실이 충만한 세계가 스스로 발전되어 나올 수 있다는 듯 그렇게 말하기를 그만두어야 한다는 것이지요. 헤겔이라면 자신이 그렇게 할 수 있다는 자기암시에 걸려 있을 수 있었겠지요. 하지만, 세계의 내실이 이미 오래전에 철학적 의식에서 빠져나가버린 것이 사실입니다. 다른 한편으로는 이런 일도 해야 하는데, 그런데 이는 정말로 꼭 ─사람들이 도대체가 철학적 사유를 하려 한다면 그리고 철학적 사유를 하면서 이리저리 간신히 지어 놓은 작은 집을 펜타곤Pentagon과 혼동하는 식의 처신을 하지 않으려면─ 해야만 하는 일입니다. 관념을 철학으로 되돌려 지시하는 길을 서술해야 합니다. 아니면 최소한, 만일 서술하지 못한다면, 이 또한 모든 값싼 요구들을 초과하는 것이긴 한데요, 축소된 채라도 정신적으로 따라잡아 보아야만 합니다. 내 생각으로는 말입니다, 오직 사람들이 이처럼 새롭게 등장한 철학에의 압박을 깨닫게 됨으로써만, 철학은 변방성의 계기로부터 벗어날 수가 있을 것입니다. 이 변방성은 이미 다음과 같은 행동거지에 들러붙어 있다고 할 수 있습니다. 누군가가 오늘날 자신의 서재나 혹은 그런 서재가 없어서 세미나실이나 혹은 그조차도 없기 때문에 사무실에 앉아서 자신이 종이, 연필, 그리고 고른 책들을 손에 쥐고는 전체를 파악할 수 있으리라고 믿는 그런 제스처 말입니다. 변방성에서 벗어나라는 요청을 거부하는 사유는 한마디로 처음부터 존재의 정당성을 아예 가질 수가 없는 것입니다. 그리고 더 나아가 난 이런 생각도 합니다. 실증주의 철학이 이러한 요청을 거부한 철학적 흐름들에 저항하였다면, 이른바 저 '철학의 오두막'을 지배하는 답답한 공기를 맡은 이 실증주의적 저항은 옳았다고요. 그리고 만일 철학이 그래도 여전히 무엇이어야만 한다면, 그러면 철학은 무엇보다도 이 오두막을 아주 신속하게 부숴야 하며 그리고 무엇보다도 이 오두막을 오래된 안온함 더구나 새로운 안전함[76]을 갖춘 집으로 혼동해서는 절대 안 된다고 하겠습니다.

자ㅡ 이제 여러분 모두에게 어느 정도는 명백해졌으리라 믿습니다. 조금 미진하다고 여겨지는 부분은 철학으로의 강압에 대한 물음, 관념을 철학으로 되돌려 지시하는 길에 대한 물음일 것입니다. 내 생각으로는 지금이 가장 좋은 기회라고 여겨집니다만, 그래서 여러분에게 우선 일단 간단하게 사람들이 철학의 종언이라고 간주할 수 있었던 입장을 환기시켜 주겠습니다. 이른바 마르크스주의에서 말하는 "포이어바흐에 관한 테제"인데요, 그중 가장 유명한 것으로 말하자면 철학은 세계를 늘 그저 서로 다르게 해설해왔을 뿐이라는 이야기지요. 그러나 이제는 세계를 변화시키는 것이 문제라는 것이고요.[77] 이 테제를 통해 한편으로는 철학에 방울이 매달리게 되었습니다. 철학이란 그냥 이데올로기에 불과하다는 방울이지요. 그리고 다른 한편으로는 암묵적인 요구가 제기되었는데요, 철학의 이상들Ideale, 그중 무엇보다도 인류의 자유라는 이상, 인간이 마주하고 있는 이질적인 사회기구들로부터의 자유를 마침내 실현하게 되면ㅡ 이렇게 자유가 실현됨으로써 기껏해야 추상적이고, 고립되었으며 단지 정신적인 반성형식일 뿐인 철학은 쓸모없게 된다는 것입니다.[78] 그리고 이러한 전통은, 나 역시 이 전통

출신입니다만 ―비판철학의 전통인 한에서― 이 전통은 이러한 계기를 매우 본질적인 것으로 간직하고 있습니다. 그런데 내 생각은 한마디로 철학이 낡아빠졌다고 보이기 시작하는 그 지점 자체가 그사이 낡아버렸다는 것이지요. 그리고 그 자체로서 이데올로기적으로, 즉 도그마적으로 되었다는 것입니다. 물론 누구도 앞장서서 이 사실을 고백하고 나서지는 않습니다만. 마르크스가 다음 번 길모퉁이를 돌면 일어날 것이라고 간주했던 이행, 즉 이른바 1848년의 시기에서 바로 목전에 두고 있는 것으로 간주되었던 이행은 일어나지 않았습니다. 질적 도약, 그것으로 세상이 변해야만 하는 도약이 이루어지지 않은 것입니다. 그리고 프롤레타리아트는 역사의 주체-객체로 자신을 구성하지 않았습니다. 마르크스의 이론에 따르면 그들은 자신을 그렇게 구성해야만 하는 것이지요. 이런 일들을 보고 겪었다면, 그 관찰들을 가지고 과장하지도 너무 멀리 나가지도 말 일입니다.― 이 관찰의 결과가 비판적 사회이론 자체에 끼친 영향에 대해 이 자리에서 논구하고 싶지는 않습니다. 여기에는 극도로 복합적인 문제들이 연루되어 있습니다.― 여하튼 다음과 같이 말하는 것은 허용될 것입니다. 철학이론을 실천으로 변환하는 것이 성공하지 않았다는 사실을 통해 철학이론이 철 지나고, 낡아빠지고, 불필요해졌다고 생각될 수는 없다는 것입니다. 마르크스주의 관점에서 보면 실천으로 변환되지 못한 철학은 이런 지경에 빠져야 하는 것이지요. 다음 시간에는 철학의 시의성Aktualität[79]은 바로 철학을 폐기하는 일이 실패로 돌아갔다는 사실로부터 도출된다는 관념을 살펴보도록 하겠습니다.

59) 제3강 핵심용어에서 제기했던 질문. 체계 없는 변증법은 존재하는가에 관련됨. 55쪽 참조.

60) 여기에서부터 아도르노는 강의를 『부정변증법』 서론의 토대로 삼기 시작한다. 아마도 1965년 10월 첫 초안을 구술했던 것 같고, 문서화된 구술본을 1965년 10월 26일에서 11월 13일 사이에 자필로 교정했다고 여겨진다. 아도르노의 비서는 11월 22일 이 교정본을 다시 타자본으로 문서화하기 시작하였다. 손수 교정을 본 타자 원고 제1판본(Theodor W. Adorno Archiv, Vo 13394-13436)은 40쪽이고, 두 번째 판본 이른바 Erste Zwischen-abschrift(Vo 13352-13393)는 41쪽이다. 아도르노의 핵심용어들은 타자 원고 제1판본의 1966년 2월 10일자에 이르기까지 관련되어 있고, 쪽수로 치면 1쪽에서 28쪽까지이다. 두 타자 원고들 사이의 차이는 아주 미미하다. 둘 다 두 번째 판본의 동일한 텍스트인데, 첫 판본은 손수 교정을 본 타자본(Typoskript Vo 13394ff)을 타자로 친 것일 뿐이다. 부록에 수록된 텍스트는 두 번째 판본이지만, 두 판본의 쪽수를 서로 알아볼 수 있게 하였다. 둥근 괄호는 첫 원고의 쪽수이고 각진 괄호는 두 번째 원고의 쪽수이다.

61) 〈Une Barque sur l'ocean〉. 라벨의 피아노 곡. 1905년 〈Miroirs〉 연작의 세 번째 곡이다. 오케스트라 버전으로도 전해온다.— 아도르노의 비상한 감수성이 "라벨이 전통적인 피아노곡 제목에 기입한 … 망망대해에 일엽편주라는 말에서" 두려움을 읽어낸 것이다(GS 12, S.102).

62) Häuschen은 나중에 첨가된 듯하다. Häuschen의 의미에 대하여는 92쪽을 볼 것.

63) 체계 개념은 Einleitung zur Metakritik der Erkenntnistheorie에서 적지 않은 역할을 한다. GS 5, S.12f., 18, 33, 35f. passim. 참조.— 여기에 직접 해당되는, 이 강의와 대칭을 이루는 『부정변증법』의 서문 이외에도(GS 6, S.33ff. 참조) 이 체계 개념에 대하여는 아도르노의 Philosophische Terminologie. Zur Einleitung, hrsg. von Rudolf zur Lippe, Bd.2. Frankfurt a. M. 1974, S.263ff.을 참조할 수 있음.

64) 탈콧 파슨스의 체계이론에 대하여 아도르노는 Joachim E. Bergmann의 박사논문에 대한 서문에서 아주 상세하게 언급하고 있다(GS 20·2,

S.668ff.). 강의록 『사회학 강의』(NaS IV·15), S.18 passim, 그리고 Ebd., S.265에 수록된 인용과 여타 아도르노 자적들에 대한 언급 역시 참조할 것.

65) 아도르노가 Enzyklopädie의 한 구절을 염두에 두고 있다는 생각을 해볼 수 있다. "우리 현대인들은 교육을 통해 넘어서는 일이 극도로 어려운 표상들에 얽매여 있다. 이 표상들은 심오한 내용을 갖고 있기 때문에 넘어서기가 어려운 것이다. 고대 철학자들에 대해서 우리는 이런 인간유형을 상정할 수밖에 없는데, 신화적인 표상들을 포기한 까닭에 온전히 감각적인 직관 속에만 서 있어 머리 위의 하늘과 주변에 둘러선 지구 이외에는 어떤 다른 전제조건을 갖지 않은 인간이다. 이처럼 실용적인 환경 속에서 사유는 자유로우며 자기 속으로 되짚어 돌아오며 모든 소재들에서 벗어나 순수하게 자기 자신에 머문다. 이처럼 순수하게 자기 자신에 거함은 자유로운 사유에 속하고, 아무것도 우리 아래에 아무것도 우리 위에 없는 그래서 우리가 고독 속에서 우리 자신과만 거하는 공간으로의 출항에 속한다"[Hegel, Werke, a.a.O.(주 10), Bd.8, S.98]. 햄릿의 대사 또한 이에 해당할 수 있다(I, 5. v.166f.). "Horatio, 하늘과 땅에는 당신의 철학이 꿈꾼 것보다 더 많은 것들이 있다오."

66) Johann Gottlieb Fichte, Ausgewählte Werke in sechs Bänden, hrsg. von Fritz Medicus, Darmstadt 1962, Bd.3, S.1ff. 특히 S.18과 S.61ff. 참조.- 아도르노는 1956년 여름학기에 호르크하이머와 함께 피히테의 [Einleitungen in die Wissenschaftslehre] 강의를 열었다. "이는 우리 자신들에게 큰 소득이며 학생들 중에도 그런 이들이 있기를 바란다"(1956년 9월 17일 디터 헨리히Dieter Henrich에게 보낸 편지).

67) 현상학이 초월적 주관성의 '기본위치 혹은 나라는 형상εἶδος ego'으로 '스스로 되돌아감'에 대해 아도르노는 특히 Metakritik der Erkenntnistheorie 마지막 장 도입부분에서 분석하고 있다. GS 5, S.194ff. 참조.

68) Karl Heinz Haag(1934년생), Sankt Georgen의 예수회 학교 학생이었으나 1951년 호르크하이머와 아도르노에게서 헤겔에 관한 연구로 박사학위를 받았다. 1956년 프랑크푸르트 대학에서 교수자격논문 통과되었다. 이 대학에서 철학과 교수로 가르쳤으며, 1972년 대학운영에 혐오감을 느껴 스스로 물러난 후 자유로운 신분으로 철학연구에 몰두하였다. Haag의 출판물들 중 주요업적은 Kritik der neueren Ontologie, Stuttgart 1960,

Philosophischer Idealismus. Untersuchungen zur Hegelschen Dialektik mit Beispielen aus der Wissenschaft der Logik, Frankfurt a. M. 1967. Zur Dialektik von Glauben und Wissen, aus. Philosophie als Beziehungswissenschaft, Festschrift für Julius Schaaf, Bd.1. Frankfurt a. M. 1971, S.Ⅵ/3 ff. Der Fortschritt in der Philosophie, Frankfurt a. M. 1983.

69) 『부정변증법』에도 비슷하게 쓰여 있다. "하이데거의 사상적 운동들의 동기 및 결과들은 설혹 명시되지 않더라도 추후 구성될 수 있다. 그의 명제들 가운데 전체적인 기능연관 속의 위치가 Stellenwert를 지니지 않는 것은 별로 없다. 그러한 한에서 하이데거는 연역적 체계들의 후예다"(GS 6, S.104 / 홍승용 옮김, 165쪽).

70) 70쪽 그리고 주 58 참조.

71) 책상 위에 패들을 내놓는다는 메타포를 아도르노는 『부정변증법』 '서문'에서 자신의 전체 저작 내에서 이 책이 수행하는 기능을 지칭하기 위해 사용하였다. GS 6, S.9 참조.

72) "파악되어져야만 하는 무엇 그것이 철학의 과제이다. 왜냐하면 그 무엇이 이성이기 때문이다. 개인으로 말할 것 같으면, 모두가 그 시대의 아들이다. 그와 마찬가지로 철학 역시 그의 시대를 사유 속에 포착하는 것이다. 개인이 그의 시대를 뛰어넘는다고 하는 말만큼이나 무슨 철학이 당대 세계를 넘어선다고 착각하는 것 역시 제정신에서 하는 말이 아니다. … "[Hegel, Werke, a.a.O.(주 10), Bd.7, S.26].

73) Theodor W. Adorno, Zur Logik der Sozialwissenschaften, in: Kölner Zeitschrift für Soziologie und Sozialpsychologie 14(1962), S.249ff.(Heft 2). 현재는 GS 8, 547ff. 참조.

74) Charles Horton Cooley, Social Organization. A Study of the Lager Mind, New York 1909, S.23f. "By primary groups I mean those characterized by intimate face to face association and cooperation. They are primary in several senses, but chiefly in that they are fundamental in forming the social nature and ideals of the individual. The result of intimate association, psychologically, is a certain fusion of individualities in a common whole, so that one's very self, for many purposes at least, is the common life and purpose of the group.

Perhaps the simplest way of describing this wholeness is by saying that it is a 'we'. It involves the sort of sympathy and mutual identification for which 'we' is the natural expression. One lives in the feeling of the whole and finds the chief aims of this will in that feeling. [⋯] The most important spheres of this intimate association and cooperation —through by no means the only ones— are the family, the play-group of children, and the neighborhood or community group of elders. These are practically universal, belonging to all times and all stages of development; and are accordingly a chief basis of what is universal in human nature and human ideals."

75) GS 6, S.446, 448 참조.

76) Otto Friedrich Bollonow, Neue Geborgenheit, Stuttgart 1956에 빗댐. GS 6, S.419f. passim 참조.

77) "철학자들은 세계를 단지 다양하게 해설해 왔을 뿐이다. 그러나 중요한 것은 세계를 변화시키는 것이다"[Karl Marx, Friedrich Engels, Werke (=MEW), Bd.3, Berlin 1958, S.7 / 최인호 옮김, 『칼 마르크스 프리드리히 엥겔스 저작선집』 제1권, 189쪽].

78) 마르크스 사유의 핵심에 해당하는 이런 생각을 마르크스는 이미 박사학 위 논문에서 토로한 바 있다. 그는 철학체계에 대해 이렇게 썼다. "자신을 실현하려는 충동에 의해 힘을 받아 철학체계는 다른 것에 맞서 긴장상태 에 돌입한다. 내적인 자기만족과 완결은 단절된다. 내부의 빛이었던 것은 집어삼키는 불길로 되어 외부로 향한다. 그 결과는 다음과 같이 나타난다. 세계의 철학적 됨Philosophisch-Werden der Welt은 동시에 철학의 세속화 됨Weltlich-Werden der Philosophie이며, 철학의 실현은 동시에 철학의 상실 이며, 철학이 밖을 향해 쟁취하려 애쓴 것이 자기 자신의 내적 결핍이 다…"(Marx/Engels, MEW, Ergänzung sbd.1. Teil, Berlin 1968, S.328). 1844년의 Kritik der Hegelschen Rechtaphilosophie에서 마르크스는 이런 관념을 역사적 순간에 구체적으로 적용하고 있다. "독일에서는 모든 종류 의 노예상태를 타파하지 않고서는 어떤 종류의 노예상태도 타파할 수 없 다. 근본적 독일은 근본에서부터 혁명하지 않고서는 혁명할 수 없다. 독일 인의 해방은 인간의 해방이다. 이 해방의 머리는 철학이요, 그 심장은 프 롤레타리아트이다. 프롤레타리아트의 지양 없이 철학은 자기를 실현할 수

없으며, 철학의 실현 없이 프롤레타리아트는 자신을 지양할 수 없다"
(Ebd., Bd.1, S.391 / 최인호 역, 15쪽).

79) [철학의 시의성]은 아도르노가 1931년 프랑크푸르트 대학에 취임하면서
행한 강연의 제목이었다. GS 1, S.325ff. 참조.

핵심용어들

1965년 11월 23일[80]

이론과 실천의 이분법이 아님. 포이어바흐의 테제를 그렇게 해석하면 안 됨. 자기실현의 측면에서 철학이 뒤쳐진다는 뜻이 아님. 어떤 면에서 보자면, 즉 생산력의 단계에 따라서 보자면, 이전 그 어느 때보다도 사실은 철학의 실현이 가능할 수도. 생산관계에 의해 방해받고 있는 것임. 그러나

1) 경향적으로 철학의 실현이 임박한 듯 그렇게 생각되어져서는 안 됨. 마르크스의 경우, 가능성은 시류를 거스르는 가능성임. 이를 오인하는 자는 나쁜 편에 서게 됨.

2) 실천으로부터 사유에의 제한이 도출되어서는 결코 안 된다. 브레히트와 이상주의. 그러나 철학적 이상주의가 레닌에 의해서 그저 도그마적으로만 비판되었을 뿐인데, 이것이 잘못된, 즉 타율적 실천의 한 계기이다.

3) 해설한다는Interpretieren 것은 해석한다는deuten 것으로서 꼭 인정해준다는anerkennen 뜻은 아니다. 해설은 비판이라는 것이 나의 테제이다. 이런 의미에서의 해설 없이는 절대 참된 실천이 있을 수 없다. 마르크스는 정말로 철학자들이 정치를 위하여 철학자로서의 활동을 포기해야 한다고 생각했다.

4) 마르크스의 경우, 양면적이다. 한편으로는 온전한 학문적

객관성이 요청되지만, 또 다른 편으로는 철학이 은근히 고발되고 있는 것이다. 여기가 문제이다. 하지만 생각해볼 수는 있다.

    5) 그저 순진한 관조로 진락하는 것이 아니다. 올바른 것을 원하지 않는다면, 올바른 관념을 사유할 수 없다. 사유 자체가 실천의 한 계기이다. 의도는 변화를 남긴다.— 하지만 사이비-활동성에는 반대. 실천을 너무 성급하게 묻고 나서는 것에는 반대. 실천이 생산력을 옥죄고 있다. 제한받지 않은 관념만이 실천적으로 될 수 있을 확률이 높다.

_1965년 11월 23일

여러분 안녕하십니까, 정말로 감동적인 편지가 한 장 왔습니다. 여러분 중 누군가가 보낸 것인데요. 내가 지난 시간에 포이어바흐의 테제를 다루면서 말한 것에 관해 질문을 하면서, 아울러 내 책 『개입들』[81]에 들어 있는 논문 「뭣 하러 아직도 철학이란 말인가」 중의 몇 구절에 관해서도 물어왔습니다. 이 편지에 답하기 전에 (물론 답도 할 것입니다) 지난 시간에 운만 떼다 말아서 제대로 전달되지 못한 (늘 그렇지요) 몇 가지 생각들로 다시 돌아가 보기로 하겠습니다. 난 그냥 간단하게 이런 말을 하고 싶었을 뿐이었는데요, 만일 '시간의 핵'[82] 그리고 실천으로의 이행이 마르크스주의 구상에서처럼 그토록 결정적이라면 말입니다, 그런 사유를 하면서 실천으로의 이행이 예상했던 대로 성사되지 않았다는 사실을 두고 사람들이 그 이론을 논할 때 그처럼 아무렇지 않다는 듯 처신할 수는 없다는 것입니다. 이런 이행의 순간은 ─나는 키르케고르나 틸리히[83]를 빌려 이렇게 순간이라는 용어를 씁니다─ 정지시킨다거나 저장할 수 있는 것이 아닙니다. 그리고 오늘날에는 마르크스가 생각했듯이 그렇게 혁명이 임박했다고 더 이상은 생각할 수가 없는 거지요.─ 간단히 말해 이런 이유에서입니다. 그 당시에는 프롤레타리아트가 부르주아 사회에 통합된 상태가 아니었고요, 아울러 또 부르주아 사회가 엄청난 권력수단을, 실질적인 물리적 수단뿐 아니라 아주 넓은 의미에서의 심리학적 수단을 수중에 쥐고 있던 상황도 아니었습니다. 이 두 가지 측면이 갈수록 서로 얽혀들면서 오늘날 혁명이라는 개념을 대단히 문제가 많은 것으로 만들고 있습니다. 한편으로는 혁명이 관료제적으로 도입된 강압지배 Zwangsherrschaft로 된 상태이고, 또 다른 한편에서는 온전히 기술적으로 가능한 원자탄이 있습니다. 이런 상황에서 ─위르겐 폰 켐프스키Jürgen von Kempski가 이에 대해 아주 재미있는 글을 썼습니다. 잡지 『메르쿠어Merkur』에 실려 있으니 한번 찾아 읽어보십시오[84] 실천 자체를 어떤 관점에서 바라보아야 할지 문제가 되지 않을 수 없는 것이지요. 하지만 이미 개혁주의 문제는[85] 통틀어서 말입니다, 바로 프롤레타리아트에 의한 폭력적인 권력인수의 가능성이 무언가, 그렇지요 정말 감동적이라고 말하고 싶은 어떤 순진무구를 이념으로 인수하면서, 이를 통해 여러분도 알다시피 고전적인 마르크스주의에서는 격렬하게 공격당했던 이념인 바로 그 유명한 개혁주의가 (가장 노골적인 것만 보더라도) 당시 차지하고 있던 것과는 완전히 다른 위상을 획득하게 되었다는 것입니다.─ 나는 무엇보다도 먼저 여러분이 바로 이런 전반적인 문제에 주의를 기울이도록 하고 싶었습니다. 무한정 오래 지연된 실천, 그리고 그리스력에 따라ad calendas graecas 계속 지연될 수밖에 없거나 혹은 완전히 변화된 형태를 취해야 하는 그런 실천은 더 이상 철학에 대해 낡았다는 등의 평가를 내리는 이의제청 담당기관일 수 없습니다. 왜 그것이 발생하지 않았고 왜 그것이 일어날 수 없었는가에 대해 생각해보는 것─ 이런 이론적인 물음이 요즈음 철학이 현안으로 다루는 내용에 조금도 포함되지 않고 있습니다.─ 이를테면 말입니다, 그냥 이런 표현을 쓰겠습니다, 일종의 변증법적 인간학이라고 할 만한 내용인데요, 두말 할 것도 없이 요즈음 철학의 문제설정 영역에는 티끌만한 자리도 차지하지 못하는 내용입니다.[86] 또 다른 측면에서 보자면 철학이란 말입니다, 헤겔의 경우처럼 구체적으로 표명된 그 나름의 동일성 요구가 바로 결정적인 지점, 즉 실천으로의 이행이라는 지점에서 파탄이 나고 말았지요. 여기에서 실천이란 마르크스주의 학설에 따르면 자유의 제국과 필연의 제국을 정말로 하나로 합쳐놓아야만 하는 것입니다.[87] 이런 철학은 그러므로 또한 극도로 급진적인 자기비판이 필요한 바, 왜 이 모든 일에 성공하지 못했는가를 두고 곱씹어 봐야만 합니다.— 지난 시간에 여러분에게 철학의 탈변방화 이념을 개진해 보여 주었는데요. 그렇다고 내가 이처럼 정말로 결정적인 세계사적 전망으로부터 철학 역시 그리고 바로 독일 관념론처럼 철학이 역사철학으로 자신을 정립한 바로 그 지점에서 철학이 아무런 깨달음도 얻지 못했다는 생각을 고집하는 것은 아닙니다. 여기서 개인적인 이야기를 좀 하겠습니다. 내가 『고유성이라는 은어』에서 —이에 대해서는 또다시 언급하게 될 것입니다— 철학계의 대변인이라 할 만한 분인 튀빙엔의 동료 볼노프Bollnow 씨를 공격하였는데요, 그를 인용하면서 말입니다. 그렇다고 해서 그분에 대해 내가 무슨 감정을 가지고 있는 것은 아닙니다. 볼노프 씨를 나는 전혀 알지 못합니다. 살아오면서 그를 만난 적이 없습니다. 내가 하고자 했던 이야기는 그저 —여러분이 그의 책들을 바로 이런 철학적 관점에서 읽어본다면 참 좋겠는데요— 나는 정말 철학이 벗어나야만 하는 철학의 변방주의가 실제로 어떤 것인지를 보여줄 아주 두드러진 모델 한둘을 제시하고 싶었을 따름입니다. 나는 '신성한 세계'에 대한 대립물을 호출하고자 했던 것입니다. 철학이 일요일의 기쁨 주는 잡담 수준에서 벗어나도록 말입니다. 왜냐하면 참으로 분명한 것이 철학은 즐거운 구석이라곤 찾아보기 힘든 의미에서 신학의 세속화인데요, 철학이 어디까지나 —이 점은 유감스럽게도 이미 헤겔에게서 종종 관찰되곤 하는데— 그냥 목사의 말투로 전락한 데서 알 수 있듯이 말입니다. 그런데 이런 말투에 신학은 오늘날 더 이상 신뢰를 보내고 있지 않습니다. 신학이 그만큼 진보했다는 이야기이지요.

이제 여러분 동급생의 편지로 돌아가 봅시다. 그분은 내가 지난 시간 마지막에 그리고 오늘 수업 도입부에서 짧게 언급한 내용을 매우 우아한 방식으로, 무어라 말하면 좋을까요. 매우 함축적인 방식으로 표현하였습니다. 그 내용이 여러분에게 깊은 인상을 줄 것이라고 믿기는 했습니다만, 편지를 읽고 나는 여기에 있는 아주 많은 사람들에게 정말 강한 자극, 그렇습니다, 정신적으로 강한 자극을 주는 내용이었다는 것을 알았습니다. 한마디로 여러분의 관심사가 실질적으로 철학적인 문제들에 가 닿았다는 확신을 갖게 해준 편지였습니다. 그렇다면 이 문제를 좀 더 상세하게 파고들어야겠구나, 이런 생각이 들어서 진행을 하도록 하겠습니다. 무엇보다 먼저 말해두고 싶은 바가 있는데요, 이론과 실천을 가르는 단순한 이분법은 ─내가 받은 편지에서도 지적된 대목입니다만, 그래도 나는 여러분이 조금만 더 생각해본다면 이 문제에서 나를 의심쩍어 하지는 않으리라 믿습니다─ 결코 존재하지 않는다는 것입니다.[88] 추정하건대 아마 마르크스 자신도 그처럼 단순한 이분법을 염두에 두지는 않았을 겁니다. 또 사람들이 포이어바흐의 테제를 그저 순수한 실천주의라는 의미로 해석하면 확실하게 잘못을 범하는 것이라고 분명히 말해두겠습니다. 여기에 대해서는 무엇보다도 이론으로부터 독립된 절대행동론에 대한 마르크스의 비판이 있습니다. 마르크스는 생전에 여러 유파의 아나키즘 조류를 비판하면서 그들의 순수한 행동주의를 이론의 결여와 동렬에 놓고 비판한 바 있습니다. 마르크스에게서 과학이 거론되는 경우, 여기에는 여러 가지가 섞여들게 됩니다. 일부는 분명 자연과학적 모델에 해당합니다. 자연과학은 마르크스 생전에 사회의 과학을 위한 모범으로서 오늘날 우리에게서 ─혹은 여하튼 요즈음 사회학의 제각각인 노선들에서─ 가능한 정도보다 훨씬 강하게 그의 마음을 움직였고 그에게 직접적으로 다가왔었습니다. 하지만 또 다른 한편으로는 그 이상을 의미했었는데요, 마르크스에게서 이 과학이라는 개념이 지닌 위상은 사람들이 올바로 행동할 수 있으려면 사회를 이론적으로 파악하고 있어야 하며 그리고 사회를 그 사회에 고유한 개념으로부터 ―즉 교환의 개념으로부터― 이론적으로 도출해내야 한다고 여기는 수준이었습니다. 바로 그런 견해를 가지고 있었던 마르크스입니다. 그리고 그가 이렇게 즉 "지금까지 철학자들은 세계를 단지 서로 다르게 해설해왔다."라고 말을 했다면, 그러면 이 '지금까지'라는 말에 단순히 이론을 포기하고 그냥 한방에 처리해서는 그러고는 바로 그런 후에 사유로부터 벗어나라는 뜻이 들어 있는 게 절대 아니라는 것입니다. 그런 표상이야말로 참으로 파쇼적인 것이지요. 티끌만큼이라도 이 파쇼라는 혐의를 줄 무엇이 마르크스의 이름에 결부되도록 하는 사람이 있다면, 그야말로 마르크스에게 정말로 아주 큰 불의를 자행하고 있는 것입니다. 나도 물론 철학이 그 '실현'이라는 측면 뒤로 물러나도 된다거나 그리고 이제 다시 이른바 아리스토텔레스적인 모델에 따라 추론된 미덕을 집안에 꾸며놓듯 그렇게 해도 된다고는 생각하지 않습니다. 철학이 자기 자신 속에서 자족하는 경우 말입니다. 그런 이야기일 수는 없는데요,[89] 왜냐하면 철학은 ―나는 단순한 것을 일단 확정하는 것이 꽤 중요하다고 믿는 편입니다― 철학은 자기 안에서 자율적으로 거하는 형상이 아니라 대신 끊임없이 자기 밖에 있는, 자신의 관념 외부에 있는 내용적인 것, 현실적인 것에 관련한다는 바로 그 지점에서 예술과 구분된다고 할 수 있기 때문입니다. 바로 이 관념과 그리고 바로 이 관념의 입장에서 보면 그 자체로서는 관념이 아닌 것 사이의 관계, 예 그렇지요. 바로 이 관계가 철학의 핵심주제를 이룹니다. 그래서 철학이 일단 현실적인 것과 관련을 맺게 되면, 그러면 이 현실적인 것에 대한 순전히 관조적인 관계, 그 자체로 자족적인 관계, 실천을 목표로 하지 않는 관계란 이미 그 말 자체로서 터무니없는 것이 되어버립니다. 이런 사정 때문이지요. 현실적인 것 자체에 대한 사유의 행위란 이미 하나의 ―자기 자신은 아직 미처 의식하지 못하더라도— 실천적 행위이니까요.

그러니까 철학이 철학의 실현이라는 측면 뒤로 주저앉아서는 안 된다는 말, 정말 이런 말을 하게 되면, 그러면 여기에서 무언가 훨씬 더 대담한 것이 객체로부터 환기될 수 있게 됩니다. 사람들이 바로 포로의 감정, 유폐된 자의 감정을 통해, 그런데 우리 모두 이런 감정들을 가지고 있지요, 그저 너무 쉽게 잊는 그런 것 말입니다. 그리고 바로 그렇기 때문에 나는 편지를 쓴 사람에게 매우 감사하는 바입니다. 무엇보다도 그분이 나로 하여금 나에게는 자명하지만 그래서 말하지 않은 것이 언급되어야만 함을 주지시켰기 때문입니다. 말을 하지 않음으로써 내가 의미하는 바에 그릇된 전망이 섞여 들어가고 말았음을 일깨워주었습니다. 정말로 매우 대담한 무엇이란, 한 가지 측면, 즉 생산력 수준에서만 놓고 보자면 아무런 결함도 없고 그래서 단념도 억압도 더 이상 없을 세상을 만드는 일이 현재 이곳에서 곧바로 가능하다는 사실입니다. 그러므로 프란츠 펨페르트Franz Pfemfert가 당시 말한 대로[90] '지금 아니면 백년 후에'라는 관념은 오늘날에도 여전히 그때만큼이나 시의성aktuell을 지니게 됩니다. 만일 전적으로 생산력의 관점에서만 접근한다면, 인류가 만족하게 될 것이며 그리고 인간다운 상태에 도달하게 될 것이라는 이런 측면— 이 말을 받아들이지 않는다면, 그렇다면 그 사람은 필히 이데올로기를 확산시킬 위험에 빠져들고 말 것입니다. 실제로 방해가 되는 것은 단지 생산관계들에 의해서일 뿐입니다. 그리고 생산관계들이 물리적·정신적 권력장치들에까지 확장됨으로써 그렇게 될 따름입니다. 그러므로 이 점을 반드시 한 번 짚고 넘어가야 한다고 믿습니다. 올바른 실천의 가능한 출발은 사람들이 이제 여하튼 어떻게 하면 사회를 올바른 상태에 도달시킬 수 있는가에 대해 전반적으로 새롭게 사유하면서 시작된다고요. 그런데 이 사회는 그 안에 얽혀들어 있는 관계의 측면에서 보자면 그리고 그것에 의해 주조된 의식의 측면에서 보자면 정태적으로 되도록 위협받고 있지만 다른 측면에서는 끊임없이 힘들을 생산해냅니다. 이 힘들로 말할 것 같으면 그동안은 본질적으로 파괴에 사용되었지만 그러나 —내가 한번 극단적으로 말해본다면— 오늘 아니면 내일 당장 지상에 낙원을 정말 만들 수도 있는 수준이지요. 하지만 그렇다고 일을 이런 식으로 생각해서는 안 됩니다. 생산의 관계들이 상상을 초월할 정도로 한곳에 결집되었다고 해서 마치 자유의 왕국으로의 전복이 그저 역사적 경향에 따라 간단하게 목전에 임박한 듯 그렇게 바라봐서는 안 된다는 것입니다.— 난 여기에서 분명히 차이가 난다고 생각했습니다만, 편지를 쓴 사람은 차이를 명확히 하라고 강조했지요, 그래서 기꺼이 그렇게 하렵니다. 오히려 이 사회는 생산력의 간단 없는 진보마저도 자기 식의 회로를 만들어 그 궤도 속에 묶어 놓을 수단과 방법을 찾아냈습니다. 그래서 —마르크스에게서는 그렇게도 자명한— 생산력의 진보와 인간해방 사이의 등가성이 더 이상 유효하지 않게 되었습니다. 인류역사가 스스로 올바른 길을 찾아갈 것이며 그래서 그냥 커튼을 한 번 흔들기만 하면 모든 일에 질서가 잡힐 것이라는 희망을 더 이상 가질 수 없게 되었다는 것이지요. 비록 —나는 여기에서도 조심하고자 합니다— 아래 사실을 간과하지 않더라도 말입니다, 생산력들 즉 인간적인 힘들과 그리고 기술적으로 확장된 힘들에 그 모든 것에도 불구하고 사회적으로 주어진 한계들을 극복하는 어떤 고유한 경향이 심어져 있다고 한 마르크스는 정말로 옳았습니다. 단지 그 극복을 일종의 자연법칙으로서 전제하는 것 그리고 그것이 와야만 하고 그리고 그것이 심지어 곧바로 그렇게 올 수밖에 없다고 상정하는 것— 이렇게 되면 그런 기대를 가지고 시작한 실천들 모두를 무기력하게 만들 수밖에 없으므로, 상황 전체가 하릴없이 무의미해지는 결과를 초래하고 맙니다. 결국은 말입니다, 이론과 실천의 관계를 정말 진지하게 받아들인다면, 관념들이 어떤 하나의 가능한 실천에 대해 처음부터 무능하지는 않았음을 사유하는 일이 여기에서는 아주 본질적인 과제로 될 것입니다. 마르크스가 추상적인 유토피아를 비판한 것도 바로 이런 의미에서였습니다.

사태를 잘못 파악하는 사람, 오늘날 반드시 고수되어야만 하는 가능성이 단순히 시류와 더불어 가는, 역사적 흐름을 타는 어떤 가능성이 아니라 시류에 거스르는 가능성임을 오인하는 사람, 그런 사람에 대해서 나는 이렇게 말하고 싶습니다. 그가 나쁜 경향, 부정적인 경향, 즉 파괴적인 경향에 몸을 내맡긴 것이 거의 틀림없다고요. 한발 더 나아가 이렇게도 말하겠습니다. ―그리고 이번 것은 바로 여러분에게 직접적인 의미를 지니는 항목인데요. 내가 여기에서 인신공격성 발언으로 흐르더라도 용서하십시오― 실천에 대한 관념이 이론적인 관념들을 속박하는 것으로 된다면 정말 위험천만한 일이 아닐 수 없다는 것입니다. 가능한 모든 관념들이 지시를 받고 중지된다면 말입니다. 그렇다면 말입니다, 내가 그 지시를 가지고 실천에서 무엇을 시작해야 한다는 말입니까? 그 지시로 대체 무엇을 할 수 있을까요? 심지어 이런 지경인데 말입니다. 네가 그런 궁리들이나 하고 있으니까, 그래서 심지어는 가능한 실천을 가로막고 있는 꼴이 되는 것 아니냐고요. 거듭 겪게 되는 일은 뭐 이런 것입니다. 어떤 것이든 영향력 있는 정치적 실천은 엄청난 한계들을 지니고 있기 마련인데요. 그런데 이 한계들은 생산관계에 그리고 생산관계에 자신을 맞추는 사회적 형식들에서 발생합니다.― 그런데 상황이 이렇다고 뭐 좀 말을 하면, 끝나기가 무섭게 '그래, 하지만'의 몸짓으로 답변이 돌아오는 겁니다. 이런 몸짓이야말로 내가 정신적인 일들에서 가장 큰 위험으로 간주하는 태도이지요. 그러면 대체 우리는 어디로 가라고 그렇게 생각하는 겁니까? 이러면 정말 할 수 있는 일이 아무것도 없습니다. 두 손 무릎에 가지런히 내려놓고 있을 수밖에요! 그리고 말입니다, 오늘날 포이어바흐의 테제를 곧이곧대로 적용하는 데 들어 있다고 보이는 계기는 바로 이론 자체는 최종목표에 의해 구속되어야 한다는 그런 계기이지요. 이 문제와 관련해서 떠오르는 생각을 하나 말하겠습니다. 아주 오래 전에 있었던 일입니다. 24년이나 되었군요. 로스앤젤레스에서 나와 브레히트 사이에 있었던 일입니다.[91] 당시 막 내게 결정적으로 여겨지는 책의 구상을 마친 상태였고요, 그 책은 한참 후에 『인식론 메타비판』이라는 제목으로 출간되었으며, 유물론 철학을 관념론에 교조적으로 대립시키지 않는 것을 과제로 삼은 작업이었습니다. 그 대신 이상주의 자체의 척도에 따라 내재적으로 철학적 관념론을 폭파해야 하는 과제가 있었습니다. 그런데 브레히트와 논쟁을 벌이게 되었던 것입니다. 브레히트는 이런 구상 자체에 무슨 반응을 보일 필요가 있겠냐는 편이었습니다. 대신 이렇게 말했습니다. 그래요, 하지만 이미 책이 한 권 나와 있지 않나요. 소위 말하자면 (이런 경우에 그가 표현하던 방식대로) 이미 그런 작업을 수행한 고전이 한 권 ─그는 레닌의 『유물론과 경험비판론Empiriokritizismusbuch』을 말하는 것이었습니다─ 있지 않습니까. 뭐 권위도 있는 책이고, 그 책이 그 일을 했지요. 그러니 같은 문제를 두고 철학의 척도에 따라 계속 노력을 퍼붓는다면, 한마디로 완전히 진을 빼는 작업이며 등등. 일단 레닌이 그런 책에서 그렇게 해놓았는데, 레닌이 거둔 바 있는 정치적 성공을 경력으로 가지고 있지 않은 사람이 감히 주제넘게 이 책에서 주장되고 거듭 낭송되는 ─그저 끊임없이, 난 이렇게 말하렵니다, 천편일률적으로 반복되는─ 내용에 손을 대는 일은 좀 뻔뻔스럽지 않은가. 난 브레히트가 이렇게 생각한다는 인상을 뿌리칠 수가 없었습니다. 여기에서 브레히트가 대변한 관점은 ─브레히트는 참말이지 이런 일들에서는 정말 진지하게 다루어져야 하는 인물입니다— 이론적으로만 부적당한 것이 아닙니다. 내가 말하고자 하는 바는 이런 관점은 개념의 노동과 긴장92) 대신 도그마를 대변할 뿐이며, 더 나아가 —아주 각별한 마음으로 여러분 가운데 실천주의에 무조건적 우위를 부여하는 경향으로 기울어지는 사람들에게 말하고 싶은 내용인데요— 브레히트식의 견해는 나쁜 실천에 기여한다는 사실입니다. 왜냐하면 레닌 책의 도그마화 혹은 레닌의 모든 책들 아니면 어쨌든 마르크시즘이 생산해낸 모든 책들의 도그마화는 바로 마르크스주의 이름으로 도입된 행정들의 경우와 아주 똑같은 꼴이 되기 때문입니다. 이런 행정들은 말입니다, 일단 도입되면, 그 후로는 이런저런 숙고의 대상에서 모두 면제됩니다. 그러고는 비판적으로 고민되지도 사유의 진전도 보이지 않는 이론들이나 읊어대면서 폭력적인 조치들을 마련할 때 근거로 갖다대지요. 이와 똑같은 짓거리인 것입니다. 지금의 비유는 특별히 선명하게 드러나는 일례가 되겠습니다. 여러분 중 동쪽에서 탈출해 온 사람들은 —적잖이 있을 텐데요— 여전히 기억하고 있겠지요. 저쪽에서 사람들이 유물론을 어떻게 일종의 세계관으로 설정하고 그러고 나서는 인간에게 그 세계관에 대한 의무를 부과하는지를요. 바로 그렇게 하기 때문에 인간이 이론 특유의 요구, 즉 학문적인 요구에 한참 못 미치게 되는 겁니다. 이른바 의식이, 가장 진보적인 의식이 동참해야 하고, 가장 진보적인 의식을 통찰로써 확신하고 있어야만 한다는 요구를 못 따라가는 것이지요. 이러한 요구가 아무렇지도 않게 짓밟히고 있습니다. 바로 이런 못 미침이 —현 상황에서 노출되는 순진성과 속수무책은 아예 접어두더라도 말입니다— 정말이지 특정한 유형의 실천주의에서 토대를 제거해버리는 결정적인 모티브인 것입니다. 내가 지적하고 싶은 사항은 이것입니다.

　　그런 다음 편지는 단어의 의미를 해설interpretieren한다는 것에 대해 물었습니다. 마르크스의 한 구절이 인용되었는데요, 해설한다는 것은 인정한다는 것을 말하는 것이라고요.[93] 짐작건대 마르크스는 해설이라는 개념에 인정이라는 개념을 포함시켜 생각했을 수 있습니다. 만일 편지 쓴 사람이 내게 해설이라는 개념에 정말로 ―그는 아주 친절하게, 신뢰를 가지고 물었습니다― 인정의 제스처가 필연적으로 있어야 하는지를 묻는다면, 나는 이렇게 말하겠습니다. 아니라고요. 인정의 제스처는 거기에 있지 않다고요. 아닙니다. 오히려 나는 이 수업에서 본질적으로 해설 자체는 비판Kritik과 마찬가지라는 생각을 ―이것이 결정적인 계기입니다― 여러분에게 보여주려고 마음먹고 있습니다. 비판적 해설과 다른 해설이란 도대체가 있을 수 없는 것입니다.― 그리고 추인하는affirmative 해설도 아닙니다. 내가 여기에서 내보이고 싶은 이를테면 일반정립이 바로 이것입니다. 그와 같은 해설이 없다면, 집행되고 그리고 자기 자신을 지배하는 관념이 없이는, 난 이렇게 믿는 바입니다, 참된 실천이 없다고요. 그 밖에도 마르크스가 정말로 ―우리는 여기에서 무엇보다도 지금 거론되고 있는 저술이 작성되던 시기를 생각해보아야만 하는데요, 이른바 1848년경입니다― 철학자들이 그만 짐을 싸서 혁명가가 되는 것보다 더 나은 일이 없다고, 바리케이드에 올라가는 것보다 더 나은 일은 없다고 생각했던 때입니다.― 이런 바리케이드는 오늘날 잘 알다시피 범위와 정도에서 더 이상 볼 수 없는 일이구요. 행여 오늘날 어떤 방식으로든 선진국에 바리케이드가 세워진다면 경찰 혹은 순경들이 와서 금방 치워버리겠지요. 하지만 마르크스는 정말 그런 어떤 것을 생각하고 있었습니다. 그의 생각은 ―그의 생각을 그냥 말랑말랑하게 만드는 일을 또다시 하지는 맙시다― 벌써 고전 독일 철학 (당시에 그렇게들 부르고 있었지요)의 종말은 사회주의의 유산으로 귀속된다는 것이었지요. 사회주의에서 이 철학이 실현될 것이기 때문에 그렇다는 것인데, 이 점에

서 마르크스와 엥겔스는 철저한 헤겔주의자였습니다.— 철학이 부
정되고 지양되어져서, 철학을 위해서는 정말로 자리가 하나도 남
아 있지 않은 상태 말입니다. 정작 마르크스한테 한번 물어본다면,
내 생각으로는 그 자신이 매우 양가적인 입장을 보일 것이라고 믿
습니다. 그리고 이 양가성은 그의 입장에서 보아도 문제이긴 한데,
완전히 새로 다시 그리고 매우 원칙적으로 두루 생각해보아야 할
부분입니다. 마르크스든 아니면 헤겔이든 혹은 칸트이든, 영향력
있는 사상가들에게서 사안이 이율배반적으로 되는 사태가 발생한
경우, 그럴 때마다 그 이율배반을 짐짓 아는 체하며 해소해버린다
면 그것은 좋지 않은 태도일 것입니다. 그 대신 이런 이율배반의
필연성을 확인하려 드는 태도가 훨씬 낫습니다. 마르크스는 한편
으로 고전 국민경제학의 제자로서 온전한 과학적 객관성을 요구했
습니다. 여러분이 호르크하이머와 내가 슈미트 박사의 마르크스
책을 다루면서 서문에서 인용한[94] 구절을 읽는다면, 그러면 여러분
은 입증되어야 하는 주제를 가지고 있는 과학에 대한 그런 식의
표현들이 마르크스에게 얼마나 결정적인지를 알게 될 것입니다.
그런데 또 다른 한편으로 마르크스는 자기만족적인 철학을 강도
높게 고발합니다. 그렇다면 내놓을 수 있는 대답은 자연히 이렇게
됩니다. 마르크스가 이런 의미에서의 자율성을 요청한 영역은 과
학이었으며, 그러면서 상대적으로 나이브하게 철학에다가 과학을
들이댄 것인데, 무엇보다도 다윈의 자연과학 모델에 따르는 과학
을 시대에 적합하다고 여기는 반면 철학은 이른바 일종의 구습으
로 여겼던 것이지요. 그런데 이 와중에 마르크스와 엥겔스가 또
다른 한편으로 아주 잘 의식하고 있던 바가 무엇인지가 드러났습
니다. 한마디로 과학 자체가 생산력에 불과한 것이 아니라는 사실
입니다. 과학은 사회적인 권력관계 및 분배관계에 깊이 얽혀 들어
가 있으며— 그 때문에 과학에 권위를, 철학으로부터 강탈해오는

식이든 아니면 철학을 비판하면서 철학이 권위를 포기하도록 하든 어떤 식으로든 권위를 과학에 넘겨줄 수 없다는 말입니다. 이 무개념의 과학은 그 동안 —이 무개념의 과학 역시 자신이 마르크스와 엥겔스에게서 한때 모습을 드러낸 그런 것이 이제 더 이상 아니라고 사적 유물론에서 자백을 한 상태입니다— 이른바 과학적 사회주의의 설립자들이 부여한 비판적 기능을 더 이상 수행하지 않고 오히려 정반대로 나아가버리는 식의 발전을 해버렸습니다. 그러자 어쩔 수 없이 이른바 과학적인 문제들이 과학의 자기반성이라는 물음으로, 과학의 비판이라는 물음으로, 과학의 자기이해의 물음으로 되었습니다. 하여, 다른 말로 하자면, 과거에 철학에서 탈취되었던 과학적인 문제들이 다시 철학으로 되돌려지게 된 것입니다. 바로 이 자기반성에 힘입어 과학이 철학으로 되돌려지고 있는데요. 이 되돌리는 지시과정이 내가 여기에서 강조한 철학의 시의성에 대한 요구와 매우 깊이 맞물려 있다고 할 수 있겠습니다.

하지만 궁극적으로 내가 여기에 덧붙이고 싶은 말은 관조로의 퇴각, 위대한 이상주의 철학에서 그렇듯이 그리고 헤겔 체계 내에서 실천이 차지하는 대단한 위상에도 불구하고 결국은 헤겔에서도 역시 그렇다고 할 수 있는— 그러한 관조로의 퇴각은 아니라는 것입니다. 작고한 칼 코르쉬Karl Korsch, 여러분 혹시 알지 모르겠습니다만, 브레히트의 철학적 스승이었던 그가 호르크하이머와 나에게, 미국에 있을 때부터 그리고 나중에도 그랬는데요. 『계몽의 변증법』이 출간된 후 더욱 강력하게 이의를 제기했었습니다. 우리가 헤겔 좌파의 관점으로 돌아갈[95] 필요가 있다는 이의였지요. 그런데 그의 이야기가 내게 옳지 않다고 여겨지는 이유는 바로 단순한 관조라는 관점이 더 이상 유지될 수 없다는 사실 때문입니다. 마르크스가 정식화시킨 대립, 한편으로는 순전한 관조가 있고 다른 한편으로 자신의 정치철학이 있다는 대립은 헤겔 좌파의 의도에 비추어

보아도 단지 부분적인 정당성만을 갖는다는 말을 해야만 할 것입니다. 이는 어려운 문제입니다. 전반적으로는 이제 서서히 제기되고 있는 헤겔 좌파 사상가들에 대한 상세한 분석을 통해서 비로소 온전한 판단을 내릴 수가 있겠지요.[96]— 여기에서도 어쨌든 또 다시 마르크스의 특출한 정치적 본능을 인정하지 않을 수 없습니다. 이 정치적 본능으로 마르크스는 브루노 바우어Bruno Bauer와 슈티르너Stirner 그리고 루게Ruge와 같은 사상가들에게 어떤 퇴행적인 잠재성이 특히 민족주의적인 잠재성이 들어 있다는 사실을 간파하였던 것이지요. 나는 말입니다, 변증법 이론에서 그와 같은 퇴행이 일어나리라는 걱정을 더 이상 하지 않아도 될 정도는 되었다고 믿습니다. 변증법은 그 사이에 이론적으로 그리고 실제로 일어난 일을 통해 이제는 나이브하지 않게 되었다고 봅니다. 최소한 나는 그렇게 되었기를 희망하는 바입니다. 나는 사람들이 올바른 것을 원하지 않는다면, 사람들은 도대체가 올바른 관념을 사유할 수 없는 법이라고 생각합니다. 이런 말이지요. 만일 그러한 관념 이면에 올발라야만 하고, 무의미한 고통이 지양되는 상태로, 난 그저 부정적으로만 표현할 수 있을 뿐인데요, 인간에게서 속박이 제거되는 그런 상태에 인류가 도달해야 한다는 의지가 그를 사로잡는 힘으로 버티고 있어야만 한다는 말입니다. 왜냐하면 사유 자체는 언제나 또한 행동방식Verhaltensweise[97]이기도 하기 때문입니다. 원하든 원하지 않든, 사유 자체는 순전한 논리적 조작들 속에서 여전히 실천의 한 계기를 이루고 있는 것입니다. 사유는 자신이 수행하는 진테제 각각을 통해 변화를 이루어냅니다. 그 이전에는 서로 결합되지 않았던 두 계기들을 서로 연결하는 판정은 모두 노동으로서 언제나 또한 일종의, 나는 이렇게 말하겠습니다, 일종의 세계 변화라고요. 그리고 일단 사유가 그 순수한 형식에 따라 변화되어야만 하는 것을 아주 사소한 곳에나마 투입시키면, 그러면 이 세상에는, 어디든 그곳이 이 세상인 한에서는, 사유를 실천으로부터 절대적으로 분리시키는 그런 기관은 없습니다. 이론과 실천의 분리는 바로 물화된 의식의 한 형태입니다. 그리고 이 분리의 교조적이고 화해불가능한 성격과 경직성을 무효화시키고 폐기하는 일은 철학에 달린 문제입니다. 그러나 내가 여기에서 의미하고자 하는 바는 실천이 사이비-행동성[98]과 혼동되도록 놔두고 싶지 않다는 것입니다. 실천이라는 개념을 많은 이들이 하는 대로 그리고 여러분 중 다수에게도 역시 유혹적일 그런 방식으로는 다루지 않겠습니다. 아울러 여러분이 그렇게 하지 못하도록 막고 싶다는 뜻이기도 합니다.─ 권위라고 일축하지는 말고요. 간단하게 내가 오늘 고려해보자고 한 그런 생각들을 좀 받아들인 후 거기서 나오는 생각들을 가지고 내게 대드십시오. 여러분이 어떻든 '무엇인가를' 행한다는 것, ─미국에서는 이런 유형을 조직가organizer라고 부른다지요, 즉 어떤 유형이든 사람들을 서로서로 연결시키고, 조직하고, 선동하고 그리고 이런저런 일들을 벌이면서─ 이러면서 무언가 본질적인 것을 행했다는 듯 믿으면서 대들지는 말라는 뜻입니다. 활동성은 모두 제각기 중요성과 관련되어 있을 수밖에 없습니다. 그 안에 포함된 가능한 잠재력과의 연관이지요. 특히 오늘날에는 아주 쉽게 그렇게 되는데요, 결정적인 행동성이 가로막혀 있기 때문이고요, 그리고 또 다른 한편으로는 내가 여러분에게 종종 충분히 암시한 바 있는 근거들에서 사유 자체가 마비되고 있는 까닭에 일어나지 않은 것에 대한 일종의 대체물로 무기력하고 우연한 실천이 각광받고 있기 때문이기도 합니다. 그리고 진정한 실천이 아니라는 사실을 알면 알수록 사람들은 정말 더욱더 완강하고 열정적으로 그런 실천에 의식을 고정시킵니다. 내가 실천에 대한 너무 성급한 질문에 우려를 표명하고자 하는 까닭이 여기에 있습니다. 실천에 대해서는 각기 더 이상 이론적 정당성을 요구하지 않으면서 ―이 역시 잘못된 태도가 분명하지만― 그와 반대로 모든 관념에는 즉각적으로 비자를 요구하는 '여권감독관'의 질문에 반대를 하는 것입니다. 이렇게 묻질 않습니까. 그래 좋다, 그런데 넌 그것을 가지고 대체 무엇을 할 수 있는 것이지? 나는 이렇게 생각하렵니다. 그와 같은 행동방식은 실천을 촉진하기보다는 오히려 실천을 저해한다고요. 그리고 나는 이렇게 말하겠습니다. 올바른 실천의 가능성은 무엇보다도 실천으로 위장함Verstelltheit을 온전하고 조금도 약화되지 않은 의식으로 직시하고 있음을 전제한다고요. 사람들이 관념을 즉각적으로 관념의 가능한 실현에 대고 잰다면, 그러면 그런 계측에 의해 사유의 생산성에는 족쇄가 채워집니다. 실천적으로 되는 것은 아마도 관념이 직접 적용되어야 하는 그런 실천을 통하지 않고도 미리 제한을 선취하는 그런 관념뿐일 것입니다. 이론과 실천은 이토록 변증법적인 관계에 있다고 해야 할 것입니다. 나로서는 오늘 나의 열악한 처지에서 가능한 만큼 나갔다고 여겨지나, 지난 수업 시간의 내용에 견줘 차이를 분명히 드러내라는 요청에 내가 조금이라도 부응했기를 바라 마지않습니다.

80) 제5강의 핵심용어 첫 부분에 기입된 날짜는 메모를 작성한 날이고, 마지막에 적힌 것은 아도르노가 중단한 날이다. 제5강의 경우 두 날짜가 같은 것은 아도르노가 오후에 강의가 있는 날 오전에 핵심용어를 작성하였기 때문이다.

81) Theodor W. Adorno, Eingriffe. Neun kritische Modelle, Frankfurt a. M. 1963, S.11ff. 지금은 GS 10·2, S.459ff. 참조.

82) 벤야민의 개념에서 아도르노가 차용한 것. 이 표현은 『파사젠베르크』를 위한 스케치들 중에서 따온 것이다. "단호하게 '초시간적 진리'라는 개념에서 등을 돌리는 것이 제격이다. 하지만 진리는 ―마르크스주의가 주장하듯이― 단지 인식행위의 시간적 기능이기만 한 것이 아니라 인식된 것과 인식하는 자 속에 동시에 들어 있는 시간적 핵에 결부되어 있다" [Walter Benjamin, Gesammelte Schriften, a.a.O.(Anm. 58), Bd V. 1, 4.Aufl. Frankfurt a. M. 1996, S.578] [N 3, 2].

83) 말하자면 이렇다. 격하게 이해된 순간이란 근본적으로 바로 시간 혹은 역사의 정지이다.― 키르케고르에게서 순간은 "전적으로 이행의 범주μεταβολή"이다(Sören Kierkegaard, Die Krankheit zum Tode u.a. hrsg. von Hermann Diem und Walter Rest, München 1976, S.540). 최후의 심급에서 일어나는 시간과 영원, 유한성과 무한성의 이행범주. Begriff der Angst에서 키르케고르는 이렇게 쓴다. "순간은 시간과 영원이 서로 접촉하는 그런 이중적인 것이다. 이로서 시간성이라는 개념은 시간이 지속적으로 영원성을 뜯어내고 그리고 영원성이 지속적으로 시간에 침투하는 그런 개념으로 설정되는 것이다"(Ebd., S.547).― 파울 틸리히는 적시適時, καιρός에 관해, '새로운 시간충족'의 제대로 된 우호적인 순간에 대하여 이렇게 말한다. "신적인 것과 악마적인 것의 투쟁이 한순간 신적인 것의 편으로 판가름나는 순간이다. 하지만 그렇게 되어야만 한다는 보장은 없다"(Paul Tillich, Gesammelte Werke, hrsg. von Renate Albrecht, Ergänzungs-und Nachlaßbände, Bd.4. Die Antworten der Religion auf Fragen der Zeit, Stuttgart 1975, S.131).

84) 1969년 학생운동 진영과의 토론에서도 그러하였다. "혁명적인 체하는 제스처는 자연발생적인 혁명의 군사기술적 불가능성을 보완한다. 이 점에 대

해서는 수년 전에 이미 위르겐 폰 켐프스키가 지적한 바 있다. 폭탄을 관리하는 사람들에 맞서 설치된 바리케이드는 우스꽝스럽다. 그러느라 사람들은 바리케이드 놀이를 하는 것이고, 위정자들은 한시적으로 유희에 참여하는 사람들을 놔두는 것이다"(GS 10·2, S.771f.). 켐프스키의 논문은 확실하지 않다. 아마도 위르겐 폰 켐프스키의 논문, Das Kommunistische Palimpsest, in: Merkur 7, Jg. 2, 1948, 1. Heft, S.53ff.에 대한 막연한 기억에 기대고 있는 듯하다.

85) 1891년 에어푸르트 강령이 나온 이후 노동운동 진영에서는 사회주의에 도달하기 위해 혁명이 필요하지 않으며 의회주의를 통한 개혁으로도 가능하다는 의견이 일정한 비중을 차지하게 되었다. 1910년경 독일 사민당 내에서 수장의 자리에 오른 개혁주의적-수정주의적 이론 및 정치의 대변자는 Eduard Bernstein(1850-1932)이었다. 개혁주의와 수정주의에 대해서는 Predrag Vranicki, Geschichte des Marxismus, übers. von Stanislava Rummel und Vjeskoslava Wiedmann, Frankfurt a. M. 1972, Bd.1, S.277ff. 참조.─ 개혁주의에 대한 아도르노의 입장은 변화무쌍했던 개혁주의의 역사적 역할과 무관하게 한결같았다. 1942년 Reflexionen zur Klassentheorie에서는 교조적인 학설들을 거부하는 것으로 나타난다. "단지 개혁주의자들만 계급문제에 대하여 토론하면서 개입하였는데, 투쟁을 부정하고, 중간층에 대한 통계학적 평가 그리고 변조된 진보를 찬양하면서 발을 내딛기 시작한 배반을 은폐하기 위한 것이었다"(GS 8, S.381). 1969년 Maginalien zu Theorie und Praxis에서 학생운동진영의 저항세력들 중 사이비-행동주의자들을 비판하는 와중에도 개혁주의자들에 대한 태도는 마찬가지로 과격하다. "비합리적이고 거친 폭력으로의 이행을 거들지 않은 자는 나쁜 전체가 존속하도록 하는 데 책임이 있는 저 개혁주의자들의 편으로 내몰려진다. 하지만 어떤 단발마적 행동도 도움이 되지는 못한다. 그리고 도움이 되는 것은 깊숙이 가리어져 있다. 변증법은 실용주의적으로 바로 그 다음 단계에, 전체를 조망하는 인식이 이미 오래전에 넘어선 단계에 고정되는 순간, 궤변으로 타락한다"(Ebd., S.770).

86) 변증법적 인류학에 대하여는 무엇보다도 『계몽의 변증법』 특히 'Aufzeichnungen und Entwürfen'(GS 3, S.17) 참조. 마찬가지로 Frankfurter Adorno Blätter의 제8권과 마지막 권에 실린 아도르노의 Notizen zur neuen Anthropologie(München 2003) 참조.

87) 마르크스의 유명한 구절은 Kapital 제3권에 나온다. "자유의 왕국은 외부적인 편의에 의해 규정되는 노동이 끝장나는 곳에서 비로소 시작되며 따라서 그 본성상 고유한 의미에서의 물질적 생산을 넘어서서 존재한다. 미개인이 자기의 욕망을 충족시키기 위하여, 그리고 자기의 생활을 유지하고 재상산하기 위하여 자연과 투쟁하여야만 하듯이 문명인도 그렇게 해야만 하며 어떤 사회형태에서도 그리고 있을 수 있는 모든 생산양식 하에서도 그렇게 해야만 한다. 문명인의 발전에 따라 이 자연적 필연의 왕국도 확대된다. 왜냐하면 그의 욕망도 확대되기 때문이다. 그러나 동시에 이러한 욕망을 충족시키는 생산력도 확대된다. 이 왕국에서의 자유는 오직 다음과 같은 것에 있을 수 있다. 즉 사회화된 인간, 결합된 생산자들이 자연과의 신진대사를 합리적으로 조직하여 그 신진대사가 맹목적인 힘으로써 그들을 지배하는 것이 아니라 그들이 그 신진대사를 집단적인 통제 하에 두는 것, 그리하여 최소의 노력으로 그리고 인간성에 가장 알맞고 적합한 조건 하에서 그 신진대사를 수행하는 것이다. 그러나 이것은 아직 여전히 필연의 왕국이다. 이 왕국을 넘어서야만 진정한 자유의 왕국 ―즉 인간의 힘을 목적 그 자체로 발전시키는 것― 이 시작된다. 비록 자유의 왕국은 필연의 왕국을 토대로 하여야만 개화될 수 있는 것이기는 하지만, 노동일의 단축은 그 기본조건이다"(Marx/Engels, MEW, Bd.25, Berlin 1968, S.828 / 김수행 옮김, 『자본』 3권, 1010-1011쪽).

88) 1965/66년 강의에서 이론과 실천에 관해 다루면서 아도르노는 1968년 학생운동과 관련하여 그의 제자들과 심각한 갈등에 빠지게 될 문제를 이미 건드리고 있다. 이에 대하여는 Kritik der Pseudo-Aktivität. Adornos Verhältnis zur Studentenbewegung im Spiegel seiner Korrespondenzen, In: Frankfurter Adorno Blätter VI, München 2000, S.42ff.도 참조. ― 이론과 실천의 관계에 대한 아도르노의 이론은 1969년에 출간된 Marginalien zu Theorie und Praxis에서 최종적으로 가다듬어진 정식을 찾을 수 있다 (GS 10·2, S.759ff. 참조).

89) 아도르노는 1965년의 [Metaphysik-Vorlesung]에서 아리스토텔레스의 윤리학을 옛 것으로 치부하였다. 아리스토텔레스 윤리학에서는 이른바 추론의 미덕들이, 즉 행동에 대한 어떠한 고려도 없이 순전한 관조와 반성에 기인하는 미덕들이 다른 모든 미덕에 비해 우위를 점하고 있다. 사유는 실천과 대립한 채 자기 자신에 만족한다(NaS IV·14, S.145).

90) 속기하던 여비서가 이름을 'Franz Tepmert'로 이해했지만 사실은 Franz Pfemfert이어야 할 이름을 잘못 들은 것이다. 하지만 어하튼 표현주의 잡지 Aktion의 편집자이고 트로츠키의 친구였던 이 Pfemfert(1879-1954)가 했다는 이 표현은 유감스럽게도 확인할 수 없었다.

91) 43쪽 역시 참조.

92) 아도르노가 즐겨 빗대어 사용하는 『정신현상학』의 표현들이다. "하여간 학문을 연구하는 데서 중요한 것은 개념파악을 위한 노력을 몸소 걸머지는 일이다"(임석진 옮김, 제1권, 96쪽). 그리고 "참다운 사상과 학문적 통찰은 오직 개념의 노동 속에서만 얻어진다"(Ebd., S.65 / 임석진 옮김, 제1권, 109쪽).

93) 『독일 이데올로기』 도입부 참조. "청년독일파의 환상에 따르면 인간들의 관계들, 인간들의 일체의 행동, 인간들의 족쇄들과 제한들이란 인간들의 의식의 산물들이기 때문에 청년 헤겔파는 수미일관하게도 인간들에게 그들의 현재의 의식을 인간적, 비판적, 혹은 자기중심적 의식으로 바꾸고 그렇게 함으로써 그들의 제한들을 제거하라는 도덕적 요청을 제기한다. 의식을 바꾸라는 이러한 요구는 현존하는 것을 달리 해석하라는, 즉 다른 해석을 통하여 현존하는 것을 인정하라는 요구로 치닫는다. 청년 헤겔파 이데올로그들은 그들의 소위 '세계를 뒤흔드는' 문구들에도 불구하고 굉장한 보수주의자들이다"(Marx/Engels, MEW, Bd.3, S.20 / 최인호 옮김, 제1권, 195-196쪽).

94) Max Horkheimer und Theodor W. Adorno, Vorbemerkungen zu Alfred Schmidt, Der Begriff der Natur in der Lehre von Marx, Frankfurt a. M. 1962, S.8(지금은 GS 20·2, S.655). "어떤 실천적인 테마에서, 무슨 효과를 노리고 인식한 것에서 무엇인가를 털어내는 지식인들에 대해 마르크스는 경멸스럽게 말했다. 그는 그런 지식인들을 룸펜이라고 하였다."– 마르크스가 말했다고 하는 이 구절은 출처가 밝혀 있지 않고, 어디서 인용했는지도 알 수 없었다. 확인불가능.

95) Karl Korsch(1889-1961), 정치가, 법률가, 철학자. 호르크하이머의 Zeit-schrift für Sozialforschhung에 참여. 호르크하이머가 한때 코르쉬와 함께 변증법에 관한 연구를 할 생각을 가지고 있던 것으로 보인다 [Die Briefe von Korsch in Horkheimer, Gesammelte Schriften, a.a.O.(주 9), Bd.18 참조]. 계몽의 변증법에 대한 코르쉬의 비판은 확인되지 않음. 아마도 코

르쉬가 한 발언을 문제 삼고 있는 것으로 보임.

96) 아도르노는 특히, 가장 먼저는 아니지만, Helms의 Stirner 연구를 염두에 두고 있다. Hans G. Helms, Die Ideologie der anonymen Gesellschaft. Max Stiners 'Einziger' und der Fortschritt des demokratischen Selbstbewußtsein von Vormärz bis zur Bundesrepublik, Köln 1966 참조. 헤겔 좌파에 관하여는 아래의 자료들이 여전히 요긴하다. Karl Löwith, von Hegel zu Nietzsche. Der revolutionäre Bruch im Denken des 19. Jahuhunderts, in: Sämtliche Schriften, Bd.4. Stuttgart 1988, S.87ff.─ 덧붙여 말하자면 아도르노와 비판이론 전반에 대해서는 헤겔 좌파로 되돌아간다는 비난이 가장 빈번하게 제기되는 편이다. 무엇보다도 네오 마르크시스트 진영에서 그런 비판을 제기했지만 그들만이 아니었다. 아도르노 자신은 마르크스가 『독일 이데올로기』에서 수행한 바와 같은 역사적인 헤겔 좌파에 대한 가차 없는 청산을 그대로 받아들인 적이 한 번도 없었다. 키르케고르처럼 아도르노 역시 "헤겔 좌파를 가볍게 생각하지 않는다"(GS 6, S.134)고 자기입장을 표명했던 것이다. 마르크스가 "고전독일철학의 유산을 보존하면서 헤겔의 정신에 입각해 포이어바흐와 헤겔 좌파를 논박한 반면"(GS 8, S.231), 아도르노는 헤겔의 논변들 깊숙한 곳에 헤겔 좌파적 모티브도 들어 있음을 발견하고 그런 한에서 헤겔 좌파를 정당하다고 여겼다. "헤겔에게서처럼 모든 것이 절대정신으로서의 주체 속으로 추락하고 나면, 주체가, 서로 다른 것으로서, 주체로서 파악될 수 있는 차이규정이 하나도 남아 있지 않게 되어 관념론은 지양된다. 일단, 절대자 속에서, 객체가 주체라면, 객체는 더 이상 주체에 대해 열등하지 않은 것이다. 동일성은 그 정점에서 비동일자의 동인Agens으로 된다. 이런 식으로 헤겔의 철학에는 절대로 넘어서면 안 되는 경계선이 선명하게 그어져 있는 것이 사실인데, 자체 내용으로 보면 매우 불가피하나 이를 넘어서는 것을 공공연하게 감행하는 것을 금지하는 선이다. 헤겔 좌파는 헤겔을 오해하면서 헤겔을 넘어선 정신사적 발전이 아니다. 오히려 변증법에 충실하여, 철학으로 남기 위해 변증법을 포기해야만 했던 헤겔 철학의 자의식의 한 편린에 해당한다"(GS 5, S.308). 헤겔 좌파에 대한 철학내부의 명예회복은 '철학의 실현'에 대한 생각들이 오래전에 모두 증발해버리고 혁명적 실천과 같은 것에 대한 희망이 압류당한 역사적 발전에 의해 강요된 측면이 있다. 이런 의미에서 아도르노는 1962년 튀빙엔에서 열린 DGS 내부 워크샵에서

발표한 칼 포퍼와 자신의 논문에 관련하여 이렇게 말하였다. "사회적 실재는 마르크스와 엥겔스가 냉소적으로 내쳤던 헤겔 좌파의 관점에 거의 강제적으로 내몰려지는 방식으로 변해왔다. 간단하게 말하자면 이렇다. 첫째, 마르크스와 엥겔스에 의해 발전된 이론 자체가 그사이 완전히 교조적인 것으로 모습을 드러냈기 때문이며, 둘째는 도그마화하고 정지된 이론으로 세계 자체를 변화시키겠다는 생각이 인간억압의 매우 가련한 실천을 정당화하는 데 기여하는 혐오스러운 이데올로기로 변해버렸기 때문이며, 셋째는 그러나 ―이것이 가장 심각한 것인데― 이론을 통해 그리고 이론을 발화하는 것을 통해 직접 인간을 자기편으로 만들어 행동하도록 만들 수 있다는 생각이다. 이런 생각은 이중의 차원에서 불가능하게 되었다. 일단 이론을 통해서는 절대로 행동으로의 동기유발을 받지 않는 인간들에 의해서이고, 그리고 마르크스에게서처럼 바로 내일 앞으로 다가온 것처럼 보이는 그러한 행동의 가능성을 배제해야 하는 현실이다. 오늘날 누군가가 내일 세상을 변화시킬 수 있을 것처럼 그렇게 행동을 하고자 한다면, 그는 필시 거짓말쟁이가 될 것이다" [Ralf Dahrendorf, Anmerkungen zur Diskussion der Referate von Karl Popper und Theodor W. Adorno, in: Kölner Zeitschrift für Soziologie und Sozialpszchologie 14(1962), S.268f.(Heft 2)에서 인용].

97) 아도르노가 말년에 지녔던, 특히 학생저항운동 진영과 논쟁하면서 확보한 핵심생각이다. Anmerkungen zum philosophischen Gedanken을 참조. "사유는 무시간적으로 순수한 형식적인 논리학에서 소진되지 않으며 심리학적 과정 속에서도 소진되지 않는다. 사유는 자신과 관련이 되는 것에 대한 연관이 절대적인 행동방식이다"(GS 10·2, S.602). 혹은 Maginalien zu Theorie und Praxis의 한 부분 참조. "사유는 행위이고, 이론은 실천의 한 형태이다. 사유의 순수함이라는 이데올로기는 이 사실을 기만한다. 사유는 이중적이다. 내재적으로 규정되어 있고 엄격하다. 그리고 그 실재의 한 가운데서 절대적으로 실재적인 행동방식이다"(Ebd., S.761).

98) 사이비-행동성 개념을 아도르노는 후에 학생운동 진영을 비판하면서 끌어들였다. GS 10·2, S.771f. 또 위의 주 88 참조.

핵심용어들

이행의 순간은 저장될 수 없다. 혁명이 임박했다는 생각을 더 이상 할 수 없다. 한편으로는 강압지배로 되었고, 또 다른 한편에서는 거의 불가능하게 되어버린 혁명(행정행위, 적군파).

무한정 미루어진 실천은 철학에 이의를 제기하는 기관이 될 수 없다.— 왜 발생하지 않았는지 곰곰이 궁리하는 것이 철학이다. 가장 진보적인 사회적 통찰이란 바로 이런 것일 것. 껍데기가 아니라.

반면 철학의 동일성 요구가 가장 결정적인 지점, 즉 실천으로 이행해야 할 지점에서 실현되지 못하는 철학은 철저한 자기비판이 필요하다. 탈변방화. 이 지점에서 볼노프[99] 공격.

철학이 여전히 가능하다면 = 변증법도 가능하다. 이런 변증법에 관한 현학적이지 않은 개념.

왜냐하면 변증법이 최상의 철학형태이기 때문인데, 변증법은 개념적이지 않은 것, 철학에 이질적인 것을 철학으로 끌어넣으려는 시도라고 할 수 있다. 즉 철학을 본질적인 것으로 확장시키려는 시도이다. 전통적이고, 현실추수적인 형태의 철학은 이 본질적인 것을 은폐하고 있다.

현 상황: 관념이 철학으로 되돌려진 상태. 오늘날의 숨 고르기

는 이에 대한 가능성을 보증한다.

세계는 또한 너무 적게 해설되었다는 그런 이유 때문에서도 변하지 않았다. 예를 들자면 마르크스의 자연지배 개념. 그는 통용되던 방식 그대로 받아들였다.— 이런 방식의 차용은 실천적으로 그 결과를 낳는다.

다른 한편 철학은 이제껏 구가해온 대로라면 그 최고의 형태에서도 구제될 수 없다. 존재와 사유의 동일성에 대한 요구는 저항에 직면했다. 세계 = 정신이라면, 세계가 의미심장해야.

거대담론에서: 왜냐하면 세계가 이성적이라고, 의미심장하다고 더이상 주장하고 나설 수 없기 때문에. 내부 깊숙한 곳으로 파고 드는 관념은 현실 역사와 접촉한다.

철학적으로: 이론적 관념으로서의 동일성은 오류이기 때문에. 이에 대한 제시는 헤겔 논리학 첫 단계에서. 『논리학』 I, 110[100]

(2)[101] 존재 + 무의 동일성을 교시할 수 있기 위하여, 규정되지 않은 것으로서의 존재가 비규정성으로, 개념으로 되고, 그리하여 절대정신의 결과가 익살스럽게 선취되어진다.

그래서 아포리Aporie는: 철학으로 반송시키기, 그리고 철학으로는 더 이상 충분하지 않다는 것. 철학으로 되지도 않으며 철학 없이 되는 것도 아님. 하지만 관건은 철학이 여전히 충분한 근거를 가지고 내실 있는 것, 내용적인 것 그리고 이와 더불어 본질적인 것에 대해 말할 수 있는지이다. 이것이 관건이다.

그렇지 않으면 철학은 형식주의로 전락하거나 아니면 연관성 없고 구속력 없는 문장들의 우연성에 매몰될 것이다.

형식주의로의 전락 그리고 구속력 없음으로의 전락은 현상학의 역사에서 절박하게 드러난다. 오늘날 하이데거에게서 나타나는 갈수록 심해지는 추상화.

슬렁거리며 지나치는 철학함을 통해 발생하는 내용상의 위험인 우연성, 그 외에 고유성이라는 은어 역시 도처에. 신존재론이 농경제적 관계들과 같이 이미 지나간 관계들에 관한 가설을 내용적으로 설파하는 곳에서는.

_1965년 11월 23일

우리는 지난 시간 내내 그리고 그전 시간 말미에 이론과 실천의 관계를 둘러싼 참으로 세분화된 문제들에 몰두하였습니다. 이제는 좀 더 넓은 범위에서 제기되는 문제들에 대한 논의로 돌아가고자 합니다.— 이른바 철학 특수적인 문제제기들이 되겠는데요, 그냥 간단하게 말해서 부정변증법의 프로그램에 해당되는 문제들이라고 할 수 있겠습니다. 그게 왜 안 일어났는가에 대해 곰곰이 생각해 보는 것, 다시 말해 왜 실천Praxis이 그런 어려움들에 빠지거나 아니면 정지 상태에 머물고 말았는가 하는 점입니다.— 이처럼 곰곰이 생각하는 것 그 자체가 사람들이 오늘날 철학이라고 일컬을 수 있는 것의 본질적인 한 부분을 이루겠지요. 그러므로 어떤 의미에서 보면 이론과 실천의 과정은 실천으로 이행된다고 예견된 이론이 실천되지 않음으로써, 다시 이론으로 되돌려졌다고 할 수 있겠습니다. 이야말로 사회적 과정을 들여다보는 가장 진보된 통찰에 해당한다고 할 것입니다. 내가 기초학문이라든가 아니면 상급학문이라는 식의 철학개념, 한마디로 '껍데기'로서의 철학개념에 극단적으로 대립하는 철학개념을 여러분에게 개진해 보여주려고 하는 까닭은— 분명 무슨 이유가 있기 때문입니다. 마찬가지로 여러분은 왜 내가 온 나라에서 통용되고 있는 철학과 사회학의 구분을 인정하지 않는지 그 동기에 대해서도 알고 싶겠지요. (지금 이 강의에서 길게 늘어놓지는 않으렵니다.) 그러나 다른 한편으로는 이렇게도 말할 수 있겠습니다. 헤겔 이래로 철학 자체에 내포되었던 실천으로의 이행이 성공하지 않았다는 사실에는 철학 자체가 가장 날카로운 자기비판에 직면해 있다는 사정도 들어 있는 것이라고요. 물론 이러한 자기비판은 철학이 발견해낸 최근의 가시적인 형태들에 결부되어야 하겠지요.102) (여기에서 철학이라는 이름으로 수행되는 그 수많은 양의 완전히 쓸데없는 작업들의 비판을 두고 말하는 것이 아닙니다. 학문-공장의 생산품인 이런 작업들은 매년 쏟아져 나오지요. 그리고 인쇄해서 내줄 사람도 계속 찾아냅니다.)

그러므로 철학이 여전히 가능한지 어떤지를 물어야만 할 것입니다. 만일 내가 이 물음을 변증법의 가능성에 대한 물음과 동렬에 놓는다면, 그러면 난 포지티브한 측면에서도 이를 정당화해야 하는 의무를 지게 되겠지요. 네거티브하게 나가려 한다면 반변증법적인 철학들이 비판적 자성을 견뎌낼 수 없다는 사실을 들면 그만일 테지만. 사실 난 그런 반변증법적 철학들에는 이 비판적 자성이 꼭 필요하다고 여기는 편이긴 합니다. 그래서 여러분에게 다시 한 번 간청하고 싶습니다. 변증법과 관련해 모쪼록 현학적이지 않은, 즉 도식-변증법적인 철학함에 결부되지 않은 개념을 일단 사안에 가져가 보라고요. 만일 여러분이 변증법의 가능성이라는 물음으로 내가 무엇을 뜻하고자 하는지를 이해하고자 한다면 말입니다. 철학에 이질적인 것, 철학의 타자, 조금 앞질러서 말하자면 비개념자라고 할 수 있겠는데요, 이것을 철학 안으로 함께 끌고 들어가는 시도라고 이해하면 되겠습니다.— 헤겔로 말하자면 비동일자103)의 동일화가 되겠고요. 나의 문제제기 방식에서 보면, 비개념자를 끌어들이기hineinzunehmen보다는 비개념자의 비개념성 안에서 비개념자를 파악하는begreifen 것이라 할 수 있겠습니다. 이렇게 해서 철학은 자신으로부터 이리저리 우수수 빠져나가는 본질적인 것에 관해 말할 수 있기 위하여, 헤겔에 이르기까지 철학의 전통적인 형태에서 우리한테는 은폐한 —여기에 대해서는 오늘 바로 조금 후에 다시 말하게 되겠습니다만— 바로 그것에 관여해야만 하게 된 것입니다. 전통적인 그리고, 이런 말을 충분히 덧붙일 수 있다고 여겨집니다만, 현실추수적 형태의 철학이 아주 세심하게 배려하는 가운데 그물코 사이사이로 빠져나가는 그것 말입니다. 그래서 관념이 다시 철학으로 되던져진 상황이 되었는데, 그러느라 동시에 철학 자체가 문제적으로 된 것입니다. 여기에서 문제적이라고 한 것은 연관성 없이 그리고 아무 생각 없이 그냥 계속되는 특수 분과학문이라는 의미에서만이 아닙니다. 훨씬 더 진지한 의미에서 그렇다고 하겠는데요, 철학이 기획한바, 그 지점에 철학은 현재의 형태로는 결코 도달하지 못한다는 사실입니다. 그래서 공이 다시 철학으로 넘어온 것이지요. 그리고 이런 상황 자체가 현실적으로 그에 상응하는 현상을 불러일으켰습니다. 지금 우리는 일종의 역사적인 숨 고르기 단계로 접어든 것입니다. 우리는 진지하게 심사숙고해야만 하는 상황에 처해 있습니다. 물질적인 전제들 그리고 다소 평화로운 상황이라는 점을 감안하여 여하튼 독일 연방공화국에 한해서라도 우리에게 다시 가능한 것에 대해 진지하게 생각해보아야 합니다. 끊임없이 볼프! 볼프!*를 불러대면서 사

---

* 역주: 볼프 비어만Wolf Biermann.

독일 참여시인. 1936년 함부르크 출생. 제2차 세계대전이 끝난 뒤 동독을 조국으로 선택해 이주했으나, 동독 체제를 맹렬히 비난하는 시와 노래 때문에 1976년 서독으로 추방당했다. 서독에 와서도 사회주의자로서의 신념을 지키며 서독 사회의 모순을 날카롭게 비판하고 풍자하는 참여 시인으로서의 모습을 보여주었다. 주요 시집으로 『철사줄 하프』, 『마르크스와 엥겔스의 허로』, 『프로이센의 이카루스』, 『거꾸로 돈 세상, 나 그것 보기 즐겁네』 등이 있다. 게오르크 뷔히너 문학상(2001), 하인리히 하이네 문학상(2003) 수상(한겨레신문, 2005년 6월 1일 볼프 비어만 대담 참조). 비어만은 베를린 훔볼트 대학에서 수학과 철학과 공부했으며 1960년 작곡가 한스 아이슬러Hans Eisler를 만난 것을 계기로 가사와 곡을 쓰는 음유시인이 되었다. 1963년 서독에 초청되어 프랑크푸르트 암 마인에서 공연을 가졌다. 1976년 추방의 직접적인 계기는 서독 금속노조 초청으로 순회공연을 하던 중에 있었던 동독비판 발언 때문이었다. 그의 공연은 독일 전역에 TV로 방영되었다. 학생 운동 진영에서도 높은 인기를 누려 기타 반주를 곁들인 그의 노래는 운동권 문화의 일부가 되었다. 아도르노는 여기에서 운동권 '문화'를 비

람 헷갈리게 하는 시도들은 사회적인 분석을 토대로 전망했을 때 바로 지금 이 순간에는 이데올로기로 전락하게 되는데요, 어쨌든 심사숙고하고 있을 수 있는 이러한 상황이 계속된다고 기대할 수가 결코 없기 때문입니다. 놓쳐버리면 안 되는 상황인데 말입니다. 내가 하고자 하는 말은 여기, 이 가능성에 우리 모두 그리고 더 특별하게는 여러분이 감당해야 하는 일종의 의무가 가로놓여 있다는 것입니다. 이제 정말로 곰곰이 생각해봐야 하는 의무이며 그리고 여러분 역시 일반적인 활동에 정신활동을 종속시켜서 스스로 좌표를 잃어버리는 우를 범하지 말아야 하는 의무가 있는 것입니다. 현실의 형태에서 발생해 여러분과 나에게 똑같이 밀어닥치는 (이런 것을 이야기해도 된다면 말입니다) 일종의 도덕적 의무라고나 할까요. 물론 세계가 정신적 근거에 의해서만 변화를 겪어온 것은 아닙니다. 허나 이 세계는 어쩌면 너무 적게 해설되어졌다는 그런 이유 때문에 안 변했을지도 모릅니다.

여기에서 나는 마르크스가 너무도 미흡한 상태로 남겨둔 문제, 그리고 나를 비롯해 뜻을 같이하는 몇몇 사람들이 여기에 무언가 매우 본질적인 것이 들어 있다고 보는 문제를 다시 생각해보려 합니다. 마르크스에게서는 자연지배 원칙이 도대체가 너무도 순진하게 받아들여지고 있답니다. 마르크스의 구상에 따르면 인간들 사이의 지배관계에서는 정말로 무엇인가가 변하지만, ─변해야만 합니다, 즉 지배관계들이 사라져야 한다는 것이지요─ 하지만 자연에 대한 인간의 무조건적인 지배는 이 변화와 무관하게 남습니다. 그래서 호르크하이머가 했듯이 계급 없는 사회란 자연지배를 위한 거대 주식회사 같은 뭐가 아니겠냐는 말이 나오는 겁니다. 마르크스에 따르면 동물들이 수행하는 노동으로부터는 ─실제로는 동물

판하고 있다. 양식화된 틀을 반복하는 동안 비판의식이 흐려진다는 지적이다.

들의 경우 재생산비용이 지출된 시간 혹은 지출된 힘보다 적은 경우가 왕왕 있음이 사실인데— 여하튼 『자본』의 명백한 구절에 따르자면,[104] 동물로부터는 부가가치가 창출되지 못합니다. 마르크스의 생각을 아주 상징적으로 드러내주는 이야기가 되겠지요. 나는 자연을 낭만화하는 고찰들에는 휘말려 들고 싶지 않습니다. 하지만 그래도 내가 '너무 적게 해설되어졌다.'고 말하는 경우, 여기에 핵심적인 계기가 하나 들어 있다고는 믿습니다. 사람들이 이를테면 이렇게 할 수는 없다는 것입니다. 한편에서는 이른바 지배의 원칙을 격렬하게 비판하면서, 다른 한편으로 제한되지 않은 영역에서는 그 지배원칙을 단순히 비변증법적으로, 굴절되지 않은 채, 실증적으로 받아들인단 말입니다. 진리는 오직 하나만 존재할 터인데요, 그렇다면 사람들이 그렇게 할 수는 없는 일이지요. 마르크스와 엥겔스의 가르침 중 나로서는 아무리 해도 납득이 되지 않는 부분입니다만, 만일 그 가르침대로라면 외부자연에 대한 지배가 수천 년에 걸쳐 사회적 지배관계 또한 필요로 했던 것인데, 사회적 지배관계 없이는 일이 진행되지 않을 것이기 때문이겠죠, 그런데 이 관계가 이제 갑자기 근본적으로 뒤집어져야만 한다고 하면, 그렇다면 자연지배의 형식들이 순수하게 관념론의 의미에서, 절대적 주관성이라는 피히테적인 의미에서 계속 존속될 것이라고, 그러면서도 지배의 형식들이 재생산되는 일은 없을 것이라고 아주 강하게 믿고 있다는 (섬세하게 표현을 하자면) 이야기가 아닐 수 없습니다. 동구권 국가들에서 관료제도가 일종의 계급으로 굳어지고 말았다고들 하지요. 그렇다면 이는 단연코 산업화와 관계된 귀결이며, 그리고 정말 가차 없이 그리고 비변증법적으로 수용된 자연지배의 요구와 관련되어 나타난 결과입니다. 반대로 진지한 의미에서 해방되었다고 하는 사회를 떠올리려면 자연과 인간 사이의 관계도 항상 포함시켜야 하는데, 자연지배가 사회 안의 지배형식들에서 재생산되면 절대 안 되기 때문에 자연지배와 맺는 관계가 변화되어야만 하는 것입니다.— 내가 여러분에게 이 이야기를 하는 것은 그서 해설한다는 것, 즉 철학이, 자유로운 심시숙고라는 말이 실질적으로 지칭할 수 있는 것이 얼마나 비상한 실천적인 의미를 지니는가를 보여주기 위한 하나의 모델을 제시하기 위함입니다.

한편, 또 다른 측면도 있습니다. 철학은 이제껏 보여준 그 최고의 형태에서도 구제될 수가 없는데요, 비록 동일화하는 파악이나마 그러는 가운데 그래도 비동일자를 파악하려는 시도를 했었던 헤겔 철학 역시 마찬가지입니다. 존재와 사유의 동일성에 대한 요구는, 이런 요구야말로 철학 전통 전체를 배후에서 떠받들고 있는 것이겠지요, 저항에 직면하여 구제 불가능한 실정입니다. 세계가 참되게 정신과 하나가 된다면, 세계가 정신의 산물이라면, 정신에 의해 온통 지배를 받는다면, 그래요, 정신에 의해 생겨나온 것이라면 그러면 이는 어쩔 수 없는 필연성으로 세계가 그 존재하는 형태 그 자체로서 의미 있다는 이야기가 되겠지요. 그런데 말입니다. 흔히들 하듯 세계가 의미를 갖는다는 말이 우리의 역사적 경험에 의해 이제는 결코 더 이상 주장할 수 없게 되고 말았다는 사실입니다. 그리고 이러한 경험에 눈을 감도록 만드는 철학, 아니면 인식론의 영역에서 그리고 인식론과 동일시된 형이상학의 영역에서 세계의 의미심장함이라는 테제를 그냥 고수하는 철학, 이 세계가 더 이상 의미심장하지 못하다는 사실 앞에서도 눈 한번 꿈쩍이지 않는 철학— 이러한 철학이 실제로 그리고 어쩔 수 없이 공허한 잡담으로, 무슨 보험회사의 판촉활동 같은 것으로 전락해서 비웃음을 사고 있습니다. 이런 비웃음으로 치자면 실증주의를 비롯한 다수의 철학경향들이 이미 마련해둔 터이고, 아울러 철학을 대하는 일상적인 의식도 여기에 가세하고 있음이 분명합니다. 사유와 존재의 동일성이라는 테제로 관념을 재단하게 되면, 그러면 관념은 사유와 존재가 서로 제각기 다른 것을 지시한다는 역사적 체험에 의해 곧 가장 깊숙한 곳에까지 생채기가 납니다. 하지만 이역시 마찬가지로 철학적 형태를 취하고 있는바, 단지 철학 이전의 의식에서 발원하는 그런 형태에 불과한 것은 아닙니다. 철학 형태는 여기에서 나름으로 구속력을 갖게 됩니다. 사람들이 그냥 관념이 체험에 눈멀지 않을 수 있다고 말을 한다면, 만일 관념이 그러면서도 자기 자신 속에서 일치상태로 머문다면, 그렇다면 말입니다, 이는 그 반대인 경우, 즉 자신이 동일하게 되고자 하는 세계에 대해 전혀 신경을 쓰지 않는 관념과 마찬가지로 교조적인 주장을 하고 있는 것이 됩니다.─ 이러한 보증이 공허하고 협소하듯이, 다른 한편으로 앞서와 같은 비판은 부적절하다고 하겠습니다. 그래서 이론적 관념으로서의 동일성은 그 자체로서 오류이고, 이론적 관념이 사취당한 경우라고 지적할 수 있는 것입니다. 이런 지적, 이처럼 몰아붙이는 부정적 지적이야말로 오늘날 철학적 비판이 파고들어야 하는 핵심문제라고 나는 생각하고 있습니다.

철학적 동일성의 학설에서 가장 중요한 텍스트를 모델로 삼아 이러한 정황의 윤곽을 한번 짚어보도록 하겠습니다. 헤겔의 『논리학』인데요, 바로 첫머리 그 구절 말입니다. 헤겔이 세상에서 가장 규정되지 않은 범주로서 존재가 무로 이전됨을 가르치는 곳이지요. 이 『논리학』의 첫 장에 나오는 몇몇 표현들은 말입니다. 그 '질Qualität'이라는 표제가 붙은 항목이 특히 그런데요, 이는 대략 『논리학』[105) 제1권 글로크너 판의 110쪽쯤에 해당합니다. 이 부분에는 계속 개입을 하지 않을 수가 없습니다. 여러분은 곧 알게 될 겁니다. 헤겔의 『논리학』이 아리스토텔레스를 끌어들이고는 거기에 자신의 주관적 해석을 가미하여 방향을 틀면서 시작한다는 사실을요. 바로 설정된 존재 개념에서 시작하는 것인데요, 그런데 이 존재에 관해서 말입니다 마치 사람들이 '응 완결되었어.'라든가 아니면 '존재의 현상학을 통해 그 개념이 무無와 동일하다는 사실이 제시되었어.'라고 말할 수가 있다는 듯 그런 식으로 이야기되고 있답니다. 여기에서 중요한 것이 개념의 분석인가 아니면 그 자체로서 이미 내실 있는sachhaltige 분석인가의 문제는 우리가 논외로 제외시켜두어야만 하는 문제가 될 터인데요. 왜냐하면 헤겔이 그처럼 명실상부한 보편자의 경우에는, 존재처럼 말입니다, 개념과 사안 사이의 차이와 같은 차이란 이미 하나의 규정이라고, 여기에서 사유된 기체Substrat인 '존재'가 지니고 있는 특질인 비규정성에 폭력을 가하는 규정이라고 할 것이기 때문입니다. 하지만 한번 정확하게 들여다보긴 해야 합니다. 그렇다면 '존재' 개념에서는 개념 '존재'와 사안 '존재'의 차이가 고려되지 않는다는 테제와는 어떤 관계가 있는지,— 대체 이 테제는 어떻게 되는 것인지, 이 문제만큼은 정확하게 들여다보아야만 합니다. 내가 지금 거론한 그 대목에서 헤겔은 우선 먼저 개념들이 경험적으로 비어 있다는 사실을 파고드는데요, 빈 공간이라는 개념들처럼 말입니다, 이런 개념들로 치자면 추상화의 결과들이라는 것이지요.— 게다가 헤겔은 존재개념 역시 그러함을 시인하는데요, 『논리학』이 진행되는 동안 그 속에서 매개된 개념인 것이지요. 그리고 『논리학』 자체의 진행은 존재개념의 경우와 마찬가지로, 수행되어져야만 하는 추상화단계들에 대한 기록, 규정이라고 할 것입니다. 그러므로 앞으로 나가는 방향을 잡은 헤겔 『논리학』의 운동들은 이미 그것의 가장 첫 단계에서 동시에 또한 후진하는 움직임이 된다는 것입니다. 한마디로, 존재는 비규정자이다.— 그리고 심지어 그는 별로 좋아하지도 않았던 야코비를 인용하면서 이렇게 말하는 것입니다.— 비규정자가 존재이다. 하지만 바로 그다음 문장에서는 "그들(순수한 공간, 시간이라는 관념들, 순수한 의식, 순수한 존재라는 관념들)은 추상화의 결과들이다. 이들은 명백하게 규정되지 않은 것으로 규정되며, —그 가장 단순한 형식으로 돌아가 본다면— 존재das Sein인 무엇이다."106) 자, 여러분 정신 바짝 차리고 한번 보십시오, 그가 어떻게 논리를 전개하는지를요! 다름 아닌 『논리학』이라고 하는 이 저술에서 그야말로 결정적인 것이 그냥 매끄럽게 넘어가는 말들 사이에 들어박혀 있다는 말입니다. 그래서 이처럼 말들을 조금씩 지연시키는 중에 헤아릴 수 없는 철학적 파괴력이 이미 결판이 나버린 터이고, 그리고 또 엄청난 의심쩍음도 파묻혀 버리는 일이 정말 일어날 수가 있었던 것이지요. 헤겔은 계속 갑니다. "바로 이러한 비규정성이 하지만 그것의" —말하자면 존재의— "규정성을 완수하는 바의 그것이다." "왜냐하면 비규정성은 규정성에 대립되어 있다. 이것은 그러므로 대립설정된 것 자체로서 규정자 혹은 부정자이다. 심지어 순수하고 전적으로 추상적인 부정자이다. 이러한 비규정성 혹은 추상적 부정, 그렇게 존재를 그 자신에게서an ihm selbst 갖는"—, '즉자an sich'지요, 오늘날의 말로 하자면 an sich selbst가 되겠지요. "외적, 내적 반성을 표명하는 것으로서 반성이 그것을" —이른바 존재를— "무와 동일시함으로써, 하나의 속빈 관념물로, 무로 선언함으로서 그렇게 된다."107) 자— 여러분, 여기를 잘 주목해 보십시오. 헤겔이 존재에 관해서 말하면서, 우선은 비규정자를 언급하지요. 그러다가는 어느 순간 슬그머니 비규정자 대신에 비규정성이라는 표현을 씁니다. 헤겔에 대해서 별다른 악의를 가지고 있지 않은 사람들은 이런 언어적 뉘앙스에 대체로 무심하게 반응할 것입니다. 표현하는 방식에서 다를 뿐이라고 그냥 느슨하게 대하는 것이지요. 이런 느슨함이 헤겔에게서는 무척 빈번하다는 점을 지적하고 그 근거를 찾아보는 일을 「음울한 철학자」에서 한번 추적해본 적이 있습니다.108) 하지만 나는 말입니다, 그토록 결정적인 문제에서 이렇듯 느슨해서는 안 된다고 생각합니다. 여기서부터는 정말로 헤겔을 글자 그대로 읽을 필요가 있는 것입니다. 잠깐 동안만이라도 '비규정자'와 '비규정성'의 차이에 대하여 한번 생각해 보십시오. 이렇게 서로 다른 말들을 쓰는 데는 분명 근거가 있는 것입니다. 일단 '비규정자das Unbestimmte'라는 말, 이는 기체Substrat의 성격을 가지고 있습니다. 사실 비규정자라는 개념에서는 사안과 개념이 명백하게 구분되지 않습니다. 규정이 뒤따라 일어나지 않았다는 바로 그 사정 때문에 규정하는 것, 즉 범주와 사안 자체의 차이가 '비규정자'라는 표현에 들어 있지 않게 되는 것이지요. 그러나 어쨌든 이 비규정자 개념은 그 말이 뜻하는 바대로의 미분화 상태에서 둘 다, 즉 개념과 규정되지 않은 사안 모두를 손에 쥐고 있습니다. 하지만 헤겔이 이를 '비규정성Die Unbestimmtheit'이라고 바꾸어 놓으면, 그러면 ―칸트는 아마도 치환Subreption이라고 말할 것입니다― 규정되지 않은 무엇 대신에 이미 개념이, 다시 말해 규정되지 않음 그 자체가 밀어 넣어지는 것입니다. 기체를 두고 하는 표현인 '비규정자'에서 비규정성으로의 단순한 말 바꿈이 이미 개념의 변환으로 되는 것입니다. 그리고 이렇게 해서 존재와 동일선상에 놓인 개념적 본질만이 ―근본적으로 여기에서 우리는 이미 동일화 행위의 원형을 볼 수가 있는데요, 이렇게 해서 존재에서 존재자, 즉 비규정성이 아니라 규정되지 않은 것인 무엇이 제거되는 것입니다― 단지 이러한 동일화의 행위만이, 나는 이렇게 말하겠습니다. 헤겔로 하여금 이 존재를, 순전히 개념적인 것으로서 그의 순수한 개념성에, 즉 바로 이 비규정성에 등치시켜 놓을 수 있도록 허락하는 것입니다. 존재가 비규정성으로 파악되는 바로 이러한 구도 속에서 존재와 무가 같다는 이야기가 나오는 것이라는 사실을 여러분은 이제 알게 되었을 것입니다. 다른 말로 하자면 존재가 아예 처음부터 개념적인 차원에서 등장하였다는 이야기입니다. 존재가 정말 비규정자라면, ―무엇보다도 헤겔이 그렇게 이야기하는데, 약간은 우습게 보면서도 야코비한테서 가져온 그대로입니다― 그러면 무無와의 등치는 가능하지 않습니다. 왜냐하면 어떤 무엇인가는 전적으로 규정되지 않은 상태로 있을 수 있지만, 하지만 그것을 두고 '무無와 같다'는 식으로 말할 수는 없기 때문입니다. 비규정성은 기체에 대한 기억이 모조리 쓸려나가 버린 일반적인 관념의 한 형식입니다. 더 이상 일종의 개념에 대응하여 설정된 어떤 것ein dem Begriff Entgegengesetztes으로 취급을 해서는 안 되는 것이지요. 말 그대로 비규정성은 그냥 개념일 뿐입니다. 순수한 개념이란 말입니다. 바로 개념이라는 사실을 통해 무가 되는 것입니다. 그리고 이런 과정을 통해서만 그 온갖 종류의 변증법이, 물론 헤겔의 『논리학』이 가장 위대했지만, 도대체가 첫 시동을 걸 수 있었던 것입니다.

내가 여기에서 말 마디마디마다 걸고넘어지면서 여러분에게 제시했다고 믿는 그런 부분들은 그런데 훨씬 더 보편적인 어떤 성격을 특징하고 있는데요, 말하자면 헤겔 철학 전체가 단지 비개념자를 처음부터 감추어 들임으로써만 도대체가 나름의 정체성을 확보하게 되는 특성을 보인다는 것이지요. 이런 경우란 철학으로서는 최대의 유혹에 해당합니다. 그리고 훨씬 수월하겠지요, 이 유혹에 승복하고 그리고 이 유혹을 철학의 운동으로 해설해버리면 말입니다. 철학에 깃든 비진리로 알아채는 것보다요. 왜냐하면 우리가 말을 한다는 것, 우리가 철학을 한다는 것, 그것은 사실상 정말로 우리가 언제나 개념들과 관계한다는 뜻입니다. 그런데 또 우리가 만일 존재자에 관해 이야기를 한다면 말입니다, 그렇다면 우리는 브라크Braque와 피카소Picasso가 큐비즘 시기의 몇몇 그림들에서 했던 것처럼, 초기 다다풍의 회화작품들이 시도했던 것처럼 그렇게 할 수는 없다는 것입니다. 한마디로 존재자 한 조각을 철학 텍스트에 끌어다 붙이는 그런 식으로는 안 된다는 말입니다.[109] 그리고 우리가 만일 그렇게 하려고 마음먹었다고 해도, 철학적으로 뭐 크게 덕 볼 일도 없었을 겁니다. 말이 나온 김에 이야기를 더 해보도록 하겠습니다. 예술은 바로 이 문제에서 언제나 다시금 그리고 어떤 좌절감을 가지고 고군분투 했습니다. 바로 이러한 예술의 고군분투가 어쩌면 예술가들의 개혁이 정확히게 바로 그 지점에서 무언가를 감지했다는 사실을, 원래는 철학의 주제여야 하지만, 철학이 편안하게 뒤쳐져 있음으로써 한 번도 제대로 확인하지 못해 본 그 사안을 알아보았음에 대한 방증인지도 모르겠습니다. 철학을 할 때는 개념들로mit 개념들에 대하여über 이야기하도록 우리는 묶여 있습니다. 그리고 바로 이런 점 때문에 철학에서 문제가 되는 그것이 ―즉 개념들이 관련을 맺는 비개념자― 철학에서 배제되고 맙니다. 그러므로 철학은 자기고유의 매체를 통해, 자기 자신의 발생근거를 통해 자신이 본래 무엇이어야만 하는 것을 시작할 단초를 포기하는 것이지요. 즉 그 자신이 아닌 것, 개념이 아닌 것에 대해 판단할 가능성을 스스로 제거해버리고 있다 하겠습니다. 여기에서 그저 한번 간단하게 ―여러분 모두에게 명확해지리라 믿으면서― 프로그램을 짜보도록 하겠습니다. 철학이 오직 개념들만을 다루는 이런 과정을 스스로 개념적으로 반성하고, 그리고 철학이 이 과정 자체를 개념으로 끌어올림으로써 이 과정을 점검하고 그리고 바로 개념이라는 수단들로 이 과정을 공략함으로써 다시 그 과정을 무효화시키는 프로그램이 되겠습니다. 프로이트가 『정신분석강의』 중 어느 멋진 구절에서 정신분석이란 현상계의 쓰레기와 관계하는 것이라고[110] 말했다면 말입니다, 그러면 철학에 대해서도 이렇게 말할 수 있는 것입니다. 철학은 자신의 대상을 바로 그 지점, 고유한 발생근거에 따라 철학이 일반적으로 자신에게서 제거시켜 버리는 것에서 취한다고 말입니다. 개념의 찌꺼기, 그 자체로서는 개념이 아닌 것에서지요.[111] 그리고 부정변증법이 가능한가 하는 물음은 바로 이렇게 엮인 밧줄을 다시 도로 풀어 놓는 과정이 성공하는가의 여부에 달려 있다고요. 이것이 개념의 자기반성에서 가능한가, 바로 그 자기반성으로 개념이 자기 자신의 개념적 본질을 통해 자기 자신 둘레에 그리고 자신이 지시하는 것 둘레에 쳐놓은 울타리를 폭파하는 것이 가능한가를 묻는 물음이 되겠지요. 여러분, 철학이 지금 맞닥뜨리고 있는 이 요구사항, 그리고 이를 가로막는 난제들을 보고 있노라면 오늘날 철학하는 자가 된다는 것이 슈바벤 지방사람들 말마따나 케이크 맛보기가 아니라는 사실을 절감하시겠지요. 한편에는 철학을 빼놓고는 정말 해나갈 수 없다는 사정이 있습니다. 철학적 심사숙고를 내팽개친 실천의 순진성은 그냥 좀 편협할 뿐인 것이 절대 아닙니다. 이런 순진성은 —내가 오늘 여러분에게 개진해 보여주려 시도했던 그런 근거들에서— 그 자체가 또한 문제를 발생시킵니다. 즉 잘못된 실천으로 되어 버리는 것이지요. 하지만 또 다른 한편으로는 철학 자체의 상태가 뼛속까지 문제적이고 의심쩍어져서 치유를 하라고 수단을 내놓기는 해야겠는데 어떻게 그 수단이 작동 할지 모를 뿐 아니라 대체 그게 작동하기는 하는 건지 도통 알 수조차 없다는 사정이 있습니다. 그리고 내 생각은 철학과의 진지한 동행은 오로지 다음과 같을 때에만 의미를 지닐 수 있다는 것입니다. 이처럼 아포리적인 상황을(품위 있게 표현하자면 이렇고요), 즉 이 악마적이고 그리고 무엇보다도 빠져나갈 길 없는 어려움, 벗어날 길이 도대체가 있기나 한 것인지를 전혀 확신할 수 없는 어려움— 이런 어려움을 정말로 진지하게 앞에 제시할 때입니다. 도대체 철학이 말입니다, 철학이 여전히 근거를 가지고 내실 있는 것, 의미 있는 것에 대해 사유할 수 있는지, 그래서 본질적인 것에 대해 무언가를 말하는 것이 여전히 정당화될 수 있는지— 진정 이러한 의미에서 말입니다. 철학이 이 일을 떠안지 않는다면, 철학에서 이 운동이 성공하지 못한다면, 그러면 철학은 두 가지 가능성으로 내몰립니다. 나쁘기는 둘 다 마찬가지입니다. 그 하나는 철학이 형식주의로 퇴락할 위험에 빠집니다. 지난 세대의 사유

운동들은 ―지금 생각나기로는 셸러Scheler의 유명한 책 『윤리학에서의 형식주의와 실질적 가치 윤리학』[112)뿐이군요. 아 또 추상적인 보편개념 비판을 겨냥한 베르그송 전집도 있습니다[113)― 바로 이런 형식주의, 인식론적 철학이 자신을 펼쳐나갔던 형식주의로부터 빠져나오려는 시도였다고 할 수 있겠습니다. 그런데 결과는 내가 여러분에게 말한 그 아포리가 한층 첨예화되는 식이었는데요, 바로 셸러에게서나 아니면 초기 하이데거에게서 드러나듯이, 물질을 향해 방향을 잡았던 현상학적 철학이 명백하게 드러나는 매우 강압적인 폭력을 안에 지니고는 다시 형식주의로 되돌아 가버린 것입니다. 왜 그렇게 되었느냐 하면, '존재'가 추상적이지 않고, 도대체가 개념이 아니며, 이 세상에서 가장 구체적인 것이라는 확인, 그런 단순한 확인만으로는 아무것도 이루어지지 않기 때문입니다. 존재란 말입니다, 일단 무엇보다도, 헤겔이 야코비를 반박하면서 재차 강조하고 확정하였듯이, 세상에서 가장 추상적인 개념입니다. 하이데거가 구체적인 존재개념으로 추락하는 데는 분명한 근거가 있습니다.― 내가 바로 보충적으로 거론하고자 하는 근거인데요.― 철학이 만일 이 극도의 추상성으로 되돌아가지 않는다면, 그러면 철학은 길을 잃어버릴 위험에 처합니다. 구속력 없고, 우연하며, 자의적인 설정들 속에서 헤매게 되는 것이지요. 더구나 아주 관습적인 방식으로 그렇게 되는데요, 역사에서 취해지고 그리고 역사 내부에서만 위치가 Stellenwert를 갖는 그런 규정들이 실체화는 방식입니다.― 그래서 마치 그것들이 말입니다, 현존의 '정황성들Befindlichkeiten'이거나 아니면 심지어 명실상부한 존재의 속성들이나 되는 듯 여겨집니다. 나는 말입니다, 『존재와 시간』에서 시작하여 이른바 전회를 단행하는 하이데거의 발전은 그가 끝내 존재라는 단어의 숭배로 흐르고만 자기 철학의 탈내용화를 다음과 같은 이유에서 끝까지 밀고나갈 수밖에 없었던 사정과 깊이 관련되어 있다고 생각하는데, 내가 부당하다고는 믿지 않습니다. 그는 『존재와 시간』의 물질적 규정들이 ─이 규정들이 책에 영향력을 가져다 준 것이 사실이지요─ 곧장 현존 혹은 존재에 관한 규정으로 되는 것이 결코 아님을 직감했습니다. 그 규정들 안에는 당시 그가 시인했던 것보다 훨씬 더 많은 부분이 특수자 그리고 순수한 근원철학의 척도에서 보면 그래서 우연적인 것, 자의적인 것으로 채워진다는 사실을 간파하고 있었습니다. 따라서 그냥 계속 밀고갈 수밖에 없었던 것이지요. 그는 참말이지 이런 정황성들의 또 다른 '기획들'을 내놓기까지 했지요. 이 기획들은 사는 형편이 갈수록 좋아지자 점점 더 낙관적으로 흘렀는데요,─ 불안 걱정 그리고 죽음 대신에 일종의 쾌활함같은 개념으로 손을 봐서 재처리한 것입니다. 부정적인 정황들에서 긍정적인 정황으로의 이와 같은 전환은 철저하게 교훈적인 입장에서 추적해볼 필요가 있습니다. 나는 이 전환을 여러분의 관심사에 밀착시켜 추체험시켜 줄 수 있습니다. 심지어 이렇게까지 말을 하려는 것입니다. 학계의 현재 상황에서 보면 철학은 한편으로는 자의적-우연적인 것으로, 그리고 다른 한편으로는 형식적인 것으로 양극화되었을 뿐 아니라, 여기에 그치지 않고 이 두 극 사이에 무슨 기능적 연관성 같은 것이 존재한다고 말입니다. 즉 철학이 내가 오늘 수업 초반에 여러분에게 프로그램으로 발전시켜 보여주려 시도했던 것을 수행하지 않을 경우, 지금과 같은 형태를 취하고 있는 내용적인 철학은 바로 그 때문에 자신이 과거 한때 벗어나고자 했던 형식주의로 다시 돌아가도록 더욱 압박을 받게 된다는 것입니다. 철학에 제기되는 질문 혹은 문제는 아주 간단히 말해 이런 것입니다. 어떻게 철학이 내용적이면서 그리고 엄밀함을 지닌 것으로 될 수 있겠는가이지요. 그리고 이 일이 어쨌든 가능하려면 오늘날까지 철학자들이 서로 의견의 일치를 보아온 관행, 보편적으로 개념적인 것을 실체적인 것과 동등하게 취급하는 관행에서 벗어나야만 합니다.

99) 주 76 그리고 73을 볼 것.

100) 쪽수는 Glocknerschen Jubiläumsausgabe (Stuttgart 1928), 제4권. 아래 주 105 역시 참조.

101) 여기서부터 괄호 안의 숫자는 (각주의 괄호 역시) 부록으로 수록된 강연 원고에 기입된 괄호의 숫자에 따른다. 주 60 참조.

102) 여기까지는 제5강의 핵심용어들과 서로 비교해볼 수 있다.

103) 비동일자는 -일정한 의미에서- 아도르노 철학의 열쇠 혹은 핵심개념이다. 아도르노가 자기 나름의 철학을 세우기 위해 사용한 명칭. 동일자와 대립하는 비동일자는 전통적인 용어로 풀어보면 이념적인 것과 물질적인 것의 대립, 일자Einen에 대한 다자Vielen의 대립이 의미하는 바와 전반적으로 일치한다. 보편자가 아니라 특수자, 서술할 수 없는ineffabile 개체. 이런 측면에서 보면 아도르노의 사유 역시 후설Husserl의 구호인 '사안 자체로'를 따른다고 할 수 있는데, 무엇보다도 신칸트주의에서 기승을 부렸던 추상적 개념성이 자기분수알기로 돌아서는 지점에 등장해야만 하는 구호일 것이다. 『부정변증법』의 의도가 재료를 다루는 저자의 방법론을 후속적으로 제시하는(GS 6, S.9) 것이라면, '서문'은 (그리고 이와 보조를 맞추는 강의는) 아도르노가 재료의 비동일자를 제대로 다루기 위해 동원했던 처리법을 차례로 내놓는 것에 해당한다. 헤겔과 칸트 모두로부터 취하는데, 그래도 헤겔보다는 칸트의 비중이 더 크다. 헤겔의 관념론이 옹호한 '절대적 동일성의 원칙'은 "비동일성을 억압되고 손상된 것으로 지속시킨다. 그 흔적이 동일성철학을 통해 비동일성을 흡수해 들이는, 비동일성을 통해 동일성을 규정하는 헤겔의 긴장에 스며들어 있다. 하지만 헤겔은 동일자를 긍정하고 비동일자를 필연적인 부정자로 내버려둠으로써, 그리고 보편자의 부정성을 오인함으로써 사태를 왜곡시킨다. 헤겔에게 부족한 것은 보편성 아래 포박된 특수자의 유토피아에 대한 공감, 실현된 이성이 보편자의 파편적인 이성을 자기 휘하에 거느리게 되면 바로 그 자리에 나타나는 부정성에 대한 공감이다"(GS 6, S.312). 반면 칸트는 비동일자를 체계 밖에 위치시킴으로써 비동일자를 좀 더 정당하게 다룬다. 아도르노는 마지막 저술 중 하나인 Zu Subjekt und Objekt의 여덟 번째 테제에서 칸트를 해석하고 비판하였는데, 물자체와 비동일자의 관계에 해당하는 내용이다(GS 10·2, S.752ff,

참조). 칸트의 물자체에 인과론을 거스르는 계기, 즉 부정성에 대한 기억이 남아 있다는 사실은 이미 『부정변증법』(GS 6, S.286, Anm)에서 확정된 바이다. 이 책에서 아도르노는 객체의 우위라는 제목 하에 이 관념을 독자적인 이론으로 발전시켰다. 어떤 의미에서 보면 『부정변증법』은 아도르노가 앞서 『인식론 메타비판』에서 했던 시도, 언어를 그저 계속해서 논리학으로 번역할 것이 아니라 논리학이 마침내 말하도록 하는 시도이기도 하다(GS 5, S.47). '개념의 개념이', 그 개념에 기여하기 위해, 변제되는 것이다. 하지만 물론 그가 가지고 있다고 하는 이름들Namen을 통해서이다. 이름에는 철학이 지적 직관이라는 미명하에 헛되이 추구했던 것, 즉 비동일적인 규정자, 구체적인 것이라고 하는 없어지지 않는 색채 등이 끌어들여질 수 있을지 모른다. 『독일 비애극의 원천』에서 벤야민은 아담식의 명칭부여, "명명할 권리를 새롭게 주장하는 … 말"을 반환하라고 상황을 가리지 않고 철학에 청구하였다. 하지만 아도르노는 이 문제에서 벤야민을 따르지 않았다. 아도르노는 비동일자에 대해, 이른바 사변적 개념과 동일하지 않은 것에 대해 이는 오히려 칸트가 이념이라는 개념으로 포괄한 바에 더 가깝다고 추정하였다(GS 10·2, S.752).─ 리체르트Ritsert가 한 논문에서 다음과 같이 말한 것은 옳다. "비동일자는 어떤 비밀스러운 실체가 아니라 문제들이 가득한 것에 대한 압축적인 표현에 해당한다. 아도르노의 비판이론은 이런 문제들과 갑론을박하는 것이며, 그리고 부분적으로는 이론이 문제들을 제기하기도 한다"(Jürgen Ritsert, 아도르노의 비동일자 ─실체─ 혹은 문제개념? in: Zeitschrift für kritische Theorie, 3. Jg. Heft 4/1997, S.48).

104) 확인할 수 없음. 아도르노가 다른 곳에서 "그 개념에 비추어 보건대 유일하게 부가가치가 창출되는 살아 있는 노동"이라는 마르크스의 이론을 언급하고 있기 때문에(GS 8, S.359) 그리고 『미니마 모랄리아』에서 마르크스가 동물을 단 한 번도 부가가치를 창출하는 노동자로 인정한 적이 없다고 한 구절(GS 4, S.261)이 나오는 것을 보면 아마도 노동과정을 설명한 제1권 제5장의 한 구절을 머리에 떠올리고 한 말 같다. 이에 따르면 동물들로부터는 부가가치가 나올 수 없다는 결론이 도출될 수 있다. "여기에서 우리가 다루게 될 것은 바로 전자의 노동형태, 즉 오로지 인간에게만 특수하게 나타나는 노동형태이다. 거미는 직물업자가 하는 것과 비슷한 작업을 수행하고, 또 꿀벌은 자신의 집을 지음으로써 수많은 인간건축가를 무색하게 만든다. 그렇지만 아무리 서툰 건축가라도 가장 우수한 꿀벌보다

처음부터 앞서 있는 점은, 건축가는 밀랍으로 집을 지기 전에 미리 그것을 자신의 머릿속에서 짓는다는 데 있다. 노동과정이 끝나고 마지막에 나오는 결과물은 노동과정이 시작되는 지점에 벌써 노동자의 머릿속에서 (따라서 벌써 관념적으로) 존재하고 있던 것이다"(Marx: Das Kapital I, MEW, Bd.23, Berlin 1969, S.193 / 강신준 옮김, 『자본』 I-1, 266쪽).

105) Glocknerschen Jubliäumsausgabe(Stuttgart 1928)의 제4권 11쪽은 간행작업시 사용된 Moldenhauer와 Michel의 헤겔전집 103쪽 이하에 해당함. 주 10 참조.

106) Hegel, Werke, a.a.O.(주 10), S.103.— 헤겔에게서 인용된 문장에 뒤따르는 논의를 아도르노는 자신이 늘 곁에 두고 보던 『논리학』 책 여백에 다음과 같이 적어두었다. "존재는 규정되지 않음. 규정되지 않은 것으로 규정. 규정자의 부정, 그러므로 = 무."

107) Ebd., S.103f.

108) Skoteinos oder Wie zu lesen sei, GS 5, S.326ff. 참조.

109) 이에 대하여는 GS 6, S.531 그리고 GS 7, S.382f.도 참조할 것.

110) 제2강 "실수 행위들" 참조. "심리분석은 이와 같이 사소한 문제들에 집착해 본 적이 없노라고 자신 있게 자랑할 수 없다는 것은 사실입니다. 반대로, 심리분석의 관찰재료는 일반적으로 눈에 띄지 않는 사건들, 다른 학문들에서 너무 사소한 문제로 치부되어 무시되는 사건들, 이른바 현상계의 쓰레기 같은 것들입니다"(Sigmund Freud, Gesammelte Werke, Chronologisch geordnet, Bd.11. Vorlesungen zur Einführung in die Psychoanalyse, 7.Aufl., Frankfurt a.M. 1978, S.19f. / 임홍빈·홍혜경 옮김, 『정신분석강의』, 33쪽).— 아도르노는 이 표현을 심심치 않게 인용하였다. GS I, S.232 그리고 S.336. GS 4, S.273; GS 6, S.172; GS 8, S.188 그리고 S.552; GS 10.1, S.73 그리고 S.262; GS 13, S.187 그리고 S.417. 참조.

111) 이미 1931년 교원취임강연에서 아도르노는 자신의 철학적 프로그램을 이런 내용으로 표현한 바 있다. "사소하고 무의도적인 요인들을 분리해내는 것은 … 철학적 해석 작업의 전제에 해당한다. 프로이트가 선언한 대로 '현상계의 쓰레기'에 관심을 돌리는 것이 정신분석 영역에서만 타당하다고 할 수 없다. 이를 훨씬 넘어선다. 진보적인 사회철학이 경제에 관심을 돌리는 까닭이 경제의 경험적 우월성 때문만이 아니라 철학적 해석 작업 자체의 내재적 요구에서도 비롯된다는 사정과 마찬가지이다"(GS I, S.336).

112) Max Scheler, Gesammelte Werke, Bd.2. Der Formalismus in der Ethik und die materiale Wertethik. Neuer versuch der Grundlegung eines ethischen Personalismus, 6.Aufl., Bern, München 1980. 참조.

113) 아래 156쪽 참조. — 아도르노는 베르그송을 Negative Dialektik에서 다루기 (GS 6, S.20f. 그리고 S.327f. 참조) 전에 먼저 Metakritik der Erkenntnis-theorie에서 상세하게 다루었다(GS 5, S.52ff. passim). 비판이론과 베르그 송의 관계에 대하여는 호르크하이머의 중요한 논문 두 편이 있고, 그 밖에도 아도르노가 지도한 페터 고르젠Peter Gorsen의 박사학위 논문 Zur Phänomenologie des Bewußtseinssrtoms. Bergson, Dilthey, Husserl, Simmel und lebensphilosophischen Antinomien, Bonn 1966이 매우 유익하다.

헤겔의 경우, 규정된 개별자는 자신의 규정이 바로 정신이라는 그런 이유 때문에 정신에 의해 규정되도록 할 수밖에 없다. 그러므로 "개념"이다.

(3) 그렇지 않다면 철학은 체념하고 학문의 방법론 등과 같은 것으로 되는 수밖에 없으리라.

헤겔과 출발점에서의 차이. 헤겔 그리고 철학 전체가 관심을 보이지 않는 지점, 바로 무개념자das Begrifflose가 철학의 관심사이다. 크룩Krug의 펜. 정당함과 부당함. 무개념자— 하지만 그 무개념자에서 무엇인가가 개념에 올라가 붙는다.

그러므로 마찬가지로 철학적 관념의 찌꺼기에, 그 자체로서는 관념이 아닌 것에, —프로이트에 관련시키자면. 현상계의 찌꺼기— 경시된 것, 배재된 것으로서 무개념자가 매개한다. 개념이 고정관념으로 자리 잡은 곳에서.

후설과 베르그송은 비개념자에 대한 관심을 자극하였다.

베르그송은 개념적인 것의 하부 층위에. 무정형의 형상들.

후설은 본질상 개별자로부터 밖으로 내보일 수 있는 것, 그러므로 분류 불가능한 것.

하지만 두 사람의 경우 모두 정신적인 것, 그 자체로서 주관

적인 것으로 남는다. 그런데 이 주관적인 것에는 참말이지 언제나 개념이 이미 들어박혀 있다,

베르그송에게서는 여전히 개념에 시시된 채로 있는 특수한 인식방식이 자의적이고 이원적으로 받아들여지고 있다. 매개되지 않은 채 시작Dichtung, 詩作으로 체념. 프루스트는 무개념적이지 않음. 후설에게서는 본질단위들이 통상적인 단위들과 마찬가지로 개념들임.

(4) 두 사람의 돌파시도는 관념적이다, 그래서 좌절된 것. 그들에게서 객관성은 그저 순전히 주관적인 것이다.― 돌파는 행동Akt으로 가능하지 않으며, 단지 자기반성을 통해서만 가능하다.

철학은 그래도 역시 치고 나가야 할 과제를 눈앞에 두고 있다. '그렇지 뭐' 해도 이에 대한 신뢰를 최소한의 수준에서나마 유지하고 있지 않고는 해나갈 수 없다.

철학은 스스로 말해지지 않는 것을 말해야만 한다. 비트겐슈타인에 반대. 철학은 지쳐나가 떨어질 때까지 이 모순을 붙들고 있어야 한다.

철학 자신의 개념이 모순적이고, 내적으로 변증법적인 한에서.

인식의 유토피아. 무개념자를 개념에 등치시키는 일 없이 개념으로 무개념자를 해명하기.

무한자[114] 이념의 기능변환.

철학은 "소진되지" 말아야 하며, 대상들을 명제들의 최소치로 축소시키면 안 된다.

(5) 철학은 자신의 이질자에 관계한다. 이질자를 미리 제조된 범주들로 가져가지 않으면서 그렇게 한다.

_1965년 11월 30일

나는 지난 시간 끝날 무렵 여러분에게 새로운 방향에서 등장한 존재론의 경향에 대해서 말했습니다. 일단은 순수한 형식주의로 되돌아가는 방향을 목격할 수 있는데요, 한때 존재론적 조류들이 이 형식주의에 반대해서 내용적으로 방향을 틀어 논쟁적으로 나섰던 적이 있었지요. 바로 그 형식주의에 다시 접선하는 겁니다.─ 또 다른 방향에서는 상대적으로 우연한 내용의 명제들과 재결합하는 존재론을 목격할 수 있습니다. 이런 우연성을 두고 두 가지 방향에서 이야기를 할 수 있을 것입니다. 하나는 어떤 확고한 요점에 의해 조율되지 않은 철학이 빠져드는 위험이라고 할 수 있고요, 또 하나는 내가 여기에서 여러분에게 개진해 보여주려고 하는 이념과 상당부분 유사한 것을 내장한 경우가 됩니다. 이 두 번째 지적은 일단 좀, 한 옆으로 밀어두겠습니다. 당연히 앞으로 이에 대해 아주 진지하게 언급하게 될 것입니다. 앞의 것과 관련해서는요, 여러분이 기억을 하고 있다면 참 좋을 것 같은데, 체계적 철학들, 이를테면 헤겔 철학이요, 이런 철학들이 엄청난 장점을 가지고 있다는 사실 말인데요, ─어떻게 말해야 할까요, 일단 일종의 철학적 결산이라는 의미로 표현을 하자면─ 그런 철학은 정신이 유일하게 현실적인 것이고 그리고 모든 현실적인 것이 정신으로 환원될 수 있다는 점에서 출발을 하는 만큼 존재론에 비해 엄청나게 큰 장점을 가지게 되는 겁니다. 일반정립이 그렇기 때문에 헤겔 철학은 보편에 대한 요구를 제기하지 않는 존재론이 그렇게 될 수밖에 없는 사정, 즉 단순한 존재자로 침몰해버릴지도 모른다는 두려움에 떨 필요가 당연히 조금도 없게 되는 것이지요. 존재론에서는 철학이 자신의 극단적인 추상화들로부터 귀환하는 ─그것이 추상화들이라는 사실을 이 철학은 부인하겠지만— 순간, 경험적인 것의 우연성을 피할 수 없습니다. 그리고 이런 맥락에서 아마도 이해할 수는 있을 터인데요, 독특하게 태고화하는 관계, 이렇게 말해야겠죠, 소도시적인 혹은 전원 풍의 관계들에 경도된 예의 그 성격을 하이데거 철학이 재료적 materiale 측면에서 갖고 있다는 사정 말입니다. 나는 『고유성이라는 은어』에서 이 성격을 비판적으로 들춰내려는 시도를 해보았습니다.115) 하지만 물론 이런 경우, 그런 현상들을 비판적으로 확인하는 것만으로는 충분하다 할 수 없습니다. 그보다는 비판된 것 그 자체 또한 연역할 수 있게 되고, 그리고 비판된 것 자체를 여전히 그 필연성 속에서 파악함으로써 이를 통해 그 비판된 것을 운동 과정에 올려놓는 것이 철학적 과제로 되어야겠지요.— 바로 이렇게 함으로써 철학이 실질적으로, 그렇지요 단순한 문화적인 잡담과 구별이 되는 것입니다.— 형식적인 철학이 되어서는 안 되지만 그럼에도 자신을 최상의, 가장 추상적인 범주로 끌어올려야 한다는 요구를 제기하는 이 철학은 당연히 재료로ins Material 넘어갈 때, 그 재료적인 것으로의 이행이 우연한 것으로 드러나지 않도록 하는 데 온통 관심을 쏟게 되는 겁니다. 현실에서는 그런 이행이 이를테면 존재개념의 비구속성에 직면하여 바로 우연적인 것으로 될 수밖에 없기 때문에 그렇지요. 그 결과로 이 철학은 재료상의 명제들에서 과거에 존재했던 것, 역사적으로 되어간 관계들, 그 역사성을 통해 일종의 아우라, 달리가 아니라 바로 이렇게 되었다는 아우라를 갖는 관계들과 어쩔 수 없이 관련을 맺게 되는 것입니다. 이렇게도 말할 수 있을지 모르겠습니다. 어떤 특정한 방식으로 미리 주어진 관계들이라고 말입니다. 구체적인 것116)이라는 이념, 이 철학 앞에서 맴돌고 있는 이념 말입니다, 이것이 정말 지금과 같은 사회, 가차 없이 추상적인, 기능적인 사회에서는 적용될 수 없는 무엇이기 때문에, 그래서 이 철학이 미숙한 상태로 퇴보하는 결과가 나타나는 것입니다. 그렇기 때문에, 만일 비판 없이 구체적인 것이 존재자로 모습을 드러낼 수 있어야만 한다면, 그렇다면 그것은 자연발생적인 관계들에서 찾아질 수밖에 없겠지요. 그런데 이 자연발생적인 관계들로 말할 것 같으면 사실은 역사의 진행에 의해 심판받았고 이미 지나갔다는 사실에 의해 화해하는 자의 가상과 같은 무엇을 떠안은 관계들이랍니다.— 그렇다면 소위 말해서 태고주의의 철학사가 될 터인데요, 존재론적 조류들이 여하튼 재료의 영역으로 침투해 들어가는 한에서 수용하는 역사적으로 복고적인 함의들의 철학사이지요. 이렇게도 말할 수가 있겠네요, 그렇다면 그들은 존재 자체에 속하는 어떤 것으로서 덧없는 것의 실체화라고요. 덧없는 것이 존재에 질質로 부가됨을 통해 한편으로는 그의 덧없음과 우연성에서 벗어나고, 다른 한편으로는 역사적인 것과 되어진 것das Gewordene으로부터 구체성의 색채를, 이 철학에 한때 매력을 부여했던, 그 색채를 빌리는 것이지요.

그런데 이와 달리 헤겔에게서는 규정된 개별자가 바로 그 규정 자체가 근본적으로 정신이라는 이유 때문에 정신에 의해 규정되는 수밖에 없게 됩니다. 이 말을 여러분에게 했었지요. 그리고 이런 일이 발생하는 것은 —내가 지난 시간에 여러분에게 『논리학』 도입부에서 취한 강조된 모델을 가지고 개진해 보여준 그 일 말입니다— 이런 일이 발생하는 것은 바로 헤겔에게서는 존재자가 미리 사전에 개념적인 형태로 모습을 드러내는, 말하자면 개념으로 환원된다는 사실을 통해서입니다. 이렇게 해서 동일화의 행위가 이루 말할 수 없이 쉬워지는 것이지요. 이것이 그러므로 최종 귀착지가 절대개념인 헤겔 철학이 왜 처음부터 그냥 단지 개념만을 다루는가에 대한 가장 심오한 원인일 것이며, 그 자체는 철학적으로도 이해할 만한 것이지요. 이 철학이 그런 태도를 취하지 않는다면, 그러면 이 철학은 헤겔식으로 보자면 그냥 학문의 한 방법론 및 그와 유사한 것으로 전락하고 말 것입니다. 이 지점에서 내가 여러분에게 강령적으로 개진해 보여주는 것과 헤겔에게서처럼 방법론에 근접한 것 사이의 차이를 제대로 정확하게 규정해볼 수 있다고 나는 믿습니다. 이런 사정 앞에서 나는 말입니다, 한마디로 이런 말을 하려는 겁니다, 헤겔 그리고 헤겔과 더불어 철학 전통 전체가 관심을 갖지 않은 바로 그 지점에 철학의 관심사가 놓여 있는 것이라고요. 이른바 무개념자에 말입니다. 아주 일찌감치 헤겔 철학에 반기를 든 사람이 있었습니다.— 크룩Krug[117]이라는 사람인데요.— 그는 만일 헤겔이 자기 철학이 제기하는 요구에 정말로 제대로 부응해보겠다는 마음을 먹는다면, 그러면 정말로 책을 쓸 때 사용한 펜 역시 연역할 수 있어야만 한다고 했습니다.— 그 유명한 '크룩의 펜' 이야기이지요. 헤겔은 아주 신사다운 방식으로 논증을 진행하였습니다. 사무용 펜과 같은 사소한 것을 가지고 실랑이를 벌이는 것은 철학의 과제가 아니므로 바로 본질적인 것에 몰두하겠다고[118] 말하면서 저 아주 높은 곳에서 아래로 내려오는 방식으로 해치운 것이지요.— 방어해야 할 일이 생기면 헤겔이 취하는 입장τόπος 중 하나라고 하겠는데요, 이런저런 다채로운 구조를 취하면서 거듭됩니다.— 내 생각으로는 이 대립은, 이런 유의 대립이 대부분 그렇듯이, 조정하기가 이만저만 어렵지 않은 것입니다. 이른바 크룩의 예가 정말로 어처구니없이 보이기는 해도, —도대체 누가 펜대를 연역하려고 한단 말입니까— 허나 일종의 어떤 관심이 표명되고 있는 것입니다. 그것도 헤겔 철학이 해결할 수 없는 바로 그 관심인 것이지요. 그리고 헤겔이 —여러분에게 헤겔 독서를 위한 작은 지침을 주겠습니다— 만일 헤겔이 특별히 오만을 부리면서 무언가를 무시해버린다면, 바로 그 지점을 핵심으로 집어내십시오. 그럴 만한 충분한 근거가 있는 경우랍니다. 크룩의 예가 좀 비열한 면이 있기는 합니다만, —플라톤의 생각에 따르면 일례들은 좀 비열할 수 있는 것이기도 합니다.[119] 나로 말하자면 다른 문제에서와 마찬가지로 이 대목에서도 플라톤과 생각이 같지는 않습니다— 하지만 어쨌든 크룩은 이 철학, 이 격정적인 철학이 바로 이 지점에서 그 가장 본질적인 모티브 중의 하나를 두고 실패한다는 사실을 간파한 것입니다. 이른바 무개념자를 파악하려는 시도에서이지요. 이 점이 크룩의 문제제기에 들어 있는 것입니다. 물론 다른 한편으로는 그토록 사소한 존재자 하나하나와 관계하는 것이 철학의 과제는 정말 아니라는 점에서 다시 크룩보다는 헤겔이 옳다고 정정해야겠지만 말입니다. 내게는 바로 여기가 선험적인 구축Konstruktion들로는 정말로 더 이상 뚫고 나갈 수 없는 그 지점이라고 여겨집니다. 왜냐하면 어떤 특정한 것 그리고 무개념적인 것에서 누군가의 머리에 떠오르는 무엇, 개념이 무개념적인 것에서 밖으로 끄집어내는 그 무엇, 그것은 그와 같이 무개념적이고 불투명한 어떤 것Etwas에서 처음부터 알아차릴 수 있게 되어 있지는 않은 까닭입니다. 이미 알고 있다면, 벌써 정해진 상태라면, 그러면 그것을 불러내겠다고 철학이 긴장하고 노동할 필요가 없을 것입니다. 하지만 다른 한편으로는 당연히 여기에도 역시 관건이 되는 무언가가 있음에 틀림없다고 해야겠지요. 자신에게로 관심을 끌어오는 것 그리고 어쩌면 미리 개입하는 이론적인 심사숙고에 의해서만 어느 정도로 선취될 수 있는 것 —나는 이것이 다시금 이상주의 철학에 들어 있는 하나의 진리계기가 된다고 말하고 싶은데요— 그런 어떤 것이 있을 것입니다. 최근 제일로 유명한 예를 들어보겠습니다. 폐기물과 '현상계의 쓰레기', 그 밖에도 완전히 소홀히 된 징후들, 이른바 잘못 말하기와, 우연한 행동들, 실수 행위들 혹은 그와 유사한 일들에 관심을 기울이는 프로이트 심리학 말입니다.— 개별적인 것에서 이들이 해석해내는바, 그것은 물론 선취되게끔 되어 있지 않습니다. 그리고 그와 같은 노력은 선험적으로 완전히 실패한 것이나 마찬가지로 될 수도 있는 일입니다. 하지만 또 다른 한편으로 만일 프로이트와 같은 이론적 구상을 수중에 가지고 있다면, 모종의 잘 짜인 배제의 이론을 확보하고 있다면, 그러면 그 이론에 의기해 이성의 빛 아래 놓여 있지 않은, 무개념적인 대상들, 바로 그런 대상들 속으로 무언가 본질적인 것 역시 흘러들어가 있다고 미리 짚어 생각해볼 수 있게 되지요. 그런 선취가 허락되는 것입니다. 그리고 실제로 프로이트 심리학의 세 가지 중심테제들, 이른바 실수- 및 우연행위들, 꿈들 그리고 노이로제들은 하나같이 이런 특징을 가지고 있는데요, 이 경우들에서는, 그래 이렇게 말하지요, 무개념성 아니면 오늘날에는 이렇게 말하게 되나요, 부조리함, 비합리성의 계기가 그것의 중요성, 그것의 개념에 대한 본질성과 결합되어 있다는 특징 말입니다.

그래서 나는 철학이 ―그리고 대체로 모든 재료적인 분과학문들이― 프로이트를 추종해야 한다고 생각하는 바입니다. 프로이트의 철학은 사회 그리고 사회적으로 유포된 사유와 학문의 범주적인 메커니즘에 의해 미리 정돈되지 않은 것에 집중한다는 점에서 사실상 진정으로 천재적인 것입니다. 보편적으로 지배하면서 순응하게 만드는 의식이 이미 손도장을 찍어 놓지 않은 대상들에서 그렇지 않은 경우보다 훨씬 더 많은 것을 알도록 한다는 사실 역시 그 천재성을 증거하고 있음은 물론입니다. 프랑스 초현실주의 운동은 이런 문제에 대해 역사철학적 그리고 메타심리학적 의미에서 걸출하게 섬세한 본능을 드러내 보여준 사례입니다. 이렇게 말할 수 있을 것입니다. 무개념자 자체는, 만일 누군가가 이 무개념자에 다가간다면, 여하튼 그쪽으로 처음 방향을 돌리면, 그런 한에서 이미 부정적인 의미에서 개념에 의해 매개된 상태라고요.― 이른바 소홀히 된 것으로서, 배제된 것으로서 말입니다. 그리고 개념이 이런 무개념자를 자기 속에 받아들이지 않았다는 바로 그런 정황에서 편파성, 편견 그리고 개념의 차단과 같은 것에 의해 무엇인가가 인식되어버리는 것입니다. 이렇듯 실제로 프로이트가 주의를 기울였던 징후들의 집단들은 그 징후들이 ―그 자신이 이론적으로 매우 정확하게 발전시킨 근거들에서― 배제의 메커니즘에 아주 특별한 정도로 종속되어 있다는 사실에 의해 특징지어집니다. 사회적 배제와 같은 것도 있겠지만, 더욱 분명한 것은 대상들에서 보편적인 의식에 의해 배제되어진 그 무엇을 감지하고 그리고 허가받은 의식이 간과하거나 혹은 기꺼이 고찰의 대상으로 만들려고 하지 않는 바로 그런 것에 매료되는 일은 철학적으로 사유하는 사람의 기관Organ에, 이런 기관이라는 말을 해도 된다면 말입니다, 그 기관에 속한다는 사실입니다. 내가 여러분에게 한번 제대로 보여드리고 싶은 방법론이 거듭 미시론Mikrologie으로 흐르고 세세한 디테일로 가라앉아 버리는 경향을 보이는 경우가 있을 터인데요, 그렇다면 이는 현학적인 꼼꼼함에서가 아니랍니다. 바로 그 지점에서 불씨를 살려내기 위해서지요, 그러면 바로 정확하게 위에 언급한 계기들과 관련을 맺게 됩니다. 왜냐하면 개념은 보편적으로 보아 대상들의 확대라고 할 수 있지요. 개념은 대상들에서 충분히 큰 것만을 포착합니다. 다른 대상들과 비교할 수 있도록 하기 위해서이지요. 그리고 여기에서 그물 사이로 빠져 나가는 것은 그 속에 철학적 해설을 기다리고 있는 것이 포함되기 마련인 극도로 작은 것입니다. 비개념적인 것에 대한 철학의 관심은, 내가 쉬지 않고 언급하게 될 이 관심은, 결코 새로운 것이 아닙니다. 그보다는 이렇게 말할 수 있겠습니다. 이전 세대의 철학자들 사이에서는 ―여러분으로서는 한 세대 더 앞선 경우가 되겠군요. 내가 정신적 부모로 여기는 세대이니까요― 이러한 욕구가 이미 엄청난 강도로 활동하고 있었다고요. 그리고 이 세대가 만들어 내놓은 산물들에서 무언가 근대의 요구를 지녔다고 할 수 있는 것이 있다면, 그것은 바로 이러한 욕구가 주조해낸 것입니다.

가장 중요한 대변자 두 명을 살펴보도록 하지요. 내가 여러분에게 말한 이 욕구가 클라게스Klages[120]의 경우처럼 단지 세계관적인 것으로만 모습을 드러내지 않고 학문과의 독특한 공생을 통해 동시에 최소한 스스로를 구속력 있게 만들려는 충동을 자기 속에서 확인한 경우입니다. 베르그송과 후설이지요. 이 둘은 각자 나름으로 그리고 동시에 서로 완전히 다른 방식으로 분류하는 개념이 아닌 것에 대한 관심을 철학에 등록시켰습니다.— 두 사람은 같은 상황의 압박을 받고 있었습니다. 말하자면 인과기계론적kausalmechanisch 사유의 전권지배와 그 인과기계론적 사유가 파악의도에 따라 필연적으로 같이 끌고나오는 충족되지 못한 것의 전권지배에 저항하고 있었던 것이지요. 베르그송은 바로 예의 저 분류하는 개념들에 비해 무개념자를 더 고차원의 진리로 여겼으며, 의식의 하부에 그리고 개념적인 것의 하부에 위치하고 있다고 하는 다소 무정형의 형상들 Bilder의 층위에서 진리를 찾았습니다.— 무의식의 형상들의 세계인데요, 프로이트의 심리분석이 거듭 도달하게 되는 형상들과 크게 다르지 않습니다. 실행된 의식, 추상화를 통해 궤도에 오른 의식과는 달리 사물 자체에 대한 직접적인 지식Wissen 같은 어떤 것이어야만 하는 형상이지요. 이것이 그가 쓴 무척 생산적이지만 또 기이하기 그지없는 책 『물질과 기억』[121]에서 발전시킨 이론입니다. 반면후설은 —그는 분명 특정한 모티브들을 베르그송과 공유하고 있긴 합니다. 하지만 그러나 다른 한편으로는 전통적인 의미에서의 합리성이 베르그송에게서보다는 훨씬 덜 분절된 채 유지됩니다— 후설은 '실체들Wesenheiten', 즉 철학적으로 중요한 것(개념들이라고 말해도 무방하지요)이 개별자 각각으로부터 밖으로 끌어내 내보여질 수 있게 되어있다고 가르쳤습니다. 실체들이란 경험된 것, 구체적인 것 그리고 개별적인 것을 대하는 특정하게 형성된 '입장Einstellung'의 결실들이지 사람들이 일반적으로 여기듯이, 비교하는 추상화 과정을 통해 나타나는 것이 아니라고 가르친 것이지요. 이는 후설의 경우 개념

실재적 단초Ansatz와 관련이 있는데요, 말하자면 종種, 속屬의 논리적 통일성이 객관성을 지니고는 있지만, 주체의 추상화 행위를 통해 비로소 발생하는 객관성은 아니라는 생각이지요. 그리고 인식하는 이는 해당되는 개별 존재자에 대해 관심을 기울이는 가운데 상대적으로 단순한 방식으로 이 객관성을 인식할 수 있다는 것인데요, 거기서 그냥 개체로 있는individuiert 것, 말하자면 시공간적으로 결부되어 있는 것을 풀어내놓는 방식이면 된답니다. 그렇다고 한다면 여기에서 그는 시공간적 규정성으로의 방향전환을 베르그송의 형상이론과 독특한 방식으로 공유하고 있다 할 수 있습니다. 개념은 개념의 객관성을 위해 개별자 각각에 이미 들어박혀 있는 것이지 주체의 매개하는 처리행위에 의해 개별자로부터 비로소 발굴되는 것이 아니라고 합니다. 이 점을 후설은 일련의 분석들에서 제시하려 시도하면서 세련시키고자 했습니다.― 처음에는 「종의 이상적인 통일성」에 관한 연구와 『논리연구』122)에 나오는 「최근의 추상화이론들」에 대한 논쟁에서 시작했습니다. 그러다가 범주직관에 대한 「여섯 번째 논리연구」로 넘어갔는데, 여기에서 개념적인 것의 직관성을 엄청나게 설파하였지요.123) 그리고는 마침내 한쪽 극단으로 치달았는데, 『순수 현상학과 현상학적 철학의 이념들』을 시작하는124) 존재와 본질에 관한 서장에서입니다. 이 두 사람의 경우, 그들의 철학적 긴장이 집중하고 있는 무개념자는 하지만 어디까지나 정신적인 것이며 그 자체로 주관적인 것입니다. 그리고 이미 무개념자 속에 사실상 개념이 언제나 들어박혀 있기도 합니다.

베르그송에게서는 인식의 이원성Zweiheit이 특정한 방식의 자의Willkür에 의해 교조적으로 전제되고 있습니다. 한편으로는 심오하고, 형상으로부터 공급을 받는 본질인식이고요, 다른 한편으로는 통상적으로 말해 분류하는 학문의 본질인식인데요, 이 둘이 그냥 두 개의 가능성들로 이분법적으로 공존하고 있는 것입니다.― 그렇습니다.

베르그송의 사상 전체가 그의 후기작 『도덕과 종교의 두 원천』[125]에 이르기까지 엄격하게 이분법적인 성격을 유지하고 있답니다. 삶의 형이상학자 치고는, 그는 이런 형이상학사였지요, 참 기이한 일면이라고 하겠습니다. 그래서 베르그송은 소위 말하는 직관적 인식들혹은 개념이전적인 것으로서 주체에게서 객관성을 지닌다고 하는형상들Bilder이 개념을 통하는 방법 이외에는 달리 표현될 길이 없다는 사실을 알아채지 못하는 것입니다. 이 두 인식가능성들 혹은두 가지 인식유형들 사이의 관계에 대해서는 거의 이야기되는 바가없습니다. 그의 관점에 의하자면 더 고차적인, '체험된 지속erlebten Dauer'에 발붙이고 있는 방식의 인식이 인식으로 구체화되는 과정에대한 이야기를 그로부터 별로 들을 수 없는 것과 마찬가지입니다. 어쩌면 그가 체념하고 문학으로 빠져드는 것 아닌가, 이렇게 말할수도 있겠습니다. 그렇다면 말입니다, 철학이 과제로 내세운 것을문학의 과제로 만들어 덧씌우고 있는 꼴입니다. 그리고 우리는 정말 이런 견지에서 찬탄할 만한 실험을 한 우리 시대 가장 위대한소설가를 알고 있습니다. 바로 베르그송의 테제를 검증해보겠다고나선 프루스트 말인데요, 하지만 프루스트는 온전하게 자기 것으로만든 적이 단 한 번도 없는 베르그송의 프로그램에 들어 있는 것보다 훨씬 더 많이 인식의 합리적 형식들에 손을 내밀어야만 했습니다.− 이는 아주 흥미로운 부분인데요, 하지만 프루스트에 관한 통설 중에서 여기에 제대로 주목을 하고 있는 것은 없답니다.− 거의이렇게까지 말할 수 있는 실정입니다. 베르그송 철학을 검증해보려한 프루스트의 소설이 베르그송의 돌파시도를 상당한 정도로 반박하고 있다고요. 바로 프루스트가 구체적인 것, 해소불가능한 것에도달하기 위해 합리적인 −넓은 의미에서 보자면 일인칭심리학적ich-psycho-logisch이라고도 할 수 있겠는데요− 인식의 도구들을 사용하고 있기 때문입니다. 이 구체적인 것, 해소불가능한 것은 베르그송식 인식론의 의미에서는 그대로 배제되어 있는[126] 것인바, 프루스트의 생각도 마찬가지일 터입니다.— 후설의 경우는요, 나는 『인식론 메타비판』에서 왜 후설의 돌파시도가 실패할 수밖에 없었는가를 파헤쳐 보았습니다. 거기에서 한 이야기는 말고 새로 한 가지를 더 보태보겠습니다. 수업하면서 출판되어 나온 내 글들에서 여러분이 직접 찾아보면 될 것을 가져다가 재탕하는 일을 나는 별로 즐거하지 않습니다. 후설에게서 기이한 점은 —참고문헌들을 찾아보면 여기에 그리 큰 비중을 두는 것 같지 않아 나로서는 좀 놀랍습니다만— 이런 것입니다. 개별화들로부터 혹은 개별적 현상들로부터 실체들 Wesenheiten을 손수 꺼내보는 (비교해서 그들을 비로소 확신하는 것이 아니라) 일을 해야 그래야 비로소 내보여지는 그 무엇,— 그러는 가운데서 드러나는 것이 근본적으로 분류하는 논리학의 그 오래된 좋은 개념들과 하나도 다를 바가 없다는 사실입니다. 도대체가 여기에서 실제로 관건이 되는 것은 단지 개념들에 대한 존재론적 정당화 시도와 같은 것뿐인데요, 인식하는 의식이 실현시켜 주어야 비로소 개념이 되는 그런 개념들 말고 그 자체로서 사안 자체에 이미 포함되어 있어야만 하는 개념들 말입니다. 하지만 후설에게서 관건이 되는 개인적인 체험에 몸을 담그는 것, 개인적 체험에 자신을 여는 것, 그런 것을 들여다보면, 그것이 통상적인 과학적 사유의 범주와 아주 똑같은 단순히 추상적인 범주들임을 알 수 있습니다. 후설은 초월논리학으로 이론 전체의 기초를 다지려 노력했던[127] 말년에 그런 과학적 사유로 큰 힘 들이지 않고 자신을 납득시킬 수 있었답니다.

이렇게 해서 위대한 두 시도, 엄청난 에너지를 가지고 대략 오류십 년 전에 분출되었던 이미 '주조된' 개념의 영역, 즉 철학으로부터 밖으로 뚫고 나오려 했던 돌파시도들은 좌절되었다고 간주할 수밖에 없게 되었습니다. 좌절의 이유는요, 그 둘 모두 관념적이기 때문이며, 아울러 두 시도들이 의식내재성이라는, '의식의 흐름'이라는 개념을 인식의 고유한 근거로 간주하면서 의식의 흐름 자체 속에서 미리 발굴해낸 이런 주관적인 것을 의지행위로 책봉하고, 기품이 있다거나 더 차원 높은 객관성을 지닌다는 식의 수식어를 갖다 붙여놓고는 ―통상적인 관념론의 인식이론 전체와 그대로 일치하지요― 개념의 영역에서 뚫고 나오는 돌파를 완수했다고 믿었기 때문입니다. 나는 지금 여기에서 곧바로 한 가지 결론을 끌어내고자 합니다. 이 결론으로 말할 것 같으면, 내가 여러분에게 앞으로 계속 전개해 보여주고자 하는 방법론과 관련되는 부분이 많아 무척 생산적인 것입니다. 말하자면 이렇습니다. 주체에 의해 마련되지 않은 인식이어야만 하는 것 속으로 힘차게 뛰어드는 액션으로는 그들이 말하는 돌파를 이루어낼 수 없다고요. 이른바 실체들의 객관성 속으로나 아니면 형상의 세계로 ―소위 통주관적transsubjektive인, 하지만 주체 속에 어떤 식으로든 자리 잡고 있는― 뛰어들지 않는, 이런 액션으로는 돌파할 수 없습니다. 그런 식으로 주관적 자의, 주관적인 자유라고 말해줄 수도 있겠습니다, 자의로 수행된, 그저 주체에 의해 도입된 돌파시도는 하나같이 덧없게 되어 버립니다. 바로 그 시도가 주관적 자의에 기원을 두고 있기 때문에 벗어나려고 마음먹은 그 영역으로 어쩔 수 없이 다시 되돌아가고 마는 것이지요. 그러므로 그 돌파시도가 파고들었던 객관성은 일종의 거울과 같은 효과를 불러일으키는 성격을 지녔다고 하겠습니다. 만일 돌파라고 할 수 있는 무언가가 가능하다면, 그렇다면 그 돌파는 주체에 속하지 않는 어떤 것을 이처럼 설정함을 통해 성사될 수 없습니다. 비아非我, Nicht-Ich의 설정을 통해서 되는 일이 아닙니다.― 정말이지 우리는 철학사를 통해 알고 있습니다. 비아의 주관적 설정이 바로 관념론의 절정이었다는 사실을요.[128] 그렇지 않고요, 만일 그런 돌파의 가능성이 도대체가 있다면, 그러면 거기에 이르는 길은 오로지 주관적 영역의 비판적 자기반성의 길뿐입니다. 이 영역에서의 자기반성이란 자기 자신을 들여다보는 통찰을 자기 입장에서 보았을 때 순전한 주관성인 것이 아니라 주관성이 관념적으로 이제 비로소 성사시켜야 한다고 착각하고 있는 것에 대한 관련을 필연적으로 전제하고 있는 그런 무엇으로 ―정말이지 강요하면서도 구속력 있게― 인식하는 것입니다. 그러므로 오직 이래야만 합니다. 주체에게 주체 자체가 하나의 설정이라거나 아니면 어쨌든 역시 설정이라는 점이 입증되어야지, 비아非我가 하나의 설정이라는 사실에 대한 증명을 통해서는 아닙니다. 물론 여기에서 그 철학자들이 제기한 돌파의 과제는 그대로 남습니다. 베르그송이 자기시대의 문화에 행사한 그 엄청난 폭력, 그리고 후설이 최소한 철학이라는 업종에 행사한 결코 과소평가될 수 없는 폭력은 ―나도 뭐 이 업종을 문화와 동렬에 놓고 싶은 생각은 없습니다― 그들이 하고자 했던 것 그 안에서 하나의 집단적인, 뿌리가 매우 깊은 어떤 강압이 감지되어졌음을 확인시켜줍니다. 그들에게서는 그냥 성공하지 못했을 뿐인 것이지요. 하지만 주조된 개념의 영역으로부터 이 개념에 본질적으로 귀속되는 비개념적인 것으로의 돌파가 그래도 가능하다는 믿음을 유지하고 있지 않다면, 그러면 사람들은 정말로 철학을 아예 할 수가 없게 됩니다. 왜 철학적으로 사유되어야만 하느냐고 여러분은 말하겠지요.― 그렇다면 난 내놓을 대답이 없습니다. 좋습니다. 하지만 사람들이 그러한 강압을 어쨌든 느낀다면, 그러면 돌파가능성에 대한 신뢰라는 계기 없이는 끝까지 해볼 도리가 없게 됩니다. 그리고 이러한 신뢰 자체는 ―다시 말해 미리 정돈되지 않은 것, 꾸려지지 않은 것, 물화되지 않은 것― 바로 그렇게는 아니어야 하는 것이 가능할 수 있다는 사실에 대한 유토피아적 신뢰와 분리될 수 없는 것입니다. 그러므로 나는 이렇게 말하겠습니다. 명확하게 표현할 수 없는 것에 대하여는 침묵을 해야만 한다는[129] 비트겐슈타인Wittgenstein

의 명제가 반철학적인 명제의 전형이라고요. 그렇지 않지요. 철학의 본령은 말로 드러나도록 되어 있지 않은 것을 말하는 긴장에 있습니다. 즉 직접적이지 않은 것, 하나의 명제나 이런저런 낱낱이 명제들에서가 아니라, 오직 전체 연관 관계에서만 말해질 수 있는 것을 말하는 일이지요. 그런 한에서 또 이렇게도 이야기되어야 할 것입니다. 철학 개념 자체가 지금 여기에서 직접적으로 말해지지 않는 것을 철학의 연관과 매개를 통해 말을 하는 모순투성이의 긴장이라고요. 따라서 철학은 본래 그 개념대로 보아서 모순덩어리이며, 그 자체 내적으로 변증법적인 것입니다. 아마도 이 사실이 변증법적인 처리방식에 대한 가장 심도 있는 정당화가 될 것입니다. 철학 그 자체가 ─모든 특별한 내용이나 특별한 테제들 모두에 앞서 말해질 수 없는 것을 말하는 시도로서─ 변증법적으로 규정되어 있다고요. 인식의 유토피아라고 해야겠지요. 내가 오늘 여러분에게 전개해 보여주고자 시도했던 바로부터 무슨 결론이 나올 수 있다면, 그것은 실로 인식의 유토피아라고나 해야 할 내용일 것입니다. 무개념자가 어떤 무개념적인, 이른바 더 차원 높은 방법론에 의해 파악되는 것이 아니라 개념을 매개로 그리고 개념들의 자기반성을 매개로 무개념자가 해명되는 것이지요. 그런데 이때 무개념자가 밖에서 억지로 떠밀려 개념들과 같게 되어버리는 일이 발생하면 안 됩니다(그렇게 해서 파악된 것이 되면 안 됩니다).130)

내 의도는 이렇습니다. 여러분에게 이 점을 좀 더 자세히 드러내 보여주려는데, 근세의 철학자들 그중에서도 특히 미적분을 철학적으로 발견한 라이프니츠 이래로 철학이 특별한 관계를 맺어온 개념, 이른바 무한자131) 이념에 대한 철학의 위상변화를 설명하면서 그렇게 하고자 합니다. 일반적으로 곧잘 이렇게들 말할 것입니다. 철학, 최소한 근세철학은, 어떤 특정한 관점에서 보면 무한자를 사유하는 긴장과도 같은 것이라고 말입니다.─ 장구한 기간 동안 이어져 내려온 근세 철학사의 흐름을 보면 실증과학에서 미적분이 확산되는 과정과 나란히 간다는 점을 들 수 있겠지요. 이렇게 말하는 사람들한테는 고교 교사들이 상투적으로 사용하는 '끝까지 가봐라'와 같은 것이 철학의 과제일 수 없다는 말로 대꾸하겠습니다. 중고등학교 다닐 때부터 나는 선생님이 과제물 가장자리에 적어주신 주제가 완전히 다 '파헤쳐지지' 않았다는 지적을 이해할 수가 없었습니다. 왜냐하면 내게는 처음부터 너무도 뻔했기 때문입니다. 정신의 가능성이란 집중력, 집중된 침잠의 가능성이지, 양적인 완성의 가능성일 수 없다는 사실이요.— 이런 종류의 완전성은 저 존경스러운 역사가 데카르트의 『방법서설』132)에서 시작된다고 할 수 있는 것인데요, 여기에서는 올바른richtig 인식의 척도들을 따르는 인식의 완전성이 막대한 역할을 하고 있지요.133) 철학은 —이른바 데카르트에 대한 반대공리Gegenaxiom가 될 터인데요,— 끝장을 보아서는 안 되고요, 그 대상을 개념들의 최소단위로 혹은 명제들의 최소단위로 환원시켜도 안 됩니다. 왜냐하면 대상들의 최대치를 범주들의 최소단위로 보내는 바로 그 지점에 진정 개념의 무개념자에 대한 우위가 설정되는 것인바, 여기에 대한 내 생각을 말하자면 철학은 마침내 극도의 날카로움과 극단적인 결단으로 그 지점으로부터 빠져나와야 한다는 것입니다. 철학은 그러므로 —난 오늘 강의를 이렇게 이 강령적인 말로 마치고자 합니다— 자신에게 이질적인 것, 철학 그 자체가 아닌 것에 관여하지, 저만치 있는 모든 것을 자기 자신 그리고 자신의 개념들에 가져가는 시도를 하는 것이 아닙니다. 그러므로 세계를 범주들의 미리 생산된 체계로 환원시키는 것이 아니라 바로 그 반대로 체험에서 정신에게 제공할 수 있는 무언가를 위해 어떤 특정한 의미에서 스스로를 개방하는 일이 중요합니다. 이러한 체험개념 그리고 무한성에 대한 변화된 위상에 대하여는 그러면 목요일에 계속하도록 하겠습니다.

114) 아도르노가 이후 계속 발전시킨 무한자 이념의 기능변환에 대하여는 비록 완전히 다른 의도에서 비롯된 것이긴 하지만 레비나스Emmanuel Lévinas의 시도들을 대비시킬 수 있음. 레비나스는 "앎의 진테제, 초월적 자아에 의해 포착된 존재자의 총체성이 한 세계의 융합을 보장하며 그리고 최후 종착 지점에 이른 이성을, 마지막에 이른 이성을 혹은 인간들 사이의 평화를 현시하는" '최종심급'임을 '부정하려' 한다. 대신 레비나스의 사유는 예언적인 종말론으로 방향을 튼다. "그것은 늘 총체성 바깥에 있는 더Mehr에 대한 관계이다. 마치 객관적 총체성이 존재의 진정한 척도를 충족시키지 않고, 또 다른 개념 —무한자 개념— 이 이런 초월을 총체성과의 관련 속에서 표현하기라도 해야만 한다는 듯이 말이다. 그런데 우리가 초월이라고 한다면 이는 총체성 속에서는 떠오를 수 없으며 그리고 총체성과 마찬가지로 근원적인 것이다"(Emmanuel Lévinas, Totalität und Unendlichkeit. Versuch über die Exteriorität, übers. von Wolfgang Nikolaus Krewani, 3.Aufl., München 2002, S.8f., 22). 이는 철학을 신학으로 되돌려 놓는 것으로서 아도르노가 하이데거화하는 언어를 막으려 했던 것만큼이나 금지할 만한 내용이다. 하지만 그래도 유대 종교철학자와 부정변증법자는 모두 도덕에, '새로운 정언명령'에 우선권을 부여한다는 점에서 일치한다(Zu Lévinas Begriff des Unendlichen 그리고 Jenseits des Seins oder anders als Sein geschieht. übers. von Thomas Wiemer, 2.Aufl., München 1998, S.43ff., 209ff., 316ff. passim, sowie ders Ethik und Undendliches. Gespräche mit Philippe Nemo, übers. von Dorothea Schmidt, Wien 1996).

115) GS 6, S.450 그리고 452f. 참조.

116) 현대 철학에서 구체적인 것의 이념에 대하여는 NaS IV·13, S.352f. 그리고 주 354 참조. 또 벤야민의 Deutsche Menschen에 대한 아도르노의 후기, GS 11, S.688f. 참조.

117) Wilhelm Traugott Krug(1770-1842). 칸트주의자. 쾨니히스베르크와 라이프치히에서 가르침.

118) Kritische Journal der Philosophie 참조. 헤겔은 여기에서 크룩을 끝장 내버리는데, 크룩이 —그 말고도 셸링이 그랬을 터인데— 이런 생각에 빠졌다는 것이다. "마치 우리 표상들의 전 체계가 연역되어져야만 한다고 약속

이라도 한 듯, 그리고 마치 그 자신이 이미 (셸링의) 초월관념론에서 이 약속의 의미가 명백하게 해명된 한 지점을 찾아낸 양하더니, 그래서 결국은 여기서 이야기되고 있는 것이 철학이라는 사실을 다시금 완전히 망각하고 말았다. 크룩 씨는 가장 천박한 속물처럼 사안을 이해하면서 일을 그렇게 만들어가고 마는데, 개와 고양이 심지어는 크룩 씨의 펜대마저 모두 연역되어야만 한다는 것이다. 그리고 일이 그렇게 되지 않으면, 그의 생각으로는, 자기 친구에게 태산명동泰山鳴動에 서일필鼠一匹이었구나라는 생각이 들도록 해야지, 마치 뭐 표상들의 전 체계를 연역하기라도 할 것 같은 그런 인상을 주지 말아야만 한다는 것이다"[Hegel, Werke, a.a.O. (주 10), Bd.2, S.194]. Enzyklopädie를 보완하면서 헤겔은 다시 한 번 크룩의 펜대이야기를 꺼낸다. "크룩 씨는 이런 의미에서 그리고 또 다른 측면에서 보면 매우 순진한 의미에서 한때 자연철학을 향해 자신의 펜대를 연역하는 재주를 부리라는 요구를 한 적이 있다.─ 그런 주장을 하고 그리고 펜대에 존경과 찬양을 보낸 그에게 사람들은 희망을 걸어볼 수 있을 것이다. 언젠가 학문이 훌쩍 진보하여 현재와 과거에서 하늘과 땅의 모든 중요한 것들이 완전히 해명되어 파악해야할 중요한 것이 더 이상 없게 되는 날이 오는 희망 말이다"(Ebd., Bd.9, S.35).─ GS 6, S.49 역시 참조.

119) 플라톤의 Sophistes에서 손님이 테아이테토스Theaitetos에게 소피스트에 관한 개념규정의 예를 들면서 ─대사大事라는 것에 관한 '빈약'하다기보다는 사소하고 별 신빙성 없는 예시이다─ 이렇게 말하는 구절이 나온다. "그러나 우리는 언제나 모든 점에서 논의 없이 이름에 관해서만 합의를 보는 것보다는 논의를 통해서 대상 자체에 관해서 합의를 보아야만 하네. 그런데 지금 우리가 찾고자 하는 종족은 도대체 그것이 무엇인가를 포착하기가 이느 것보다도 쉽지 않은 것으로서, 소피스테스라는 부류일세, 그렇지만 또한 큰일을 훌륭히 수행해야 하는 한, 이런 일들과 관련해서 큰 것들 자체에 종사하기에 앞서 작고 사소한 것들에 종사하는 것이 옛날부터 누구에게나 옳게 여겨졌네. 테아이테토스, 그래서 지금 나도 우리가 소피스테스란 까다롭고 추적하기 힘든 부류라고 생각하는 한, 우리에게 비록 자네가 어느 곳에서도 한결 수월한 다른 길을 말할 수 없다 하더라도, 다른 수월한 것에서부터 그 부류를 추적하도록 권하네. 테아이테토스: 하지만 저로서는 그 길을 말할 수 없군요. 손님: 자, 그러면 사소한 것들 가운데 하나를 추구함으로써 그것을 더 큰 것의 본으로 삼도록 해볼까? 테아이테

토스: 그렇게 하시죠"(슐라이어마허의 번역 in: Platon, Sämtliche Werke, hrsg. von Erich Loewenthal, 8.Aufl., Heidelberg 1982, Bd.II, S.667f. / 김태경 옮김, 『소피스테스』, 82-84쪽).

120) Ludwig Klages 에 대한 아도르노의 입장에 대하여는 NaS IV·7, 주 316 도 참조.

121) Henri Bergson, Matière mémoire. Essai sur la relation du corps à l'esprit, Paris 1896. 독일어: Materie und Gedächtnis. Eine Abhandlung über die Beziehung zwischen Körper und Geist, 2.Aufl., neu übers., von Julius Frankenberger, Jena 1919. 참조.

122) Edmund Husserl, Logische Untersuchungen, 2.Bd., I.Teil. Unter-suchungen zur Phänomenologie und Theorie der Erkenntnis. Jetzt in: Husserl, Gesammelte Schriften, hrsg. von Elisabeth Ströker, Hamburg 1992, Bd.3, S.113ff. 참조.

123) Ebd., Bd.4. Elemente einer phänomenologischen Aufklärung der Erkenntnis(Logische Untersuchungen, 2.Bd., II.Teil) 참조.

124) Ebd., Bd.5. Ideen zu einer reinen Phänomenologie und phänomeno-logischen Philosophie. 참조.

125) Bergson, Les deux sources de la morale et de la religion, Paris 1932. 독일어 Die beiden Quellen der Moral und der Religion, übers. von Eugen lerch, Jena 1933. 참조.

126) Kleinen Proust-Kommentaren에서 아도르노는 시인과 철학자의 관계에 대해 이렇게 말한다. "프루스트와 꼭 정신적인 면에서만 가까웠다고 할 수 없는 앙리 베르그송은 『형이상학 입문』에서 인과-기계론적 학문의 분류하는 개념들을 대상들의 몸체를 감싸고 걸쳐져 있는 기성복에 비유한다. 그 몸체가 상찬하고 기리는 직관들은 최고급 의상실의 마네킹들처럼 그렇게 오롯이 제자리를 지키고 있는 반면에 말이다. 프루스트의 경우에도 이와 마찬가지로 학문적 혹은 형이상학적 관계를 세속성의 영역에서 차용한 비유로 말해본다면, 프루스트는 거꾸로 베르그송의 공식에 자신을 정향시켰다고 할 수 있다. 그가 알았든 몰랐든 간에 말이다. 물론 그저 직관만을 통해서 그랬던 것은 아니다. 직관의 힘들은 그의 작품에서 프랑스적 합리성의 힘들과 균형을 이루고 있다. 세상사에 익숙한 인간오성이 일정부분 포함된 프랑스적 합리성 말이다. 이 두 요소들의 긴장과 동참으로 비로소

프루스트적인 무엇이 나오는 것이다. 사유의 기성복에 대한 베르그송의 알레르기, 고정되고 정착된 상투어에 대한 알레르기는 하지만 물론 그의 전유물이다. 모든 이들이 말하는 것, 그런 것에 그는 박자를 맞춰줄 수가 없었다. 그러한 민감성이 비진리에 대한 그의 기관이고, 그래서 진리에 대한 기관이 된다(GS 11, S.204f.).

127) Edmund Husserl, Formale und transzendentale Logik. Versuch einer Kritik der logischen Vernunft, Halle 1929 참조.

128) Fichte에게서라고 말하려 함.

129) Tractatus logico-philosophicus의 마지막 문장 참조. "사람들이 무어라 말할 수 없는 것, 그에 대해서는 침묵해야만 한다"(Ludwig Wittgenstein, Werkausgabe, Bd.I. Tractus logico-philosophicus, Tagebücher 1914-1916, Philosophische Untersuchungen, Frankfurt a.M. 1989, S.85) 참조.— GS 8, S.336f. GS 6, S.21도 참조. "그들 두 사람(베르그송과 후설)에 맞서서는 그들이 염두에 두기는 했지만 성취하지는 못한 것 바로 그것을 고집해야 할 것이다. 비트겐슈타인에 맞서서는, 말할 수 없는 것을 말해야 할 것이다. 이러한 요구의 단순한 모순은 철학 자체의 모순이다. 즉 철학이 자체의 개별 모순들에 얽히기도 전에, 그와 같은 모순이 철학에 변증법의 자격을 부여하는 것이다"(『부정변증법』, 홍승용 옮김, 63쪽).

130) 『부정변증법』에서 이런 관념을 최종적으로 다음과 같이 표현하였다. "인식의 유토피아는 개념들을 통해 비개념적인 것을 밝히되, 그것을 개념과 동일시하지 않는 것이다"(GS 6, S.21 / 홍승용 옮김, 63-64쪽) 참조.

131) 라이프니츠에 의해 —그리고 그와 별도로 뉴턴에 의해— 발견된 미적분은 미분법과 적분법을 포함하고 있는데, 무한대로 작은 단위들을 계산하고 그로부터 그것의 무한한 총합으로서의 전체에 이르는 것이다(구적법과 접선接線문제에 대하여는, 이 문제를 해결하기 위해 고심하다 미적분법이 나온 것인데, Reinhard Finster/Gerd van den heuvel, Gottfried Wilhelm Leibniz in Selbstzeugnissen und Bilddokumenten, 4.Aufl., Reinbeck bei hamburg 2000, S.108ff. 참조. 미적분이 철학에 대해서 갖는 의미에 대해서는 Kurt Huber, Leibniz, München 1951, S.79ff. 참조). 라이프니츠 스스로 자신의 수학적 문제설정들을 자신의 형이상학에 곧잘 끌어들였듯이, 아도르노 역시 단자론과 미적분계산법을 유비적인 의미로 다룬다. 『부정변증법』에서 그는 이렇게 말한다. "모든 관념들이 말로 표현할 수 없는 존

재자인 세계와는 다른 어떤 것에 대한 개념으로 수렴된다는 사실은, 라이프니츠와 칸트가 초월성의 이념을 과학과 통분될 수 있게 만들려고 활용한 미분원칙과 동일하지 않다. 이 과학 자체의 오류가능성, 혹은 자연지배와 즉자존재의 혼동이 비로소 그러한 수렴의 교정적 경험을 유발한다"(GS, 6, S.395 / 홍승용 옮김, 514쪽). 라이프니츠의 미적분계산에서 무엇이 아도르노에게 중요했는가는 아마도 벤야민의 『독일 비애극의 원천』에서 가장 잘 찾아볼 수 있을 것이다. 이 책의 '인식비판적 서문'에서 벤야민은 라이프니츠의 단자개념의 도움을 받아 철학이념을 규정하면서 나름의 '방법론'에 대한 이야기도 하고 있는데, 아도르노 역시 이 방법론을 같은 정도로 전유하고 있다. "이렇게 볼 때 실제 세계는, 세계에 대한 객관적 해석이 그 안에서 열릴 수 있도록 모든 현실을 깊이 천착해 들어갈 필요가 있다는 의미에서 과제일 수 있다. 그와 같은 침잠이라는 과제에서 바라볼 때 단자론을 생각한 사상가가 미적분의 창시자였다는 사실은 이상하지 않다"[Benjamin, Gesammelte Schriften, a.a.O.(주 58), Bd.I·I, S.228 / 김유동·최성만 옮김, 『독일 비애극의 원천』, 65쪽].

132) René Descartes, Discours de la méthode pour bien conduire sa raison, et chercher la verité dans les sciences, Leyden 1637 참조.

133) 아도르노는 Der Essay als Form에서 데카르트의 네 번째 규칙에 대해 이렇게 언급한다. 여기에서는 "어디에서나 남김없이 셈할 것과 빠짐없이 모조리 조망할 것을 그토록" 요청하는데, "마치 무엇 하나 그냥 내버려두지 않을 자신이 있는 것처럼" 말이다(GS 11, S.23f. 인용은 Buchenau의 판본, 라이프치히 1922).

핵심용어들

그대는 무한으로 진군하려느냐, 이 괴테의 경구 같은 것이 헤겔에게서도 끝없이 나타난다.

관념론에서 무한자 개념이 잡담으로 추락. 무한자 개념의 위상변화.

공동화空洞化의 근거는 광고를 해댄 결과 깊은 의심의 마비.

관념론에서는 무한한 대상이 범주들의 삭막한 유한성에 포획당할 수밖에 없다. 이렇게 해서 철학은 유한하게 되며, 종결하는 것으로 된다. 그러므로 협소함, 소도시적 모델이 생기는 것. 심지어 변방성마저 그 체계적 근거를 가지고 있다.

이 요구는 철회되어야.

철학은 더 이상 무한자를 감당하지 않는다.

에피카르모스Epicharmos의 명제.[134] 덧붙일 사항은, 철학은 필멸자의 배치관계들 속에서만 어떤 불멸의 것을 가지고 있다는 사실.─철학이 대체 무얼 가지고 있다면 그것은 그저 유한한 것뿐이다.

반면 철학 자체는 특정한 의미에서는 무한하게 된다. 수량이 정해진 정리Theorem들의 어느 한 지체Corpus에 더 이상 고정될 수 없으며, 원칙적으로 개방되어 있다. 그러나 연체동물처럼은 아니고, 그 개방성 속에서 갈 데 없이 결정되어 있는 것이다. 진정 이것이 문제이다. 유연함이 아니라, 철학의 **규정성**이, 자신을 능가하는 것과 더불어 증가한다. 철학의 규정성은 대상에서 나온다.

철학은 대상들의 축소되지 않은 다양성 속에서 자신의 실제내용을 찾아내야 한다. 진지한 상태에서 철학은 자신을 대상들에 넘기며, 대상들을 거울로 이용하지 않고, 자기 자신의 모상을 구체Konkreta와 혼동하지 않는다.

그와 같은 철학이라면 개념적 반성의 매개 속에서 이루어지는 온전하고 축소되지 않은 체험이리라. "정신적 체험". 체험개념의 이러한 변환 역시 헤겔에게서, 그리고 칸트를 거스르는 독일 관념론에서 준비되었다. 체험의 내용들은 범주들에 대한 예시들이 아니다(헨켈 크룩과 초기 체험을 참조).[135]

보증되지 않은 기대가 원동력이다. 기대에 부응하는 개별자와 부분적인 것 각각은 이 기대로부터 거듭 어긋나가는 전체, 물론 예정부조화설에 따라 그리 되는 것이지만, 그 전체를 자기 속에서 표상하고 있어야만 한다.

(6) 제1철학Prima philosophia에 대항하는 메타비판적 변환은 무한성을 호언장담하면서 존중하지는 않는 철학의 유한성에 저항하는 변환이다.

그 대상들 중 어떤 것도 완전히 소유하고 있지 않다. 하나의 전체라는 환영Phantasma을 미리 마련해놓지 말아야, 그러나 그 안에 진리가 결정kristallisieren, 結晶되어 들어 있어야 한다.

모델은 철학적으로 해설되는 가운데 예술작품들이 스스로를 펼쳐나가는 것.

규율에 맞추어 계속 전진해나가는 추상화로서 혹은 개념 아래로의 추론으로서 자신이 간파되도록 하는 것은 가장 넓은 의미에서 테크닉(베르그송은 이것을 알고 있었다)이다. 그러나 스스로를 정렬하지 않은 철학을 위해서는 아무 소용없음.

철학은 어떤 대상도 보증하지 않았으며, 원칙적으로 언제나 잘못 될 수 있다.

여기까지가 회의론과 실용주의에서 참된 일면이다. 그러나 문제는 이 대목에서 열정적인 철학을 희생시키지 않고 이 사실을 철학에 귀속시키는 것이다.

그저 이것이 귀납법과, 단순한 사실들과 일치하지 않는다는 사실뿐.

_1965년 12월 2일

지난 시간에 내가 건드리기 시작한 문제는요, 여러분에게 초안Entwurf 정도를 보여준 셈인데, ―나도 어느새 이 초안이라는 말을 쓰고 있군요.136) 내가 처한 상황이 어떠한지, 여러분은 짐작할 수 있겠지요― 내가 여러분에게 펼쳐 보여주고 싶은 이 안이 전통적인 철학과 다른 점을 무한자 개념을 반성하는 가운데 해명하는 것이었습니다. 이 무한자 개념은 철학에 등장한 것 자체가 본질적으로 미적분과 관련해서였는데요, 미적분은 라이프니츠가 뉴턴137)과는 별도로 발견해낸 것이었지요. 그리고 칸트가 ―이 사람은 그런데요, 볼프 학파, 그러므로 직접 라이프니츠 학파 출신이 되겠습니다― 곧바로 이 모티브에 손을 대었습니다. 정말이지 이렇게 말할 수가 있겠는데요, 이율배반을 다룬 장은 본질적으로 수학적 무한성 개념을 바탕으로 깔고 있는 것이라고요. 그 개념이 포함하고 있는 역설들을 미분한다는 의미에서 말입니다.138) 그 후로 이 무한자 개념은 아주 급속한 속도로 함축성을 잃어버리게 되었는데, 피히테부터 시작되더니 정말 기이하게도 자연철학자인 셸링에게서 정점을 찍은 수학 및 자연과학으로부터의 소외과정과 깊이 관련되어 있다고 할 수 있습니다. 누가 칸트에서 헤겔에 이르는 무한성 개념의 역사를 한번 일목요연하게 정리해보겠다고 한다면, 내 생각으로는 아주 재미있는 논문이 될 것 같습니다.― 표면적으로는 정신사적인 과제로 여겨지겠지만, 그러나 매우 심오한 내용연관들을 짚어내게 될 것입니다.― 이런 식으로 정리를 해보면 이 세기에 일어났던 전반적인, 난 이렇게 표현하겠습니다, 지표면 아래에서 일어난 지각변화와 깊이 관련된 이 개념의 기능상의 변환들이 지표면 위로 떠오를지도 모릅니다. 만일 헤겔에게서 무한자와 무한성이 거론된다면, 그렇다면 그것은 이미 처음부터 괴테가 지적했던바, 무한으로 진군하려는 자는 온 사방에서 유한으로 진군해야 한다는[139] 의미에서일 수밖에 없습니다. 유한한 움직임들의 총체는, 각각의 유한한 움직임이 유한자로서 자기 자신을 부정해야만 한다는 사실을 통해, 이미 실증적인positive 무한성으로 내딛은 발걸음이 됩니다. 그러므로— 유한자의 부정은 그 안에 무한성 설정을 포함하고 있다는 것이고 그리고 어떻게 보면 이 사실이야말로 헤겔 철학 전체를 조율하는 일반정립이라고 말할 수도 있겠습니다. 물론 헤겔 철학이 어떤 하나의 일반정립으로 다 환원되어 버리지 않는다는 전제 하에서 말입니다. 하지만 다른 한편으로 보자면, 수학적으로 정의된 무한성 개념의 형태, 나는요 바로 이런 형태가 이 개념 전체의 핵심을 잠식해버렸다고 말하고 싶은 심정입니다만, 이 수학적 형태를 접하면서 무한성 개념의 변화가 진행된 듯 보이는 것입니다. 그런데 이런 변화와 어떻게 연관되는가의 문제와는 별도로 할 수 있는 이야기가 있으니 바로 독일 관념론의 위대한 저술가들, 특히 피히테, 셸링 그리고 헤겔을 읽다보면 이 철학자들이 하나같이 '무한'이라는 표현을 매우 느슨하게 그리고 무척 경솔하게 대한다는 인상을 떨쳐버리기 힘들다는 사실입니다. 그리고 이 개념이 응당 져야만 하는 책임에 대해서 정말 제대로 된 감을 가지고 있지 않다는 점도 지적해야 하겠습니다. 그래서 이 개념은 재차 엄격하게 다루어져야만 했는데요, 마르부르크Marburg의 신칸트주의자들에 와서야 비로소 그런 시도가 이루어졌지요. 그래서 여기에서는 정말로 다시금 이 개념이 라이프니츠의 경우처럼 감성계와 예지계의 매개범주로 되었습니다. 고전 독일관념론, 뭐 이런 식으로 불러야 한다지요, 고전 독일관념론에서는 전혀 감지해낼 수 없던 것이었지요. 관념론에서는 이 무한성개념이, 일단 좀 까칠하게 말해본다면, 일종의 관용구로, 세상의 온갖 잡사를 버무리는 잡담으로 전락해 있었습니다.— 어떤 것이든 개념들이 특수하게 심사숙고되지 않은 채로, 즉 개념들에 의해 지칭되어야 하는 사안의 내용들과 직접 대면하지 않은 채로 애창곡 목록에 들게 되는 경우, 늘 그런 식으로 일이 끝나곤 하는 전철을 그대로 밟았다고 봐야겠지요.

이렇게 하여 공허라는 어떤 특이성격이 무한자를 일컫는 과정에 섞여 들어오게 되었습니다. 그러고 나서는 철학을 지배하게 되었는데요.— 일종의 공허함이지요, 학계의 공식 철학을 일요일의 잡담 그리고 잡담의 비구속성에 접근시키는 데 그 무엇보다도 크게 기여한 공허입니다. 종종 이런 느낌이 들곤 하는데요, 혹시 기껏 해봐야 유한자일 뿐인 철학이 자신이 이렇다 저렇다 허튼 이야기를 해대는 그 무한자를 지배하고 있는 것일지도 모른다는 깊은 의구심을 무한자를 언급함으로써 떨쳐버리고 싶어 하는 것은 아닐까 하는 느낌이지요. 왜냐하면 동일성 요구는, 철학의 절대적 동일성 요구는 한마디로 어쨌든 모든 것이 철학의 규정들 속으로 편입된다는 요구인데요, 당연히 실증적 무한성에 대한 요구로 될 수밖에 없습니다. 그리고 내가 보기에는 사람들이 이 요구 자체를 그다지 신뢰하고 있지 않기 때문이라는 바로 그 이유에서,— 마치 무슨 비밀번호나 되듯 무한성을 가지고 계속하여 거듭 조작을 하고 있는 것이라 여겨집니다. 그러므로 관념론에서는, 관념론을 이렇게 규정할 수 있겠지요, 그 삭막하게 유한한 범주들을 통해 —헤겔에게서조차도 범주들은 유한자입니다. 뭐 셀 수 있는 것, 일종의 범주들의 연결망 혹은 범주들의 목록이라고 할 수 있는 것이지요. 역동성을 지녔다고 아무리 말해도 소용없습니다— 그처럼 삭막한 유한성의 범주들을 통해 무한자가 포착되고 무한한 대상이 포획되어야 한다는 것입니다. 더 나아가 이제는 —그리고 여기가 이런 철학들이 제기하는 무한성 요구에 가장 첨예하게 대립하는 지점일 터인데요,─ 이 철학 자체가 하나의 유한자로, 그 자신의 제한성 속에서 거기에 있는 모든 것을 이해했다고 믿는 완결적인 것으로 되는 것입니다. 언젠가 지난 수업에서 오늘날 제일 기창한 철학적 구상들 자체에마저 들러붙어 있는 협소한 것, 거의 소도시적인 것에 대해서 말한 적이 있었지요.[140] 사람들이 무한의 우주를 자그마하고, 전체적인 조망이 가능한 집 안으로 가지고 들어가겠다고 하는 경우와 마찬가지라고 말입니다, 이런 변방성은 그 자체가, 즉물 철학적인 것Sachlich-Philosophischen, 즉 무한자를 범주들의 유한한 연결망 속에 붙들어 두려는 요구와 밀접하게 연결되어 있는 것입니다. 잠깐만 주의를 기울여도 여러분은 여기에서 철학에서의 규정들이 일단 그것을 인지한 많은 이들에게 비록 사회논리적Soziologistisch이지는 않더라도 사회학적Soziologisch으로 들릴 수 있는 이 규정들이, 정말은 사안 자체와, 철학적 문제와 얼마나 깊이 연결되어 있는지 간파할 겁니다.[141] 이러한 관점에서 『순수이성비판』을 읽어보면 말입니다, 그러면 협소함이라는 이 특성이, 벤야민이 서한집 『독일인』에서 바로 인간성(휴머니티)의 한 조건으로 다루기도 한 그런 협소함인데요,[142] 칸트의 경우 은유적으로 표현되어 있음을 발견하게 됩니다. 칸트는 비유를 들어가며 비판에 의해 정복되거나 혹은 내쳐져야만 하는 ─나도 어쩔 수 없이 이렇게 말하는군요.─ 순수이성의 영역들에 관해 말하고 있지요.[143] 거기에서 사람들은 진리의 나라 ─아주 매력적인 이름이지요라고 칸트는 덧붙입니다─ 혹은 빈틈없이 측량되고 그리고 안전한 섬에 관한 이야기를 듣는데요, 대양의 한가운데, 무한자의 한가운데 있는 섬[144]이라는 것이지요. 그 밖에도 전체적으로 칸트에게서는 무한자 개념이 질풍노도식으로 대양이라는 표상, 이른바 대양 같은 감정과 결부되어 있는 듯 보입니다. 이성은 자신이 안전하게 확보하고 있는 것이 정말로는 보잘것없는 작은 귀퉁이라는 사실을 만방에 공표해야만 하면서도 그 좁은 구석에 자신이 확실하게 안착해 있다고 믿는 그런 사정으로,— 이런 사정이 있기 때문에 비판적이고 청렴결백한 칸트철학에 감상적이라는, 순진무구함의 배음이 내리깔리게 된답니다. 그 어떤 다른 요인보다도 바로 이 순진무구함 때문에 그런 방식으로 혹은 그와 유사한 방식으로 사유하기가 오늘날 불가능하다고들 하는지도 모르겠습니다. 간단히 말하자면요, 사람들이 유한한 범주체계를 가지고 —여러분 여기서 우선 먼저 한번 그냥 칸트의 범주표를 생각해 보십시오. 결국 헤겔의 『논리학』도 이 표로부터 결정적으로 갈라 서 있지는 않습니다. 물론 그렇다면야 헤겔은 아주 좋아하겠지만요— 그런 범주표에 의지해 확실한 인식을 손에 넣기는 합니다. 하지만 인식을 손에 넣음으로써 다른 한편으로는 거기서 한 걸음 더 나아가는 물음들은 모두 그냥 내버려 두어야 한다는, 그런 식의 요구를 하고 있는 겁니다. 여러분, 한번 잘 생각해보십시오, 난 이렇게 믿습니다. 내가 바로 이런 요구야말로 철회되어야 한다고 말을 해도 그것이 그리 큰 무리는 아닐 것이라고요. 이런 의미에서 자명한 일이 되었다고나 할까요, 철학은 더 이상 무한자를 감당하지 않습니다.

　이런 연유에서 내가 에피카르모스Epicharmos의 단상, 불멸을 사유하는 것보다는 필멸을 사유하는 것이 인간에게 더 어울리는 일이다[145]라는 말을 『인식론 메타비판』 전면에 등장시켰던 것입니다.— 그밖에 여기서 더 나아가는 문장, 전통적인 동일성요구 비판과 같은 것을 담고 있는 문장도 있습니다. 어쨌든 몇 년 후 고故 라인홀트 슈나이더Reinhold Schneider가, 가톨릭 시인이면서 철학자인 사람인데요, 그의 마지막 저서에서 —내가 쓴 책을 몰랐을 것이 분명한 그가— 이와 똑같은 모토를 전면에 내세웠는데, 아주 기이한 일치였습니다.[146] 사람들이 쉽사리 외면할 수 없는 그런 중요성을 분명히 지닌 모토라는 이야기가 되겠지요. 만일 도대체가 철학이 무언가를 보유하고 있다면, 그러면 철학은 단지 유한자를 가지고 있지 무한자는 아닌 것입니다. 자기 자신의 변방성을 ―내가 변방성이라 명명했던 바로 그것이지요― 변방성 자체를 의식으로 고양시키는 가운데 반성한다는, 단지 그런 제한을 가지고 시작할 때에만 철학이 그런 협소함에서 벗어날 가능성이 생긴다고요. 어쩌면 여기에 이렇게 덧붙일 수 있을지 모르겠습니다. 그 어디 다른 곳에서가 아니라 바로 유한자의 범주들에서 혹은 필멸자인 인간 사유의 범주들 속에서 불멸이 어떻게든 파악될 수 있다고 말입니다. 반면에 유한성의 범주들이 아닌 어떤 다른 방법으로 초월을 손에 움켜쥐려는 시도는 아예 처음부터 용납이 안 되는 것이라고요.― 바로 이것이 강의 초반에 내가 여러분에게 그 특징을 설명한 헤겔의 행동방식에서 어찌되었든 함께 생각해본 통찰이었습니다. 난 이렇게 말했었습니다. 철학이 전통적인 철학과 대립하는 가운데 무한자를 보유하기를 포기하는 그 지점에서 철학에 고유한 희망이 생긴다고요. 철학의 유한성을 그냥 순진하게 실체화하는 것 이상이 되는 희망입니다. 이런 방식으로 철학의 과제를 돌려 표현함으로써 철학 자체가 특정한 의미에서 무한하게 되는바, 여기에 실증적으로 관심을 쏟아도 무방하겠습니다.― 말하자면 칸트의 '원칙들의 체계System der Grundsätze'가 내놓은 수량이 정해진 명제들 중 어떤 한 지체Corpus에 고정시켜 놓을 수 있는 것은 더 이상 아니고요, 근본적으로 열려 있는 것입니다. 이렇게 해서 체계적인 철학함에 대립각을 세우면서 일종의 열린 철학을 해야 한다는 요구를 살펴봐야 하는 지점에 이르렀군요. 여기에서 바로 발생하는 문제는요, 무엇보다도 생의 철학이 빠져 있는 그 수렁입니다. 생의 철학은 생기 있는 것과 경직된 것의 대립을 기반으로 하는지라 역시 반체계적이었고 그리고 개방된 것의 이념과 같은 무엇을 구상하였더랬지요. 그런데 이른바 열린 철학은 아주 쉽게 연체동물 같은 것, 혹은 테오도르 하커Theodor Haecker가 아주 악의에 가득 찬 채로, 하지만 명민하게 이름 붙인,[147] '아무래도 좋은 철학'으로 변질되기 십상입니다. 그리고 통째로 요술단지인 이 철학은 —여러분들과 함께 논구해온 그런 범주들에 따라 이리저리 형태를 바꿔가면서 나타나 내가 지금 하나씩 차례대로 건드리고 있지만 사실은 매번 똑같은 그 요술단지이지요— 이 요술단지 철학은 자신이 열린 상태에서 철학하지만 흐느적거리지 않으며, 삼라만상을 제멋대로 갖다 붙이는 것은 아니라고 강변하겠지만, 강변일 뿐 실상은 말입니다, 자신의 내면의 협박에 순종하며 그리고 그러는 가운데 객관적 강제를 추종하고 있는 것입니다. 여기에 대해 나는 감히, 아마도 통상적인 철학적 관습에 따라서 보면 역설적으로 들릴지 모르겠습니다만, 그러나 다른 한편으로 보면 매우 단순하고 그리고 시사점이 많은 테제를 내걸겠습니다. 철학이 실질적으로 대상에 더 많이 넘겨지면 넘겨질수록, 철학은 자신이 관계하고 있는 대상들을 철학이 줄곧 관리해온 그 유한한 좌표계의 전시대상으로 오용하는 일을 점점 줄이게 된다고요.— 바로 이렇게 됨으로써 철학은 연체동물 같은 성격에서 벗어날 수가 있는 것이지요. 왜냐하면 연체동물성, 임의성, 또 무슨 복고적인 철학들에 의해 바닥 없음이라는 식으로 곧잘 비난받은 것 역시 사실은 관념이 사유된 것과 맺는 관계에서의 어떤 특정한 임의성을 표현한 것에 해당될 뿐입니다. 이런 식입니다. 일반적으로 그런 좌표계 같은 것을 안에 미리 품고 있는 관념들은 모든 것이 선택 가능한 상태에서 상대적으로 우연하게 고른 객체들에 따라붙으며, 그리고는 표상한 바가 그대로 거기서 내비쳐질 때까지 그 선택된 객체와 씨름을 합니다. 그 반대의 태도, 내가 진정하게 철학적 숙원사항이라고 여기는 것, 이른바 객체에 대한 유보 없음이 풀어야 할 희망사항, 헤겔이 '객체로의 자유'[148]라는 개념으로 의미했던 것에 부응하는 방식은 이렇습니다. 이런 숙원사업에 부응하려면 객체가 꼭 어떤 비규정자로서 사유되는 것이 아니라, 관념이 객체를 자발적으로 사유하는 가운데 동시에 관념 또한 대상에 거듭 계측되어야 합니다.— 이렇게 하는 가운데 구조화됨, 규정성, 구속성에서 더 많은 것이, 덜 Weniger이 아니라 보다 더Mehr가 관념에 귀속되는 것이지요. 그리고 이것이 연체동물성이라는 이의에 대한 유일하게 실질적인 답변이라고 나는 말하겠습니다. 그와는 반대로 만일 사람들이 확고부동함을 그냥 범주체계로 이전시켜버린다면, 무엇에 접근할 때 가지고 시작하는 것의 총괄로 이전시켜 놓으면, 그러고는 이렇게 말한다면, 나 존재론자로서, 나 신교도로서, 나 마르크스주의자로서 이렇게 저렇게 생각한다,— 그러면 이런 성격에는 자신이 관계하는 대상에 견주었을 때 우연할 뿐인 것이 섞여듭니다. 말하자면 출발지점에서 결정된 것을 계속 끌고 가는 것인데요, 본래적으로 구속력 있는 인식에 이르는 데 걸림돌이 될 뿐인 것이지요.

철학은 그러므로 자신의 실제내용Gehalt을 대상들의 축소되지 않은 다양성에서 찾아야만 할 것입니다. 철학은 진지하게 대상들에 자신을 넘겨야만 합니다. 좌표계를 통해서이거나 혹은 이른바 자신의 지위를 통해서 뒷심을 받는 일 없이 그렇게 되어야 합니다. 철학은 자신의 대상들을 거울로 이용하면 안 됩니다. 들여다보면서 거듭 자신을 읽어내기 위해 손에 드는 거울 말입니다. 그리고 철학은 인식이 제대로 조준해야 하는 것과 자기 자신의 모상을 혼동하면 안 됩니다. 이렇게 말하겠습니다. 이런 혼동은 어쨌든 현대 철학 전체의 첫 번째 거짓말πρῶτον ψεῦδος이라고요. 간단히 말해서 이렇습니다. —이런 사유방식의 전형이라 할 수 있는 칸트 철학을 일단 들여다봅시다. 이 철학에서는 이렇게 되지요, 자연이란 이성에 의해 생산된 것이라고요,[149]— 그러면 인식은, 바로 이런 소산적 자연natura naturata에 관계하는 인식은 절대로 인식일 수가 없고 이런 인식은 그 객체 속에서 인식하는 주체 이외에는 다른 아무것도 손에 쥐고 있지 않은 겁니다. 영웅적으로 체념하면서 이런 방식으로 자신을 추스르는 가운데 그 결과로 동시에 인식의 개념을 성사시켜주는 것을 놓쳐버리는 것입니다. 인식은 여기에서 스스로가 인식과 일치하지 않는 무엇, 그것을 인식하지 못하고 맙니다.— 여러분 한편으로 무한한 대상들을 제압하겠다고 나서지도 않으면서, 또 다른 한편으로는 그러나 자기 자신을 유한하게 만들지도 않는 철학,— 이런 철학이라면 개념적 반성의 매개 속에서 온전한, 축소되지 않은 체험과도 같은 것이라 할 만합니다. 혹은 이렇게 불러도 되지 않을런지요. 정신적 체험이라고 할 만한 것이라구요. 여기에서 내가 이런 식으로 체험개념을 쓰게 됨에 따라 —이런 식의 용법전환은 내가 제대로 한번 끝까지 가보거나 아니면 거기에 대해 관련된 글을 몇 편 써서 설득력 있게 만들고 싶다고 여겨온 편인데요— 이렇게 해서 약간 뒤틀린, 변증법적인 방식으로 경험주의를 구제하는 작업이 이루어지게 되었습니다. 난 이렇게 생각합니다. 다시 말하자면, 여기에서 늘 정말로 문제가 되는 것은 원칙적으로 아래에서 위로의 인식이지 위에서 아래로의 인식이 아니라고요. 그리고 자신을 객체에 넘기는 것이 중요하지 연역이 중요하지 않습니다.— 경험주의적인 조류들에서와는 완전히 경우가 다른 것이지요. 전혀 다른 성격과 완전히 다른 인식목표를 지니고 있답니다.[150] 체험개념을 정신적 체험 개념으로 변환시키는 것은 헤겔과 독일 관념론에서 —칸트에 맞서면서— 준비되었던 것이기도 합니다. 정신적 체험이라는 개념, —이 개념이 피히테에서 헤겔에 이르는 사상가들의 눈앞에 어른거렸던 것이 분명합니다. 이 개념을 통해 이 사상가들의 철학이 실체성Substantialität을, 그들의 철학을 단순한 형식주의와 구분시켜주는 그 무엇을 획득한 것입니다— 이 개념을 관념론적으로 사전에 부과된 전제들에서 해방시켜야만 합니다. 정신적 체험이라는 이 개념에만 몰두해야 하는 것이지요. 그렇습니다, 나는 이렇게까지 말하고 싶은 것입니다, 관념론자들이 실제로는 항상 그저 '고시'해 놓기만 한 그것을 정말로 그리고 온전한 진지함을 가지고 진짜 제대로 실행해야만 한다고요. (식단표와 날라져오는 음식 사이의 차이라는 그 유명한 이야기 알지요!) 그렇게 해야만 관념론의 영역에서 벗어나올 수가 있는 것입니다. 이러한 체험의 내용들이 ─전적으로 명목론으로 들릴지도 모르겠으나─ 연역에 반대하는 데 방점이 찍혀 있는 그런 체험개념과 일치합니다. 그러한 체험의 내용들은 범주들을 위한 예시들이 아닙니다. 이 내용들이 중요성을 띠게 되는 것은 그때마다 내용들에서 새것이 하나 떠오른다는 사실에 의해서입니다.─ 반면에 통상적인 경험주의 전반의 오류, 통용되는 체험개념 전반의 오류는 내가 보기에는 인식론으로서의 경험주의적 철학이 바로 타자의 체험가능성, 원칙적으로 새로운 것의 체험 가능성을 철학의 행동규범을 통해 단절시킨다는 데 있습니다. 이 규범들을 세우기 위해 경험주의의 영웅적인 세기에, 베이컨 철학과 같은 한껏 격앙된 경험주의 철학에서 한때 열과 성이 쏟아부어졌었지요. 여러분이 바로 이런 정신적 체험 개념에 대해 ─이렇게 말할까요, 세상 모든 것에 대해서 철학하고 그리고 아무것도 철학하지 않음이라는 구속력 없음에 반대하여 생의 철학과 대립각을 세우면서─ 내 입장을 조금이라도 자세히 확인하고 싶다면, 이 문제에 관심이 있는 사람들에게 나는 아주 작은 텍스트 『헨켈, 크룩 그리고 초기의 체험』을 보라고 권하는 바입니다. 에른스트 블로흐Ernst Bloch를 위한 기념 논문집 서두에[151] 실려 있는 이 텍스트에서 나는 아주 젊었을 때 내가 그의 철학을 접하고 체험한 바로 그것에서 정신적 체험이라는 나의 개념을 설명하려는 시도를 했습니다.─ 주제 면에서 보자면 짐멜의 철학에 매우 근접했지만, 정반대로 접근했지요. 이 논문을 거론했으므로,

어쩌면 이 요점을 계속 추적하는 일을 여기서 그만두어도 될 것 같기는 합니다. 한 인간으로 하여금 그와 같은 정신적 체험을 하도록 만드는 것, 그런 체험의 원동력은 ㅡ이는 정말로 오직 철학에서만 관건이 되는 사안이지요ㅡ 어쨌든 보증되지 않은, 막연하고, 어두운 기대입니다. 개별적이고 부분적인 것 각각이 그냥 이 기대에 부응했다가, 그래도 마침내는 예의 저 전체를 자기 속에 표상한다는(나는 지금 라이프니츠 식으로 말하고 있습니다) 것입니다만, 이 전체는 기대를 거듭 저버리지요. 이런 식의 체험에서 나타나는 전체와 부분의 관계는 물론 예정조화설이 아니라 예정부조화설[152]의 의미에서라고 하는 편이 더 맞겠습니다. 예정조화설은 체험이 거대한 합리주의적 체계들 속에 편입되도록 유도하는데요, 그 마지막 형태에 이르면 마찬가지로 (독일 관념론과 유사하게) 이미 이성의 진실과 사건의 진실, 즉 이성인식과 체험인식을 서로 합치시키는 하나의 시도로 되어버리고 만답니다. 어떤 한 제1철학에 저항하는 메타비판적 전환은, 여러분이 이해할 수 있도록 내가 다방면에서 시도하고 있습니다만, 철학의 유한성에 저항하는 것입니다. 무한성에 대해 호언장담하면서 동시에 자신의 영향권에서 벗어나는 무한자를 진정하게 무한자로 존중하지 않는 철학의 유한성을 거스르는 것입니다. 이렇게 보면 철학은 자신의 대상들 중에서 그 어떤 것도 완전히 자기 것으로 만들어 두고 있지 못하다고 하겠습니다.ㅡ 이 역시 변증법의 규정들에 속하는 것으로서 내게는 만일 사람들이 이 규정들을 충분한 열의를 가지고 받아들이기만 한다면, 이 규정들에서 부정변증법에 대한 준비가 마련될 것으로 보입니다. 철학은 하나의 전체라는 망상을 마련해두면 안 됩니다만, 그러나 철학 안에서는 진리가 결정結晶되어야만 합니다.

이 마지막 말은 어쩌면 뭐 그냥 당연하게 들릴지도 모르겠고 그리고 내가 든 예시들에 대해 미심쩍어 하는 시선들도 많겠으나 어쨌든 거기에서 의미한 바를 논증은 해야 한다는 일종의 의무감 같은 것을 내가 느끼고 있음을 떠벌리는 말이 될 수도 있겠습니다. 여러분은 내가 여기에서 미적인 것das Ästhetische을 끌어들여도 (이런 접근방식과는 다른 분명 훨씬 적절한 것이 있을 수도 있겠습니다만.) 좀 봐주겠지요.— 이른바 예술작품과 예술철학의 관계를 거론하겠다는 것인데요, 단순히 다음과 같은 이유에서입니다. 내가 여기에서 여러분에게 말하려고 시도했던바, 철학이란 무한자가 아니라는 사실, 철학은 자신의 대상들에서 그 어떤 것도 완전히 가지고 있지 못하지만, 그러나 진리는 그 안에서 결정結晶된다는 것,— 이런 측면을 예술 현상들에서 가장 잘 드러내 보여줄 수 있다고 생각하기 때문입니다. 정작 이렇게도 말할 수가 있겠습니다. 예술작품은 실증적인 무한성과 같은 무엇을 묘사한다고요.— 나는 여기에서 암묵적으로 단지 본격 예술작품만을 고려합니다.— 이런 의미에서입니다. 예술작품은 한편으로 자기 내적으로 유한한 것, 윤곽이 잡힌 것, 시간 혹은 공간에서 주어진 것들이지만, 또 다른 한편에서는 함축이 무한해서 그냥은 결코 해명되지 않고 끝내 분석을 필요로 하다는 사실 때문입니다. 약간은 치명적이고 그리고 이리저리 오용될 가능성이 충분한 표현인 '예술작품의 다층성'은 —이 표현을 그대로 써야 해서 나로서는 유감입니다만— 바로 이런 사태를 일깨워줍니다. 일단 예술작품들에 그런 일면이 있음을 말해주는 표현이기는 하나, 이런 표현이 예술의 값싼 비합리주의와 혼동되어서는 안 될 것입니다. 예술작품들을 분석한다는 것은 이렇습니다. 작품들 안에 자리 잡고 있는 구조연관들에서, 이런 구조연관들을 끌어안고 있는 의미함축들에서 모든 것, 작품 안에 있는 모든 것이 전부 다루어지고 그리고 예술작품을 이런 방식으로 내재적으로 분석함으로써, 그런데 이 분석이란 것 역시 어쨌든 전제조건 없이 되는 것은 결코 아니고, 예, 사기 치려 들지 않는다면 말입니다, 분석이라는 것에 대해 미리 무언가를 늘 좀 알고 있어야만 하는데요, 예술작품으로부터 그것을 끄집어 내오기 위해서라면 말입니다.— 하지만 그러한 분석은 그러면 어쨌든 예술작품에 갇혀버린 저 무한성을 발화시키는 데 어마어마할 정도로 도움을 줍니다. 그리고 특정한 의미에서 이렇게 말할 수 있습니다. 예술작품들은 도대체가 작품의 생명을 예술철학에 의해 —물론 말할 것도 없이 분석을 포함하지요, 심지어는 시시콜콜한 분석마저도— 비로소 가능하고 숙성해지는 그런 펼쳐짐 속에서 유지한다고요. 어떻게 보면 예술작품들은 앞으로 치고 나가는 분석이 작품 속 정신적인 것에 객관적으로 함유되어 있는 것을 점점 더 많이 확인하는 과정을 통해 생기를 부여받는다고 할 수 있겠습니다. 즉 진리내용을 확인하는 정도가 갈수록 진척되는 그런 분석을 통해서이지요. 또 이렇게 말할 수도 있겠습니다. 예술작품들과 더불어서라면 사람들은 잘 견뎌낼 수가 있는데, 왜냐하면 예술작품들이 의미연관들이기 때문이라고요.— 그런데 세상은 말입니다, 이 점에 대해서는 이미 이야기했었지요, 세상의 의미심장함에 대해서는 인공품Artefakt인 예술작품들, 하지만 동시에 인간정신의 산물이라는 점에서 정신이기도 한 예술작품들에 대해 이야기하는 방식과 동일한 방식으로는 결코 이야기될 수 없다고요. 하지만 저는 그럼에도 이렇게 생각합니다. 이러한 접근방식, 예술작품들에 어떻게 접근해야 할지를 알려주는 이런 고찰방식이 인식에 대해서도, 현실에 대한 철학적 인식에 대해서도 일정하게 전형의 역할을 해야 한다고 말입니다. 내가 여러분에게 예술작품에서 예시해 보여주려고 시도했던 이런 방식의 체험가능성을 사람들이 확보하는 경우에만, 이런 때가 되어야만, 체험이 정신적이지 않다는 점을 강조하는 경험과학에 대립각을 세우면서 정신적 체험이라는 개념으로 의미하고자 시도했던 그 무엇이 그제야 겨우 구성될 수 있을 것입니다.

이러한 정신적 체험의 맞수Widerpart로서 정신적 체험에 대립하는 것은 모두, 추상화의 규제된 속개로서든 아니면 개념아래로의 단순한 추론으로서든, 가장 넓은 의미에서 보아 그저 단순한 테크닉입니다. 그리고 이렇게 말해도 되겠는데요, 계몽된 의식에 대한 비판과 같은 무엇이 계몽에도 역시 존재한다면, 그러면 바로 여기에 일말의 계몽의 변증법이 가로놓여 있는 것이라고요. 말하자면 계몽이란 앞으로 치고 나가는 의식의 관점이라고 할 수 있을 터인데, 이 계몽이 정신적 체험이라는 개념 앞에 정지한 채 머물러 있거나 혹은 그 개념을 불안하고 불확실하다고 해서 배제시켜야 할 것으로 여기는 한, 계몽은 단순한 지배의 영역, 파악되지 않은 것에 대한 통제의 영역에 머물러 있게 됩니다. 이는 우리 시대에 실증적 학문들 그리고 사물화된 세상의 끝없는 압력에 맞서 이러한 압박에 걸맞은 추상화 그리고 완고함으로 대항했던 베르그송이 표명한 바 있는 통찰입니다. 이 통찰은 말입니다, 베르그송이 일단 인지한 것을 셸러Scheler가 추인한 이후로 우리가 다시 잃어서는 안 되는 통찰입니다. 이 모든 계몽의 인식들, 규칙들이 쌓여나가면서 이루어지는 추상화, 그리고 개념으로 그저 추론하는 과정에서 모습을 드러내는 인식들은 내가 지금 염두에 두면서 강조하는 철학이라는 개념과는 원칙적으로 아무런 상관이 없습니다. 스토아학파가 상관없는 것이라는 개념으로 지칭한 그런 의미에서[153] 무관하다는 것입니다. 이런 인식들은 말입니다, 철학이 자기 자신 앞에 객관적으로 떠올라 어른거리는 것, 그렇다고 시인하든 말든 상관없이, 그 어른거리는 것에 짓눌려 그냥 굳어버리지 않으려면 절대 관심을 두지 말아야 하는 인식이며 거기에 머물러 있어서도 안 되는 인식입니다. 그렇다면 여기에서 이야기되는 사실은 애지중지 공들여서 훌륭하게 정의된 처리과정과는 반대로 바로 철학이라는 것이 정말로 여러분이 철학교육을 받기 이전에 일반적으로 들어왔던 그 무엇과 정반대되는 것으로 됩니다. 철학은 어떤 대상도 절대적으로 보증하지 않습니다. 진짜 제대로 철학적으로 사유되는 곳은 관념이 길을 잘못 들 수 있는 곳, 오류를 범할 수 있는 그 지점입니다. 철학적 관념에 아무런 일도 발생할 수 없는 그 순간에는, 즉 철학적 관념이 이미 재탕의 영역에 있거나 그저 재생산의 영역에 잘 자리 잡고 들어앉아 있으면, 그 순간 철학은 이미 목적을 상실한 것이 됩니다. 내가 이렇게 말해도 된다고 여깁니다만, 오늘날 철학이 ―어느새 그 개념에 들러붙어 버린 모호성과 오류가능성에도 불구하고― 그래도 진정한 시의성을, 뭐 그런 무엇을 하나 가지고 있다면 말입니다, 진정한 시의성을 가지고 있다고 고개 끄덕이게 하는 지점이 있다면, 바로 철학이 현재 지배적인 보증의 욕구에, 이 욕구에 따라서 인식의 유형들도 모두 일정 정도만큼은 재단이 되어 버리는 게 사실이지요, 이 보증의 욕구에 맞서 저항하는 그 지점에서라고 하겠습니다. 그리고 ―니체를 들어 말하자면154)― 위험하지 않은 인식은 사유될 가치가 없다는 사실을 철학이 간파하는 것입니다. 그런데 여기에서 이 위험함이란 니힐리즘적인 포탄투척이나 이런 저런 낡은 가치목록들의 파괴를 뜻하지 않습니다. 그보다는 그냥 이미 알아버린 지식을 넘어가 보는 것, 이렇게 넘어서면서도 스스로 오류를 범하거나 거짓이 되거나 낡아서 내쳐지는 그런 위험에 빠지지 않는 인식의 경우이겠지요.― 이러한 인식이 물론 또한 참이 아닐 수 있습니다. 이것을 표현형식만 달리해 표현하자면요, 내가 거듭 손을 내미는 표현입니다만, 이른바 진리내용 자체가 그 안에 어떤 시간의 계기를 가지고 있다는 식으로 말할 수 있겠습니다. 진리내용은 시간과는 무관한 것 혹은 영원한 것으로 시간 속에서 그냥 모습을 드러내는 것이 아닙니다. 그만큼 회의Skepsis는 참된 것이며 그리고 진정 대단한 개방성 그리고 엄청난 진지함을 가지고 스스로 오류에 노출되는 철학의 가능성을 드러낸 존 듀이[155]의 실용주의에도 그만한 진리가 들어 있는 것이라고 하겠습니다. 여기에서 고려해야 할 문제는 오직 단 하나, 사람들이 본질적인 것에 대한 인식으로서의 철학이라는 격양된 요구를 포기하지 말고 그 대신 이 요구 자체를 정신적 체험에 오롯이 넘겨야 한다는 것뿐입니다.

134) 아도르노가 Metakritik der Erkenntnistheorie 서문의 모토로 내건 fr 20
   을 지칭함. Diels/Kranz 번역 참조. "필멸자는 필멸의 관념을 품어야 한다,
   불멸의 관념이 아니라"(Diels/Kranz, Die Fragmente der Vorsokratiker,
   6.Aufl., Berlin 1951. Bd.1, S.201).— 위 S.119도 참조.

135) 위 182쪽 그리고 주 151 참조.

136) 이 개념에 대한 아도르노의 비판은 GS 6, S.94 이하 그리고 S.497 참조.
   NaS IV·7, S.243ff.도 참조.— '구상, 초안Entwurf'이라는 어법은 하이데거의
   실존철학을 통해 유행이 됨. 아도르노는 이 표현을 선호했으며. 사르
   트르가 사용했던 projekt 그리고 choix 등의 용어들은 거의 염두에 두
   지 않았음.

137) 주 131을 볼 것.

138) Kritik der reinen Vernunft에 나오는 무한성 개념에 대하여는 NaS IV·4,
   S.348 그리고 주 289와 290을 볼 것.

139) Gott, Gemüt und Welt 선집에 나오는 경구는 이러하다. "너는 무한으로
   진군해가고자 하느냐, / 그러면 그냥 유한자 안에서 사방으로 나가도록 하
   라"[Goethe, Sämtliche Wekre, Briefe, Tagebücher und Gespräche. Hrsg.
   von Friedmar Apel(u.a.), I.Abt., Bd.2. Gedichte 1800-1832, hrsg. von
   Karl Eibl, Frankfurt a. M. 1988, S.380].

140) 위 150쪽 참조.

141) 이상주의적 무한성 개념을 '사회학적으로' 도출하는 것에 대하여는 아도
   르노의 헤겔연구에 들어 있는 논문 Erfahrungsgehalt 참조할 것. "칸트 이
   후 독일 관념론의 체험은 일단 미리 선을 그어 나누어 놓은 삶과 조직화
   된 인식이라는 부분영역들 안에서 누리는 노동분업적 자족, 속물적 협소함
   등을 거슬러 반응한다. 그런 한에서 피히테의 연역된 계획 그리고 셸링의
   제도권 학문에 대한 서문과 같은 주변적이고 실천적인 듯 보이는 저작들
   이 철학적인 중요성을 갖는다. 무한성이라는 표어는, 두 사람 모두 칸트의
   경우와는 다르게 가볍게 펜대에서 흘러나오는데, 그들에게 유한자의 난점
   으로 된 것, 완강해진 그 자신의 이해관계가 난관에 처하게 된 지점 그리
   고 자기이해관계를 비추어 보는 인식의 통명스러운 개별성이 난관에 직면
   한 그 지점에서 비로소 본색을 드러낸다. 그러는 사이에 전체성 이야기는

그 논쟁적인 의미가 탈색되어 그냥 반-지성주의적인 이데올로기로 된다. 초기 관념론시기에 저개발국가였던 독일에서 부르주아 사회가 아직 스스로를 전체로서는 조금도 제대로 형성하고 있지 못했던 때, 낱낱인 것das Partikulare에 대한 비판은 다른 위엄을 지니는 것이었다"(GS 5, S.302).

142) 칸트 동생이 철학자에게 보낸 편지에 대한 주석 참조. 여기에 대해서 벤야민은 이렇게 썼다. "여기에 참된 인간성이 숨쉬고 있음에는 의심의 여지가 없다. 하지만 완전한 것이라면 전부 그렇듯 그것은 동시에 그런 방식으로 마무리된 표현에 든 한계와 조건에 대해 무언가를 말해주기도 한다. 인간성의 한계와 조건들이라고? 물론이다, 그리고 이것들이 우리들에 의해 명백하게 인지되는 것처럼 보이는데, 마치 다른 한편으로 중세적인 실존단계와 크게 다르게 보이는 만큼이나 뚜렷하게 말이다. ⋯ 삭막하게 제한된 현존과 진정한 인간성이 이처럼 서로 상대방을 지시하고 있기로는 그 누구보다도 칸트에게서 가장 두드러진다. ⋯ 이렇듯 동생이 쓴 이 편지는 철학자의 저술들에서 의식으로 떠오른 삶의 감정이 얼마나 깊이 민중 속에 뿌리박고 있는지를 보여주는 것이다. 간단히 말해, 인간성에 대해 언급하는 부분에서는 협소한 시민의 골방이 잊혀서는 안 된다는 것이다. 이 좁은 골방 속으로 계몽의 빛이 쏘아졌던 것이다" [Benjamin, Gesammelte Schriften, a.a.O.(주 58), Bd.IV I. S.156f.].

143) 확인되지 않음.

144) "우리는 이제 순수지성의 땅을 두루 여행하면서, 각 지역을 주의 깊게 시찰하였을 뿐 아니라, 또한 이 땅을 측량하여 각 사물들에게 그것의 위치를 지정해주었다. 그러나 이 땅은 섬으로서, 자연 자신에 의해 불변의 경계로 둘러싸여 있다. 그것은 (매력적인 이름인) 진리의 땅인데, 폭풍우치는 망망대해로 둘러싸여 있다. 그런데 이 대해는, 두꺼운 안개와 이내 녹아버리는 많은 빙산들이 새로운 땅인 양 속이는, 가상의 본래 자리로서 발견을 위해 열심히 돌아다니는 항해자로 하여금 부단히 헛된 희망을 가지도록 기만하고, 중간에 그만둘 수도 없고 그렇다고 끝까지 해낼 수도 없는 수많은 모험에 얽어 넣는다"(Kritik der reinen Vernunft, A 236, B 294f. / 백종현 옮김, 『순수이성비판 I』, 474쪽).

145) 주 134 참조.

146) Reinhold Schneider, Winter in Wien. Aus meinem Notizbüchern 1957/1958. Mit der Grabrede von Werner Bergengruen, Freiburg I. Br.

1958. jetzt. ders,. Gesammelte Werke, hrsg. von Edwin Maria Landau, Bd.10. Die Zeit in uns. Zwei autographische Werke, Frankfurt a. M. 1978, S.175ff.

147) 확인되지 않음.

148) 아도르노가 즐겨 헤겔의 것이라고 하면서 사용하기도 하는 표현(아래 307쪽과 375쪽 그리고 GS 7, S.33 그리고 409 참조), 그러나 아도르노 자신의 표현인 것으로 사료됨.

149) 이른바 코페르니쿠스적 전회의 내용에 빗대고 있다. 이에 대해서는 NaS IV·4, S.358 주 1. 참조.

150) 아도르노는 벤야민의 철학을 경험주의 구제를 위한 그 나름의 '전향'을 사전에 준비하는 것으로 이해하였다. 벤야민의 철학에 대하여 이렇게 썼다. "그의 사변적 방법론은 이율배반적이게도 경험주의적인 것과 일치한다. 비애극론 책의 서문에서 그는 유명론을 형이상학적으로 구제하려는 시도를 하였다. 철두철미하게 그에게서는 위에서부터 아래로 추론되는 것이 아니라 기이한 방식으로 곧바로 '귀납적'으로 된다. 철학적 판타지는 그에게서 '가장 소소한 것 속에 끼워 넣는' 능력이며, 그리고 투시된 현실성의 한 세포가 지닌 무게가 —이 또한 그 자신의 공식인데— 나머지 모든 세계의 무게와 같아진다. 체계의 오만은 벤야민에게 아주 먼 일로서 유한자 속에서의 체념만큼이나 그에게는 상관 없는 일이다.···"(GS 11, S.570).

151) Theodor W. Adorno, Henkel, Krug und frühe Erfahrung, in: Ernst Bloch zu ehren. Beiträge zu seinem Werk, hrsg. von Siegfried Unseld, Frankfurt s. M. 1965, S.9ff. 현재는 GS 11, S.556ff.

152) 아도르노가 고안해낸, 라이프니츠의 '예정조화설'에 대립하는 개념.

153) 상관없는 것Das Gleichgültige이라는 스토아학파의 개념은 다르지 않은, 구분할 수 없는 것ἀδιάφορος, ον이다. 스토아주의자에게는 행복, 개인적인 열락에 이르기 위한 미덕이면 충분하다. 그러므로 미덕이 아닌 것은 모두 구분할 수 없는 것ἀδιάφορον으로, 나쁘지도 않고 좋지도 않으며, 도덕적인 중간물(칸트식으로 말해) 그리고 그런 한에서 무심하고 무관하며 무가치하다. "아리스토텔레스의 죽음과 스토아주의의 발흥 사이의 짧지만 수수께끼 같은 기간에" 있었던 도시국가 폴리스πόλις에서 개인주의로의 변환에 관해서는 이사야 벌린Isaiah Berlin 참조. "당시 아테네에서 우세하였던 철학 학파는 20년 가까이 개인을 그의 사회적 실존이라는 맥락에서 이해하는

것으로부터 거리를 취하고, 아카데미와 리케이온이 중점적으로 몰두하였던 공적, 정치적 삶이 제기하는 물음들에 천착하는 일로부터 손을 떼었다. 마치 이런 물음들이 더 이상 중요하지 않거나 혹은 도대체가 더 이상 논구할 가치가 없다는 듯이 말이다. 그들은 인간을 내적 체험과 개인적인 구원에 의해 규정된, 자율적인, 독립적인 존재로 보았으며, 인간의 가장 가치 있는 특성은 스스로를 더욱 독립적으로 만드는 것에 있다고 여겼다" (Isaiah Berlin, Wirklichkeitssinn, Ideengeschichtliche Untersuchungen, hrsg. von Henry Hardy, mit einem Vorwort von Henning Ritter, übers. von Fritz Schneider, Berlin 1998, S.292).─ 아도르노의 '절망을 목도하는' 철학, 환상을 제거한 관점으로는 스토아적인 태도가 유혹적으로 보이기 충분했을지도 모른다. 하지만 아도르노는 옥스퍼드와 뉴욕에서 친분을 맺었던 벌린처럼 이런 유혹에 빠지지 않았다. 그는 무희망의 용감함으로, 스토아적인 개인주의에 보편자에 대한 책임을 맞세웠다. "그리스의 의식이 개인주의라는 개념을 중심에 세우고 그리고 개인의 행복을 최고의 선으로 규정한 그 역사적 순간으로부터 개인은 점차 개인의 행복을 위해 배려하는 것이 꼭 필요한 의미를 지니는 공적 사안들에 대한 관련을 잃어갔다. 이런 식으로 진행되는 동안 안티케의 개인들은 바로 전도된 행복을 어느 한 구석에 조금씩 허용하는 폭군들과 독재자들을 추종하기 시작하였다. 이러한 발전은 결코 스토아학파나 에피쿠로스학파의 시대에만 해당되는 것이 아니며, 아리스토텔레스에게서도 이미 나타난다. 아리스토텔레스는 19세기의 사유습관을 생각나게 하는 건전한 인간오성으로 스승 플라톤의 총체주의적인 국가이상향에 개개인의 실질적인 욕구를 대립시켰다. 하지만 플라톤과 달리 그는 이러한 욕구들이 이성적인 국가기구들에 의해 실현되는 것을 더 이상 최고의 이념으로 여기지 않았다. 아리스토텔레스에게 최고의 것은 사유하는 고찰로의 퇴각이다. 여기에 이미 공적 존재에 대한 체념이 들어 있다. 개인과 국가 사이의 관계에 있어서 하나의 깊은 모순이 여기에서 드러나고 있는 것이다. 개인이 제한 없이 각자 자기의 이해를 따르면 따를수록 더욱더 개인은 그 이해들이 보호되는 사회조직의 형태를 눈앞에서 놓치게 된다. 개인은 질곡 없는 해방을 통해 동시에 자기 자신의 억압기반을 마련하는 것이다. 이러한 발전은 그러나 그것을 내적으로 조합하는 개인에게 선善으로 전환되지 않으며, 자기 자신과 아주 가까운 영역에 자신을 제한할수록 그리고 보편자를 잊을수록 개인은 점점 더

궁핍해지고 위축된다(GS 20·I, S.288f.). 스토아적 관점에 대한 아도르노의 비판은 NaS IV·14, S.175f. 참조.

154) 『선악의 저편』, 제1장 「철학의 편견들에 대하여」, 아포리즘 23: "그러나 만일 누군가가 증오, 질투, 소유욕, 지배욕이라는 정서를 삶을 조건 짓는 정서라고 보고, 생명의 전체 운영에서 근본적이고 본질적인 것으로 존재해야만 하고, 따라서 더욱 고양되어야 하는 어떤 것으로 간주한다면, 삶이 더욱 고양되어야만 한다면,─ 그 사람은 자신의 판단방향을 그렇게 잡았을 때 마치 뱃멀미에 시달리듯 괴로워할 것이다. 그럼에도 불구하고 이러한 가설은 또한 이러한 거대하고 아직은 거의 새로운 위험한 인식의 영역 안에서는 결코 가장 고통스럽거나 낯선 것은 아니다.─ 사실상 누구에게나 그것을 할 수 있는 사람에게서 거리를 두는 데는 그럴 만한 이유들이 많이 있다!"[Nietzsche, Sämtliche Werke, a.a.O.(Anm.31), Bd.5. Jenseits von gut und Böse, Genealogie der Moral, 3.Aufl., München 1993, S.38. / 김정현 옮김, 『선악의 저편, 도덕의 계보』, 45쪽].

155) 자신이 한때 머물렀던 미국의 철학에 그리 호의적이지 않았던 아도르노지만 존 듀이[John Dewey]에 대해서만큼은 경탄수준은 아니라 해도 대단한 존경심을 가지고 있었다. 듀이는 자신의 철학을 실험주의라 칭했는데, 이러한 듀이를 아도르노는 자신의 사유의도, 즉 개방된 것, 은폐되지 않은 것으로 향하는 사유에 근접하는 사람으로 알아보았던 것이다. "실증주의를 표방하였음에도 불구하고 듀이는 헤겔에 매우 근접해 있던 동시대 사상가였다"(GS 5, S.373). 이런 의미에서 아도르노는 포퍼[Popper]에 대해서도 이렇게 확언한다. "포퍼가 바로 얼마 전에는 듀이가 그랬고 한때는 헤겔이 그랬듯이 개방된, 고정되지 않은, 물화되지 않은 사유에 호소하고 있다. 이러한 사유에는 실험적인 계기가, 유희적인 계기라고 말하지는 못하겠지만, 필수불가결하다. 하지만 이것을 곧장 시도라는 개념과 동급으로 취급하고 심지어 기본전제를 시행착오삼아 받아들이는 일에는 여하튼 선뜻 나서지 못할 것이다"(GS 8, S.555). 후기 저작 『미학이론』에서도 존 듀이가 예술에 별로 주의를 기울이지 않고 예술이 먹혀들지도 않은 경험주의지만, 거기에서 단 하나 진정 자유로운 예외로 거론되고 있다(GS 7, S.498).

방법론의 총체성에 맞서 철학은 본질적으로 유희Spiel의 계기를 지닌다. 과학화는 이 계기를 철학에서 몰아내려 했었다. 유희 없이 진리 없다. 우연.

철학은 그 무엇보다도 진지한 것이나, 또 그렇게 진지하지 않은 것이기도 하다.

선험적으로 이미 그 자체가 아니며 그리고 권력으로 보증되지 않는 것을 겨냥하는 것은 언제나 제어되지 않은 어떤 영역에 속한다. 개념적 본질에 의해 금기시된 영역. 사변적 이성ratio은 그 자체로 어떤 비합리적인 것을 내포한다.

미메시스에의 몸바침Zueignung.

이런 한에서 철학의 미적ästhetische 계기는, 비록 셸링에게서와는 동기가 아주 다르지만, 철학에 비본질적이지 않다.

철학은 그러나 현실적인 것을 구속력 있게 통찰하는 가운데 이 미적 계기를 지양해야 한다.

[첨가 기]156) 철학은 예술에서 차용해오지 말아야. 특히 직관Intuition에 의탁하지 말아야. 직관개념 비판. 이른바 직관이라 하는 것은 여타의 인식에 비했을 때, 질적으로 차이나는 것들이 아니며, 저 위에서 섬광처럼 떨어지는 것이 아니다. 직관은 하나의 계기이다. 착상 없이는 철학 없다. 그러나 착상은 자리에 앉혀져야 한다.

오늘날에는 삶이 착상과 대립각을 세우고 있다. 직관들은 의식되기 이전 상태로 지식이 배열되어 있는 것이다.

철학이 스스로 예술이 되고자 했더라면, 벌써 없어졌을 것이다. 자기 속에서 대상이 드러나도록 하는 정체성을 요청했다면.

예술과 철학의 공통점은 형식 그리고 형상화하는 처리에 있지 않다. 사이비형상들Pseudomorphose을 금지하는 행동방식에 공통점이 있다.

무개념적인 예술에 혼을 불어넣고 맹목인 채로 개념 없이 그저 채워지기만하며, 실현되면 무개념적 직접성을 가상으로 여겨 벗어나겠는 열망을 철학 개념은 포기하지 않는다.

철학은 자신과 이런 열망 사이의 담장이기도 한 개념을 기관으로 갖는다. 개념은 열망을 부정한다. 이 부정을 철학은 피해갈 수도 여기에 굴복할 수도 없다.

철학의 이념: 개념을 통해 개념을 넘어 뻗어나가는 것.

(7) 철학은 관념론을 거부한 후에도 사변Spekulation 없이 해나갈 수 없다.

여기에서 사변이라 했을 때 나는 엄격한 헤겔식 개념에서는 약간 벗어나서 단지 이런 의미로 쓴다. 사실자료Fakten들을 통해 증빙되는 것으로 계속 사유하도록 동기부여 됨.

실증주의자들로서는 마르크스주의 유물론에도 사변적 요인들이 있다고 들추어내는 일이 어렵지 않을 것이다. 1) 결코 직접적으로 주어진 것이 아니며, 어떤 데이터로부터도 추상화될 수 없는 사회적 과정의 객관성과 총체성 같은 것. 2) "생산력의 형이상학"(마르크스는 사람들이 알고 있는 것보다 더 지독한 독일 관념론자인데, 방법론에서만 그런 것이 아니다) 자유에 대한 표상 = 의식을 통한 필연성 언급.

_1965년 12월 7일

안녕하십니까, 여러분에게 할 말이 있는데요, 당연하다는 듯 넘길 까봐서 그럽니다. 다음 주 말입니다. 수업합니다. 다음 주에는 빠짐없이 수업을 하고요, 그리고 21일과 성탄절 주간에는 수업이 없습니다. 사람들이 내게 그러더군요, 성탄절 주간에는 아무도 수업에 나타나지 않을 것이라고요. 뭐 전부 그렇다고 볼 수는 없겠지요. 하지만 내가 직접 알아본 바에 따라도, 성탄절 기간 중 수강생이 다수 빠져나가는 것은 충분히 예견될 수 있는 일이므로, 계속 강의를 하기는 어려울 것 같습니다.─ 매우 유감입니다.

　　나는 지난 시간에 부정변증법 개념이 일정하게 회의Skepsis와 관련을 맺고 있음에 주목하라고 여러분에게 말하였습니다.─ 그리고 심지어는 실용주의와도 관련이 있는데요, 철학이 그 어떤 대상도 확실하게 보증할 수 없다는 의미에서입니다. 철학은 언제나 오류를 범할 수 있습니다. 내가 여러분에게 말하고 또 가능한 증명해서 제시하고자 하는 그런 사유의 유형에서는 그러므로 경험주의 철학 조류들과 관련된 어떤 계기가 가로놓이게 된다고 하겠습니다. 그리고 내가 지난 시간에 (맞습니다, 지난 시간이었습니다.) 정신적 체험이라는 개념에 대해 말하게 된 것은 말입니다, 정신적 체험이라는 개념에는, 바로 그 체험이라는 개념 속에 이에 대한 지시가 포함되어 있기 때문입니다. 이제 여러분은 여하튼 아래 사실에 대해 확실하게 해두고 있어야 합니다. 이런 종류의 정신적 체험이 사사로운 체험개념과는 완전히 별개의 것임을. 바로 이런 까닭에서입니다. 경험주의 철학이라면 사실Tatsache, 사실자료Faktum, 소여 Gegebenheit 등의 개념들을 규범으로 삼겠지만, 이런 개념들은 그 원형Urbild을 감관적sensuell인 체험에, 즉 **감각적**sinnliche 소여에 두고 있는 까닭에 따라서 당연히 정신적인 것에 대한 체험 그리고 정신적으로 매개된 체험으로서의 정신적geistigen 체험과는 아무런 상관이 없지요. 이 점을 고려하고 내가 여러분에게 부정변증법이 경험주의와 분명히 연관되어 있다고 말한 내용에서 그 연관성이 사실은 동일성을 설정하는 체계를 거스르는 쪽으로 방향이 잡힌 반어적인 연관들임을 제대로 짚어내야 하겠습니다. 하지만 우리가 지금 이야기하는 체험개념은 그 자체에 구성하는 정신적 계기를 가지고 있습니다.— 정신적 체험인데, 바로 경험주의적 경향들을 부인한다는 그런 견지에서 정신적이라고 하는 것이지요. 여기에서 여러분에게 꼭 말해야 할 사항이 있습니다. 이 정신적 체험이라는 개념에는 보증되지 않음과 오류가능성의 계기 말고도 (이 계기에 대해서는 충분히 강조하여 지적하였다고 믿는 바입니다만) 또 다른 난점이 들어 있다는 사실입니다. 이 난점이 내게는 앞의 것들보다 더 우려할 만한 것으로 보입니다. 철학의 결과τέλος를 의심의 여지가 없는 절대적 확실성 속에서 간파할 역량이 없기 때문에 드는 걱정이겠지요. 이 정신적 체험이라는 개념을 통해서 이를테면,— 그런데 정신적 체험이란 단지 아주 극도로 과하게 진행된 승화Sublimierung라는 의미에서만 가능할 뿐인 어떤 행동방식, 즉 그저 단순히 있는 그대로의 사실에 근거하는 것이 아니라 있는 그대로의 사실을 자신의 맥락 속에 그리고 그것의 의미 속에서 취하는 행동방식이라고 할 수 있을 터인데, 그래서 이른바 정신적 체험이라는 말을 쓰면 이 개념을 통해 언제나, 어떻게 말해야 할까요, 일종의 세계의 영성화靈性化, Spiritualisierung의 가능성이 발생한다는 것입니다. 그저 직접적이고, 감각적인 체험을 넘어선 정신적인 체험을 함으로써 체험의 대상 자체를 하나의 정신적인 것으로 만들고 그리고 이를 통해 동시에 그 대상을 일정하게 정당화해버릴 가능성이지요. 여러분이 정신적 체험이 헤겔의 체계를 어떻게 관통하고 있는지를 한번 추적해본다면, 그러면 여러분은 위와 같은 일이 일어나는 궤적을 충분히 접하게 될 겁니다. 그런데 내가 말하고자 하는 바는 이렇습니다. 부정변증법에서 거론되는 정신적 체험은 정말 그 자체가 비판적이며 자기 속에서 반성된 정신적 체험이어야만 하는데 따라서 방법론으로서의 정신적 체험이 불러들이는 대상들의 정신화라는 그런 선입견을 자기 속에서 거듭하여 바로잡는 바로 그 순간에 스스로 비판적(naiv하지 말고)으로 되는 과제를 본질적으로 떠안게 됩니다. 여기에 대해 나는 한번 불에 데어본 아이처럼 말할 수 있답니다. 이런 아이는 불을 무서워하지요. 나 자신, 작업을 하면서 거듭하여 감지하게 되는 것인데요, ─바로 정신적 체험이라는 이 개념을 통해서, 즉 철학의 척도로 어떤 특정한 정신의 규준화Kanonisierung를 내세움으로써─ 정신적인 징후들을 훨씬 심각하게 받아들이는 경향으로 기울어지기 십상이라는 사실입니다. 그 징후들이 현실성의 연관에서 정말 그렇게 받아들여질 그런 정도보다 훨씬 심각하게요. 바로 이 계기를 스스로 눈앞에 떠올리고 그리고 내가 지금 염두에 두고 있고 기꺼워하는 것에 대해 일정하게 제대로 평가할 수 있을 만한 상태가 되었을 때, 바로 그때 가서야 나는 여러분이 이 개념을 받아들였다고 여길 것입니다.

　이 회의의 계기, 철학이 스스로 십분 의식하고 있어야만 하는 오류가능성의 계기 그리고 아울러 말한 바 있는 영적 계기를 두고 아마도 이런 표현이 가능할 것 같습니다. 철학이 본질적으로 유희의 계기를 가지고 있다고 말입니다. 이렇게 하면 물론 전통적으로 철학이 가르쳐온 그 모든 방법론에는 어긋나겠지만요. 그런데 말입니다, 철학을 완벽하게 과학화하겠다면서 바로 이 유희의 계기를 철학에서 추방하고 싶어 안달입니다. 자연과학에서도 그렇고 ─요즈음에는 특히 이쪽이 극성입니다만─ 철학도 그렇습니다. 이런 견지에서 나는 니체가 그 누구보다도 강하게 관념을 보충하는 유희적 계기를 강조했다는 점을 그의 공적 중에서 제일로 칩니다. 이런 점에서 그는 —일단 그리스인들, 소크라테스학파의 산파술을 제외하면— 정말로 철학 전통 전체와 구분됩니다. 사람들이 바로 그러한 근거에서 철학의 선조들을 거론할 때 비주류로 꼽는 도덕론자들과 그들의 조상 몽테뉴도 제외해야겠지요.[157] 이 지점에서 여러분에게 간곡하게 한 가지를 말하고자 합니다. 철학의 이러한 유희적 계기를 그저 단순히 심리적인 것으로 파악하지 말고 방금 말했듯이 사안 자체에 본질적인 것으로 파악하여야 한다고요. 왜냐하면 이른바 철학이라고 하는 것은, 철학이 아주 확실한 것으로서 갖고 있는 것을 넘어서고 그리고 이 확실한 것을 알면서 아울러 틀릴 수도 있음으로 해서, 이 유희적 계기를, 자신이 도대체가 철학이 될 수 있으려면, 가지고 있어야만 하기 때문입니다. 철학의 모티브들에 따라서나 아니면 진행되는 경과에 따라 이따금 한번씩 접근하는 식이어서는 안 됩니다. 바로 이 계기가 철학에 고유한 개방성과 아주 깊은 관계에 있기 때문에 그렇습니다.— 난 이렇게까지 말하고자 합니다. 유희 없이는 진리와 같은 무엇이 절대 존재할 수 없다고요. 그리고 한발 더 나아가 이렇게 말하겠습니다. 유희에 내재해 있는 우연의 계기가 본질적으로 진리에도 함께 속한다고요.— 동일성 사유의 속박 속에서는 사유될 수 없는 것을 환기시키는 바로 그 계기로요. 이러한 맥락에서 나 자신이 한번 유희적으로 예술에 적용했던 어떤 규정을 예로 들어 보도록 하겠습니다. 이렇게 말한 적이 있었답니다. 예술은 이 세상에서 가장 진지한 것이나, 그러나 그렇게 진지하지 않은 것이 또한 예술이다[158]라고요. 내 생각을 말하자면 이렇습니다. 사람들이 이러한 역설 안에 머물러 있을 때만, 그래서 사람들이 철학에서는 극도로 중요한 일이 문제가 되고 그리고 최상으로 진보된 의식의 극단적인 긴장을 필요로 한다는 사실을 알아야 하고, 하지만 철학은 다른 한편으로는 어쨌든 또다시 노동 분업이 이루어지는 사회 내에서의 한 활동에 불과할 뿐이며 진정한 삶의 과정 내부에서 단지 하나의 부분적인 의미만 지님을 알게 되는 경우 말입니다.— 이런 기이한 이중성을 현재화하는 경우에만 철학을 올바르게 추진할 수 있다는 생각이지요. 이른바 진지한 것과 —범주적으로 말해서— 유희적인 것의 독특한 착종을 말하는 것이지요. 이 착종이 없다면 관념은 일단 성립부터가 안 되게 되어 있습니다.— 진지성의 이 계기 그리고 동시에 전적으로 진지하지 않은 것의 계기를 여러분은 특이하게도 —어떻게 여기에 생각이 미치게 되었는지 저 스스로도 정말 놀랐답니다— 바로 이 사상가에게서 암시받을 수 있음을 발견하게 될 것입니다. 여러분이 가장 상상하기 어려운 사람, 바로 헤겔에게서 이지요. (만일 내가 제대로 기억한다면, 『대논리학』의 서론 부분에서일 것입니다.) 여기에서 헤겔은 이렇게 말합니다. 철학은 진정 그 자체로 인류의 실질적 삶 내부의 한 계기에 불과하며 그리고 그런 까닭에 절대화되어서는 안 된다고요.[159] 헤겔이 내놓은 인간적인 고백인데요, 그의 철학적 자기반성의 한 측면에서 보자면 최고의 경의를 불러일으키는 것이지만, 다른 한편으로는 그러나 엄청난 불일치가 아닐 수 없는 것이지요. 왜냐하면 바로 그의 학설에 따르자면 무엇보다 일단 철학은 이른바 절대정신의 계기 중 하나이기 때문이며 그래서 그가 그 때문에 철학에 최고의 그리고 절대적인 진지함을 부여한다고 생각할 수밖에 없기 때문입니다. 여러 면에서 그가 따르는 아리스토텔레스와 경우가 같은 것이지요.— 반면에 그는 현실에서는 절대로 천진하지 않았으며, 완전히 분절되어 있었습니다. 그는 철학적 관념의 엄청난 긴장을 그 관념이 현실에서는 나름의 한계를 지닌다는 의식과 결부시키고 있었습니다.

선험적으로 이미 그 자신이 아닌 그런 계기들을 겨냥하는 그 무엇 —이것은 정말 철학에서 이해되어야만 하는 것이 아닐 수 없

습니다― 그리고 관념 역시 그에 대해 어떤 공인된 권력을 가지고
있지는 않지요, 이 그 무엇은, 그리고 또한 진지함에 맞선 유희의
개념 속에 포함되어 있는 계기이기도 한데요, 제이되지 않은 것의
영역에, 개념적인 본질에 의해서는 터부시된 영역에 속하게 됩니
다. 처음부터 온전히 훈육된 관념은 철학에 합당하지 않습니다.
이는 훈육되지 않은 관념이 철학에 합당하지 않은 것과 마찬가지
입니다. 그리고 철학 전체를 무수히 많은 원의 구적법求積法들로
이루어진 참된 체계로 서술해볼 수 있다면 말입니다, 그렇다면 관
념이 규율뿐 아니라 마찬가지로 무규율도 필요하다는 이 사각형이
꼭 가장 허튼 사각형으로 된다는 법은 없습니다. 그렇습니다. 관
념은 본질적으로 이 두 계기를 하나로 만드는 가운데 존재합니다.
그러므로 이렇게도 말할 수 있겠습니다. 이미 포섭되어 주어진 실
증자의 개념적 질서를 넘어서는 그런 종류의 이성인 사변적 이성
이 이미 확실한 것으로서 가지고 있는 것을 거슬러 위반함으로써
바로 이 위반을 통해 필연적으로 그 자신 속에 **비합리성의 계기**를
가지게 된다고 말입니다. 이성에 내재하는 비합리성의 계기를 가
지지 않는 이성은 없습니다. 이 비합리성의 계기는 그러나 자기
자신을 설정하는 그 순간에 자신을 독립적인 것으로 그리고 심지
어는 절대적인 것으로 만듦으로써 그 순간에 즉시 가상으로 그리
고 거짓으로 넘어가는 그런 계기입니다. 사유에 들어 있는 이 계
기를 대변하는 것으로서 호르크하이머와 내가 『계몽의 변증법』에
서 미메시스적 계기라고 명명했던[160] 것을 들 수 있을 것입니다.
즉 생명체와 의식이 자신이 아닌 다른 것에 자신을 무매개적으로
갖다 맞추어 동일하게 만드는 계기이지요. 수천 년이 흐르는 동안
개념적 인식으로 대체되었을 뿐 아니라 강력한 금지처분이 내려진
그런 반응양식 말입니다. 그리고 여러분에게 새로운 구적법을 하
나 제시해보자면, 이렇게 말할 수 있겠습니다. 미메시스적 행동양

식에 무개념적으로 들어 있으며 그리고 예술에 의해 상속되어온 사안에의 동일화라는 저 계기를 ―사안의 동일화 대신― 바로 개념에 떠넘겨 보내는 것이 철학의 과제라고요. 이렇게도 말할 수 있습니다. 미적 계기는 ―셸링에게서 교시되는 것과는 완전히 다른 근거들에서이지만― 본질적인 것으로서 우연한 것이 아니라고요. 셸링에게서는 철학의 미적 계기가 근본적으로 동일성철학으로 근거 지워진답니다. 세상 자체가 정신과 동일하기 때문에, 그런 까닭에 철학은 세계를 예술작품처럼 묘사해야만 한다고 주장하고 있지요. 내가 만일 여러분에게 예술과 철학의 유사성을 지적해 보여주려 한다면, 나는 완전히 반대되는 근거를 가지고 접근할 것입니다. 철학은 이른바 철학이 세계와 정신의 비동일성, 정신과 현실의 비동일성을 등록시키는 것을 통해, 바로 그것을 통해서만 진리에의 지분을 확보할 수 있다는 근거를 댈 것입니다.― 이러한 행동방식, 한때 이러한 점을 보증했었고, 그리고 오늘날에도 특정한 방식으로 유지되고 있는 행동방식이 바로 미메시스적 행동방식입니다. 하지만 ―그리고 나는 이 점을 중요하게 여기는데요, 여러분에게 이 철학과 예술 사이의 단호하고도 매우 복잡한 관계를 명확하게 밝혀주기 위해서입니다― 철학은 현실적인 것을 구속력 있게 통찰하는 가운데 이 미적 계기를 지양해야 합니다. 철학이 현실적인 것에 대해 진리를 표명한다는 사실은 철학을 구성하는 요인입니다.― 그리고 자족하지 않음도 그렇지요. 이름하여 관념시Gedanken-dichtung로서의 철학은 애초부터 결판이 난 것입니다. 그리고 미적으로도 늘 저급한 것입니다. 이런 철학은 그저 단순한 공예품에 불과할 뿐입니다. 예술작품들에 환심 사려고 사근거리며, 그래서 질적으로 늘 가장 열등한 것이 되는 미학화하는 철학들이 그렇듯이 말입니다.[161] 중요한 문제는 말입니다, 철학이 예술을 차용하는 것, 특히 철학이 ―많이들 그렇게 하고 있습니다만― 자신을 직관

개념에 관련짓는[162] 것이 아닙니다. 그렇게 차용하면 철학을 망치기나 할 뿐이겠지요. 그렇지 않고요, 철학과 예술은 마지막으로 완결되어 나온 결과τέλος에서 서로 관련을 맺는 사이입니다. 모두 사실들을 분류하는 데 만족하지 않은 결과이지만 그 둘은 서로 아주 다른 길을 가야 했습니다. 그러면서도 실제내용에서는 두 영역들이 서로 수렴하고 있지요.[163] 하지만 사람들이 예술의 방법론들을 직접, 무매개적으로 철학에 이전시키려고 하는 그 순간 부패하고 타락하게 된답니다. 그렇다고 해서 철학이 예술에게서 배울 것이 아무것도 없다는 이야기를 지금 하고자 하는 것은 아닙니다.— 이에 대해서는 다시 언급할 기회가 올 것입니다.

이른바 직관이라는 것에 관해 말하자면, 이는 철학의 한 계기임이 분명합니다. 아마도 수많은 실증과학들과는 대조적으로 —하지만 이 대립 역시 그저 하나의 가상에 불과함이 사실인데요— 불현 듯 생각나는 것이 없는 철학은 분명 없습니다. 어떤 식으로든 불현듯 그리고 갑작스럽게 무언가 떠오르는 등으로 현실에 대한 근원적인 관계를 가지고 있지 않고, 단순히 자리에 앉아서 손에 연필을 들고는 방법론적으로 참하게 전제로부터 귀결들을 이끌어내는 등등의 식이라면, 그러면 정말로 쇼펜하우어가 철학교수들의 교수철학이라고 150년 전에 이미 낙인을 찍은[164] 그런 것이 나오게 됩니다. 하지만 여기서 명확하게 해두어야 할 사항이 있습니다. 이러한 착상들이 사유의 짜임 내부에 들어 있는 실제적인 하나의 계기이지 그냥 불러올려진 것은 아니라는 사실 말입니다. 그리고 이 착상들은 —나는 바로 이 대목에서도 내 자신이 하고 있는 일의 특정한 영향들을 생각하면서 말하고 싶은데요,— 이 착상들은 제자리를 잡아야만 합니다. 만일 그런 어떤 착상을 가지고 있다면, 그렇다면 또한 지체하지 말고 그 착상이 정말 거기에서 의미한 것과 정확히 맞아떨어지는지, 그렇지 않은지를 교통정리 해야 한다는 말이 되겠습니다. 요즈음 보면 양극으로 나뉘어져 불모의 땅이나 만들고 있다는 인상을 아주 강하게 받습니다. 한편에서는 논리적-귀납적 방식으로 하는데요, 이 경우에는 한번 들어가 박히면 결코 벗어나지 못하는 방식이구요, 그리고 다른 한편으로는 착상 그 자체에 대한 일종의 숭배가 있지요. 이 후자의 경우에는 착상들이 사안에 실질적으로 부합하지 않고, 흔히 말하듯이, 사안에 그냥 가 붙습니다. 연상들이 되는 것이지요. 이런 식으로 되어버린 탓에 착상이 평가절하 되고 있답니다. 연상들이란, 난 이렇게 말하겠습니다, 섬광처럼 사안에 떨어지는 것이라는 의미로 본다면 말입니다, 정말로 그것은 제대로 무엇을 생산해내는 착상이 아니라고요. 정반대로 되어야지요. 이런 말입니다. 직접적으로 사안에 불을 붙이기보다는 오히려 사안에 그냥 들러붙어 있어 자기 대신 사안으로부터 무엇인가가 떨어져 나가도록 하는 그런 것이지요. 그리고 또 이렇습니다. 하나의 계기로서의 착상이 자기 몫을 끝까지 풀어내도록 하지 않는 사유는 동시에 또한 착상에 대한 가장 심한 비판이 될 수밖에 없다고요. 착상들이 생기지 않도록 차단한다는 의미에서가 아니라 바로 저 제자리를 잡음, 즉 착상들의 엄밀성을 통제한다는 의미에서 그렇다는 것입니다. 어쨌든 하나의 과제가 주어졌다고 하겠는데요, ─그리고 여기에서 벌써 철학과 예술이 방법론들에서는 그렇게 절대적인 차이를 보이지 않게 되는 그런 계기들 중 하나가 드러나는데요─ 예술이 전적으로 그와 비슷하게 되는 계기이지요. 예술가라면 누구나 이 지점을 잘 알고 있습니다. 특히 그 누구보다도 전통적으로 착상이라는 개념이 매우 두드러진 역할을 해온 음악을 하는 사람들이 잘 압니다. 그리고 서정 시인들도 압니다. 착상들을 언제나 두드려 점검해보아야 함을요. 그것이 자리를 찾아 들어앉았는지, 그것이 해당되어야 하는 곳에 정확하게 들어가 박히는지 그렇지 않은지 두드려 보아야 하는 것입니다. 그리고 이런 일을 하는 능력은 내가 언젠가 자의적이지 않은 것 속에서의 자의Willkür의 능력이라 칭한바[165) 있는 그것인데요, 전반적으로 예술작품의 등급을 결정하는 능력이라고 히겠습니다.ㅡ 그리고 내 생각으로는 적지 않은 정도로 철학의 등급 역시 결정하기도 합니다. 흥미로운 사실은요, 오늘날 미메시스 계기를 금기시함으로써 바로 착상에까지 금기의 손길이 뻗혔다는 것입니다. 제대로 된 골수 실증주의자라면 곧바로 자부심을 가지고 이렇게 보고할 것입니다. 자신에게는 무언가가 착상이 난 적이 단 한 번도 없었다고요. 난 이 방면에서 명성이 자자한 분을 알고 있습니다. 그는 자신이 그러하다고 내게 얼마나 자랑을 했는지 모릅니다. 난 그분의 말을 믿습니다. 요즈음 사정이 그렇게 되고 만 것입니다. 착상의 부재가 정말로 이미 일종의 학문적 미덕으로 자리 잡았답니다. 학문이라고들 하는 것을 추진하는 영역 내부에서 착상이 아예 처음부터 평가절하 되어서는 일종의 편견으로 여겨지는 실정입니다. 어떤 사안에 대해 무언가 착상이 떠오른다고 이야기를 하면, 이 말을 사람들은 더 이상 순수하게 사안의 연구에 몰두하지 않는다는 뜻으로 받아들입니다. 무엇을 찾아내야 하는지 이미 사전에 알고 있다고 말하는 줄 안답니다. 이런 사정 때문에 그 가엾은 비창조적인 현학자는 아무런 착상도 나지 않는 자신에 대해 아첨 섞인 생각을 할 수 있게 된 것입니다. 자신이 정신적으로 더 고차원의 원칙을 구현하고 있다고 여기면서 말입니다.

이런 반성들에서만 보더라도 여러분은 내가 방금 말한 그 계기를 제거시킨 것이 얼마나 큰 파장을 불러일으켰는지 알아챌 수 있을 것입니다. 사유를 사유로 되게끔 하는 그 무엇을 사유로부터 정말 앗아가 버리고 만 것입니다. 바로 그 때문에 여러분은 이 착상의 계기를 혹은 사람들이 부르듯이 직관의 계기를 여타의 인식들과 질적으로 다른 것으로 파악하지 말아야 하며, 이는 정말 매우 중요한 일입니다. 사안 자체로 파고들어온 것 그리고 주관적으로 보면 때때로 섬광 같은 성격을 가지고 있는 것 ―비록 그렇게 자주 일어나는 일은 아닙니다만― 그것은 정말이지 번개처럼 위에서 떨어지는 것이 아닙니다. 사실을 말하자면 이렇습니다. 이른바 직관들은 일종의 강물 혹은 시냇물과 같은 것이라고요. 훨씬 더 많은 구역을 땅 아래에서 흐르다가 갑작스레 밖으로 모습을 드러내는 것이며 그리고 이 갑작스러움은 사람들이 땅 아래의 길을 알지 못하기 때문에 그렇게 보일 뿐인 것이지요. 좀 더 교양 있는 표현을 쓰자면, 이른바 직관들은 의식되지 않은 지식의 결정체라 할 수 있겠습니다. 반면 스스로 예술작품이 되고자 하는 철학은 이미 판을 잃은 것이라고 할 수밖에요. 이 철학은 말하자면 자기 대상과의 동일성을 요구주장 했었는데요, 심지어 이런 식이었습니다. 마치, 진정 비판적인 의미에서, 철학에서 이제 드디어 예술작품이 주제로 되는 양 그렇게 단절 없이 그리고 총체적으로 대상이 철학 자체에 떠오를 것을 요구주장 한 것입니다. 예술과 철학은 서로의 공통점을 형식이나 형상화하는 처리과정에 두고 있지는 않을 것입니다. 그보다는 그와 같은 사이비형상들을 모두 금지하는 처리방식에 공통분모를 갖는다고 하겠습니다. 그런 식으로 방법론들이 외형상 서로 닮아가는 것을 금지하는 처리방식이지요. 따라서 정반대의 경우에도 똑같이 해당된다고 보아야 합니다. 이러저러한 철학적 주제를 형상화시키면 더 고급의 예술작품이 된다고 믿는 예술작품들은 이를 통해 처음부터 정말로 작품의 질적인 면에서는 가치를 깎이고 들어가는 것입니다. 철학개념은 무개념적인 것으로서의 예술에 영혼을 불어넣고 그리고 개념 없이 맹목인 채로 그저 채워지기만을 바라는 열망을, 그리고 맹목이기 때문에 다시 어떻게 해도 결코 스스로를 실현시킬 수는 없고 그저 가상으로만 실현되는 열망을 포기하지 않습니다. 그리고 예술이 가지고 있는 것과 같은 이 무개념적 직접성은 그것이 그처럼 무개념적인 것으로서 자기 자신의 가상Schein 속에서 스스로를 정비하는 가운데 무개념성을 통해 어떤 특성한 의미에서 성취 자체를 완성시키게 됩니다. 철학은, 이것은 포기되면 절대 안 되는 요건인데요, 개념을 기관으로 가지고 하는 일입니다. 그리고 개념은 동시에 철학과 철학이 포기해서는 안 되는 열망 사이의 담장입니다. 자기 수하에 그렇게 이미 존재하는 것을 파악하는 개념은 저 열망을 부정합니다. 그리고 철학은 그러한 부정을 회피하거나 부정에 굴복할 수 없습니다.— 이것 역시 원을 가지고 사각형 그리기를 한번 해본 것이긴 합니다.

이렇듯 여러분에게 갑론을박해서 해명해 보여 주려는 것을 철학의 이념으로 간추린다면 나는 아마도 어떤 정의Definition에 도달하기 위해 애쓴다고 표현할 것입니다. 나도 뭐 그렇게 나쁜 사람이 아니랍니다, 정의들을 증오하고 그리고 내다버릴 만큼 말이지요. 단지 내가 생각하고 있는 것은 관념이 운동하면서 그 귀착점 terminus ad quem으로 정의들이 자리를 차지하게 되어야지, 정의들이 관념에 미리 덧붙여지면 안 된다는 점입니다. 난 감히 이렇게 정의해보려고 합니다. 철학의 이념이란, 개념으로 개념을 넘어서 나가는 것이고요. 철학은 관념론을 거부한 후에도 역시, 여기에 대해서는 우리가 합의를 본 바 있지요, 사변 없이 해나갈 수 없습니다. 여기에서 내가 사변이라고 했을 때에는 헤겔의 경우와는 약간 다른 것을 의미하는데요,— 헤겔의 사변개념이 필연적으로 동일성에, 동일성이라는 일반정립Generalthese에 결부되어 있기 때문에 그렇습니다. 어떤 다른 헤겔의 범주보다도 필연적으로 그렇지요. 그보다는 내가 지금 사변이라고 했을 때 내 생각을 채우고 있는 것은 일단 무엇보다도 여러분 자신의 언어습관에서 익숙한 그런 식의 사변개념에서 아주 간단한 그 무엇을 틀어쥐는 것입니다. 말하자면 사람들이 동기 부여되어, —무작정이 아니라 동기부여 된 채 수미일관하게— 계속 사유하는 것인데요, 관념이 제각기 개별사실들에 의해, 있었던 일에 의해 증명되는 한에서 계속 사유된다는 것이지요. 여러분 중에는 아마도 이렇게 생각하는 사람들이 많을 겁니다. 사변과 같은 개념을 변호하면, 그러한 사유의 도구를 통해 바로 철학의 커다란 정문에서는 사직을 고했다고 믿는 바로 그 관념론을 뒷문을 통해 다시 몰래 들여오는 꼴이라고 말입니다. 결국은 뭐 이 사변을 통해서 무한자를 손에 넣어야 했던 사유, 그 사유형식으로서 사변이라는 개념이 소위 철학의 왕도로 되었던 것 아니었냐고 반문하겠지요. 나는 관념론과 사변을 그런 식으로 같은 선상에 놓는 것이 부당하다고 생각합니다. 지금 그것을 여러분에게 하나하나 열거해 보여주는 대신에 —그 일은 지금보다는 부정변증법 개념이 훨씬 더 진전된 후에야 어떻게 해볼 수 있을 것 같습니다— 전적으로 개념에서 도출해내기보다 차라리 어떤 사실을 예로 들어 여러분의 주의를 환기시키고 싶습니다. 결국에 가서는 관념론과는 아주 극단적으로 반대 입장을 취하게 되지만 실은 마르크스가 전적으로 사변적 사상가였다는 사실을 들겠습니다. 그래서 오늘날 실증주의자들이나 그 밖의 마르크스비판자들이 파시즘 이전시기에 일반적이었던 것과 달리 마르크스를 곧장 사변가로 그리고 가능하다면 심지어는 형이상학자로 공격할 정도가 된 것입니다. 하지만 만일 어떤 식으로든 마르크스와 같은 사람을 관념론 진영으로 분류하는 것을 받아들이게 된다면 말입니다, —이 점에 대해서도 몇 가지 지적할 필요가 있긴 합니다만— 그렇게 되면 또 다른 한편으로는 관념론에 맞서는 비관념론적인 사유라는 개념은 자연스럽게 이해될 만한 의미를 모두 잃게 됩니다. 그냥 허공에서 떠돌아다니는 개념이 될 터이지요. 단적으로 말해서 마르크스에게는 사변적 요인들이 있습니다. 바로 이 마르크스의 사변적 요인들에서 여러분은 원칙적으로 비관념론적인 사유가 사변적 계기 없이는 해나갈 수 없다고 말할 때, 내가 무엇을 의미하는지 명확하게 해줄 모범적인 사례를 보게 될 것입니다. 무엇보다도 마르크스에게서는 이렇습니다.— 사회학 전공 세미나에서 슈미트 박사[166]가 여러 각도에서 이 점에 주목한 것은 타당합니다.— 마르크스에게서 가상과 본질의 사변적 차이는 고집스럽게 견지됩니다. 이 차이는 그러므로 일종의 사변적 갈라섬인데요, 왜냐하면 정의된 본질은 어떤 하나의 사실이 아니기 때문입니다. 감각적 체험이라는 의미에서 사람들이 거기에 직접적으로 손가락을 댈 수 있는, 그런 어떤 것이 아니라 여기에는 이른바 모든 사실들을 넘어서 초월하는 무언가가 있는 것입니다. 사회 전 과정의 객관성이라는 표상 그리고 사회가 그리로 모아지는 총체성이라는 표상은 —또 객관적이며, 모든 주체에 우선하는 사회과정이라는 표상, 모든 개개인들뿐 아니라 모든 개별적 사회적 행위들을 포함하는 총체성이라는 표상은 바로 마르크스 이론 전체에 내포된 전제입니다— 이는 결코 직접적으로 주어진 소여가 아닙니다. 그리고 사실 매우 급진적인 의미에서 보면 오직 직접적인 소여들에 대한 지시를 통해서만, 이런 직접적 소여들로부터의 순전한 추상이라는 식으로 말입니다, 그렇게 해서만은 그와 같은 개념들에 도달할 수 없습니다. 그럼에도 마르크스에게서 이 개념들은 가장 현실적인 것의 기능을 지니고 있습니다. 이런 한에서 마르크스적 구성의 결정적인 지점에 사변의 계기가 놓여 있다고 말할 수 있는 것입니다.

다른 한편으로 마르크스에게서는 —이렇게 하여 그는 심지어 좀 더 특수한 의미에서 관념론 개념에 접근하고 있는데요— 사망한 내 젊은 시절 친구 알프레드 자이델이 언젠가 '생산력의 형이상학'이라고 지칭한 적이 있는[167] 그런 무엇이 있습니다. 말하자면, 인간의 생산력과 그리고 생산력의 기술적 확장에 아주 절대적인 잠재력이 부여되고 있다는 것인데요, 이런 잠재력 개념을 두고는 뭐 그리 대단한 해석학적 기교 없이도 창조적 정신의 표상을, 결국 칸트적인 '근원적 통각'[168]의 표상을 거기에서 재차 읽어낼 수 있답니다. 이처럼 엄청난 형이상학적 파토스가, 이 사변적 파토스가 생산력에 놓여 있는 것인데요, 그런데 이 사실을 도외시하고는, 우리는 마르크스를 이해할 수 없습니다. 이러한 생산력들은 말입니다, 여기에 대해서는 근본적으로는 생산력의 형이상학적 실재성과 같은 무엇을 전제하고는 있지만 결코 더 이상 추론되지는 않은 방식으로 생산력과 생산관계의 갈등 속에서 생산력들이 승리를 구가하며 자신을 주장하게 될 것이라는 점이 기대되고 있답니다.─ 이런 구조물이 전제되지 않는다면 마르크스의 전체 구상은 출발부터 전혀 이해될 수 없는 것입니다. 이러한 마르크스의 사변적인 측면과 내 자신을 결코 동일시하고 싶지 않습니다. 나는 이러한 생산력의 낙관주의가 대단히 많은 문제를 노정하였다고 여깁니다. 나는 여러분에게 어떤 방식으로 사변적 계기가 유물론적으로 사유된 철학에 침전되어지는지 직접 들여다보라고 이 말을 한 것입니다. 이 생산력의 형이상학은, 헤겔의 세계정신에 대한 믿음에 대단히 근접해 있는 것인데요, 결국은 독일 관념론의 지극히 미심쩍은 명제들이 마르크스에게서 거의 변하지 않은 채 재등장하도록 끌고 가는 주범이지요. 무엇보다도 특히 엥겔스의 경우, 『안티 뒤링』에서 명백하게 표현되고 있습니다.[169]─ 자유란 사람들이 필연적인 것을 의식적으로 행하는 만큼이라는 식으로요. 물론 오직 필연적인 것, 세계정신, 선험적인 생산력의 전개 등이 정당하고 그래서 승리가 보장되었을 때, 그랬을 때라야 의미를 지니게 되는 무엇이라는 것이지요. 바로 여기에서 매우 치명적인 결과가 발생하는 것입니다.─ 이른바 바로 저 모든 반자유주의적이고 그리고 권위주의적인 역전들이 일어난 것이지요. 마르크스와 엥겔스의 이론이 동구권 국가들에 도입되는 과정에서 겪은 바가 그렇습니다.

　내가 지금 말한 것에서 여러분은 마르크스가 유물론이냐, 그렇지 않으냐를 두고 벌어지는 물음이 그렇게 간단하게 판가름 날수 있는 성질의 것이 아님을 보았을 것입니다. 오늘 짧게 살펴보았는데, 처음 시작할 때 말한 대로입니다. 그러나 다른 한편으로는 (이 문제와 더불어 오늘 강의를 끝내려 합니다) 바로 여기가 또한 어떤 깊은 강압이 도사리고 있는 지점이 된답니다. 이론은 어쨌든 전체에 관여하는 것인데, 그러므로 이론의 개념에 부응하면서 단순히 이론을 희생시키지 않으려면, 그러한 이론 자체가 사변적 개념과 같은 태도를 취해야만 한다는 사정이 있기 때문입니다. 이러한 사변개념들은 그러면 바로 예의 저 오류가능성에 스스로 처하게 되는데요, 이 오류가능성에 관해서는 내가 수업 초반에 말한바 있지요, 바로 철학의 본질과 분리할 수 없는 것이라고요.

156) 숫자 (7)은 아도르노가 작성하고, 손수 교정을 본『부정변증법』서문의
타자원고 (Vo 13401)에서 7쪽을 말한다. 삽입된 부분은 부록 S.232에서 볼
수 있음.

157) Einleitung zur Metakritik der Erkenntnistheorie에서 아도르노는 이렇게
말한다. "몽테뉴에게서는 … 사유하는 주체의 수줍은 자유가 방법론, 즉
학문의 절대권력에 대한 회의와 결합되어 있다"(GS 5, S.20).

158) 확인되지 않음. 아마도 쇤베르크의 발언과 관련해서 구두로 밝힌 견해
같음. 1966년 [Wagner und Bayreuth]라는 강연에서 이렇게 말한 적이 있
음. "현실이 예술보다 우선인 경우가, 이야말로 정말 진지한 경우인데, 있
다. 이 시대의 가장 중요하고 열정적인 예술가인 아놀드 쇤베르크가 나치
가 집권한 바로 그 달에 베를린에서 내가 그에게 음악에 관한 질문을 퍼
부어 괴롭혔을 때, 힘주어 이렇게 말한 적이 있다. 이 세상에는 예술보다
더 중요한 다른 일들이 있다고. 왜냐하면 예술은 자기 안에 아무런 제한
사항을 가지고 있지 않으면서 자기 자신을 넘어 지시하고 있기 때문에,
자신을 잊지 않고 자기 고유의 이념을 충족시키기만 하면 된다고. 나는
이 말을 잊을 수가 없다"(GS 19, S.211).-『부정변증법』에 적용한 내용도
참조. "철학은 지극히 진지한 것이지만 또한 그렇게 진지하지 않은 것이기
도 하다"(GS 6, S.26, 홍승용 옮김, 69쪽, 또 위의 195쪽 참조).

159) 확인되지 않음.

160) 아도르노 사상에서 핵심적인 이 미메시스 개념에 대하여는 NaS IV·7 주
53 참조.- 아래 주 193 역시 참조.

161) 철학과 예술의 관계에 관한 아도르노의 규정은 1931년의 Kierkegaard 책
이래로 변하지 않았다. "철학자의 저술들을 문학작품으로 파악하려 애쓰면
언제나 그 책의 진리를 놓치게 된다. 철학의 형식법칙은 현실적인 것을
개념들과 일치된 연관 속에서 해설할 것을 요구한다. 사유하는 이의 주체
성 선언도 형상의 순수한 완결성도 그 형상의 성격을 철학으로 결정하지
않는다. 현실적인 것이 개념 속으로 파고드느냐, 개념 속에서 자신을 증명
하고 그리고 개념들을 통찰력 있게 근거짓는가, 그 여부에 따라 비로소
철학으로 된다. 철학을 문학으로 파악하는 것은 이 사실에 위배된다"(GS
2, S.9).

162) 아도르노에게서 철학적 의미에서 직관Intuition 개념이 거론되면, 본질적으로 베르그송의 직관개념을 뜻한다. 이미 1927년 첫 번째 교수자격취득 논문에서 그는 베르그송에 대해 이렇게 주장한다. "기억의 기능은 매개하는, 상징적인 것이지 결코 베르그송이 주장하듯 상징 없이 발현되는 인식의 직관이 아니다"(GS I, S.206). 인식에서 규제되지 않은 체험이라는 계기, 19세기 과학주의 철학에서 상실된 이 계기를 다시 살려낸 베르그송의 공적을 충분히 인정하면서도 아도르노는 직관주의를 강력하게 비판하였다. 베르그송은 고립시킬 수 있는 참된 방법론이 있다는 믿음을 부르주아 사유와 공유하고 있다. 그는 단지 이 방법론에 데카르트 이래로 그동안 거부되었던 속성을 부여하였을 뿐이다. 변하는 대상들로부터 잘 정의된 방법론을 독립시키게 되면 이미 그 과정에서 직관의 마법적 시선이 해체시켜야만 하는 완고함을 승인하는 것이라는 사실을 간파하지 못한 채. 체험은, 훼손되지 않은 인식의 집합체는, 이것이 철학의 모델로 제공된다 하더라도, 상위의 원칙 혹은 도구모음에 의해 학문과 구분되지 않는다. 체험이 수단들로부터 끌어내는 사용에 의해, 특히 개념적인 수단들, 그 자체로서는 학문의 수단들과 동일하며, 그 지위를 통해 객관성에 도달하는 개념적인 수단들의 사용에 의해 구분된다. 이러한 체험에서 베르그송이 직관이라 부른 것이 조금도 부인되지 않는 만큼, 그것은 실체화되지도 않는다. 개념들과 정돈하는 형식들이 뒤섞인 직관들은 사회화되고 조직화된 존재가 더 확장되고 그리고 더 굳어질수록 정당성을 확보한다. 그러나 그런 행위들이 존재론적 심연에 의해 논증적인 사유로부터 분리된 인식의 절대적 근원을 이루는 것은 아니다(GS 5, S.52f.). 베르그송 자신의 입장에 대해서는 1911년의 강연 "L'Intuition philosophique" 참조(in: Henri Bergsion. CEuvres, textes annotés par André Robinet, introduction par Henri Gouhier, Paris 1970, pp.1345 sq.). zum Intuitionsbegriff überhaupt, 직관 개념 일반에 대하여는 Josef König, Der Begriff der Intuitiion, Halle/Salle 1926(über Bergson. Ebd., S.213ff.) 참조.

163) 철학과 예술의 진리내용들이 서로 수렴한다는 생각은 아도르노에게서 거듭 나타난다. GS 7, S.137, S.197 그리고 S.507, GS 10·2, S.470. Friedemann Grenz, Adornos Philosophie in Grundbegriffen, Auflösung einiger Deutungsprobleme, Frankfurt a. M. 1974, S.107 참조.

164) 무엇보다도 Parerga und Paralipomena에 실린 Über die Universitäts-

Philosophie 참조. 이런 식이다. "무엇보다도 우리가 이런 사실을 발견하기 때문인데, 예로부터 아주 소수의 철학자만이 철학교수였고, 또 이에 비해 더 적은 수의 철학교수들이 철학자였다는 것이다. 자가발전하는 몸체가 전류를 흐르게 하는 전도체가 아니듯이, 철학자들이 철학교수가 아니라는 이야기가 될 수 있다. 왜냐하면 철학교수직이라는 것이 어떻게 보면 공중 앞에서 자신의 신앙을 고백하는 고해소 같은 곳이기 때문에, 실제로 자율적으로 사유하는 이에게는 이런 식의 주문이 가장 방해가 된다. 보다 근본적이거나 혹은 심지어 심오한 견해들에 정말로 도달하는 것, 즉 제대로 현명하게 되는 일에서 늘 현명하게 보여야 하는 강압만큼 방해가 되는 것도 없을 것이다. 학구욕에 불타는 학생들 앞에서 대단한 것이나 있는 척 이런저런 지식들을 끄집어 내보여주고, 온갖 질문들에 대한 대답을 마련해놓고 있어야 하는 것이다. 그중에서도 최악의 것은 어떤 생각이 아직 떠오르고 있는 중인데, 어떻게 그것을 상급자의 의도에 맞출지 걱정부터 해야 하는 상황이다. 이렇게 되면 그의 사유는 마비된다. 그래서 사유가 더 이상 상승할 엄두를 내지 않게 되는 지경에 처한다. 진리를 위해서는 자유의 분위기가 불가피하다"(Arthur Schopenhauer, Sämtliche Werke, hrsg. von Wolfgang Frhr. von Löhneysen, Bd. IVÖ Parerga und Paralipomena. Kleine philosophische Schriften I, Darmstadt 1963, S.186f.).

165) Ästhetische Theorie의 구절 참조. "이론가들에게는 단순히 논리적 모순을 의미할 뿐인 것이 예술가들에게는 친숙하여 그들의 작업에서 풀어져 전개된다. 즉 예술가들은 미메시스적인 계기들을 자유로이 처리함으로써 그러한 계기의 비자의성을 환기시키고, 파괴하고, 구제하기도 한다. 자의적인지 않은 것에서의 자의는 예술의 생명소이다. 또한 그러한 힘은 그러한 움직임이 숙명이라는 점이 은폐되지 않는 한 예술적 역량에 대한 믿을 만한 평가기준이다"(GS 7, S.174, 홍승용 옮김, 『미학이론』, 185쪽).

166) Alfred Schmidt(geb. 1934)는 철학과 조교. 호르크하이머 조교였다가 아도르노의 조교로 일했음.

167) 오늘날에는 거의 잊혀진 Seidel(1895-1924)에 대하여는 편집자에 의해 간추려져 사후 출간된, 그의 유일한 책(Alfred Seidel, Bewusstsein als Verhaengnis, Aus dem nachlass hrsg. von Hans Prinzhorn, Bonn 1927)에 헌정한 지그프리트 크라카우어의 평문 참조. Siegfried Kracauer,

Schriften, hrsg. von Inka Mülder-Bach, Bd.5·2. Aufsätze 1927-1931, Frankfurt a. M. 1990, S.11ff.— 자이델과 아도르노의 친분에 관해서 증언해주는 것은 1922년 그가 자살하기 2년 전에 쓴 편지 한 통만 남아 있음. 이를 통해 보면 자이델은 아도르노와 더불어 자신의 책이 제기한 문제에 대해 토론했으며 친분은 아도르노뿐 아니라 아도르노의 친구인 크라카우어와 레오 뢰벤탈에게도 이어져 있음을 알 수 있음. 또 아도르노 가족과도 교류하고 지냄. 물론 짧았지만 지난 세기 70년대에 자이델에 특정한 관심을 기울이는 분파가 좌파들 사이에서 형성되기도 했음(Vgl. ders., Geistige und koerperliche Arbeit, Zur Theorie der gesellschaftlichen Synthesis, 2. Auflage., Frankfurt a. M. 1971, S.9).

168) 여기에서 아도르노는 칸트의 '통각의 종합적 통일'을 말하고 있다. 여기에서는 모든 것이 '고정'된다. 아래 주 244 참조.

169) 프리드리히 엥겔스, Herrn Eugen Dürings Umwälzung der Wissenschaft, MEW, Bd.20, Berlin 1968, S.106 참조. "헤겔은 자유와 필연의 관계를 올바르게 서술한 최초의 인물이었다. 헤겔에게 있어서 자유란 필연에 대한 통찰이다. '필연은 다만 개념적으로 파악되지 않은 한에서만 맹목적이다.' 자유는 자연에 대한 꿈꾸어진 독립에 있는 것이 아니라, 이 법칙들을 인식하는 데 있으며 그리하여 일정한 목적을 위해 이 법칙들을 계획적으로 작동시킬 수 있는 가능성을 얻는 데 있다. 이것은 외적 자연의 법칙에 대해서도, 인간 자체의 육체적 및 정신적 현존을 규제하는 법칙에 대해서도 공히 타당한 이야기이다.— 이 두 부류의 법칙은 우리가 기껏해야 우리의 표상 속에서나 서로 분리할 수 있을 뿐이고 현실에서는 분리할 수 없는 것이자, 따라서 의지의 자유란 사태에 대한 지식을 갖고서 결정을 내리는 능력이나 다름없다"(최인호 옮김, 『칼 맑스 프리드리히 엥겔스 저작 선집』 제5권, 127쪽).

핵심용어들

확실한 토대라는 망상은 진리가 사람들이 몸을 일으킬 것을 요청하는 곳에서는 물리쳐질 수 있다. 본질 + 현상의 차이는 현실적real이다. 일례로 주관적으로 직접적인 것이라는 가상Schein. 그러나 가상은 필연적이다. 이데올로기— 사변적인 요인, 이데올로기 비판적인 것.

철학이 저항의 힘으로 되는 것은 다 말해버리려고 하는 철학의 본질적 이해에 따라 철학에 쏟아부어진 것, 그것으로 끝장을 보게끔 하지 않음으로 인해서다. 설령 아니Nein라는 말로라도 본질적인 이해를 만족시키는 대신.— 이를 포기하지 않는 것이 위대한 관념론의 진리계기였다. 본질 + 현상의 차이를 두고 설왕설래하는 것— 골수실증주의는 사기이다.

저항으로서의 철학은 개진Entfaltung, 매개Vermittlung를 필요로 한다.

이것을 직접적으로 말하려는 시도는 모두 헤겔의 말에 따르면, 공허한 깊이로 추락한다. 철학의 한 기준Kriterium으로서의 깊이라는 개념은— 한편으로는 필연적이다. 또 다른 한편으로는 여기에 거짓이 있다. 깊이를 언급하는 말 그리고 깊이 울리는 단어들이라는 주문呪文을 통해 철학은 형이상학적 비전과 분위기를 재현하는 그림이 형이상학적이라는 것만큼이나 깊이가 없게 된다.— 인상주의처럼 그런 것들을 일거에 배제시키는 그림들이 가장 깊은 형이상학적 내용을 지닐 수 있다. 감각적인 것의 애도. Busoni(?).

철학이 깊이에 이를 수 있는 것은 단지 철학의 사유하는 숨결에 힘입어서이다.

(8) 깊이는 변증법의 한 계기이다, 고립된 질質이 아니다. NB 니체는 그것의 이중성격을 보았다.

고통을 정당화하는 독일의 전통에 거슬러.

관념의 존엄 여부를 정하는 것은 관념의 결과가 아니다. 즉 초월성Transzendenz에 의한 확정이 아니다. 긍정Affirmation은 기준이 아니다. 감각Sinne 개념에 대하여.

마찬가지로 깊이는 내면성으로의 퇴각이 아니다. 마치 뭐 순전한 고립 속으로의 퇴각이 세계의 근원으로의 퇴각이나 되는 듯이 말이다. "시골에서의 고요함", 독자적인 것, 추상화, 개별적인 것.

오늘날에는 집단적 함성das Geblöck에 대한 저항이 깊이를 가늠하는 척도.

깊이란 표면에 만족하지 않는 것을 말한다. 글자 그대로 말하자면 겉에 드러나는 외관을 폭파하는 것.— 여기에는 또한 아주 깊이 자리하지만 그래도 미리 주어져 있기는 마찬가지인 것에 만족하지 않음도 포함된다. 비판이론에 대해서도 마찬가지.

주어진 사실들에 관한 법률이 규정해두지 않은 것, 그것이 저항이다. 그런 한에서 저항은 사실들과 가장 밀착된 접촉 속에서 대상들을 초월한다.

깊이의 개념 속에는 본질+현상의 차이가 자리잡고 있다. 이는 언제나처럼 오늘날에도 해당된다.

(9) 순전한bloß 존재자에 대한 사유의 사변적 과잉는 그 사유의 자유이다.

근거. 주체의 표현욕구이다. 고통이 공공연하게 되도록 하는 것. 이것이 모든 깊이의 근거이다. "말할 신을 나에게 달라."

_1965년 12월 9일

엊그제 사변적 계기에 대하여 몇 가지를 말하였습니다. 내가 여러 분에게 말하였지요, 유물론의 전형이라고 일컬어지는 마르크스의 이론에서도 사변적 계기들이 눈에 띈다고요. 그리고 또 여기에 덧붙여서 그 모든 사정에도 불구하고 마르크스의 이론과 독일 관념론 사이에 밀접한 연관이 있음을, 특히 헤겔과 관련해서는 더더욱 그렇다고 말하였습니다. 사변적인 것의 문제에 대하여는 이렇게 말해야만 할 것 같습니다. 진리에의 요구가 사람들이 떨쳐 일어날 필요가 있다고 들쑤서대는 곳, 바로 그 지점에서는 소위 확실한 토대라는 망상이 그냥 사라져버릴 수 있는 것이라고요. 다른 말로 하자면, 마지막이라고 생각되는 것 그리고 절대적으로 확실하다는 이것 그 자체가 마지막이 아니라 매개되었고— 그리고 바로 그 때문에 역시 절대적으로 확고한 것은 아니라고 밝혀지면서 마지막 토대 운운하는 망상은 사라진다는 것입니다. 사정은 이렇습니다. 반사변적인 기준Kriterium 뒤에서 잠재적으로 영향을 미치고 있는 절대적 확실성이라는 요청에 의해서, —이런 요청 자체에 들어 있는, 뭐 이런 말로 표현해보자면, 이상주의적 과부하를 통해, 말하자면 개념에 무언가가, 개념이 절대로 채울 수 없는 무언가가 요구되어 짐을 통해, 즉 절대적 확실성이 강요됨으로써— 사유에 재갈이 물려지는 것인데요, 이 재갈은 사유를 계속 밀고 나가는 것을 방해합니다. 그때그때 확실시되었다고 하는 사건자료를 통해 사유를 보증해주기 때문입니다. 이 문제는 일단 접어두기로 하지요. 하지만 그런 한에서 바로 확실성, 사실성, 직접적 소여 등과 같은 개념들의 반성이 그 자체 철학적 반성의 대상이 됨으로 인해 이 개념들이 기준들로서 관념에 선험적으로 제시되어질 수가 없게 되어 버리지요. 이 반성들은, 이 기준들의 정당함 혹은 부당함과 결부된 영역에 자리잡고 있는 것으로서 바로 순진하게 사실성의 관점 그리고 소여성의 관점에서 보면, 사변의 반성들로 나타나는 것입니다. '나타나다erscheinen'라는 말을 함으로써 나는 이 강의에서 처음으로 사람들이 웬만해서는 충분히 진지하게 대할 수 없는 것, 무엇이 철학이고 무엇이 철학이 아닌가를 가르는 기준과 같은 무엇으로 간주되어야만 하는 어떤 차이에 이르렀습니다. 이른바 본질과 현상 사이의 차이에 도달한 것입니다. 거의 모든 철학들에서 —실증주의적 비판과 그리고 또 니체의 악담을 제외하면— 철학 전통 모두를 통틀어 고수되어온 것이지요. 내 생각으로는 말입니다, 본질과 현상의 차이가 단순히 그저 형이상학적 사변에 빚지고 있는 것이 아니라 그 차이가 현실적real이라는 사실이 본질적인 계기 중 하나입니다. 심지어 철학에 대한 본질적인 정당화 중 하나라고 하겠습니다. 여기에서 내 전공에 근접해 있는 모델을 끌어들이는 것을 여러분이 허락해준다면 말입니다, 사회학적 모델을 들어 이야기하겠습니다. 현 사회에서 인간의 주관적인 행동방식은 그 자신은 결코 짐작할 수 없을 만큼 객관적인 구조에 종속되어 있습니다. 그런 한에서 구조의 단순한 드러남이라고 파악되어져야만 하는 것이지요. 그리고 이것은 다른 말로 하자면, 우리가 무엇보다도 항상 관련을 맺고 있어야만 하기 때문에 절대적으로 확실한 것으로서 간주하는 경향이 있는 직접성의 영역으로서 주관적 행동방식들은 실제로 매개된 것, 도출된 것 그리고 가상적인 것 그리고 그 때문에 불확실한 것입니다. 다른 한편으로는 하지만 또한 이 가상은 필연적입니다. 즉 주체가 갖게 되는 의식내용을 사회가 생산하는 것은 그 사회의 본질에 해당되는 문제입니다. 또 그와 마찬가지로 주체가 자기 속에서 단지 매개되었을 뿐인 것 그리고 결정된 것을 자유의 행위나 소유권으로 여기고 더 나가서는 절대자로까지 여기면서 여기에 대해 눈 뜬 장님으로 지낸다는 사실 역시 사회의 본질이라고 하겠습니다. 그러므로 이렇게 말할 수 있습니다. 사회적으로 필연적인 가상으로서의 인간의 직접적인 의식이 아주 상당한 정도로 이데올로기라는 사실입니다. 그리고 사회에 관한 강연에서 말입니다, 그것으로 나는 사회학 전공세미나를 시작했었는데요, 여러분 중 상당수도 들을 수 있었습니다, 이 강연에서 인간 스스로가 경향적으로 이데올로기로 되는 것[170]이 우리 시대의 특징이라고 말했습니다. 바로 지금 말한 내용과 아주 똑같은 뜻의 이야기였습니다. 만일 누군가 내게 어떻게 그처럼 인간을 폐기처분하는 이론 편을 드느냐고 반문한다면, 그렇다면 저는 그저 미국식으로 선량하게 대답하겠습니다. 유감입니다! 내가 말하고 싶은 것은 이렇습니다. 이런 폐기는 그것을 특징짓는 관념의 비인간성 탓이 아니라, 상황의 비인간성 탓이라고요. 관념이 결정하는 상황 말입니다. 그리고 내가 보기에는 말입니다, 이렇게 또다시 개인적인 입장에서 언급을 하게 되었습니다만, 만일 사람들이 자기 자신의 늘 그렇듯이 정당화되고 적법한 내부충동과는 배치된다고 느끼는 확언들을 그것이 자신의 구도에 이를테면 들어맞지 않는다고 해서 평가절하 한다면 말입니다, ―이러한 고려들을 자기 자신의 구상이나 그리고 가능하다면 올바른 실천에 대한 고려들 가운데로 끌어들이려 시도하지 않고서 말입니다― 그렇다면 이는 매우 우려할 만한 일이라고 생각합니다. 부차적인 이야기였습니다. 여하튼 내가 하고 싶은 말은, ―그리고 이렇게 해서 사변 개념에 대해 말한 내용을 몇몇 오해들로부터 지켜낼 수 있으리라 믿는 바입니다― 사람들이 사변적 요인을, 비판적 요인으로, 표면적인 외양에 자족하고 있지 않은 것으로, 반이데올로기적인 것과 대등한 것으로 취급해야 한다는 것입니다. 그리고 또 이 말도 분명하게 하고 싶은데요. 내가 사변이라고 이해한 것 즉 자기 확인 속에서의 자족 대신에 반이데올로기적 태도를 취하는 것 말인데요, 이것은 확정하는 학문의 습관들과는 확연히 대립되는 태도입니다.— 왜냐하면 지배적인 사유습관은 자연히 바로 사변을 이데올로기와 동일시하는 것이기 때문입니다. 내가 충분히 명쾌하게 설명했기를 바랍니다.— 바로 지금 여러분에게 말한 것을 통해서만이 아니라 이러한 관념들이 등장하는 전체 연관을 통해서 그렇게 되었기를요.— 여러분들께 부정변증법에서는 사변이 바로 정반대되는 기능을 하여야 함을 보여드리기 위해서, 그리고 —자신에게 좀 아부를 하자면 말이지요— 정말로 그렇게 했기를 바랍니다.

　나는 이것을 다음과 같은 사태에 대한 첫 번째 지적으로 이용하고자 합니다. 이 사태에 대하여 우리는 앞으로 또 말할 기회가 있을 것입니다. 다름이 아니라 이른바 부정변증법에서는 모든 변증법적 범주들이 이른바 개방성이라는 시금석을 빌미로 그냥 다 등장하는 것이 아닙니다. 그렇지 않고요, 내 머리에서 계속 맴돌고 있고 내가 여러분에게 이 강의에서 설명하려고 애써보고 있는 그런 철학적 전환을 통해 범주들 자체가 내용적으로 크게 변하는 것입니다. 이는 사변 개념이 자리를 옮겨앉은 것과 마찬가지로 대단히 큰 변화입니다. 이 사변개념은 원래 본질적으로 의미를 일궈내는 범주였지만, 내가 여러분과 갑론을박한 바에 따르면 그냥 현존하는 것das bloß Daseiende이 찬탈해서는 의미라고 내세우는 가상을 파괴하기 위한 것이 됩니다. 철학은 저항의 힘입니다. 나는 저항하는 정신적인 힘 이외의 어떤 다른 철학에 관한 규정은 없다고 믿는 바입니다. 철학의 본질적 이해가 철학에서 온통 다 끌어내 쏟아내려는 것, 거기서 그냥 끝을 보고 말지 않도록 하는 것, 경험자료들로 끝장나지 않는 것 등을 통한 저항의 힘인 것이지요. 결정적인 아니다Nein를 통해서이든, 욕구의 충족불가능성을 제시함을 통해서이든 철학의 본질적인 욕구들을 충족시키는 대신에 말입니다. 다 말해버리지 않고 두려는 욕구를 포기하지 않고 움켜쥐고 있는 것ㅡ 이것이 이상주의적 철학들에서 제일 대단한 점이었는데요, 그래서 이 철학의 형태가 잘못된 의식의 형태를 넘어설 수 있었던 것입니다. 그리고 이 철학들은 그저 우연하게 본질과 가상의 차이를 힘주어 강조하는 가운데 그 위대함에 도달하지 않았습니다. 본질과 현상의 차이는 오늘날 물론 거의 보편적으로 논박되고 있습니다. 누구보다도 먼저 니체에게서 그랬는데요, 그에게서 제일 가파른 방식이 벌써 나온 겁니다, 본질개념을 고수하기 위해 헤겔주의자가 되기에 충분했던 마르크스의 경우보다 훨씬 급격했지요.ㅡ 본질과 현상의 차이는 오늘날 논박되었습니다. 이 차이는 우리로 하여금 현상Erscheinung의 징후들Phänomen을, 그들 배후에 어떤 다른 것도 있지 않기 때문에, 그 징후들이 일단 무엇인 것 그것으로 받아들이도록 몰아가는 일면이 있는데, 이런 견지에서 본질과 현상의 차이를 논박하는 시도 자체를 저는 골수이데올로기적인 것으로 간주합니다. 그리고 말입니다, 이론적으로 더 이상 그 징후들을 넘어서게 될 수 없는 순간, 그 징후들이 이론적으로 수용되어져야만 하는 그 순간, 바로 그 순간에는, 이론과 실천의 연관을 확실하게 알고 있다 해도 말입니다, 근본적으로는 이론 자체 속에서 그 징후들을 넘어설 가능성 역시 더 이상 없게 되는 것입니다. 그러나 내가 철학이 저항이라고 말할 때, 여기서 여러분은 나를 제대로 이해해야만 합니다. 저항이란 진정 무엇보다도 충동Impuls의 범주이며, 직접적인 행동방식의 범주입니다. 철학이 그냥 어깨나 으쓱하고는 나는 거기에 반대합니다, 나는 그것을 좋아하지 않습니다라고 말하는 것 이상을 할 수 없다면, 철학이 그저 그런 것으로 남는다면,ㅡ 그러한 철학은 우연성이라는 주관적 반응양식의 영역에 남게 됩니다. 이 영역은 철학 자체에 의해 파고들어가져야 하는 곳이지요. 나는 이렇게 말하겠습니다, 이 저항의 계기가 철학의 이념 혹은 충동을 제공하는 한, 이 저항은 스스로를 반성할 뿐 아니라 이론적인 연관 속에서 자신을 전개시켜나가야만 한다고요. 그래야 비합리적이지 않고 또 그래서 일회적이지 않으며 더 나아가 잘못된 채로 남지 않을 수 있습니다. 이런 일이 일어나지 않는 한, 저항은 가련하고 추상적인 결정론으로 귀착되고 맙니다. 그저 일종의 순전히 자의적인 결정으로 귀결되는 것이지요. 철학이 말하고자 하는 바를 직접적이고, 아울러 전격적으로 말해버리는 시도는 ―피히테도 첫 번째 기본원칙을 작성할 때 이 점을 염두에 두고 고민했다고 하지요,[171] 그런데 이는 잘 알려져 있듯이 이루 말할 수 없는 공허함이 특징입니다― 헤겔의 말마따나 하나같이 이른바 공허한 깊이에 빠져들었습니다.[172]

이렇게 하여 내가 여러분을 깊이라는 개념, 철학에서 일단 주제로 자리 잡았음이 분명한 개념을 논구하는 길로 끌어들이게 되었습니다. 내가 이 수업에서 시도하는바, 아무런 문제없이 자명하게 보이는 범주들의 변증법적 본질을 여러분에게 명백하게 제시해 보겠다고 했을 때, 그 시도가 제일 잘 이루어지기로는 아마도 소위 순진한 의식이라는 관점에서, 그러니까 지극히 단순한 반성의 차원에서 보자면, 여러분이 나와 함께 이 깊이라는 개념에 대한 전적으로 기본적인 고려들을 추적하는 경우가 될 것입니다. 철학이란 이른바 깊이와 같은 그런 사안 혹은 어떤 행동방식 혹은 하나의 차원(이러저러한 이름을 붙일 수 있겠지요.)을 필요로 하는바, 여기에는 정말 어떤 결정적인 것이 들어있습니다. 깊이가 없는 태도는, 이를테면 그냥 옆에 있는 경험자료에 만족하고 마는 태도는, 계속 천착하는 일 없이, 이것이 무엇이냐 하고 물고 늘어지는 법 없이, 왜 이것이냐, 이것은 무엇을 의미하느냐를 고집함이 없이,― 이런 태도는 이 세상에서는 모든 것이 가능하다는 것이겠지만, 하지만 철학적 태도는 결코 아닙니다. 철학에서 깊이라는 기준을 간과할 수는 없습니다. 비록 명시적인 경우는 드물지만 실제로는 거듭하여 철학에서 제기되는 기준이지요. 그리고 파고드는 것, 고수하는 것, 자족하지 않는 것과 같은 자질을 주관적으로 가지고 있지 않는 사람, 그런 사람에게는 철학에서 멀다고 하기보다는 아예 처음부터 철학이 거부되어 있다고 말해야 할 것입니다. 다른 한편으로는, 나와 마찬가지로 여러분도 모두 깊이라는 말을 사용하자면 모종의 불편함이 엄습함을 느낄 것입니다. 깊이라는 이 표현에 어떤 위선적인 울림이 따라 나오기 때문이겠지요. 철학하는 자의 입장에서 이 표현을 기준으로 삼고 배워 익히게 되면, 벌써 얼마만큼은 일종의 엘리트적 태도를 취하는 축에 든답니다. 자기들은 깊이를 느낀다는 것이고, 그렇지 않은 사람들은 피상적이라는 식이 되지요. 그리고 만일 자신을 이러한 상황 속에 빠져들도록 한다면, 일반적으로 그렇게 되기가 십상입니다. 비록 그러한 깊이의 결과가 기쁘다고 하기 정말 어려울 때조차도 말입니다. 하지만 일은 여기에서 끝나지 않습니다. 이 깊이라는 개념에는, 바로 우리 독일이기 때문이기도 합니다만, 이 개념에 대해 조심하면서 뒤로 물러날 충분한 근거를 제공하는 몇 가지 다른 사항들이 포함되어 있는데요, 다른 한편으로 ─여러분에게 최소한 암시는 하려고 내가 시도했었지요─ 이 개념의 필연성에서 우리가 면제받지 못하기 때문입니다. 만일 라이프니츠까지 거슬러 올라간다면, 그러면 깊이라는 개념은 신정론의 관념[173]과 고유하게 결합되어 있음을 알게 됩니다. 고통을 정당화하는 관념이지요. 깊이라는 것이 무언가 고통과 관련이 있다는 사실, 고통을 부인하는 것이 아니라 고통을 직시하는 사유라는 사실, 이것만큼은 확실합니다. 그러나 만일 여러분이 독일 정신사에 눈을 돌린다면, 그러면 여러분은 이 깊이에, 모든 철학적 깊이에 들어 있는 고통의 계기가 독특하게 정당화되고 그래서 매우 문제적인 방식으로 적용되어 왔음을 발견하게 될 것입니다. 내친김에 말을 하도록 하지요. 내가 깊이에 대한 그러한 고찰들을 행한다면 말입니다, 그렇다면 나는 역시 이 개념의 형식규정과 같은 것에 관여하기보다는 개념에 역사적으로 부응되고 그리고 비록 노골적으로는 드러내지 않았지만 그 개념으로 사유되어지는 것 중 몇 가지를 해명하려 할 것이며, 더구나 그 모순 속에서 해명하기를 시도할 것입니다. 만일 철학에서 울려나는 이러한 배움을 인지하지 못한다면, 이는 개념들을 단지 모호하게 파악하고 그리고 그 개념으로 무엇을 사유해야 하는지 정확하게 알지 못하고 있는 경우만큼이나 매우 중대한 오류이며 그리고 우리의 경우는 일반적으로 훨씬 더 위협적인 오류가 될 것입니다. 정확하게 알고 있어야만 합니다. 그런데 무엇을 알아야 하냐면 개념들 자체에서 정확하지 않은 것입니다. 그 정확하지 않은 것을 개념들에서 정확하게 알고 있어야 합니다. 철학이 다른 많은 것들과 더불어 떠맡아야 했던 박사 계급장들Doktor-Kunststücke 중 하나라고 해야겠지요. 바로 그 독일의 전통이라는 것을 봅시다. '얄팍한 계몽' 혹은 '얄팍한 낙관주의' 같은 표현들에 연결되는 이 독일적 전통이 그런데 실제로는 비극적인 것이라는 개념 속에 전통적으로 요약되어 들어앉아 있거든요. 그런데 여기에서 내가 들춰내고 싶은 사실은, 그 안에는 심히 의심쩍은 것이 이미 들어 있다는 점입니다. 비극적인 것이라는 범주 같은 미학적 범주가 그냥 곧바로 실재에 그리고 인간들이 모여 사는 데에 또 사람들이 서로서로 마주하고 있는 윤리적 관계에 끌어들여지고 있는데요, 이에 따르자면, 행복을 진지하게 여기는 사유는 도대체가 모두 피상적인 것으로 되며, 그리고 거부, 부정성을 자기 것으로 끌어들여서 실증자로 파악하며, 여기에 의미를 부여하는 그런 사유는 깊은 것이 된답니다. 여러분 놀랐지요, 바로 부정변증법과 관련된 논의를 하면서 부정성을 실체로 삼는 이 경향을 논박하는 대목을 접하였으니 말입니다.— 하지만 이처럼 변증법적으로 되는 경우가 세상에 한 번쯤은 있는 법입니다. 내가 여러분에게 분명히 하고자 했던 입장을 선명하게 표현해주기로 이 비극 개념만한 것이 또 없을 것입니다, 한마디로 이런 개념이지요, 존재하는 것은 모두 그 유한성 때문에 몰락을 자초하고 그리고 이 몰락이 동시에 존재하는 것의 무한성의 보증이 된다는 것입니다.— 내 말은요, 전통적인 사유에서 이것만큼 반박하면서 들이대기에 적절한 것도 없는데, 한마디로 깊이라는 개념, 고통의 신정론으로 귀결되는 이 개념이 자체로서 정말 피상적이라는 것입니다. 이 개념은 피상적인데요, 왜냐하면 이 개념이 피상적이면서 무언가 진부하게 감각적인 행복에의 요청을 짐짓 거스르는 듯 거동하지만, 실제로는 단지 그냥 세태의 흐름인 것을 제 것으로 취해 형이상학적인 것으로 고양시키려 할 뿐이기 때문입니다. 왜냐하면 이 개념이 거부, 죽음, 억압을 사물의 피할 수 없는 본질로 여기면서 거기에 힘을 실어 주기 때문이지요.— 이 모든 계기들이 정말로 본질적인 것과 크게 관련이 되어 있음은 분명합니다. 하지만 피할 수 있는 것이고 비판될 수 있는 것이며, 어쨌든 관념이 동일화해야만 하는 그 무엇과는 정반대되는 것들입니다. 이와 같은 고통의 신정론을 벗어나는 데 쇼펜하우어가 기여한 바는 간과할 수 없는 정도라고 나는 생각하고 있습니다. 여타의 부분들에서는 그의 철학에 대해 비판적인 입장을 취한다 하더라도 말입니다. 바로 이 지점에서 —그가 고통의 신정론을 중단시키고 파괴해버린 지점— 쇼펜하우어가 철학 전통의 이데올로기에 매여 있지 않았다는 이야기를 해야만 할 것입니다.— 물론 다른 계기들에서는, 무엇보다도 고통개념이 그에게서 등장하는 과정에서 나타나는 추상화에서는 그 역시 그런 이데올로기와 충분히 관련을 맺고 있다 하더라도 말입니다.[174]

철학이 추구해야 하는 깊이는, 곧바로 연결해서 이렇게 지적하도록 하겠습니다, 철학이 깊이를 거론하고, 그리고 자기 고유의 것이라 제시하기를 일삼아온 깊은 행동방식을 피상적이라고 하는 행동방식에 맞서 관철시키는 식으로는 절대 획득될 수 없습니다. 특히 이렇게는 더욱 안 됩니다. 깊이를 거론하는 언설 그리고 깊이 울리는 단어들을 주문하는 것으로는 ─독일에서 그리고 오늘 여기에서 아무리 강조해서 말해도 충분하지 않다고 나는 믿습니다─ 철학의 깊이가 결코 보증되지 않습니다. 이는 어떤 형이상학적 분위기 혹은 과정들을 재현하는 그림이 그렇게 해서 형이상학적 내용을 얻게 된다고 볼 수 없는 것과 마찬가지이지요. 혹은 한 편의 시가 그 속에 형이상학적 사태 혹은 신앙상태의 어떤 것 그리고 종교적 관점 혹은 그 속에 나오는 인물들의 행동방식에 관해 말을 하고 있다 해서 형이상학적 내용을 얻지는 않는 것과 마찬가지입니다. 일반적으로 미학적으로는 반대라고들 말을 하지요. 형상 Gebilde이 형이상학적 내용에서 객관적으로 더 많은 것을 취할수록, 그만큼 형상은 형이상학적 내용을 말하거나 묘사하지 못하게 된다고요. 철학이라고 해서 사정이 다르지 않습니다. 난 그렇게 봅니다.─ 그렇다고 내가 차이를 소홀하게 여기는 것은 아닙니다. 철학은 자신의 내용을 스스로 반성해야만, 즉 진리내용Wahrheitsgehalt을 자신의 사안내용Sachgehalt으로 삼아야만 합니다. 그런데 이는 당연히 예술에 적용될 수 없는 방식이지요. 그런 식으로는 안 됩니다. 한 가지 예를 들어보겠습니다. 19세기 후반의 회화작품을 보게 되면 말입니다, 일종의 형이상학적 회화라고 하는 것들이 있습니다. 프랑스에서는 퓌비 드 샤반느Puvis de Chavannes가 그런 경향을 대변했고, 영국 라파엘 전파도 역시 그랬으며 그리고 마침내는 유겐트슈틸Jugendstil 회화에도 흔적을 남겼으며, 그리고 멜히오르 레히터 Melchior Lechter와 그런저런 화가들이 있었지요. 이들 작품들에서는 '신비적 근원에의 봉헌'175) 그리고 그와 유사한 주제들이 다루어졌습니다. 작품들이 그야말로, 이렇게 말해도 된다면, 저 꼭대기로 올라가버린 것입니다. 여기에서 말입니다, 그냥 일단 아무런 사심 없이 위대한 인상주의 그림을 한번 봐둘 필요가 있다는 생각입니다. 인상주의 작품에서는 그 엇비슷한 것이 전혀 등장하지 않습니다. 그런 그림들을 어떤 형이상학적 기관Organ, 이런 표현을 좀 써보겠습니다, 특정한 형이상학적 기관을 가지고 일단 한번 봐둔 적이 있다면 말입니다. 보는 이에게 열리는 그 그림들의 세계는— 어떤 특정한 감각적 행복의 황량함이, 감각적 행복의 멜랑콜리가 그림들에서 보는 이에게 다가오는 듯합니다. 그 자체가 만족의 영역으로 되는 어떤 한 영역에서 비롯되는 슬픔에 관한 표현, 혹은 기술적인 세계와 자연에 산재해 있는 자연의 잔여물들 사이에 들어있는 무한한 긴장들 … 이런 모든 문제들이라고 하겠는데요. 이야말로 형이상학적 문제들이지요, 내가 최고의 형이상학적 천재로 여기는 모네의 대작들과 같은 그림들에서 불거져 나온다는 것입니다. 폴 세잔Paul Cezanne의 작품 혹은 클로드 모네Claude Oscar Monet 그리고 또한 르노아르의 많은 작품에게서도 틀림없이 눈에 들어옵니다. 철학에도 이와 유사한 경우가 있습니다. 정말 그렇습니다. 니체가 형이상학적 이념의 실증적 도입에 대항하여 스스로를 폐쇄하는 방법, 이런 부정을 실행하는 니체의 사유가 불러오는 폭력, 바로 여기가 형이상학적 이념들이 훨씬 더 많은 영예를 누리는 곳이랍니다. 노골적인 칭송의 말들로 뒤범벅된 빌헬름제국 시절의 경축사 같은 문체가 등장하는 1870년에서 1914년 사이의 모든 공식적인 독일 철학이 아닙니다. 이 시기의 철학자들 중에서 니체만이 예외였습니다. 내 생각에는 오늘날에도 여전히 그렇습니다. 철학이 —여기에서 내가 염두에 두는 사람은 하이데거입니다— 이른바 깊이 있는 대상들과 주제적으로 잘 어울려 편안하게 되면, 철학은 이 깊이가 해결해야 할 문제들에서 부과되는 과제로부터, 그러한 이념들을 진지하게 다루라는 요청에 의해 본래적으로 철학에 부과되는 과제로부터 점점 더 근본적으로 멀어진다는 것입니다.

그러므로 이렇게도 말할 수 있을 것입니다. 완고하게 관념을 고수함으로써 전통적인 평균깊이를 부정하는 것, 이것이 본질적으로 깊이의 개념에 속한다고요. 신학적인 실제내용들의 급진적인 세속화라는 이념이 어떻게 보면 이런 식의 깊이라는 프로그램에 정말 아주 근접해 있습니다. 바로 그런 세속화에서만 신학적 실제내용의 구제가 약간이나마 찾아질 수 있다는 점에서요. 관념의 품위에 대하여 그 관념의 결과가 판단한다고 할 수는 없을 것입니다. 무언가 현실추수적인 것, 긍정하는 것이 나오는지, 아니면 소위 말해 어떤 의미가 도출되는지, 그런 것을 가지고 판단을 내릴 수는 없다는 것입니다. 그보다는 철학을 이런 결과들에 계측해보고, 그리고 나서 의미가 실증적으로 설정되는 경우에 한해 깊이가 있다는 판단을 내려야겠지요. 이런 철학에 대해서만 깊이가 있는 철학이라고 말을 하게 된다는 것입니다. 그러한 의미를 논박하고 삶의 단순한 외양에만 만족하면서 해석작업을 포기하는 그런 철학은─ 그 누구도 아래 사실을 미리 알아낼 수는 없다는 이유에서 피상적입니다. 의미를 그렇게 주장하는 것 자체가 그 외관을 유지하는 데 기여하는 것은 아닌지, 즉 기왕에 그렇게 된 것을 확인하는 일에 볼모로 잡혀 있는 것은 아닌지, 어떤 의미를 가지고 있다는 바로 그 사실을 통해 이미 정당화되는 그런 식으로 되는 것은 아닌지 아무도 사전에 판단할 수는 없는 까닭입니다. 그리고 말입니다, 관념의 긴장 혹은 관념의 저항은 바로 그와 같은 단세포적 실존의 의미심장함이라는 직접적 정립을 거부하는 데 있을 것입니다. 마찬가지로 깊이는 내면성으로의 퇴각과 같은 무엇도 아닙니다. 이야말로 정말 독일에서 시들지 않는 매력을 발산하는 것임이 분명한데요, 그리고 오늘날 우리의 학교 같은 데서도 그런 매력을 유지하고 있답니다.— 무슨 철학 학파들에서 그렇다는 이야기는 아니고요, 아동들과 더 이상 아동들이 아닌 이들이 다니는 학교 말입니다.— 여기에서 깊이라는 개념이 그저 단순한 내면성으로 잘못 이해되면서 '평범한 일상'이라는 표상과 하나로 결부되어 있는데요, 그렇다면 이 깊이라는 개념은 아주 치명적인 결과를 불러오게 되고 맙니다. 순전한 내면성 속으로 스스로 퇴각해 들어가고 나면, 그러면 저 '단순한 삶'을 꾸려갈 수밖에 없게 되기 때문입니다. 그리고 여러분 중에서 교사가 되고자 하거나 그래야 하는 사람들에게 꼭 당부하고 싶은 것 한 가지만 말하겠습니다. 깊이라는 이 표상이 만일 비혜르트Wiechert라는 이름[176]과 결부되어 있는 경우라면, 여기에 대해서는 극도로 불신하는 태도를 취해야 한다는 당부를 하겠습니다. 깊이가 아니라 허울 좋은 모래성이 설파되고 있을 따름입니다. 그리고 시골에서의 고요함이 지닌 깊이는[177] 실제로는 미리 정해진 치수에 따라 제조된 것이고, 그리고 문화산업의 상품처럼 규격화된 것입니다. 이런 면면이 여러분에게 일정 정도 의식되도록 내가 여기에서 시도하였습니다만, 최소한 이 갈지자 행보가 완전히 터무니없는 곳으로 여러분을 끌고 가지는 않았다고 믿고 싶습니다.

그저 시골의 고요함과 같은 개념을 여러분에게 상기시켜 주기만 하면 된다고 믿습니다. 그러면 여러분은 이러한 종류의 깊이가 어떤 결과를 가져오는지 간파할 겁니다. 순전한 회피로 귀결되는 것이지요. 여기에 대해서는 헤겔과 괴테의 통찰이 실질적으로 그리고 아주 강력하게 맞설 것입니다. 그들은 깊이가 순전한 주체 속으로 침잠하는 것이 아니라고 하였습니다. 자기 속에 자신을 가두어 버리면 주체는 '빈 깊이'를 발견하게 된다고 했습니다. 그렇지 않고 깊이는 외화Entäußerung하는 힘과 결코 분리될 수 없는 것이라고 했습니다. 깊이가 있는 사람은 그가 행하는 것 속에서 그리고 그가 불러내는 것 속에서 깊이를 실현시킬 수 있습니다. 그런데 고립된 주체로서의 그 자신의 깊이는 그가 자신을 엘리트로 느끼도록 하기에 아주 충분히 좋은 것이지요. 비록 일반적으로 몰락하고 위험에 처한 엘리트로 느낄지언정 말입니다. 그러나 이 엘리트는 무슨 실체가 있는 것이 아닙니다. 이 점은 분명합니다.─ 만일 엘리트가 실체를 가지고 있는 개념이라면, 그러면 그것은 바로 저 외화를 실현시킬 수 있어야 하겠지요. 그런데 개별자 각각이 하나의 절대자로서 그리고 깊이의 보증으로서 자신을 유지하면서 자기 속에서 의미를 찾았다고 믿는다면, 그런 개별자는 하나의 순전한 추상이라고 해야겠지요. 이런 개별자는 하나하나가 전체에 대한 순전한 가상입니다. 그리고 또 이런 일면도 있습니다. 실체가 없다는 지적에 전적으로 부합하지요. 개별자가 절대적인 대자존재자로서 자기 속에서 찾고 인지한 내용들이 실제로는 결코 절대적으로 그에게 고유한 것이 아니라 단지 집단적 침전물들이며, 단지 보편적 의식의 부산물에 불과하다는 지적이 아주 잘 들어맞는 겁니다. 굴종의 옛 형태라고나 할까요, 굴종의 현재진행형인 양태에 아직은 완전히 보조를 맞추지 못하고 있다는 의미에서 아직 옛것이라고 구분되는 굴종이지요. 내 생각은 이런 것입니다. 오늘날 깊이의 척도는 저항입니다. 그리고 집단적 함성에 대한 저항입니다. 집단적 함성이라고 하면서 난 결코 '예, 예'[178]만을 생각하는 것이 아닙니다. 이 '예, 예'는, 이렇게 말하겠습니다, 어떤 공공연하고도, 그리고 이렇게 칭하기로 해보지요, 자기 자신에게 의식된 후렴구로서 상대적으로 무구한 형태라고 말입니다. 하지만 내가 생각하고 있는 것은 오히려 이 '모여서 소리 지르기'의 더 심하게 위장된 그리고 더 위험한 형식들 모두에 대한 저항입니다. 이 위험한 형식들이 어떤 얼굴을 하고 등장하는지는 내가 『고유성이라는 은어』에서 적어도 몇몇 모델을 제시했었다고 바랄 뿐입니다.─ 깊이란, 정말로 표면에서 자족하는 것이 아닙니다. 그 대신 외관을 부수어 내는 것입니다. 당연히 여기에는 그토록 깊이 자기 자신을 투여하는, 하지만 이미 주어져 있는 그 어떤 관념에도 만족하지 않는 일 또한 포함되겠지요. 그리고 사람들은 무엇보다도 손에 든 입장권 그리고 자기 자신의 역할, 어떤 집단에의 자기귀속성을 진리에의 보증으로 여기지 말아야 합니다. 그 대신 반성의 가차 없는 힘으로 자기 자신과 대면해야 합니다. 그러면서도 마치 이 자기 자신이라는 것을 영원히 보장받아 손에 쥐고 있는 듯 고정시키는 일이 없어야 합니다. 손에 쥔 듯 고정시키는 행동방식들은 무엇보다도 집단적인 것과의 동일화 속에서 여전히 명맥을 유지하고 있는데요, 나는 여기에 대해 여전히 총체주의적인 것의 흔적이 남아 있는 행동방식이라고 말하겠습니다. 명시적으로 내세우는 내용면에서는 총체주의적 세계관에 반대하는 것으로 드러날지라도 말입니다. 저항이란 말입니다, 자신의 법칙을 명목상의 그리고 주어진 사실들에 의해 처방되도록 하지 않는 것입니다. 그리고 이런 한에서 저항은 대상들과의 가장 밀접한 접촉 속에서 대상들을 초월하는 것입니다.

하지만 이런 한에서 깊이의 개념에는 언제나 본질과 현상의 차이가 역시 설정되어 있는 것입니다.— 바로 이 점 때문에 내가 여러분에게 말하려 한 바를 본질과 현상의 차이에 연결시켰던 것입니다만.— 그리고 그 차이는 오늘날 예전보다 더 크게 벌어졌습니다. 분명히 깊이라는 개념은 여전히 내가 지난 시간에 사변적인 것이라고 지칭한 그런 계기와 모종의 관계가 있습니다. 나는 사변 없이는 깊이와 같은 무엇이 존재하지 않는다고 생각합니다.— 그렇다면 철학은 정말로 단순한 기재Deskription로 변질되겠지요. 이런 사실이 사태를 얼마만큼은 해명해 줄 수도 있겠습니다. 전적으로 이 경우에 해당하는 것, 순전한 존재자에 대한 사유의 이러한 사변적 과잉은, 이 과잉은 사유에서의 자유의 계기이며 그리고 단지 자유를 위하여 편을 들기 때문에, 그것이 우리가 가지고 있는 약간의 자유이기 때문에, 그런 까닭에 동시에 또한 사유의 행복이기도 합니다. 그러므로 사변적 과잉은 자유의 계기입니다. 왜냐하면 이 계기로 인해 주체의 표현욕구가 관습적이고 흐름이 정해진 표상들을, 그런데 주체는 바로 이런 표상들 가운데에서 움직이지요, 그런 표상들을 무너뜨리고 스스로를 유효하게 만들기 때문입니다. 그리고 표현에 설정된 한계를 안으로부터 무너뜨리는 것, 또 자신이 지금 발 딛고 있는 삶의 외관을 무너뜨리는 것, 이 두 계기들은 정말이지 그냥 똑같은 것이라고 해도 됩니다. 방금 내가 여러분 앞에서 죽 늘어놓은 것, 이것이야말로 참말이지 철학적 깊이에 해당할 것입니다. 주관적으로 말해 그렇다는 것이지요.— 다시 말하자면 정당화로서 아니면 고통의 온건주의로서가 아니라 고통의 표현으로서 그렇다는 것인데요, 이런 고통의 표현은 표현으로 되는 가운데, 그 표현이 고통 자체를 더욱 그 자체의 필연성 속에서 파악해낸다고 하겠습니다. 철학은 특정한 의미에서 보면 바로 이런 것입니다. 한마디로 세계의 고뇌, 세계의 고통을 언어로 가져가는 것, 고통을 표현하는 것이지요. 그런데 사람들은 일반적으로 철학이 그러함을 거의 알아채지 못하고 있습니다. 철학자들 역시 마찬가지인데요, 이 점을 지적하고 아쉬워했던 게오르그 짐멜Georg Simmel[179]은 정당했던 것이지요. 그리고 타소Tasso의 문장이 있는데요, 인간이 고통 속에서 말을 잃게 되면, 신이 그에게 그가 고통받는 것을 말하게 해준다[180]입니다.— 문학과 철학이 맺는 어떤 연관, 하나의 직접적인 연관을 아주 제대로 담아내고 있는 문장이 아닐 수 없습니다.[181]

170) 1965년에 쓴 용어사전 Gesellschaft 항목 참조. "이데올로기들은 한때 접착제 노릇을 했는데, 이 접착제는 한편으로는 그 자체로서 압도적으로 현존하는 관계 속으로, 그리고 또 다른 한편으로는 인간의 심리 속으로 스며들었다. 지금 관건이 되는 인간이라는 개념이 한갓 부속품으로 되는 인간을 옹호하는 이데올로기로 된 까닭에 현재와 같은 상황에서는 문자 그대로 인간들 스스로가 뭐 달리가 아니라 지금 그 꼬락서니대로 존재하는 가운데 불합리하기가 명백함에도 불구하고 잘못된 삶을 영속하려고 획책하는 이데올로기라고 말해도 크게 과장하는 것이 아닌 일로 된다"(GS 8, S.18).

171) 1794년의 Grundlegung der gesamten Wissenschaftslehre의 §1를 의미함. "우리는 인간적 지知의 절대적-제1의적, 전적으로 무조건적인 원칙을 찾으려 한다. 그것이 절대적-제1의적 근본명제라면 증명되거나 규정되지 않을 것이다. 그것은 우리 의식의 경험적 규정 하에서는 드러나지 않고 드러날 수도 없다. 하지만 그것은 모든 의식의 바탕에 놓여 있으며 그리고 하지만 그 의식을 가능하게 만드는 그런 실행들을 표현해낼 것이다. … 어떤 학설의 정점에서 이런 실행의 서술을 생각해보면, 그것은 대략 다음과 같이 표현될 수밖에 없을 것이다. 자아는 본래 전적으로 자기 자신의 존재를 설정한다"[Fichte, Sämtliche Werke, a.a.O.(주 66), Bd.I, S.285 그리고 292].

172) 헤겔은 이 표현을 여러 차례 사용하였다. '살아 있는 예술작품'에 대한 『정신현상학』 부분 참조. "예술종교의 축제에서 신에게 가까이 가는 민족은 자기의 국가와 국가의 행위를 자기 자신의 의지이며 행위로 알고 있는 인륜적인 민족이다. … 빛이라는 단일하고 형체 없는 신의 종교에서는 축제가 그의 참가자에게 베풀어주는 것이란 기껏해야 그들이 신에게 선택된 민족이라는 정도 이상의 것이 아니다. 즉 축제가 참가자에게 베풀어주는 것은 민족으로서의 존립과 단일신이라는 것뿐이어서 현실의 자기가 주어지기는커녕 오히려 유기될 뿐이다. 왜냐하면 그들은 신을 공허한 심연으로서 존경할 뿐, 정신으로서 존경하는 것은 아니기 때문이다"[Hegel, Werke, a.a.O.(주 10), Bd.3, S.525 / 임석진 옮김, 『정신현상학 2』, 274-275쪽].

173) 창조에서의 선과 악 그리고 피조물의 고통과 관련하여 창조주를 정당화하는 신정론의 문제는 그리스 안티케나 성경에 안 나오는 것은 아니지만, 일반적으로 라이프니츠의 1710년 작 Essais de théodicée sur la bonté de Dieu, la liberté de l'hommé et l'origine du mal에서 확정되었다. 라이프니츠는 이렇게 주장하였다. "셀 수 없이 많은 가능한 세계들이 있어 그중에서 신이 최상의 것을 골라야만 했었는데, 그가 아무 일도 안 한 것이다. 최고의 이성에 합당하게 행동한 것 말고는 하지 않았다. 이 주장을 논박할 수 없게 된 반대자는 아마도 … 죄나 고통이 없는 세계도 가능했을 수 있지 아니하냐고 반대주장을 할 것이다. 하지만 나는 그럼 더 나았을 것이라는 주장을 반박한다. … 이 세상에서 발생하는 가장 사소한 악이라도 그것이 이 세상에 없다면, 그렇다면 그것은 이 세상을 선택한 신에 의해 모든 것이 계산되어져 최상의 것으로 판단된 이 세상이 더 이상 아닌 것이다"(Gottfried Wilhelm Leibniz, Philosphische Schriften, Band II, I. Haelfte, hrsg. und uebers. von Herbert Herrring, Darmstadt 1985, S.221). Fritz Mauthner가 냉소적으로 지적한 바 있듯이 라이프니츠의 낙관론적 체계가 토론을 주도한 것은 1755년 리스본에서 발생한 지진으로 재차 중단되기까지 채 50년이 안 된 터였다(NaS IV·13, S.273f. 참조). 볼테르의 Candide와 칸트의 논문 Über das Mißhandlung aller philosophischen Versuche in der Theodizee(1791)는 이러한 종지부에 내린 문학적 봉인에 해당한다. 비록 헤겔이 세계사를 '참된 신정론, 신의 정당화'의 반열에 올려놓음으로써 [Hegel, Werke, a.a.O.(주 10), Bd 12. Vorlesung über die Philosophie der Geschichte, S.540. 강조는 편집자] 신정론을 다시 구출하려 시도하였지만, 여전히 쇼펜하우어의 어두운 비관주의가 명백하게 드러나는 것이다. "고통에 시달려서 겁먹은 존재들이 비틀거리며 모여든, 한 사람이 다른 사람을 먹어치우는 것을 통해서만 존재하는 이 세계에서는 이리저리 잡아뜯어내는 동물들은 모두 다른 살아 있는 수천의 무덤이며 그의 자기보존은 고문사의 연쇄고리이다. 그렇다면 이곳에서는 인간에게서 최고점에 도달한 인식, 더 차원 높아질수록 더 지적으로 되는 인식과 더불어 고통을 느끼는 능력도 성장하는 것이다.— 이런 세계에 사람들은 낙관주의의 체계를 적응시키고 그것을 우리에게 가능한 것들 중 최상의 세계라고 설득하려 한다. 부조리하기 이를 데 없는 일이다" [Schopenhauer, Sämtliche Werke, a.a.O.(주 164), Bd II. Die Welt als

Wille und Vorstellung II, Darmstadt, 1980, S.744]. 이것은 18세기와 19세기였다. 20세기에 아도르노는 리스본 지진을 상기하면서 이렇게 쓴다. "제1의 자연이 불러오는 파국은 조망할 수 있는 것으로서 제2의, 인간의 상상력에서 벗어나는 사회적인 파국과 비교하였을 때 그리 대단한 것이 아니었다. 그것은 인간적인 악으로부터 명실상부한 지옥을 마련해놓고 있었다. 형이상학에의 능력이 마비되어 버린 것이다. 왜냐하면 일어난 일이 사변적이고 형이상학적인 사유에서 체험과 일치할 토대를 무너뜨렸기 때문이다"(GS 6, S.354). 신학자들 그들 중 대단히 완벽한 틸리히가 신정론에 대한 물음을 계속 제기한다고 하더라도 그럴 것이다 [Paul Tillich, Systematische Theologie I/II, 8.Aufl.(photomechan. Nachdruck), Berlin, New York 1987, Bd.I, S.309ff]. 아우슈비츠 이후에 철학한다는 것은 오직 부정 변증법으로서만 가능하다. 아도르노의 철학을 반-신정론 그 자체라고 특징 지어도 무방할 것이다.

174) 먼저 쇼펜하우어 철학 전체의 제스처를 생각해볼 수 있을 것이다. 하지만 또 Die Welt als Wille und Vorstellung의 Ergänzungen zum vierten Buch에서 볼 수 있는 다음과 같은 구절 역시 생각해볼 수 있다. "오늘날 철학 교수들이 온통 라이프니츠를 그의 허튼 생각도 묶어 다시 불러일으켜 세우려고, 심지어는 숭배하려고 갖가지로 노력하면서 다른 한편으로는 칸트를 가능한 평가절하하고 옆으로 밀쳐놓으려고 애쓰는 것은 사는 것이 먼저라는 아주 좋은 근거에서이다. … '사는 것이 우선이고 철학은 그다음이다.' 칸트는 아래로 내려오고 우리의 라이프니츠 만세!— 그러므로 이 사람에게로 되돌아가면서 나는 신정론에, 그런 성질의 낙관주의를 방법론적으로 그리고 광대하게 펼치는 것에 대해 그 누구도 아닌 바로 그에게 공로를 돌릴 수 있다. 후일 저 위대한 볼테르의 불멸의 작품 Candide가 나오도록 단초를 제공한 것이다. 이를 통해 물론 그토록 자주 반복되는 세상의 악에 대한 라이프니츠의 빈약한 변명, 즉 이른바 그사이 나쁜 것이 좋은 것을 불러들였다는 주장이 그로서는 예기치 않은 증거를 확보하게 되었다고 하겠다. 이미 그 주인공의 이름을 통해 볼테르는 낙관주의의 이면을 인식하기 위해서는 성실함이 필요할 뿐임을 넌지시 알리고 있다. 참으로 이 죄악, 고통 그리고 죽음의 전시장에서 낙관주의가 사람들이 그 낙관주의를 역설로 간주해야 할 만큼 기이한 인물을 만들어냈다면, 흄이 그토록 흥분하면서 발견해낸 낙관주의의 비밀스런 원천에서 (말하자면 비

위 맞추는 아첨이지만 인물의 성공에 모욕적인 신뢰가 섞인) 그 기원에 대한 충분한 해명을 갖게 되지는 않을 것이다"[Schopenhauer, Saemtliche Werke, a.a.O.(주 164), Bd.II, S.746f.].

175) 특정한 그림에 대한 제목으로는 확인되지 않음.

176) 문필가 Ernst Wiechert(1887-1950)를 말함. Einfaches Leben(처음에는 1939년에, 그리고 1957년에 in: Wiechert, Sämtliche Werke in 10 Bdn., Bd.4, Wien u.a.에 수록된)이라는 제목의 소설의 필자. 앞의 문장은 이 제목에 빗댄 것임.— Wiechert는, 그렇게 간단히 정리될 만한 사람은 아닐 터인데, 제3제국에서 그 밥맛없는 '민족적' 출발과 완전히 결별하고 개인적으로 가장 용감한 나치의 반대자 중 한 사람이 되었다. 그는 거의 자발적으로 체포당해 강제수용소에 갇히게 되었다고 할 만하다(Wiechert, Der Totenwald, Ein Bericht, Zürich 1946. Sämtliche Werke, a.a.O., Bd.9 참조). 그의 후기작품 그중에서도 두 권짜리 소설 Die Jerominkinder(1945, 1947. Sämtliche Werke, Bd.5)는 '내적' 망명의 몇 안 되는 존경할 만한 증거에 속한다. 그렇다고 Wiechert에 대한 Jean Amery의 비판이 약화되는 것은 아니다. 단순한 삶에 대한 그의 열망은, 같은 제목으로 출간된 그의 작품에서뿐 아니라 그의 여타의 저술들에서도 우리에게 전달하려고 시도되는데, 피서객의 제대로 고전적인 환희인바, 이런 피서객은 늙은 농부의 궁색한 말더듬을 그 자체로 —우직해서 발음이 불분명하게 된 것— 인식하지 않는다. 오히려 무르익은 지혜라고 본다. Wiechert는 '지구가 모든 상처를 치유할 것이라고' 진지하게 믿었다(Jean Amery, Bücher aus der Jugend unseres Jahrhunderts. Mit einem Vorwort von Gisela Lindemann, Stuttgart 1981, S.45).

177) 본래 경건주의자들을 지칭하는 (그들 스스로 부여한) 용어였다. Dichtung und Wahrheit 참조. "분파주의자, 경건주의자 헤른후터파, '시골에서의 고요' 등이 생겨났지요, 뭐 또 다르게 일컫거나 이름을 갖다 붙여도 말입니다, 모두가 그저 신에게 가까이 가고자 하는 의도일 뿐이지요. 특히 그리스도를 통해서 공적인 종교의 형태로 가능하다 싶은 정도보다 더 가까이 신에게 접근하겠다는 의도입니다"(Goethe, Werke, Hamburger Ausgabe, hrsg. von Erich Trunz, Bd.IX. Autograohische Schriften, I. Bd., hamburg 1955, S.43). 아도르노에 의해 Wierchert라는 인물의 이데올로기적 혼란에 적절히 원용되었다.

178) 원래는 단순히 'yes'를 뜻하는 비속어임. 지난 세기 70년대부터 당시 한창 인기를 얻기 시작한 록 음악 그룹 Beat에 대한 일종의 승인시그널로 되다가 나중에는 청년 세대의 그리고 곧 국제적으로 확산된 '팝 문화계'의 시그널이 되었다. 비틀즈의 레파토리에 속하는 노래 중에 이 'Yeah'가 나열되면서 연이어 등장하는 것을 참조하라. "She loves you / Yeah, yeah, yeah / She loves you / Yeah, yeah, yeah."

179) 확인되지 않음.―『부정변증법』도 참조. "아포리아적 철학개념들은 사유에 의해 해결되지 않은 것이 아니라 객관적으로 해결되지 않은 것의 상처이다. 모순들을 개선불능의 사변적 완고성 탓으로 돌리는 것은 책임전가일 것이다. 철학은, 사람들이 자신의 역사에서 인류의 괴로움을 얼마나 알아차리지 못하는지 놀랍다고 하는 게오르그 짐멜의 인식을 수치스러움 때문에 묵살할 수 없다"(GS 6, S.156 / 홍승용 옮김, 23쪽).

180) "한 가지만 남아 있을 뿐이다. / 자연은 우리에게 눈물을 주었다, / 고통의 외침을, 만일 그 남자가 끝끝내 / 고통을 더 이상 견디어 낼 수가 없다면 ―그리고 나에게는 모든 것에 대해 그렇다― / 눈물은 내가 그 아픔 속에서 멜로디와 말로 / 내 고난의 그 깊은 가득함을 하소연하도록 해준다 / 인간이 고통 속에서 말문이 막히면, / 내가 얼마나 괴로운지 말할 신을 내게 달라" [Goethe, Werke. Hamburger Ausgabe, Bd.V. Dramatische Dichtungen, 3.Bd., hamburg 1952, S.166(Torquato Tasso, V, 5. v. 3426ff.)].

181) 이 열 번째 강의로 녹음테이프 채록은 끝난다. 그 후 이어지는 강의는 아도르노가 강의 전에 작성해서 손에 들고 강의를 했던 핵심용어들의 형태로만 전해진다. 이 용어들이 『부정변증법』의 서문을 작성하면서 쓴 수고와 전반적으로 관련을 맺고 있는 까닭에(주 156 참조) 핵심용어의 왼쪽에 수고의 해당되는 부분을 배치하여 수록하였다. 수고 전체는 부록으로 달았다(345쪽 이하 참조).

**Vorlesung über
Negative Dialektik**

이제 우리는 아도르노가 강의를 위해서 작성해둔 핵심용어들로 11강에서 25강에 이르는 강의들을 대신 해야만 한다. 테오도르 W. 아도르노 자료실에 일련번호 Vo 11031-11061로 정리되어 있다. 이 자료를 통해 강의가 어떻게 진행되었는지 제대로 재구성해볼 수 있음은 사실이지만 그래도 전반적으로 아도르노의 주장에 대해 해명하는 바가 비교적 적은 것도 사실이다. 그래서 왼쪽 페이지에 아도르노가 작성해둔 원고(부록으로 실린 논문「정신적 체험 이론을 위하여」, 345-391쪽: 옮긴이)에서 그 용어들에 비견되는 부분을 발췌해 짝 맞추어 실었다. 이런 편집으로 아도르노의 주장이 해명되는 경우가 더욱 늘어나기를 바란다(주 181 참조: 옮긴이).

핵심용어 모음

(9) 왜냐하면 고통이란 주체에 하중이 걸리는 객관성의 무게이기 때문이다. 가장 주관적인 것으로서 주체가 체험하는 것, 그것의 표현은 객관적으로 매개되어 있다. 이 점은 철학에서 서술Darstellung이 [11] 사소하거나 외적이지 않고 그 철학의 이념에 내재적이라는 사실을 해명하는 데 도움이 될 수 있다. 철학에 본질적인 표현계기, 개념적이지 않고 미메시스적인 계기는 서술 ―언어― 을 통해서만 자신을 밖으로 드러낼 수 있다. 철학의 자유는 자신의 부자유가 목소리를 낼 수 있도록 도와주는 능력에 다름 아니다. 표현계기가 그 이상인 척 우쭐거리면, 이 표현계기는 세계관으로 타락해버리고 만다. 철학이 표현계기와 서술에의 의무를 포기하면, 철학은 과학과 하등 차이가 없게 되어 버린다. 원래 철학은 과학을 반성하면서 과학을 넘어서는 폭넓은 사유를 진행해야만 하는 것인데 말이다. 표현과 논리정연함은 이분법적으로 갈리는 철학의 가능성들이 아니다. 그들은 서로 상대를 필요로 하며, 상대가 없으면 이쪽도 없는 것이다. 표현은 사유가 표현을 붙잡고 그렇게 하듯 끝을 볼 때까지 움켜쥐고 담금질해야 하는 사유를 통해 자신의 우연성에서 벗어난다. 표현을 붙잡고 실랑이하는 사유는 표현을 통해, 언어적 서술을 통해 비로소 구속력을 지닌다. 느슨하게 말해진 것은 항상 불충분하게 사유된 것이다. 표현 속에서 논리정연함이 탈취되는바, 표현된 것에서 쥐어짜지는 것이지 표현된 것을 대가로 하는 자체 목적이 철학적 비판의 대상이기도 한 물적 외화로부터 탈취되는 것이 아니다. 관념론적 하부구조를 갖지 않는 사변철학은 관념론의 권위주의적 행패를 분쇄하기 위해 논리정연함에 대한 충실성을 요구한다. 『파사젠베르크』 초안에서 비할 데 없는 사변적 능력과 해당사실에 대한 미시적 접근을 결합한 벤야민은 (10) 나중에 이 작업의 첫 단계, 형이상학적인 층위에 대해 편지에서 이렇게 밝힌 바 있다. 그것이 "용납될 수 없을 만큼 '문학적인 것'으로서만" 제압될 수 있는 성질의 것이었다고. 이러한 항복은 옆길로 새지 않으려는 철학의 어려움을 말해주면서 아울러 철학의 개념을 계속 추동시켜야 하는 지점이 어디인지를 밝혀준다.

핵심용어들

(9) 가장 주관적인 것, 표현Ausdruck, 객관적으로 매개되어서, 바로 고통을 통해서인데, 이 고통 속에 세상 돌아가는 이치의 형태가 들어 있음.

그러므로 철학에서 서술Darstellung은 외적인 것이 아니다. 철학의 이념에 내재적인 것이다. 철학은 서술이 없다면 자신에게 본질적인 표현의 계기를 파묻어 버리게 된다.

서술만이 개념적인 계기의 대척점에서 미메시스적 계기에 부응한다.

서술은 부자유를 발설한다.— 존네만Sonnemann.[182] 비중 있는 철학자가 아니라면 비중 있는 저술가도 아니다. 하지만 표현을 실체화해서는 안 된다.

실증적인 계기로서, 고립된 계기로서 표현은 세계관으로 변질된다. 내맡겨진 것das Geweihte. 아니면 방기된 채로, 독립된 문체.

서술에 의거하는qua 표현이 없다면 철학은 과학으로 주저앉는다. 속물적인 것. 여기가 강단철학에 대한 비판이 시작되는 지점.

표현 + 엄격함은 이분법적 가능성들이 아니다.

이 둘은 서로 상대를 필요로 하며, 상대가 없으면 안 된다.

표현은 사유에 의해 그 우연성에서 벗어난다. 순전한 직접성으로서의 표현 자체. 사유 또한 표현 속에서 적확하게 된다.

이 격언을 정지된 변증법적 유물론의 도그마적 수용, 그러 한에서 다시 금 세계관으로의 수용과 [12] 충분히 관련지어 볼 수도 있는 일이다. 하지만 벤야민이 파사주이론의 최종 판본을 완성시킬 수 없었다는 사실은 철학이 아직 그래도 어떤 존재이유를 가지고 있다면, 전통적으로 거짓 약속된 절대적 확실성에 대한 답변으로서 자신을 총체적 실패에 그대로 노출시키는 곳에서일 뿐임을 경고한다. 벤야민이 자신 자신의 관념을 대하는 패배주의는 신학적 단계에서부터 유물론적 단계에 이르기까지 그가 끌고 들어간 비변증법적 실증성의 잔재에 발목이 잡힌 결과였다. 형식적으로 보자면 아무런 변화가 없는 이동이었다. 헤겔은 부정성을 주체 그리고 관념과 동일시하는데, 과학의 실증성으로부터 그리고 특이한 것의 우연성으로부터 철학을 보호하려고 하는 관념과 부정성의 동일시에는 체험의 핵이 들어 있다. 사유란, 그 자체로서 이미, 그 모든 특수한 내용에 앞서, 부정이고 자신에게 밀려드는 것에 맞서는 저항이다. 이런 관계설정을 사유는 자신의 원형Urbild에 해당하는 노동이 자신의 재료와 맺는 관계에서 취했다. 오늘날 이데올로기는 그 어느 때보다도 관념이 실증성으로 빠지도록 부추기고 있는데, 이 이데올로기는 실증성이 사유와 대립하므로 관념을 실증성에 길들도록 하기 위해 사유가 사회적 권위의 친절한 위로를 받을 필요가 (11) 있음을 낱낱이 드러내는 영리함을 발휘하고 있다. 수동적인 직관에 대한 상대역으로서 사유라는 개념 자체에 함축되어 있는 긴장은 이미 그 개념의 부정성이며, 모든 직접성에 의해 수동적으로 감당하라고 개념에 요구된 것에 대한 반발이다. 사유에 대한 비판 역시 사유형식 없이는 안 되는바, 판정Urteil과 추론Schluβ을 비롯한 사유형식들은 그 안에 비판의 싹을 보유하고 있다. 이들 사유형식들의 규정성은 동시에 사유형식에 의해 도달하지 못한 것의 배제이며 그리고 사유형식들이 형식에 의거하여 요청하는 진리는 동일성에 의해 주조되지 않은 것을 비진리라고 하면서 부정한다. 어떤 것이 어떠하다는 판정은 주어가 술어와 맺는 관계가 판정 [13] 에 표현되어 있는 것과 다르다는 사정을 잠재적으로 거부한다.

이에 대해서는 헤겔.— 표현을 실현한다는 것은 표현을 강하게 만든다는 뜻으로서 표현 속에서 논리정연함이 실현되는 것이다.— 정확한 표현을 찾기 위해 사유함.

반대로 표현은 논리정연함의 물화, 주관적인 동참에 맞서서 독립하는 물화에 대한 교정자이다.

논리정연함에 대한 신의Treue가 표현을 필요로 한다. 논리정연함의 이데올로기적 괴물Unwesen을, 사유 자동주의의 독단을 파기하기 위해서.

(10) 문학적인 것과의 혼합에 대한 반대. 벤야민의 파사주 기획들[183]

벤야민의 단념Absage에 들어 있는 투항의 위험: 정지된 그리고 정지되어 비변증법적으로 된 유물론의 차용.

철학적 의기소침함 이면에 도사린 비변증법적 실증성의 잔재. 신학적 단계에서 유물론 단계로 끌려져 들어간 벤야민.

부정성과 주체를 동렬에 놓는 헤겔. 과학의 실증성 그리고 개별자의 우연성에 대항하여— 이와 같은 등치에는 경험에서 우러나는 핵심이 들어 있다. 사유란 그 어떤 특별한 내용보다도 먼저 부정하는 것이요, 저항이다.(그래서 수용성과 사유를 구분하는 긴장의 계기를 말하는 것. 이 점에서 사유는 자신의 원형인 노동과 닮아 있다. 이 노동 역시 동시에 부정적이다.)

실증성 그 자체, 설정된 것, 그렇게 존재하는 것은 사유에 역행한다.

(11) 판단과 추론 등 논리적 작업들은 모두 내부에 비판적 싹을 포함하고 있다. 논리적 형식들의 규정성은 그 형식들에 의해 도달되지 않은 것의 배제이다. 부정으로서 "배제된 제3자의" 논리.

논리적 형식들이 당연히 요구하는 진리는 동일성에 의해 각인 사유형식들은 그냥 지금 있는 것, '주어진' 것에서 더 나아가고자 한다. 여기에서 헤겔은 영감을 얻었다. 현재 있는 것의 압력을 주체와 동렬에 놓는 동일성 테제의 힘을 빌려 그냥 지금 있는, 주어진 것을 다시금 망가뜨려 놓았을 뿐이긴 하지만. 오로지 정신적으로 된 자연지배만이 사유형식 속에서 사유의 재료Material를 거슬러 저항하는 것이 아니다. 사유가 재료에 진테제를 적용하면서 폭력을 가하지만, 이는 동시에 사유가 자신의 상대역에 잠복해 있는 잠재적 가능성에 따르는 것이며, 동시에 자신이 박살낸 조각을 원상회복하라는 이념에 무의식적으로 순종하는 것이다. 철학에서는 이러한 무의식적인 것이 의식된다. 화해되지 않은 사유에는 화해에 대한 희망이 실려 있는바, 순전한 존재자에 대한 사유행위의 저항, 주체의 기세등등한 자유는 객체가 객체로 되는 채비를 차리느라 객체에게서 잃어버린 것 역시 그 객체에게서 생각해 내기 때문이다.

되지 않은 것을 비진리라고 하여 부인한다. 사유는 선험적으로 비판이다.

"함축된 부정성". 무엇이 어떻다는 판단은 주어와 술어의 관계가 판단에서와는 다르게 표현되는 것을 잠재적으로 차단한다. 함축되어 있는 부정성이 밖으로 드러나야만 한다.

사유의 형식들은 선험적으로 계속하여, 그저 존재하는 무엇으로서, 있으려고 한다. 진테제는 부정이다.

자신의 재료Material를 거스르는 사유의 저항은 단지 정신적spirituell으로 된 자연지배만이 아니다.

진테제들이 객체에 폭력을 가하는 동안, 이 진테제들은 아울러 동시에 객체 속에서 기다리고 있는 잠재된 가능태를 따른다.

이 잠재태는 자신이 부수어 놓은 파편 조각들에서 무의식적으로 원상회복184)의 이념을 목표로 한다. 철학은 이런 무의식적인 것의 의식Bewußtsein이다.

추동력? 자연? 유토피아? 화해되지 않은 사유에 화해에 대한 희망이 짝을 이룬다.

_1965년 12월 14일

(11) 철학의 이런 점을 베르그송과 후설 세대 철학자들의 숨겨진 소망, 의식내재와 체계의 속박을 끊고 나오려는 소망으로 해석할 여지는 있다. 그런데 그들의 탈출은 일관성이 없어 실패로 돌아갔다. 횔덜린식의 (12) "탁 트인 곳Offenes"으로 치고 나감을 구속력 있게 실행하는 그런 전통을 잊지 않으면서 그 전통과 결별하는 철학에서라야 가능할 것이다. 일단 비판철학이 주관적 반성을 통해 철학의 직접적인 지향성直志向, intentio recta에서 그 순진한 도그마를 박탈하면, 그러면 제2차 반성운동에서는 예의 저 순진성이 제거된 직접적 지향성intentio recta이 다시 획득되어질 수 있으리라. 왜냐하면 그 어떤 주관성의 형태라 하더라도 어떤 식으로든 규정된 객관성을 늘 거듭하여 전제하고 있기 때문인데, 이런 규정된 객관성은 사유가 간접적인 지향성斜志向, intentio obliqua의 모델에 따라 유일무이하게 성사시켜야 하는 것이거나 아니면 인식에 보증해야만 하는 것이다. 철학이라면 대상들을 나쁜 자명성으로 굳어져버린 처리규칙에 따라 미리 정리정돈하지 말고 대상들에 대해 심사숙고해야 할 것이다. 20세기 초반 몇십 년 동안 [14] 철학적 사유가 강령적으로 외친 구체화Konkretion는 이데올로기였다. 왜냐하면 철학은 구체를 항상 그것의 상위개념을 통해 표본처리하고 그러고는 의미심장하다고 추켜세우며 느긋해하였기 때문이다. 이와 달리 제2차 반성은 소리 없이 진행되는 추상화과정들을 그 나름으로 대단히 구체적인, 즉 사회의 추상적인 법칙성에 의해 사전에 정해진 구체들 속에서 비판적으로 도출해내야만 한다. 또 다른 한편으로 제2차 반성은 디테일에 대한 심리유보Mentalreservat가 없다면 길을 잃고 말 것인데, 디테일의 소재성 그 이상인 것은 단지 그 디테일 속에만 있고 싶어 하지 디테일의 위로 튀어나오고 싶어 하지 않는다는 사실을 알기 때문이다. 사안으로Zu den Sachen라는, 후설이 그저 선언해놓기만 한 구호는 사안들이 인식론적 범주들에 의해 대체되는 일이 없다면, 실행에 옮겨질 수 있기는 하다. 여기에서 신기루를 쫓아가면 안 된다. 벤야민이 말년에 『파사젠베르크』 텍스트를 순전히 인용들로 짜 맞추려 마음먹도록 그를 유혹한, 개념 없이 철학하기의

(11) 후설과 베르그송이 의도했지만 부질없었던 의식의 내재와 체계로부터의 탈피는 "탁 트인 곳"에 도달하는이라는, 횔덜린이 즐겼던 (12) 표현[185])으로 설득력 있게 재구성될 수 있다.

제2차 반성을 통해 직지향성直指向, intentio recta을 다시 회복하는 것. 왜냐하면 주체는 항상 언제나처럼 규정된 저 객관성, 오직 철학자만이 구성해야 한다고 하는 객관성을 역시 전제하기 때문이다. 여기에서 핵심 쟁점 제시. 나는 존재하면서, 추상이다.

구체적인 것이라는 개념과 구체적인 것 자체의 차이. ([첨가186])에서) 이에 반해 제2차 반성은 눈에 보이지 않는 추상화 과정들을 구체화 속에서 도출해내야 한다.

또 다른 한편으로 심리유보 없이는 디테일들에서 자신을 잃게 됨.

후설에게서 언제나 그저 인식론적인 구조들이기만 한 '사안 자체로'를 온전히 실행하는 것. 나의 재료적materialen 작업들은 여기에서 위로부터 ―그래서 오류인― 전개된 부정변증법의 원금을 되돌려받으려는 시도이다.

(13) 반복. 부정변증법 이념. 개념들의 짜임관계를 통해 무개념자를 해명하는 것.

_1965년 12월 16일

함정에 빠져서는 안 되는 것이다. 방점이 찍힌 개념 없이는 디테일이 구축되지 않는다. 전통적인 철학과의 차이는 방향성의 차이다. 전통철학은 개념으로의 상승을 암묵적인 이상으로 가지고 있었다. 이러한 이상에 따라 철학의 재료들이 선별되고 사전 예약된 편대編隊로 정렬되었다. 그렇게 하지 말고 개념들의 짜임관계Konstellation에서 무개념자가 해명되도록 (13) 개념들이 수합되어야 했을 터이다.

(13) 목표라고 한다면, 철학이 자구 그대로의 의미로 제시된 개별자에서 상승하는 일일 터인데, 이런 목표는 관념이 스스로 설정하는 것이다 그렇듯이 관념이 실천으로 이전되지 않는 한 도달 불가능한 것이다. 개념들 말인데, 철학은 이 개념들을 사용해야만 한다. 자의적인 행위를 이행된 것과 혼동하지 않으려면 말이다. 철학이 디테일들에 가져가는 문제제기들을 철학은 전통의 현안 단계에서 받아들이게 되는데, 그렇다고 해서 대상들로부터 동떨어진χωρίς 상태로 고정시키지는 않는다. 대신 개념들의 순전한 대자존재에서 즉자를 갖는다는 망상에 진저리를 치면서 철학은 대상들 속으로 파고든다. 전통의 상황 자체를 [15] 여하튼 철학은 역사적으로 현실적인 상황과 대질시켜야 하는바, 그러면 이론은 더 이상 추론이 아니라 개념적인 계기들 서로서로의 관계로 될 터이다. 이 관계는 그 중심을 해소할 수 없는 것의 해소에, 혹은 칼 하인츠 하아크의 말대로 "반복될 수 없는 것" 속에 갖게 된다. 이론은 이론을 그 유통되는 형태 속에서 폐지시키기 위해 전제되고 사용되어진다. 변화된 이론의 이상Ideal이라고 한다면 이론의 소멸일 것이다. 엄호되지 않은 것das Ungedeckte을 향한 지향志向은 어떤 열린 혹은 완결되지 않은 변증법에 대한 지향보다 더 심한 논란거리이다. 논리적-형이상학적 동일성원칙을 적출해내기는 했는데, 그 다음에는 그럼 대체 무엇이 사안과 개념의 변증법적 움직임을 촉발시키는지 열린 변증법은 더 이상 제대로 제시할 수 없다. 열린 변증법에서는 관념론적 변증법의 부정적인 진리계기가 가볍게 무시된다. 의식이 —의식만 그런 것은 아니지만— 벗어나고 싶어 하는 객관적인 지옥기계 machine infernale가 무시되는 것이다. 그런데 의식은 그 지옥기계를 무시하면서 그 기계에서 벗어나고 싶다는 생각을 해서는 안 된다. 그 기계를 파악하면서 그런 희망을 가져야 한다. '변증법의 강압외투'라는 오래된 비난에 대해 헤겔은 맞서 옹호하는 입장을 유지했다. 그것은 세계의 강제겉옷이다. 전도된 본질에 대한, 차단되었음에 대한 완화되지 않은 의식을 통하지 않고는 열린 것das Offene은 사유될 수 없다.

(13) 아래에서 위로의 길, 분석. "경험주의 구제"

여기에서 문제는 전통의 현 단계로부터 주어지는 만큼이나 철학의 실제 역사적 단계로부터도 주어진다. 체험으로부터 동떨어진 것χωρίς이 아니다.

이론이 전제되고 이용되는 것은 일상적으로 통용되는 이론의 형태를 폐지하기 위함이다.

이론의 소멸이라는 이상.

전승되어오던 종결에 대한 요구가 없다는 단지 그런 의미에서의 "열린 변증법" 그 이상이어야. ― 질적 차이. 부정변증법에서는 범주들이 달라진다. 모델은 진테제. 이 진테제는 더 이상 상급 범주가 아니다. "전체는 참이 아니다."187)

"열린 변증법"에는 관념변증법의 부정적인 진리계기가, 그로부터 의식이 헤쳐 나오고자 하는 객관적인 지옥기계188)가 너무 적게 들어 있다.

강압성격은 무시될 것이 아니라 파악되어야 한다.

"변증법의 강압외투". 세계의 강압외투

차단됨에 대한 완화되지 않은 의식을 통해서만 개방된 것을 사유할 수 있음.

(14) 이런 방식으로 체계와 맺는 관계를 성격규정 지을 수 있을 것이다. 전통적인 사변은 칸트적인 토대 위에서 그 사변에 의해 카오스라고 표상된 잡다를 철학적 원칙을 통해 종합해야만 했고, 마침내 이 잡다가 그 자신으로부터 발전해서 통일체를 이루도록 도모해야 했다. 이것은 사태를 전도시킨 것이다. 철학의 궁극목적Telos, 열려 있고 엄호되지 않은 것, 징후들을 해석하는 데 아무런 방어기제 없이 그 징후들로 개방된 것을 받아들이는 철학의 자유, 이런 것들은 반反체계적antisystematisch인 것이다. 하지만 철학에 이질적인 것이 체계라는 이름으로 철학에 맞서 다가오는 만큼 철학은 체계와 관련해서는 주의를 기울여야 한다. 그런 경직된 체계성으로 관리된 사회는 접근해 가고 있다. 체계는 부정적인 [16] 객관성이지, 실증적 주체가 아니다. 체계들이 진지하게 내용들에 관련되던 때, 그 체계들을 관념시Gedankendichtung라는 의심적은 제국으로 몰아넣고 그 체계로부터는 단지 질서도식의 창백한 그림자만을 남긴 그런 역사적 단계가 지난 후에는 무엇이 과거 한때 철학 정신을 체계로 추동했는지 생생하게 표상하기 어렵게 되었다. 니체의 비판에 따르면 체계는 그저 결국에는 존재자에 대한 절대 권력을 개념적으로 구축함으로써 정치적 무력감을 보상하려는 학자들의 옹졸함을 증명할 따름이다. 하지만 체계적인 욕구, 즉 지식의 찢어발겨진 사지四肢, membra disiecta들에 만족지 않고 절대자에 도달하려는 욕구는 그런데 개별적인 판단 하나하나를 정확하게 내리는 가운데 이미 제기되어 있다고 보아야 하는데, 사실 거역하기 어려운 수학적-자연과학적 방법론에서 어줍잖게 결정된 정신의 사이비 형상Pseudomorphose 이상의 것이었다.

(14) 체계. 관념론적 체계는 사태를 거꾸로 세운 것.

철학의 최종목적telos은 열린 것, 은폐되지 않은 것이다.

철학은 절대적 주체로서 체계를 생산한다고 착각하지만, 철학은 체계를 객체로부터 넘겨받는다.

체계의 이념에 놓인 권리. 지식의 흩어진 파편들에 만족할 것이 아니라 전체에 덤벼들 것─ 비록 그 전체가 전체는 비진리라는 사실에 발목이 잡혀 있더라도.

_1966년 1월 6일

(14) 역사철학적으로 특히 17세기의 체계들은 보상적 목적을 가지고 있었다. 시민계급의 이해관계라는 의미에서 봉건질서 그리고 그것의 정신적 반성형태인 스콜라주의적 존재론을 파괴했던 이성ratio은 (15) 자기 자신의 작품인 파괴의 잔해들을 보고는 그만 겁을 집어먹고 말았다. 자신의 지배권 아래에 있으면서도 계속 위협적으로 존속하고 그리고 자신이 폭력을 가하면 거기에 비례해 강해지는 카오스 앞에서 겁이 덜컥 난 것이다. 이 두려움은 수세기를 통과하면서 부르주아 사유를 구성해온 행동방식에서 그 초창기부터 두드러지게 드러나는 특징인바, 해방의 발걸음을 질서를 강화함으로써 모두 철회시켜버리는 그 두려움이다. 불완전한 해방이 드리운 그늘 아래서 부르주아 의식은 좀 더 진보적인 의식에 의해 폐기처분당하지 않을까 두려워하지 않을 수 없다. 부르주아 의식은 자신이 완전한 자유가 아니기 때문에 자유의 왜곡된 이미지만을 불러일으킨다는 사실을 알아차린다. 부르주아 의식이 이론적으로 자신의 자율성을 체계로 끌어올려야 하는 데에는 이러한 사정이 있는 것이며, 이와 더불어 체계는 부르주아 의식의 강압메커니즘들에 닮아간다. 시민적 [17] 이성은 자신이 외부에서 부정했던 질서를 자기 자신에게서 끌어내 생산해내어야만 했다. 생산된 것으로서 이 질서는 하지만 이미 더 이상 질서가 아니며, 그러므로 충족될 수 있는 것이 아니다. 이처럼 부조리한, 합리적으로 설정된 질서가 체계였던 것이며, 즉자존재Ansichsein로서 등장하는 설정된 것Gesetztes이었다. 체계는 자신의 근원을 자신의 내용과는 분리된 형식적 사유 속에서 찾을 수밖에 없었다. 그러한 분리에 힘입어서만 체계는 재료에 대한 자신의 지배권을 행사할 수 있었다. 철학적 체계에서는 발생의 단초가 불가능성과 서로 얽혀들어 있었던 것이다. 바로 이 불가능성이 체계들의 초기 역사에서 어떤 한 체계가 다른 것에 의해 폐기되는 사태가 발생할 수밖에 없도록 하였다. 체계로서 자신을 관철시키기 위해 자신이 관련을 맺고 있는 것의 질적 규정들을 잠재적으로 지워버린 이성은 객관성을 파악한다고 사칭하면서 폭력을 가한 객관성과 화해불가능한 적대관계에 빠진다. 이성

(14) 체계들의 보상적인 목적. 봉건 질서와 그것의 정신적 반성형태를 파괴했던 이성ratio은 그 (15) 잔해들을 보고는 곧바로 카오스에 대한 두려움을 느꼈다. 이성의 지배영역에서 위협적으로 계속 머물면서 비례하여 이성에 고유한 폭력으로 상승한 것 앞에서 느끼는 시민계층의 정치적 두려움. 불완전한 해방이 보다 완전한 해방을 두려워함.

자유를 말하지만 제대로 자유가 아닌 것이 자유의 비틀린 상이나 불러오면서 실질적인 자유의 명예를 훼손한다. 따라서 그것은 이론에서 자신의 자율성을 체계로까지 상승시켜야 하는데, 이 체계는 동시에 그것의 강압메커니즘을 닮아 있다.

시민적 이성은 자기 자신으로부터 질서를 만들어내는 듯 꾸며댄다. 주체를 넘어선다고 그리고 심지어 낡은 (데카르트와 스콜라철학) 모델에 따른다고 부정했던 그 질서 말이다. 하지만 생산된 것으로서 그것은 이미 더 이상 질서가 아니며 그러므로 충족될 수 없는 것이다. 설정된 것Das Gesetzte은 결코 즉자존재자가 아니며, 그리고 오로지 설정된 것으로서만 체계는 그 이상이 되리라. 체계로서, 즉 사유연관으로서 설정된 것은 하지만 곧바로 즉자존재자가 될 수 없다.

설정된 것은 자신의 기원을 자신의 내용에 의해 산산조각 나은 객관성을 자신의 공리들Axiome에 점점 더 완벽하게 종속시키고, 그러다가 끝내 동일성의 공리에 종속시키게 되는데, 그러면 그 객관성으로부터 이성은 점점 더 멀어진다. 칸트 그리고 헤겔에서조차 나타나는 건축술적 장황함은 그들 체계의 프로그램과 매우 어울리지 않는 것인데, 이 모든 체계들의 좀스러움은 선험적으로 조건 지어진 실패의 낙인들이다. 칸트의 체계에서 드러나는 단절들이 이 실패를 가장 정직하게 드러낸다. 파악되어져야만 하는 것에서 개념의 동일성 때문에 멈칫 뒤로 물러나는 그 무엇, 이것은 이 개념이 비정상적으로 과도하게 일을 벌이도록 강요한다. 그런데 이는 사유산물의 완결성과 수미일관함에 그 어떤 의혹도 일어나지 않게 하기 위해서일 뿐이다. 위대한 철학은 백설공주 이야기에 나오는 여왕과 같은 편집증 열정에 사로잡혀 있다. 여왕은 왕국의 어느 구석에 자기보다 더 어여쁜 이가 ―타자가― 있음을 참아내지 못하고 온갖 생각을 (16) 다 짜내 그 예쁜 아이를 뒤쫓지만, 타자는 쫓아갈수록 더 멀리 뒤로 물러나는 식이다.

버린 형식적 사유에서 찾아야만 한다. 그렇게 함으로써만 그것은 자신의 재료에 대해 지배권을 행사할 수 있다.

체계 속에서는 이미 그 발생인發生因, Ansatz이 불가능성과 서로 뒤엉켜든다. 그래서 하나가 다른 하나를 잠식해버리는 것이다. 철학의 변증법적 역사는 철학에 고유한 부정성의 역사이다.

체계로서의 이성은 자신이 관여하는 것의 질적 규정들을 잠재적으로 근절시켜나가야 한다.

이성은 이성이 파악하고자 하는 것을 소멸시킨다. 이것이 체계의 이율배반이다. 현학Pedanterie은 이성의 상흔이다. 이에 대해서는 질質들에 관한 보론 *12 a

[첨가 *12 a] 질적인 것에 대하여

질을 양으로 환원시키는 것 ―사회적 그리고 자연적 과정들을 통제가능하게 만드는 것― 이 환원이 객체 자체에 의해 인식의 진보와 동렬에 놓여진다.

하지만 바로 이 과정이 추상화의 한 과정으로서 사안들로부터 멀어지는 것이다.

그리고 이 과정은 그 자체로서 오류인바, 교환하는 중에 질들이 그냥 사라지는 것이 아니라 동시에 남아 있게 되기도 하기 때문이다.

질들은 교환에서 해방된 사회과정으로 넘어가 남게 된다.

이 질들에 대하여 오늘날에는 이중적인 입장이다. 낭만적으로 그것들을 직접 가질 수도 없고, '삶' 말인데, 그 삶의 소멸을 인준할 수도 없다.

그것은 또한 사회적 가상이기도 하다. [첨가 끝]

파악되는 것에서 개념의 동일성으로부터 뒤로 물러나는 것은 그

개념이 별스러울 정도로 과장되게 자신을 드러내도록 압박한다. 그렇게 하는 것은 단지 거기에 빈틈이 없다는 사실에 대한 의심을 조금도 남겨놓지 않기 위해서이다.

칸트의 건축학적 구상을 보라.

위대한 철학은 언제나 백설공주에 나오는 여왕의 편집증적 열정을 가졌었다. 제국의 저 끝까지 자기보다 더 예쁜 이를 찾아 나선다기보다는— 그냥 자신과 다른 이를 추격하는 열정이다.

철학은 이 타자를 이성의 온갖 술수로 추격하지만, 타자는 거듭하여 그로부터 벗어난다.

_1966년 1월 11일

(16) 비동일성의 아주 적은 잔재라도 동일성 [18] 전체를 박살내기에 충분했다. 합리주의가 온통 들고 일어나 파고들었다가 다시 연역해 내놓은 데카르트의 송과선松果腺, Zirbeldrüse 그리고 스피노자의 공리들Axiome 이래, 체계들이 자행하는 일탈은 그 일탈의 비진리 속에서 체계 자체에 대한 진리를, 그 미망을 천명한다. 하지만 체계들이 자체의 불충분함으로 인해서 스스로 주저앉는 과정은 사회적 과정에 그대로 투영된다. 시민적 이성은 교환원칙으로서 자신과 통약가능하게 만들고 동일화시키고자 했던 것을 실제로 체계들에 접근시켜 체계 밖에 남을 수 있는 것이 줄어들게 했다. 그 성과는 갈수록 늘어났지만 사실 잠재적으로는 살인적인 성공이었다. 이론에서 공허한 것으로 입증되었던 것이 역설적이게도 실천을 통해 그렇지 않다고 강변할 수 있게 된 것이다. 그래서 체계의 위기라는 말을 니체 이후의 세대가 즐겨 입에 올린 것인데, 이미 진부하게 된 체계라는 이상에 따라 전문용어들로 신랄한 재담을 늘어놓는 것으로 만족할 수 없었던 사람들 사이에서 더욱 이데올로기적으로 되었다. 현실은 더 이상 구성되지 말아야 하는데, 현실이 너무도 철저하게 구성될 수 있기 때문이라는 것이다. 그리고 통합을 통한 해체라고나 할 만한, 개별적인 합리성의 압박 하에서 자신을 더 강화시키는 현실의 비합리성이 여기에 대해 핑계거리를 제공하고 있다. 사회가 완결되고 그래서 주체들에게는 화해되지 않은 체계로서 간파된다면, 그러면 그런 사회를 주체들은, 그들이 여전히 주체인 한에서는, 견디기 힘들지 않겠느냐는 것이다. 어제까지만 해도 강단철학의 암호였던 사회의 체계적 성격이, 강단철학의 대가들에 의해 고의적으로 부인되어져야만 하게 되었다. 여기에서 이 대가들은 자유롭고 본원적이며, 어쩌면 아카데믹하지 않은 사유의 대변인인 척 행세를 하고 다녀도 될 것이다. 이와 같은 오용이 체계에 대한 비판을 무용지물로 만들지는 않는다.

핵심용어들

(16) 체계들의 일탈들과 현학들은 그 체계들에 대한 진리를 말한다. 사라지지 않음의 흔적들. 사라짐은 도모하는 행사Veranstaltung에 의해 강행된다. 만일 그렇다면, 이것은 사물들에서 무엇인가가 사유로부터 빠져 달아나면서, 사유 속에서 패러디되어, 그 자신의 사물성으로 맺어져 나오는 것이리라.

체계들의 미망Irre (프로이트 참조). 도덕을 수학적으로 다룰 생각을 한 플라톤 때부터 이미.

체계들의 붕괴는 사회적 발전과 대칭의 관계를 이룬다. 시민적 이성은 교환원칙으로서 현실Realität을 점점 더 체계에 접근시키면서 체계 밖의 여지는 줄인다. 이런 상황에서 받게 되는 고통은 정신적 폐소공포증Klaustrophobie. 그래서 반체계적인 것이 보완 이데올로기로 되는 것이다.

이론에서 쓸데없다고 증명되었던 것이 실천에 의해 사용요청을 받게 된다. 세상은 이전에 체계들이 그랬던 것만큼이나 그렇게 강압적으로 되었고 메말라버렸다.

한때 체계들이 그랬던 것처럼, 오늘날 체계들에 대한 도덕적 단죄는 점점 더 이데올로기적으로 된다. 체계에 반대하는 것이 이미 특별하지 않은 일로 되었다.

현실은 더 이상 구성되어지지 말아야 한다. 왜냐하면 그것이

너무도 철저하게 구성되게끔 되어 있기 때문이다. 세상이 추상적일수록 철학은 좀 더 구체적으로 처신해야 한다. 이러한 방어는 통합에 깃든 해체[189]를 근거로 삼을 수 있다. 통합된 사회는 더 이상 합리적이지 않다. 등가원칙의 관철.

사회가 체계로 속속들이 다 투시된다면, 사회는 물론 체계이지만, 그렇다면 사회는 그 강제구성원들에 의해 한시도 더 이상 참아내지지 않을 것이다.

체계가 아니라고, 그래도 여전히 인생이라고 믿게 만들려 한다. 체계를 부정하는 사람은 자유로운 비제도권 사상의 대변인으로 보일 수 있다.

그러므로 체계에 대한 이중적 입장(체계를 부인하는 것Leugnug이 유겐트슈틸의 모티브였다. 이후의 반동적인 체계들을 보완하는).

체계에 대한 비판은 무효로 되지 않는다.

_1966년 1월 13일

(16) 엄격함을 포기한 회의적인 철학과는 반대로 모든 엄격한 철학에는 공통적인 원칙이 하나 있다. 철학은 체계로서만 가능하다는 원칙이다. 그런데 이 원칙은 경험주의 노선들만큼이나 철학에 적대적이다. 철학이 드디어 정곡을 찔러 판단해야 하는 것이 철학의 시작단계에서 제기된 요구에 의해 미리 정해지고 있는 것이다. (17) [19] 자신의 외부에 아무것도 남겨두지 않는 총체성의 서술형식인 체계는 관념을 그 관념의 모든 내용에 대해 절대적으로 설정하고 그래서 내용을 관념 속으로 휘발시켜버린다. 관념론을 옹호하는 그 모든 논증들에 앞서 관념적인 것이다.

비판한다고 해서 그저 손쉽게 체계가 소멸되는 것은 아니다. 내용에 따라 관념의 헤게모니에서 벗어나는 세계에 체계의 형식이 그저 적합해서만은 아니다. 통일성과 수미일관함은 동시에 더 이상 적대적이지 않은, 화해된 상태를 지배적이고 억압적인 사유의 좌표에 잘못 투사시켜 놓은 것이다. 철학적 체계성의 이중적 의미는 니체에게서조차 나타나는 비체계적인 사유의 트릿함, 무기력함과는 달리 일단 체계들에서 풀려난 관념의 힘을 개별 계기들의 개방된 규정으로 옮겨 놓는 것 이외의 선택을 허용하지 않는다. 헤겔 논리학의 방법론이 여기에 조준하면서 시야를 놓치지 않는 경향이 있었다. 개별 범주들의 반성은, 위로부터 범주들에게 덧씌워진 것에 대한 고려 없이, 각각의 개념들이 모두 다른 개념으로 움직이도록 작용해야 하는데, 바로 그런 움직임의 총체성이 헤겔에게서는 체계를 의미했다. 다만 이 체계는 이제 비로소 자신을 결정結晶해내는 대신에, 함축적이며, 각각의 개별규정 속에서 이미 사유된 터이므로 슬쩍 집어넣기만 하면 되는 것이었다. 의식이 자신이 입장을 취하는 징후들 속으로 무의식적으로 침잠하는 것을 이루어내는 데만 급급했던, 그럼으로써 당연히 변증법도 질적으로 변화시켰던, 그런 헤겔이라는 인상은 삭제되어야 할지도 모른다. 체계적인 수미일관함은 와해되었다. 징후는 더 이상 자기 개념의 본보기로 남지 않을 것이다. 헤겔에게서는 그러했지만

핵심용어들

(16) 철학은 체계로서만 가능하다는 명제는 심각하게 반反철학적인 경험주의 못지 않은 철학의 적이다.

체계는 철학이 비로소 적절하게 판단할 수 있는 것을 사전에 결정한다.

(17) 체계는 어떤 내용에 대해서건 관념을 절대적으로 설정하고, 경향적으로 모든 내용을 관념들 속으로 휘발시켜버린다. 관념론에 대한 모든 논변보다 앞서 관념적이다.

하지만 그러한 비판이 그냥 체계를 제거하지는 않는다.

이 세상에 대한 체계의 적합성 때문만은 아니다.

통일성Einheit과 수미일관함Einstimmigkeit은 더 이상 적대적이지 않은 화해를 지배적이고 자기숭배적인 사유의 좌표들로 잘못 투사한 것이다.

체계의 이중적 의미는 선택의 여지를 남기지 않는다. 일단 체계들로부터 벗어난 관념의 힘을 개별적 계기들의 규정 속으로 옮겨다 놓는 일밖에는 없다. 개별자는 사람들이 가지고 있지 않은 전체를 대변한다.

거대 체계들과 비교했을 때 드러나는 비체계적인 철학들의 밋밋함과 무능 지적. 근본적으로 철학으로서의 경험론은 전적으로 불가능한 일이다. 이는 경험론 자체의 부적절성에서 드러난다. 비록 그가 원했던 것은 아니다. (18) 징후는 관념으로부터 헤겔이 무어라고 그렇게 명명한 것보다 더 많은 노동과 긴장을 요구하는데, [20] 왜냐하면 헤겔에게서 관념은 언제나 관념이 그 자체로서 이미 무엇인 것을 그 대상들에서 설명하고 있을 뿐이기 때문이다. 외화 프로그램이 있긴 하나 관념은, 비록 자주 반대편임을 맹세하기는 해도, 자기 자신에 머무르면서 그저 중얼거리기나 한다. 관념이 진정 자신을 사안에서 외화시킨다면, 그러면 객체는 관념의 엄격한 눈초리 아래서 스스로 말하기 시작할 것이다.

특정한 의미에서 진정하다고 할 수 있겠지만, 피상적이다. 하지만 체계들은 전도된 형태에서 진리에 더 근접해 있다. 경험론이 철학인 곳에서는 경험론이 주관적인 체계로 되는 경향이 있다.

여하튼 고전적인 경험론은 겉보기에만 반체계적이다. 실제로는 칸트의 범주론에 극도로 근접해 있다(칸트).

철학이 경험론 + 체계의 아포리에서 어떤 태도를 취해야 하는지는 헤겔이 암시하고 있다. 외부에서 범주들에 덧씌워진 전체에 대한 고려 없이 범주들이 자기 속에서 반성하기.

이것이 개념의 내재적 운동의 의미이다.

여기에서는 물론 체계가, 이제 드디어 형태를 갖추는 대신에, 언제나 커튼 뒤에 이미 존재하기 마련이었다.

그러므로 여기에서 헤겔의 요구사항은 개념을 거슬러 진지하게 만회하라는 것이리라.

이를테면 의식이 현상들 속으로 무의식적으로 가라앉는 것. "스스로는 이해되지 않는 관념만이 참되다."[190]가 의미하는 바가 이것이다. 스스로를 이해한 관념은 이미 자신을 넘어선 것이고 그런 한에서 비진리이다. 이렇게 하여 변증법은 질적으로 변화된다.

체계적 수미일관함Einstimmigkeit은 무너졌다.

징후Phänomen는 잠재적으로 더 이상 개념의 예시가 못 될 것이다. 헤겔에게서는 그가 이의를 제기했음에도 불구하고 여전히 그런 상태로 남아 있지만. 이런 질적 변화를 전개시키는 것이 그 무엇에 우선하는 부정변증법의 과제이다.

(18) 체계에서보다 더 많은 노동과 긴장이 부정변증법을 통해서 관념에 요구된다. 체계에서는 그 모든 것에도 불구하고 순식간에 스쳐 지나간다. 아카데미즘의 선입견이 의도하는 식으로는 아니다. 그런 선입견을 통해서는 더 가벼워지고 더 자의적으로 된다.

관념이 참되게 자신을 외화하면, 그러면 객체가 스스로 말하기 시작하리라. 환상의 애씀— 이를 거슬러 최대의 —합리화된— 저항.

_1966년 1월 18일

(18) 이런 한에서 철학의 이상Ideal은 해석Deutung이다. 이는 전통적인 철학개념에서는 금기였다. 헤겔은 인식론에 이의를 제기하면서 대장간 일을 해야만 대장장이가 되는 법이라고 하였다. 인식에 저항하는 것, 그래서 이론적이지 않은 것, 거기에서 인식을 집행해낸다는 것이다. 헤겔의 이 말은 곧이곧대로 받아들여질 필요가 있다. 그래야만 철학은 자유를 되찾을 수 있는데, 이 자유를 철학은 자유개념에 묶어둔 채, 의미부여하는 주체의 자율성이라는 마법에 걸려 잃어버리고 말았다. 철학의 실체는 개별자와 특수자 속에 있다. 그런데 지금까지의 철학전통은 모두 이를 그냥 무시해도 좋은 것으로 처리해왔다. 해소될 수 없는 것을 폭파하는 사변적 힘은 그러나 부정의 힘이다. 오로지 이 부정 속에서만 체계적인 특성은 계속 유지된다. 체계에 대한 비판의 범주들은 동시에 특수자를 파악하는 범주들이기도 하다. 일단 체계에서 합법적으로 개별자를 넘어선 것은 엄호되지 않은 곳에 둥지를 튼다. 그저 순전히 그것인 것보다 더 많은 것을, 그리고 오로지 바로 그것인 것만을 통해 더 많은 것을 징후에서 감지해내는 시선은 형이상학을 세속화한다. 철학이 일정기간 발을 담그는 단상Fragmente들은 관념론에 의해 착시현상을 불러일으키도록 기획된 단자Monaden들을, 그 자체로서는 표상불가능한, 개별적인 것 속에서의 총체성이라는 표상들을 비로소 제 본래의 것으로 돌려놓을 것이다. 반면 변증법적 집행 밖에서는 아무것도 실증적으로 실체화하면 안 되는 관념은 자신이 [21] 대상과 일치한다고 더 이상 속이지 않으면서 대상을 넘어선다. 관념은 주권적인 것과 예속적인 것이 서로 뒤엉기며, 하나가 다른 것에 얽매어 있는 절대적인 관념이라는 발상에서 보다 더 독립적인 것으로 된다. 예지계에서 내재를 모두 배제시키면서 아마도 칸트는 이 점을 노렸을 것이다. 관념의 이러한 과잉은 변증법적 미시Mikrologie와 같이 가지 않는다. (19) 극단으로 치닫는 변증법적 내재, 개별자 속으로의 침잠은 그 계기로서 대상으로부터 벗어나는 자유도 필요로 하는데, 동일성요구는 이 자유를 차단한다. 헤겔이라면 마지막

핵심용어들

(18) 그런 한에서 철학의 이상은 해석Deutung이다. 그런데 전통적인 개념에 따르면 해석은 금기였다. 무엇이 철학인가를 사람들은 징후들을 해석하는 가운데 배울 수 있다.

인식론에 대한 헤겔의 비판. 인식론은 인식의 집행과 분리될 수 없다는 (쇠를 담금질하면서 대장장이가 되는 것이다)[191] 이 말을 자구 그대로 받아들여야 한다.

철학은 자신의 실체를 개별자와 특수자에서 갖는다. 그런데 철학은 이것을 ―헤겔의 구체적인 것 옹호에도 불구하고― 언제나 단지 무시해도 좋을 양quantitiê uégligeable으로서만 다루었다.

사변적인 힘. 해소되지 않는 것의 폭파. 부정적으로 폭파, 헤겔에게서처럼 반변증법적인 것, 즉 부정의 부정이 아니다.

그 속에 사변적 특성은 계속 살아 있다.

체계에 대한 비판의 범주들은 특수자를 파악하는 범주들과 동일하다.

한때 체계에서 합법적으로 개별자를 능가했던 것은 엄호되지 않은 것에 둥지를 튼다. 징후들phänomen에서 단순히 징후 이상인 것을 감지하는 시선, 그리고 오로지 그렇게 함으로써만 징후가 무엇인지를 파악하는 시선은 형이상학을 세속화시킨다.

파편적인 것들[192]에서 비로소 단자론의 구상은 단자의 파편으에 가서 이 자유를 허용하고 대상들 내에서의 완벽한 매개에 떠맡겼을 것이다. 풀리지 않는 것을 풀어내는 인식의 실천에서는 관념의 그와 같은 초월의 계기가 확연하게 드러난다. 바로 풀리지 않는 것을 해명하는 미시론이 오직 거시론적 수단만을 활용하고 있다는 점에서 말이다. 정말이지 분류하는 개념이 불투명한 것을 해명하지 않는다. 그 개념에 포섭된다고 되는 일이 아닌 것이다. 그렇지 않고 구성하는 관념이 그것에 들이민 개념들의 짜임관계를 통해 열리는데, 마치 굳게 잠긴 금고의 자물쇠가 암호 하나 혹은 한 번호를 통해서가 아니라 번호들의 조합을 통해서만 열리듯이 그렇게 되는 것이다. 철학은 무슨 수로 자신의 대상들이 그들 자신 속에서 움직이도록 하든 간에 그 대상들에 외부로부터도 흘러들도록 해야한다. 이 점에서 자신과 다른 이들을 기만한다면, 철학은 다시금 라이프니츠와 헤겔의 예정조화설의 희생양이 될 것이다. 철저한 현실추수의 희생물이 되는 것이다.

로 되리라.

관념은 변증법적 실행 바깥에서는 그 어떤 것도 실증적으로 실체화해서는 안 되는데, 관념은 대상을 벗어나게 되어 있다. 관념은 더 이상 대상과 자신이 일치한다고 속여서는 안 된다. 추상화의 치솟아 나가버림과는 차이가 있음.

관념은 주권적인 것이 남에게 의지하는 것과 뒤섞이고, 서로서로 종속적으로 되는 관념의 절대성이라는 구상에서보다 더 독립적으로 된다.

아마도 가장 깊은 차원에서 이를 지향한 경우는 예지계 영역을 내재로부터 배제시킨 칸트일 것이다.

(19) 개별적인 극단으로 침잠하는 것은 그 계기로서 동일성 요구가 재단해낸 대상으로부터 벗어나는 자유 역시 필요로 한다. 요청된 미시론은 유일하게 거시적인 수단을 휘두른다.

분류하는 개념이 개별자를 드러내놓는 것이 아니다. 개념은 개별자를 표본으로 추락시킨다. 구성하는 관념이 개별자에게 가져가는 개념들의 짜임관계가 개별자를 열어젖힌다.

사물함 자물쇠의 번호표와 비교.

그 무엇에 의해서건 늘 철학의 대상들을 그 대상들 자신 속에서 움직이게 하는 철학은 외부로부터도 그 대상들에 파고들어 가야만 한다. 이 점에서 철학이 자신과 남을 속이려 한다면, 철학은 라이프니츠나 헤겔의 예정조화설의 희생양이 될 것이다.— 객관성을 체험하기 위해 주체가 필요하다. 주체의 소멸이 아니다. [*15 a]

_1966년 1월 20일

[첨가 *15 a] 어찌하여 객관성의 체험을 위해 온전한 주체가 필요하 단 말인가.

주관적 질들의 소멸에는 역시 늘 객체의 축소가 상응하는 법 이다. 반응들에서 '전적으로 주관적인 것'으로서 제외되는 것이 많아질수록, 사안의 질적인 규정들에서도 역시 더 많은 것이 제 거된다.

모델: 설문지들의 운명. 설문지들은 상상력이 풍부하고 사안으 로 안내하는 질문들은 소멸시키면서 사전에 기대되는 것으로의 결 말로 평준화하는 그런 질문들만 남긴다.

부정변증법에서 관건이 되는 인식은 질적인 것이다.

질적 계기들은 통상적인 과학적 객관화의 방법론들에 의해 배 제된다.

주체의 소멸 = 양화.

개별적으로 인식하는 주체, 개인, 그 자체가 질적인 것. 바로 그 때문에 주체는 자신의 질을 필요로 한다.

유사성 개념: 유사한 것만이 유사한 것을 인식할 수 있다.[193]

여기에서는 우연성의 문제가 남는다. 개체 자체가 이성의 보편 자에 비해서는 무언가 우연적인 것을 가지고 있듯이.

하지만, 이 우연성은 과학주의적 미신에서 생각되는 것처럼 그

(19) 대상들 그 자체 속에서 기다리고 있는 것은 외부개입이 있어야
만 말해질 수 있다. 외부에서 동원된 힘들, 결국은 징후들에 들이대
어진 이론도 모두 그 대상들 속에서 다 소진되리라는 지향은 남는다.
철학적 이론은 자기 자신의 종말을 의미한다.

렇게 절대적이지 않다. 왜냐하면 특수화 자체 속에 사회적으로 보편적인 원칙, 계속 진행되는 **구분짓기**Differenzierung가 맞물려 있기 때문이다.— 이 구분짓기는 그저 단순한 주관적인 것이 아니라 객체에서 그 객체로 될 것을 떼어내는 무엇을 인지하는 능력이다. 차이 자체는 객체로부터 구성된다. 그것은 객체의 원상복구를 지향한다.

차이는 여기에서 오류에 빠질 수 있다.— 질적인 것은 동시에 또한 미메시스적 잔재이기도 하다, 의사意思 태고적인 것이다. 그러므로 차이에는 교정의 필요성이 있다. 이것은 정신적 체험의 자기 반성을 의미한다.

하여, 비유적으로 말하자면. **수평적**(추상적-양화하는) 객관화 과정이 아니라 수직적인(내부 시간적인) 객관화과정.

[첨가 끝]

(19) 그들 [철학의 대상들] 자체 속에서 기다리고 있는 바의 그 무엇은 그 스스로를 말하게끔 해주는 개입(가장 절실하게는, 실천적인)을 필요로 한다.

관념론에서 진리의 계기를 구출하기.

여기에서 지향Intention은 계속 남는다. 외부로부터 활성화된 힘들, 종국에는 이론이, 그 대상들에서 소진되어 사그라지려는 지향.

철학적 이론은 철학 자신의 종말을 의미한다.

_1966년 1월 25일

(20) [22] 더 이상 동일성에 "매여" 있지 않은 변증법은, 파시스트적 귀결들에서 찾아볼 수 있는 바닥 없음das Bodenlose이라는 이의제기에 부딪히거나, 아니면 현기증을 일으킨다는 항변을 거세게 받는다. 어떤 철학이 짐을 쌀 수도 있을 것이라는 염려 이면에는 대부분 그것을 치워버리겠다는 욕구, 공격성이 있는 것이며, 이는 역사적으로 학파들이 서로서로를 해치웠다는 데서 증명된다. 채무와 보상의 등가는 관념의 연속으로 이전되었다. 바로 이처럼 지배적인 원칙에 정신이 동화되는 것을 철학적 반성은 통찰할 수 있어야만 한다. 전통적인 사유 그리고 이 전통적 사유가 철학적으로 소멸하면서 남긴 건전한 인간오성의 습관들은 그 안에서 모든 것이 자신의 자리를 갖는 하나의 연관체계를, 준거 틀frame of reference을 요구한다. 그저 생각들 하나하나에 보호막을 감싸고 그리하여 엄호되지 않은 관념을 격리시키기만 하는 정도인 이 연관체계의 통찰력에 ―이 체계는 심지어 도그마적 공리들에 자리 잡고 있을 수도 있다― 절대 대단한 가치가 부과되지는 못한다. 헤겔이 고정시킨 틀을 내동댕이친 변증법은 어떠한 안전조치도 없이 배수진을 치고 대상에게 자신을 내던질 때, 그때에만 자기 자신에게 만족한다. 여기에서 발생하는 현기증이 진리의 시금석index veri이다. 열려진 것의 충격이 불러일으키는 현기증 즉 부정성은, 엄호된 것 그리고 항상 똑같은 것에 필연적으로 그 부정성으로서 나타난다. 거짓에 대한 비진리로 나타나는 것이다. 부분 체계들과 체계의 분해는 형식적-인식론적이지 않고 단호하게 내용적이다. 디테일들은 더 이상 도열해서 대기하고 있지 않는다. 이전에 체계가 디테일들에서 취하려고 했던 것은 질적으로 다른 것으로서 오직 그 디테일들에서만 찾아질 수 있다. 그것이 거기에 있는지 그리고 그것이 무엇인지, 미리 관념에 보증되어 있는 것은 아무것도 없다. 이렇게 해서 비로소 철저하게 악용되어 온, 구체적인 것으로서의 [23] 진리라는 말이 제자리를 찾게 되리라. 이 말은 사유로 하여금 지극히 사소한 것을 쫓아대도록 몰아간다. 구체적인 것에 대하여 철학을 할 것이 아니라 그 구체적인 것으로부터, 그 주변의

핵심용어들

(20) 현기증을 불러일으킨다는 부정변증법에 대한 이의(크라카우어). [194] 부정변증법은 공리론Axiomatik이 아니다. "사람들이 꽉 붙들고 있을 수 있는 것이 아니다."

부정변증법은 왜 헤겔보다 더 많이 요구하는가.

a) 헤겔에게서는 결절점Haftpunkt이 절대적 주체에 있다.

b) 기본 골격의 불변성

철학을 어디에다가 꾸려두어야 하는지 묻는 이면에는 철학을 싸두려는 욕구, 공격성이 있다.

죄와 속죄의 등가성은 관념들의 연속적 이어짐으로 전이되었다. 바로 이것을 꿰뚫어 보아야만 한다.

어떤 준거틀frame of reference을 요구하는 것에 반대. (데카르트의 해석기하학에 등장하는 좌표계!) 여기라면 모든 것이 자기 자리를 찾게 된다. 여기에서 이미 양화(공간적으로 직관적인 것의), 추상화. (통상적인 사유에 따르자면 그것은 심지어 자의적인 공리들에 근거해도 된다.— 자의와 공리성은 같이 간다. 제1의 것으로 설정되지 않은 것만이 자의적일 필요가 없다).

준거틀을 통해 모든 것이 포착되어서 그 안에 있게 된다. 내재의 의미.

진리는 단지, 구명대 없이, 되돌려 받을 생각 없이 자신을 내

개념들을 모아가면서 철학을 시작해야 할 것이다. 특수자가 보편자라는 헤겔의 명제는 헤겔에 대한 가장 신랄한 비판이다. 이 비판에 주목할 일이다. 특이한 대상에 몰두하는 것은 명백한 입장이 결여되었기 때문이라고 선뜻 치부하는 외침이 있다. 실존하는 것과 다른 것은 이 실존하는 것에게는 요술로 간주된다. 속박 아래 있는 것은 그 자체를 위한 장점을 갖는바, 잘못된 세계에서 여하튼 친근성, 고향 그리고 안전함이라고 했던 것 모두가 그 나름으로 속박의 형상들이라는 견지에서이다. 이 장점을 잃는다면 그와 더불어 모든 것을 잃지 않을까 사람들은 두려워한다. 왜냐하면 사람들은 무엇인가에 매달릴 수 있다는 것, 즉 부자유 이외에 어떤 다른 행복도, 심지어는 관념의 행복도 알지 못하기 때문이다. 무엇을 원하는지, 그 원하는 것을 최소한 내다보고는 (21) 있어야 하지 않겠는가. 존재론 비판의 한가운데에서 존재론 한 조각이 더 잘 손에 잡히는 법이다. 선언하는 데서 의도된 바가 머무는 지향의 선언보다는 엄호되지 않은 개개의 통찰이 의도된 바를 더 잘 표현하듯이 말이다.

던지는 것.

현기증을 불러일으키는 것은 열린 것의 체험이다. 질곡의 한 가운데에서 본질적으로 근대적인 것(보들레르Baudelaire, 포Poe), 허무의 맛.195) 그것은 비진리인데 단지 참되지 않은 것에 대해서만 즉 질 곡에 대해서만 그렇다. 더 정확하게 말하자면, 쉬지 않고 정렬하는 것, 직물처럼 짜인 것이지, 관념의 진행이 아니다. 통상적인 책들 에 반대하여.

뒤따라 구성하지nachkonstruieren 않는 관념이 불러일으키는 현 기증은 진리의 시금석index veri이다.

일찍이 좌표계가 징후들에 가져다 놓으려 했던 것은 오로지 그 징후들 안에서만 찾아질 수 있다.

그것이 거기에 있는가 아니면 없는가가 미리 관념에 보증되어 있는 것, 이것을 경험주의의 구제라고 한다.

이렇게 하여 자기 자신에 대해 구체적인 것으로서의 진리라고 하는, 대체로 잘못 사용되는 말이 등장하게 되었다.

짐멜처럼 구체적인 것에 대해서 철학할 것이 아니라 구체적인 것에 관한 개념들을 수합하는 가운데196) 구체적인 것으로부터 철학 할 일이다.

실존하는 것과 다른 것은 그 실존하는 것에게는 마술Hexerei 과도 같다.

잘못된 세상에서는 휴식, 고향 그리고 안전이었던 것이 언제 나 그 자체로 속박의 형상이다. 속박당하고 있는 것은 이 사실을 철저하게 이용한다.

사람들은 속박이 사라짐과 더불어 그 모든 것을 잃게 된다는 두려움에 휩싸인다. 인간들은 행복을 모르며, 중단되지 않는 부자 유밖에는 아무런 관념도 없다.

(21) 최소한 '존재론 한 조각'에 대한 일반적인 요구. 불가능함. 불변성 학설이거나 아니면 그와 같은 것에 대한 철저한 포기.

사람은 원하는 바를 말해야 한다. 테제는 '지향의 선언'.

여기에서 물화된 의식. 쿨리지 이야기. 그는 무엇에 대하여 설교했는가? ─죄악들에 대하여─ 그는 무엇을 말했는가?─ 그는 말하는 데 반대하였다.[197] 단순화 반대. 브레히트. 가장 사소한 것에 결정적인 것이 들어 있다는 말이 사실이라면, 단순화는 비진리이다. 마르크스주의 토론에서 제시될 수 있으리라. 단순화는 스스로를 아둔하게 만드는 것과 같음. 어리석음에 낀 녹청(?).

이 도식이 오늘날 전 세계적으로 유포되어 있다.

_1966년 1월 27일

(21) 쇤베르크가 전통적인 음악이론에서 언급했던 체험은 철학에서도 확인된다. 그는 전통적인 음악이론에서는 어떻게 한 악장이 시작되고 끝나는가를 배울 뿐 악장 자체나 악장의 흐름에 대하여는 배우는 바가 아무것도 없다고 하였다. 마찬가지로 철학은 자신을 범주들로 환원시켜버릴 것이 아니라 어떤 의미에서는 이제 비로소 작곡되어져야만 하는 것이라고 할 수 있다. 제1의적이고 확실한 것에는 눈독들이지 않는, 하지만 이미 그 서술의 규정성에 힘입어 절대주의의 형제인 상대주의에 조금도 양보하지 않고 스스로 학설에 접근하는 행동방식은 물의를 불러일으키게 되어 있다. 이런 행동방식은 헤겔을 치고 나간다. 헤겔의 변증법은 모든 것을 포괄하려 했고, 또한 제1철학이 되고자 했으며 그리고 동일성원칙 즉 절대적 주체라는 견지에서 실제로 제1철학이었다. [24] 사유가 제1의적이고 확고한 것과 결별한다고 해서 그 결별을 통해 사유가 허공에서 부유하는 것으로 절대화되지는 않는다.

핵심용어들

(21) 대안적인 것들에 강압이 물려 있다. 자신에게 제시된 가능성들 중에서 고르는 결정을 해야만 하는 행정 관료들처럼.

"나에게 찬성하지 않는 자는 나를 반대하는 것이다."[198]라는 말에 대한 나의 오래된 저항, 이 문구에는 권위가 이미 전제로 들어가 있다. 권위야말로 반성되어야 만하는 것인데.

구조: 제1의 것 그리고 보다 안전한 것은 그 어떤 것도 보호하지 말 것, 하지만 이미 서술의 규정성을 통해서 (규정된 부정과 다를 바 없는) 절대주의와 마찬가지로 상대주의도 반대.

이것은 스캔들이다. 그런데 철학에 속한다.

고정된 것과의 결별선언이 만하임적인 자유롭게 부유함[199]인 것은 아니다. 부정변증법의 인식들은 동기부여되어 있다. 상황에 따라 가능한 만큼 사유하지만 그것을 실체화시키지 않는 것. *17 a.

[첨가 *17 a] 상대주의는 그 자체로 개인주의의 부르주아적 모델을 갖는다.

'모든 것은 상대적이다.'는 추상적이다.

그 이면에 버티고 있는 것은, 사유는 아무 것도 아니다라는 뜻. 역시 관건이 되는 것은 물질적인 것, 돈이다. 그리고 관념은 밥벌이를 방해한다.

사람들이 어떤 특정한 사안에 관여하자마자, 상대주의는 그 사안의 규율 속에서 흔적도 없이 사라진다.

상대주의는 늘 그저 외부로부터만 등장한다.

상대주의가 하찮을 수밖에 없는 것은 상대주의가 되돌릴 수 없다고 실체화시키는 자의적인 것 그리고 우연적인 것, 그것 자체가 동기부여된 것이라는 사실에 있다.

개별적인 것으로 추정되는 반응들은 미리 형태가 결정된 것이다. 집단 함성.

개인주의적 상대주의의 그러한 가상은 이미 사회학적 상대주의에 의해 충분히 파악되어진 터였다. 파레토(그는 만하임의 원형 이었다).[200]

하지만 그에 의해 전적으로 극복 불가능하다고 설정된 계층특수적 직관들은 그 나름으로 사회의 전체로부터 연역될 수 있는 것이다.

모델: 자본가가 가변자본 v를 회계장부에 올렸다면, 그는 결산규칙들에 따라 동등하게 교환이 이루어졌을 것이라 가정해야만 한다. 그렇지 않다면 적자로 결산을 해야 하므로 그는 자기가 손해를 봤다고 생각할 수밖에 없다.

이른바 직관들의 상대성은 그러므로 어떤 객관적인 것, 전체로서의 구조법칙들로 환원될 수 있다.

마찬가지로 또한 독트린으로서의 상대주의. 부르주아적 회의.

정신적대성 = 이성에 고유한 개념에서 도출되는 귀결들에 대한 거부.

상대주의는 그러므로 도그마적인 절대주의를 통해 방어될 수 있는 것이 아니라, 상대주의에 고유한 테제들을 추적해감으로써 해소될 수 있는 것이다.

상대주의의 기능은 변한다. 이따금 도그마를 거슬러 진보적일 때도 있다. 오늘날에는 전적으로 이데올로기적이다. 여하튼 상대주의

(21) [24] 이러한 결별은 바로 사유를 사유가 아닌 것에 고정시키며, 그리고 사유의 자주독립이라는 환상을 제거한다. 바닥 없는 것이 꼭 비난받아야만 한다면, 그렇다면 이의제기는 절대적 근원들의 영역으로서 자기 자신 속에 유지되는 정신적 원칙을 향한 것이 되리라. 하지만 하이데거를 선두로 존재론이 바닥 없는 것에 걸려 넘어지는 곳, 그곳이 진리의 장소이다. 진리는 유동적이며, 시간적 실제내용 때문에 부서지기 쉽다. 벤야민은 진리가 우리에게서 달아날 수 없다고 단언한 고트프리트 켈러Gottfried Keller에게 맹렬한 비난을 퍼부었다. 진리란 잃게 되는 것이 아니라는 위안을 철학은 단념해야만 한다.— 형이상학의 (22) 근본주의자들이 장황하게 떠들어대는 심연, 그 심연으로 추락할 수 없는 철학이라면 —그런데 이런 철학은 능숙한 소피스트라기보다는 망상에 가깝다— 안전원칙이라는 계율 아래서 분석적으로 되며, 잠재적으로 무의미한 동어반복이 된다. 극단으로까지 나아가는 그러한 관념만이 확실한 동의同意라는 전지전능한 무기력에 반기를 들 수 있다. 두뇌의 곡예만이, 두뇌가 자기만족에 탐닉하느라 경멸하는 사안과 그래도 여전히 관계를 맺게 된다. 철학에서 확실성이라는 개념의 기능은 전도顚倒되었다. 한때 자기 확신을 통해 도그마 및 후견관계를 넘어서려고 했던 것이 사회보장된 인식의 예의범절로, 모든 것을 매끄럽게 통과시키는 행동거지로 되어버렸다. 실제로 아무 일도 일어나지 않는다.

에는 항상 반동적인 계기가 이미 함께하기 마련이다. 소피스트철학에서는 그때그때 제일 힘센 이해관계를 위해 끌어들일 수 있는 것으로 간주되고, 몽테뉴에게서는 도그마를 옹호하는 기반이 된다. [첨가 끝]

(21) 부정변증법은 사유의 자립이라는 환상을 거슬러 그 자신이 아닌 것에서 사유를 강화시킨다.

사람들이 이미 바닥 없음das Bodenlose을 비난하려 들면, 그렇다면 그것은 그 자신 속에 보존되는 정신적 원칙일 것이다.− 순수한 매개− 절대적 근원의 영역으로서.201)

존재론이 바닥 없음으로 떨어지는 곳, 그곳이 진리의 장소이다.

존재론은 부서지기 쉬운 것이다, 내재된 시간적인 내용에 의해.

벤야민은 진리는 우리에게서 달아날 수 없다202)고 한 고트프리트 켈러의 격언을 부르주아적이라고 비판하였는데, 이는 정당한 것이다. 진리는 그럴 수 있다.

(22) 추락할 수 없는 무엇이라는 것은 안전함이라는 이상의 계명을 따르는 것으로서 분석적인 판단이고, 잠재적으로는 그저 단순한 동어반복에 불과하다.

완전히 끝까지 가보는 관념에만 기회가 있다. 두뇌의 곡예를 위하여.

철학에서 안전함의 기능은 완전히 뒤집어졌다. 과거 한때 자기 확실성을 통해 도그마와 후견을 추월하려 했던 것이 사회적으로 보장된 인식의 매너리즘으로, 아무것도 일어날 수 없어야 하는 매너로 되어버린 것이다.

실제로 그러면 아무 일도 일어나지 않는다.

_1966년 2월 1일

(22) 속박에서 벗어난 변증법은 헤겔 변증법과 마찬가지로 어떤 확고한 것ein Festes 없이는 해나갈 수 없다. 하지만 이 변증법은 그 확고한 것에 더 이상 우위를 부여하지 않는다. 헤겔은 자신의 형이상학이 발원하는 원천에서 이 확고한 것을 그다지 강조하지 않았다. 그것은 형이상학으로부터 마지막에, 철저히 규명된 전체로서 도출되어야만 했다. 그러기 위해 그의 논리적 범주들이 독특한 이중성을 띠게 되었다. 그 범주들은 발생해서, [25] 자기 지양하는 구조이지만, 아울러 동시에 선험적이며 불변적인 구조들인 것이다. 변증법적 단계들 모두에서 새롭게 다시 회복되는 직접성이라는 독트린에 의해 역동성으로 매개되는 것이다. 이미 비판적인 색조를 띠는 제2의 자연 이론은 부정변증법에 그대로 보존되어 있다. 이 이론은 사회 그리고 그 사회의 (23) 발전을 관념에 갖다 들이대는 구성체들을 매개된 직접성을 있는 그대로 받아들이는데, 징후들과 이 징후들 스스로가 자신이 무엇이어야 한다고 요구하는 바 사이의 내재적 차이를 기준으로 삼아 분석해서 그 매개들을 밝혀내기 위해서이다. 변하지 않고 자신을 고수하는 확고한 것, 젊은 시절 헤겔에게서 나타나는 "실증자"는 그런 분석에서는, 헤겔에게서도 마찬가지인데, 부정자이다. 주관성의 자율성이 비판적으로 자신을 제한하면 할수록, 즉 자신을 매개된 것으로서 의식하면 할수록, 관념이 필요로는 하지만 자기 속에 가지고 있지 않은 것, 그리고 그것이 없다면 변증법이 확고한 것을 지양시키는 그런 역동성이 결코 될 수 없는 것을 관념에게 가져가 단단히 붙들어 매는 우월한 지위를 객체들에 허락하는 의무는 더욱 설득력을 갖게 된다. 부정변증법의 가능성은 객체의 우위를 증명하는 데 달려 있다. 그렇다고 해도 이 우위는 변증법을 위해서 어떤 절대적인 원칙으로 될 수 없는데, 순진한 리얼리즘의 재탕일 수 없다는 것이다. 서로 얽힌 연관 속에서만 유효한 우위이다. 일단 수용되었다고 쾌재를 부르면서 객체우위가 변증법에서 이탈해 나와 실증적으로 자리 잡는다면, 그러면 철학은 후기 루카치의 경우처럼 복사 혹은 반영이라는 어처구니없는 도그마

핵심용어들

---

(22) 족쇄에서 풀려난 변증법에서 확고한 것das Freste의 개념은 좀 더 자세히 규정될 필요가 있다.

하지만 이 확고한 것은 이 변증법에서 하나의 계기이며 (불가피하게 개념적인) 그리고 어떤 우선권도 갖지 않는다.

a) 개념들은 그것들이 척도로서 확고하게 자리 잡은 그 한도에서만 움직일 수 있다. 그러므로 개념들에 대해서는 매우 엄격하게 대해야 한다. 개념의 정확성을 요청함. 언어의 기능.

b) 그것은 본질적으로 헤겔적인 의미에서의 "제2의 자연"203)의 형태를 갖는다.

부정변증법은 고착화된 것을 받아들인다. (23) 발전이 관념에 들이대는 구성체들을 있는 그대로 받아들이는 것이다. 이는 분석을 통해 매개를 드러내 보이기 위함이다.

끝까지 버텨내면서 내재하는 확고한 것, 청년 헤겔의 '실증자'는 헤겔에게서와 마찬가지로 위와 같은 분석에서는 부정자이다.

주관성의 자율성이 비판적으로 스스로를 더 많이 제한할수록, 변증법이 다시금 지양하는 것을 관념에 단호하게 다져주는 우선권을 객체들에 부여할 의무는 더욱 설득력을 갖게 된다.

그러므로 객체우위204)에 대한 증명은 일종의 내부 변증법적 계기로서 부정변증법의 도약지점이다.

로 격이 떨어져 버린다. 또다시 어떤 원칙, 하나의 "격언"이 실체화되는 일이 벌어진다면, 그러면 존재하는 것을 하나의 최소공통분모로 사유가 보내버리는 결과를 끝내 초래하고 말 것이다. 이데올로기가 언제나 관념론적 일반정립에 닮아가는 것은 결코 아니다. 이데올로기는 제1의적인 것, 어떤 내용인가와는 상관없이, 그 자체의 토대들에 포함되어 있다고 하는 편이 옳다. 이데올로기는 개념과 사안의 [26] 동일성을 포함하며, 그리하여 세계를 정당화하면서 의식의 존재에 대한 종속성을 개괄적으로 확정할 때에도 그렇다. 역사의 신정론은, 옹호적인 배음과 더불어, 마르크스에게 낯설지 않았다.

어떤 확실한 근본원칙에 기대고 있지 않는 사유는 진테제의 개념에 맞서 각을 세운다. 이 진테제는 철학의 목적론으로서나 개별적인 처리의 모델로서나 방법론을 관념론에서 주체와 객체의 동일성이라고 불리는 것에 종속시킨다. 진테제는 헤겔의 변증법이 결과를 처음 출발지로 그냥 되돌려버리는 (24) 원의 모양새를 갖추도록 만든다. 이에 따라 진테제의 개념은 와해를 막는 민첩한 성물로서, 프로이트 심리분석학에 반하는, 이름하여 심리종합학의 발명 중에서 아마도 가장 고약한 것일 수 있는 숙명적인 것das Fatale을 받아들인다. 입에 올리기만 해도 금방 소름이 돋는 단어이다.

순진한 리얼리즘의 부활은 안 된다. 절대적 근본원칙도 안 된다. 단지 변증법 안에서만의 객체우위. 이것이 바로 진리의 연약함이다.

그렇지 않다면 제1철학으로 전락. (교조적인 유물론 역시!)

관념론적 일반정립은 어떤 내용인가와는 거의 아무런 상관없이 제1의적인 것 그 자체의 토대들에 들어 박혀 있다.

이 일반정립은 개념과 사안의 동일성을 포함하며 그리고 세상사의 편을 든다. (역사의 신정론이 낯설지 않았던 마르크스에게서도 나타나는 경향.)

진테제에 대한 비판. 방법론으로서 진테제는 주체와 객체의 동일성을 목적으로 설정한다. 떨어져 있는 계기들을 함께 사유하는 것으로서의 논리적 진테제가 문제인 것은 아님. 철학의 최종 목적으로서의 절대적 진테제가 문제.

(24) 헤겔에서의 원환형태Kreisgestalt.

진테제에 들어 있는 이데올로기적인 것이 명백하게 됨. 단일자das Eine, 합해진 것Zusammengehaltene, 이른바 분해를 거스르는 전체. "심리 진테제"의 예를 들고 프로이트의 항변[205]도. 그래서 말하자면, 필연적인 진테제로부터 가장 높은 진테제의 이상Ideal으로 자동 속개됨에 대한 반대.

_1966년 2월 3일

(24) 이 말이라면 주절주절 소리 나는 삼단의 도식을 기대하게 만든 당사자가 물론 헤겔인 것은 사실이지만, 정작 헤겔은 이 단어를 별로 필요로 하지 않았다. 헤겔 철학의 짜임새가 그런 도식에 상응한다고 해야 할 것이다. 헤겔 철학에서는 사유작동이 거의 언제나 아주 가까운 곳에서 정조준된, 이리저리로 방향을 틀어 빠져나가는 개념에 대한 규정된 부정으로 된다. 그와 같은 분석에서 형식상 진테제로 성격 지어지는 것은 부정의 형식을 갖는데, 앞서간 개념의 운동에서 희생된 것이 구출되어야만 한다는 견지에서이다. 헤겔의 진테제는 전적으로 이른바 한 차원 높은 단계가 동시에 하나 낮은 단계로서 드러나는, 과거완료로의 한발 후퇴인 운동으로 되는 불충분함에 대한 통찰이다. 의기양양해하는 실증성으로 진테제를 표상하는 세간의 천박함으로부터 헤겔이 구별되는 지점이 바로 여기이다. 물론 이 실증성에서 헤겔의 경우 매번 새롭게 스스로를 형성하는, 그래서 그 고유한 [27] 매개가 사라져야만 하는 직접성들이 단지 흔적 그 이상을 등에 업고 나오게 되지만 말이다. 그렇기 때문에 그렇게 되어진, 설정된 직접성들에 헤겔 변증법이 후기의 체계형태에서 전적으로 보냈던 신뢰를 거둬들이는 결과가 이미 마르크스의 법철학 비판에서부터 나타난 것이다. 칸트와 달리 헤겔은 진테제의 우선권에 제한을 가하였다. 그는 다수Vielheit와 단수(통일)Einheit를 그들 중 어느 것도 타자를 배제하고는 있을 수 없는 계기들로 인식하였다. 그들 사이의 긴장은 부정을 통해서 견지된다. 그럼에도 헤겔은 칸트 그리고 전통 전체와 통일에 대한 선입견을 공유하고 있다. (25) 그렇다고 해도 역시 사유는 통일의 추상적 부정에 계속 머물러 있으면 안 되는 것이다. 다자多子를 직접 손에 넣겠다는 환상은 신화로 전락하고, 혼돈의 공포에 빠진다. 그 반대의 경우인 통일하는 사유가 자연 억압을 통한 즉 신화적 지배를 통한 눈먼 자연의 모방으로 되듯이 말이다. 계몽의 자기반성은 계몽의 철회가 아니다. 그렇게 한다면 계몽은 현재의 지배를 위해 타락한다. 통일하는 사유의 자기비판적 방향전환은

핵심용어들

(24) 헤겔에게서 진테제라는 말이 나오는 빈도는 상대적으로 적다.

구체적으로 보면 헤겔의 방법론은 본질적으로 역시 부정이다.

세 번째 단계인 진테제 자체는 운동에서 희생되어 버린 것을 구제하려 한다는 점에서 헤겔의 경우 부정적이다. 진테제는 관념 뒤에 남아 있으면서 이제는 관념에 반대하면서 스스로를 유효하게 만드는 것에서 (이를테면 '무'에서) 그 관념이 오류임을 입증한다.

여하튼, 헤겔의 경우, 끊임없이 새롭게 형성되면서 매개가 사라져야만 하는 직접성들에 관한 이설Lehre에 들어 있는 **현실추수적인 것.**

이 지점에 진리가 존재. 그럼에도 되어지는gewordenen 논리학의 유효성.

하지만 사라져 되어졌음Gewordensein은 제거되지 않는다.

그렇지 않으면 결과는 물신으로 되어, 사회기구들Institutionen에 관한 헤겔의 법철학에서와 마찬가지로 방어적이 된다. "논리 절대주의 비판."206)

되어진 그리고 설정된 직접성에 대한 불신, 마르크스. 물신주의 범주207)의 보편성Universalität.

헤겔은 다수Vielheit와 단수Einheit가 교차적으로 서로를 지시하도록 함으로써 칸트에 반해 진테제의 우선성을 제한하였다. 그렇개념들에, 그러므로 진테제들에 기대어서 진행되는데, 그러므로 처리하는 몸짓으로 이들을 모함하고 내치면 안 된다. 통일은, 추상적으로 보자면, 아래 두 가지를 위한 공간을 제공한다. 관념들 속에서는 해소될 수 없는 질Qualitäten들의 억압을 위한 공간과 그리고 반목을 넘어선 화해의 이상Ideal을 위한 공간. 통일은 거듭하여 인간에게 통일의 폭력에 대한 흥미를 유발시켰는데, 거기에서 무폭력과 평화롭게 된 것의 흔적이 내비치고 있기 때문이다. 통일의 과학에 관한 그 모든 언설에도 불구하고 반성되지 않은 명목론에서 잠재적으로 그렇게 되듯이 통일의 계기가 근절되어야 하는 것은 아니다.

다고 해도 시작은 이미 칸트에게서 잠재적으로. 플라톤의 파르메니데스 대화Parmenidesdialog에서 유래. 칸트에게서는 그러나 병렬, 서로서로 바꿔가면서 등장하는 것이 아님. 칸트와 헤겔의 차이.

그러나 둘 다 모두, 헤겔 역시, 통일에 대한 편견을 가짐. 여기에 철학과 문명의 무비판적 공범관계가 잠복해있는 것. 하아크, 파르메니데스 대화 참조.208)

(25) 하지만 사유는 통일의 추상적 부정에 고정되어 있으면 안 된다. 다자多子를 직접 손에 넣겠다는 망상에 빠져 있는 사람은 혼돈의 공포 속으로, 신화로 다시 빠져버린다. 신화적인 것은 구분되지 않은 것이다.

계몽의 자기반성은 계몽의 취소가 아니다. 계몽은 오늘날 너무도 쉽게 타락하였다. (반계몽209) = 결사체들과 사회기구들 그 자체들을 위한 옹호, 그들의 객관적 권리에 대한 물음 없이 그리고 그 물음으로 그들에게 항변하지 않고 실용주의적으로.)

통일은, 추상적으로 보아, 화해를 위한 공간을 마련하는 것만큼이나 질質들의 퇴행을 위한 공간을 마련한다.

바로 이렇게 해서 통일은 늘 다시금 인간이 자신의 폭력에 흥미를 느끼도록 만들 수 있었다. 바로 그 통일에 모여든 무폭력과 평화롭게 된 것의 흔적을 통해서.

통일의 계기, 개념의 객관성의 통일 계기는 그저 완강하게 명목론적으로 근절되어질 수는 없다. 주관적으로 분출된 이념들의 객관성을 체험하기. 음악적 형식유형들.

_1966년 2월 8일

(25) 진테제를 만드는 계기들의 경향은 이 계기들이 자신들이 다자多子에 무슨 짓을 하는지 자각하면 방향이 돌려질 수 있다. 통일만이 통일을 초월한다. 그래도 일말의 무언가가 동일성계기에서 생존권을 유지하는데, 통일을 이루면서 앞으로 나감을 통해 뒤로 밀쳐졌지만, 그럼에도 그 통일 속에 거의 식별 불가능할 정도까지 세속화된[28] 채로 남아 있는 유사성 말이다. 통일하는 주체는 엄호되지 않은 인식을 제거하지 않는다. 객체를 체험하는 가운데 그 엄호되지 않은 것은 해소될 수 없는 것으로 된다. (26) 주체에 고유한 진테제들은, 플라톤이 확연히 파악하고 있었듯이, 간접적으로, 개념을 가지고 변화시키면서 그런 진테제가 그 자신의 입장에서 원하는 것을 모방하고자 한다.

대상들에 자신을 내맡긴 사유는 철학에 내용을 부여한다. 베르그송과 짐멜, 후설 그리고 셸러Scheler의 세대 이래로 철학은 이를 열망했지만 아무 소득이 없었다. 전통이 중단시켜버린 것은 이 전통에 고유한 욕구였다. 자기비판적으로 방법론의 강제가 느슨해지면, 그러면 이를 보완하느라 철학적 긴장은 갈수록 그 내용에 의해 결정된다. 비개념자가 그 개념과 동일하지 않다는 사실이 인식하는 일의 내용화를 통한 인식의 실천에 의해 제대로 대접을 받는 것이다. 사회적인, 철학적 어법으로는 '존재적인ontisch' 변증법, 꾸준하게 지속되는 반목의 변증법은 주체와 객체의 철학적 변증법에서 반성된다. 어쨌든 존재론이, 다시 말해 불변하는 고정변수가 존재한다면, 그렇다면 이는 영속하는 반목의 부정존재론일 것이다. (27) 내용상의 사유는 그럼에도 방법론적 추론을 그렇게 간단하게 벗어버릴 수 없다. 독단론이나 임의로 떠오르는 착상의 희생양이 되려 하지 않는다면 말이다. 물론 방법론적인 단계를 밟게 되면 그 확실성이 결실을 축소시키기 때문에 이런 임의적인 착상이 진리에 훨씬 가까이 있기는 하다. 내용적인 개별분석들이 변증법 이론과 어떤 관계에 있느냐는 물음은 이론이 개별분석들에서 소멸된다는 관념론적 확언으로 입막음되지 못한다. 그 물음은 방법론과 사안의 잘못된 동일성을 재차 끌어들인다. 맹목성

핵심용어들

(25) 진테제가 다자多子에 가하는 것을 진테제가 자각하는 일.

통일만이 통일을 초월한다. 왜냐하면 진테제의 자기비판은 동시에 단일자와 다자多子, τὰ πολλά의 계속 지속되는 대립을 거스르는, 한 단계 더 높은 진테제이다.

동일성 원칙에서의 삶의 권리, 동일성을 격퇴시켰고 그 동일성210) 속에서 살아남은 유사성의 계기.

(26) 대상들에 자신을 내맡긴 사유는 내용적으로 된다.

이는 베르그송, 짐멜, 셸러에게서 확인될 수 있다.

전통이 해약을 통고한 것은 전통에 고유한 욕구였다.

철학적 긴장은 만일 모든 내용에 대해 형식적인 것으로서의 주체에 의해 결정되지 않는다면 내용에 의해 결정된다.

개념적이지 않은 것이 개념적이지 않다는 개념과 동일하지 않다는 사실이 인식을 실천하는 과정에서 실천의 내용화로 된다.

내용적으로 영속하는 적대는 철학적으로 주체와 객체의 적대로 된다.

존재론이 의미가 있다면 단 하나 부정적인 의미에서 이리라. 계속 보존되는 적대의 의미 말이다.

성이 방법론적 원칙이다. 이 맹목성으로 관념은 실체화됨 없이, 또 말하자면 방법론도 결여한 채 자신이 관계하는 것에 그냥 자신을 넘기는 것이다. "자기 자신을 이해하지 못하는 관념들만이 참되다." 관념이 [29] 자기 대상들 바깥의 외적인 반성에 의해 휘둘리지 않을수록, 관념은 특수자 속에서 보편자를 더 깊이 알아챈다. 철학 자체의 전통을 거스르면서 그 철학의 선례에 맞서 칸트, 헤겔, 니체가 보였던 공격들이 이 사실을 잘 드러내준다. 해당되는 각각의 징후를 사회적 총체성을 통해, ―그런데 이는 철학에서는 순수한 주관성으로 역전된다― 내용상 일반적인 것으로 매개하는 보편자는 모든 특수자에 각각 잠복해 있다. 하지만 철학적 체험은 이런 보편자를 갖지 못하거나, 혹은 순전히 추상적으로만 갖는데, 그런 까닭에 철학적 체험이 가지고 있지는 않지만 알고 있는 것이 무엇인지 잊지는 않은 채 특수자에서 출발하는 태도를 취한다. 철학적 체험은 징후들의 현실적 규정을 그 개념을 통해 확신하기는 해도, 이 개념을 (28) 존재론적으로, 그 자체가 참인 것으로서 내놓지는 못한다. 개념은 거짓과 즉 억압하는 원칙과 혼용되어 있으며, 그래서 개념의 인식비판적 품위는 줄어든다. 개념은 그 안에서 인식이 정지되는 텔로스를 실증적으로 형성하지 않는다. 보편자의 부정성은 구제되어야만 하는 것인 특수자에 인식을 붙들어 맨다. 특수자의 구제는 그러나 그 특수자로부터 방출되어 나오는 보편성 없이는 결코 시작되어질 수가 없는 것이다. (29) 모든 철학은, 자유에의 지향을 지닌 철학 역시, 그 때문에 부자유를 끌어들이는 것이며, 그 속에서 사회의 부자유가 연장되는 것이다. 신존재론적 구상들은 이것에 저항하였다. 하지만 그들의 몸짓은 참된 혹은 허구의 근원ἀρχαί을, 바로 강압원칙에 불과한 근원을 다시 움켜쥐는 거동이었을 뿐이다. 사유는 자의와 강압이라는 상호 대립적인 계기들의 매개를 확인하는 과정에서 둘 사이의 양자택일로부터 벗어날 수 있다. 사유는 자체 내에 강압을 내포하고 있다. [30] 강압은 사유가 자의로 퇴행하는 것을 막아준다. 하지만 사유는 사유에

(27) 방법론의 약정된 패권에 대한 비판은 방법론에 대한 숙고와 분리되지 않는다. 바로 이것이 내재적 비판이다. 그렇지 않으면 독단론 혹은 자의이다. 중상모략을 받은 착상은 당연히, 일단 착상이 제자리를 찾게 되면, 규정된 단계를 밟아가는 것보다 진리에 몇 배나 더 가깝다.

내용적인 개별인식과 변증법 이론을 함께 맞추어내라고 확언하는 것만으로는 충분하지 않다. 바로 이 독트린이 관념적인 것이다. 내용적 인식의 가능성은 오늘날 인식론이 직면한 문제이다.

(28) 개별인식과 예시Beispiel의 차이에 대한 지적. 예시의 원칙적 부적합성은 칸트, 헤겔 그리고 니체에 의해 비판됨. 철학과 제도화된 과학 사이의 주요 차이점 중 하나. 이론과 '맹목적인' 개별인식의 통일은 무엇보다도 각각의 개별 현상을 사회적 총체성으로 매개함에 의해 보편자가 각각의 특수자에 들어앉으면, 그때 확보된다.

이러한 매개가 관념론에서는 주체에 의거한gua 개념의 우월로 뒤바뀌어 버렸다. 매개는 그렇지만 엄밀한 의미에서 객관적이다.

그러나 철학적 체험은 이 보편자를 직접적으로 가지고 있지 않으며, 아니면 그저 추상적으로만 선취하고 있는바, 그래서 특수자로부터 출발하는 것이다.

즉 보편자의 현실적이고 사실자료상의 우월성을 익히 아는 철학적 체험은 보편자를 존재의 원칙으로, 이를테면 존재론적 구실로 내세울 수는 없다는 것이다. 불안이 하나의 사회적 보편자이긴 하나, 운명Befindlichkeit[211]은 아니다.

바로 이러한 보편자가 억압하는 원칙과 융합해 있으며 그러므로 이 보편자는 철학적 욕구가 채워진 결과τέλος가 아니라 철학적 욕구가 공격지점으로 삼는 부정자이다. 자기 객체의 부정성에 의해 변증법은 부정적이다.

내재적인 강압의 성격을 비판적으로 인식할 수 있다. 사유에 고유한 강압이 사유가 해방되는 매체이다. 헤겔이 말하는 객체로 향하는 헤겔의 경우는 억압적으로 되어 주체가 그저 무기력하게 되지만, 일단 조성될 필요는 있다. 그때까지는 방법론으로서의 변증법과 사안의 변증법은 서로 어긋나게 될 것인바, 서로를 억지로 등치시킬 수 없다.

보편자의 그러한 부정성은 동시에 인식을 글자 그대로 그리고 구제되어야 하는 것으로서의 특수자에게로 향하게 한다.

특수의 구제는 특수자에서 방출된 보편자의 에너지 없이는 아예 시작도 되지 못할 것.

(29) 철학은 모두 자유에 대한 지향을 구비하고 있는 철학이라도, 부자유를 함께 끌고 간다.

강압Zwang과 자의Willkür의 변증법을 터득하면서 사유는 자신을 그 위로 고양하는 것이리라.

[30]212) 사유는 강압, 엄밀성을 자기 속에 가지고 있음. 자의 속에 억눌림에 대한 보호로서.

사유는 그러나 엄밀성으로 사유에 고유한 강압성격을 인식할 수 있음.

헤겔식의 객체로의 자유213)는, 그의 경우 단순히 주체에 대해 억압적이지만, 이제 드디어 복구되어져야만 한다.

그때까지는 방법론으로서의 변증법과 사안에서 발생하여 관철된 변증법이 불가피하게 서로 갈라선 채로. (모든 방법론은 방법론에 따르면 '오류'이다.)

다시 말해: 사회적 총체성에 의거한 전체의 변증법적 구성의 원칙, 그리고 사안에의 맹목적인 위탁의 원칙은 상호 침투하지 않는다.

_1966년 2월 10일

[30] 물론 개념이 현실과 마찬가지로 모순에 찬 존재라는 사실이 어느 날 불쑥 등장했던 것은 아니다. 사회를 적대적으로 갈라놓는 것, 즉 지배원칙은 개념과 그 개념에 종속된 것 사이의 차이를 발생시키는 것, 바로 그것을 정신화시킨다. 하지만 이 차이는 모순이라는 논리적 형식을 획득하는데, 지배원칙의 통일에 굽히고 들어가지 않는 것이 원칙 자체의 척도로 보았을 때 이 원칙에 대해서 아무래도 좋은 어떤 다른 것이 아니라 논리의 훼손으로, 즉 모순으로 드러나기 때문이다. 다른 한편, 철학적 구상과 그 실행 사이에 드러나는 편차에 가라앉은 잔재에는 어떤 참된 것ein Wahres이 모습을 드러내기도 하는데, 물론 방법론이 내용들 안에 들어 있긴 해야 하나 그 내용들과 온전히 일치하는 방법론을 허용하지는 않으며, 참이 화해된 것에 속할 수도 있기나 하다는 듯이 내용들을 정신화시키지도 않는 비동일성의 무엇인가가 드러나는 것이다. 내용우위는 방법론의 필연적 결함으로 나타난다. 철학자들의 철학 앞에서 무기력하게 되지 않기 위해 보편적인 반성의 형태 속에서 방법론으로서 말해져야만 하는 것은 하지만 실행 속에서 정당화되며, 그리고 이를 통해 방법론으로서는 다시금 부정된다. 방법론의 과잉은 내용에 직면해서는 추상적이며, 오류이다. 이미 헤겔은 『정신현상학』 서문이 그 책에 대해 적절하지 않은 관계일 수밖에 없음을 감수해야만 했다. 철학적으로 이상적인 상태를 들자면, 사람들이 행한 무엇에 대한 경위를 밝히는 일이 그가 그 무엇을 함으로써 불필요해지는 경우이리라.

(30) [31] 개념물신주의로부터 벗어나려는 가장 최근의 시도는 ―구속성에 대한 요구를 놔 버리지 않으면서 강단철학으로부터 벗어나려 한― 실존주의라는 이름으로 진행되었다. 근본주의 존재론을 비판하면서 갈라져 나온 실존주의는 정치적 참여주의에도 불구하고 근본주의 존재론과 마찬가지로 이상주의에 사로잡혀 있다. 정치참여는 철학적 구조에서 보면 약간은 우연적인 것이었으며, 실존주의의 형식적 특성을 충족시키기만 한다면 정반대방향의 것으로도 대체 가능한 것이

핵심용어들

[30] 나의 이중적인 저술 테크닉.

물론 전체와 부분들, 이 양자 사이의 변증법적 본질 속에 실질적인 합치의 계기가 있다.

사회를 적대적으로 갈라놓는 것은 그러므로 개념과 그 개념에 예속된 개별자 사이의 차이를 시간 속에서 불러내 굳히는 그것과 같다. 이 차이는 모순이라는 논리적 형식을 취하는데, 지배원칙의 통일에 굽히고 들어가지 않는 것이 이 원칙의 척도에 따라서 개념에 대해서는 아무래도 좋은 어떤 다른 것이 아니라, 논리의 훼손으로 즉 모순으로 드러나기 때문이다.

다른 한편으로는 철학적 구상과 실행 사이에 간격이 벌어져서 드러나는 그 여지에 어떤 참ein Wahres이 모습을 드러내기도 하는데, 방법론+내용을 빈틈없이 하나로 묶어내는 것을 금하는 비동일성의 무엇인가가 말이다.

내용우위는 필연적으로 방법론의 결함으로 나타난다. 방법론은 결단코 자기 자신 속에 정당화의 근거를 가지고 있지 않으며, 그것이 실행되는 가운데서만 정당화된다. 방법론의 과잉은 잠재적으로 오류이다. (헤겔, 『정신현상학』 서문!)

철학적 이상. 사람들이 무엇을 행하고는 그 경위를 밝히는 일이 그 무언가를 행하는 가운데 불필요해지게 되는 것.

었다. 실존주의와 결정론Dezisionismus 사이에 이론적 경계선은 없다. 그렇더라도 실존주의의 이상주의적 구성성분들은 그 나름으로 정치적 기능을 한다. 사회비판가들로서 이론적인 비판에만 머물지 않으려 한 사르트르와 그의 친구들은 공산주의가 권력을 잡으면 어디에서건 행정 체계로 둔갑한다는 사실을 간과하지 않았다. 중앙집권적 국가당의 사회 기구는 지난날 국가권력과의 관계를 두고 사유했던 그 모든 것에 대한 조롱이다. 그래서 사르트르는 지배하는 실천이 더 이상 참아주지 않는 계기를, 철학의 용어로 말하자면 자발성이라는 것을 핵심으로 끌어들였 던 것이다. 이 자발성에 사회적 권력이 배분될 기회가 객관적으로 적 으면 적을수록, 사르트르는 더욱 배타적으로 결단이라는 키르케고르의 범주로 이 자발성을 해석하였는데, 키르케고르에서 결단의 의미는 궁극 목적terminus ad quem이라는, 기독교학에서 수용된 것이다.

[31] 개념 물신주의에서 벗어나려는 가장 최근의 시도는 실존주의라는 이름으로 진행됨.

기여: 내용성 (바로 사르트르에 대해 사람들은 이 점을 공격했는데, 종종 가장 속물스러운 방식으로 그랬다. 하이네만[214])

비판적 지향.

실존적인 것에 관한 하이데거의 이론에 형식적으로 접목하고 있는 이론이 재료적으로는 그에게 반대.

하이데거가 존재에 관한 것을 선택하는 과정에서 보이는 자의 Willkür의 계기는 사르트르에게서 그 엇비슷한 것을 유추하게 한다.

하지만 한 가지 (초기 하이데거에게서 잠재된 채 존재하는) 철학적 근본문제는 여전히 남는다. 급진적으로 명목론적인, 도덕적인 유아론으로까지 치닫는 명목론과 그래도 무언가 제1철학과 같은 것을 추구하는 사르트르가 고수하던 존재론의 요구, 이 둘 사이의 관계.

그(사르트르)가 변증법에 관한 그의 책[215]에서 이 문제를 어느 정도로 절충했는지는 명확하지 않음. L'Etre + le néant에서 이 둘은 서로 갈라서는 것이다.

사르트르의 핵심 범주인 절대적 개인주의적 결단이 규정되지 않은 상태로 남게 되는 데에는 우연성의 계기가 들어 있다.

원칙적으로 모든 정치적 입장들이 가능하다면, 여기저기에 파르티잔들이 있을 것.

이런 한에서 사르트르는 형식주의적이다. 물론 그는 단연코 그렇게 되고 싶지 않았겠지만.

칼 슈미트[216]의 경우에서 볼 수 있듯 실존주의와 결정론 사이에 어떤 이론적 경계도 없다. … 결단 범주의 추상성. 모든 결정에는 객관성의 계기들이 침투한다.─ 최소한으로서의 결정. 철학 전체를 여기에 관련시키는 것은 불가능함.

여기에서는 사르트르의 결정론Dezisionismus 자체가 사회적-정치적 상황의 기능.

사회비판가 사르트르는 공산주의가, 오늘날 존재하는 그곳에 행정의 척도들을 도입하였음을, 그래서 지배메커니즘으로 정착되었음을 간과하지 않았다. 혹은 이렇게 말하는 게 더 나을지도. 결단이론의 부정적 결정자negative Derteminante.

그 중심부에 조직화에 대한 물음이 버티고 있는 하나의 긴 과정에서는 한편으로는 통합이 이루어지면서 다른 한편으로는 자발성이 압살된다. 이 점에 있어서는 장막의 이쪽이든 저쪽이든 본질적으로 아무런 차이가 없다. 즉 관리된 세계.

중앙집권적이고 끝없이 지속되는 국가당은 국가권력과의 관계를 두고 사유되었던[217] 그 모든 것에 대한 비웃음, 경멸이다.

사르트르는 전권지배적 실천을 더 이상 참아주지 않는 것, 바로 자발성의 환원될 수 없는irreduzibel 계기를, 교정자로서, 중심에 밀어넣었다.

자발성의 현실적 가능성이 적어질수록, 사르트르는 주제면에서 자발성에 더 큰 부담을 지운다. (일례로 나치의 강제수용소)

_1966년 2월 15일

[31] 사르트르의 극단적인 명목론에도 불구하고, 그의 철학은 주체의 자유로운 행위라는 관념론의 오래된 범주에 따라 조직되어 있다. 피히테의 경우와 마찬가지로 실존주의 역시 객관성에는 아무런 관심도 두지 않는다. 사르트르의 연극작품에서는 사회적 관계들과 조건들이 안개에 묻힌 듯 불명확한 상태에서 한갓 행동을 촉발하는 단순한 계기들로 끌어내려질 뿐이다. 이 행동Aktion은 무객체성Objektlosigkeit의 지위에서 비합리성으로 전락하는 운명이 되었는데 불굴의 [32] 계몽주의자가 이를 의도했다고 보기는 어렵다. 결단을 내리는 절대적 자유를 표상하는 것은 세계를 자기 자신으로부터 이끌어내는 절대적 자아라는 표상과 마찬가지로 착각이다. 사르트르의 연극들은 철학을 조롱한다. 연극작품이 철학을 매우 강령적으로 다루고 있는 것이다.

(31) 주인공의 결단에 외피를 입히는 무대 위의 상황들을 제대로 간파하기 위해서는 극히 간단한 정치적 경험만 있어도 된다. 구체적인 역사적 착종상황에서 그런 식으로 주권적 결단을 내리라고 미학적으로 요구할 수는 없는 일이다. 전쟁 중에 어떤 사령관이 만행을 실컷 저지르고는 이제부터는 더 이상 잔혹행위를 하지 않겠다고 이전과 매한가지인 비합리적 결단을 내린다면, 그리고 그가 적진에서 일어난 반역으로 이미 자신의 수중에 들어온거나 마찬가지인 도시의 정복을 중단하고 유토피아적 공동체를 세운다면, 아무리 낭만화된 독일 르네상스의 거친 시대일지라도 모반하는 병사들에 의해 살해되거나 아니면 상관에 의해 소환될 것이다. 호언장담하는 괴츠Götz야말로 그냥 여기에 딱 들어맞는 경우이다. 리히트슈타트Lichtstadt의 학살로 자신이 내키는대로 만행을 저질러 왔음을 깨달은 괴츠는 조직화된 민중운동에 자발적으로 투신하는데, 이런 조직화된 민중운동이야말로 사르트르가 절대적 자발성 개념을 적용시켜 공격했던 사람들이 내걸었던 변명거리로 해석되기에 충분한 것이 아닐 수 없다. 그런데 이 우직한 남자는, 이번에는 그저 공공연하게 철학의 동의를 얻어서는, 자신이 자유의지로 이제 다시는 저지르지 않겠다고 맹세한 잔혹행위를 또 저지르는 것이다.

핵심용어들

[31] 결단은 키르케고르[218]에서 유래한 것. 그의 경우는 신앙에 관련되어 있고, 이 신앙이 없으면 공중에 붕 뜨게 된다.

피히테식 관념론으로의 퇴락. 행위를 위한 자유로운 실행. 단지 이제는 개별자에 고착되어서, 이를 통해 우연적으로 됨, 보편법칙에의 연관 없이. 개인 + 사회의 차이.

객관성에 대한 오불관언 = 정치적 상황들을 판정하는 데서 드러나는 순진성. 정치적 상황들은 행동을 이끌어내는 단순한 촉매제.

이것이 비합리성으로 단죄됨.[219]

[32] 악마 그리고 자애로운 신.[220] 이전에 만행을 실컷 즐겨놓고는 이제는 더 이상 그러지 않겠다고 마찬가지로 비합리적인 결단을 내리는 최고사령관이 유토피아적 공동체를 세운다는 것은 미적 허구로서도 결코 가능하지 않다. 그는 요괴가 된다. 네스트로이Nestroy의 홀로페르네스Holofernes 패러디.[221]

그(최고사령관 괴츠Götz)는 그의 리히트슈타트Licutstadt가 피할 수 없는 파국을 맞은 후에, 또 총체주의적인 운동의 가면으로 판독되기에 너무도 적절한 조직화된 민중운동의 용병대장이 된다. (관리행정!)

사르트르의 괴츠는 곧바로 다시 —극적 이념을 요구하지도 않은 채로— 만행을 저지른다. 목적을 위한 수단의 용인으로 귀결됨.

절대적 주체는 자신의 착종들에서 빠져나오지 못한다. 그가 끊어버리고 싶어 하는 사슬, 지배의 사슬은 절대적 주관성의 원칙과 하나로 묶여 있다. 정치적 실존주의의 우매함은 탈정치화된 독일 실존주의가 관용적으로 사용하는 말들과 마찬가지로 나름의 철학적인 근거를 갖는다. 실존주의가 조장하는 것은 단순한 인간의 현존을 뭐 다른 선택의 여지가 있기나 한다는 듯 골라야만 하는, 여하튼 있는 것을 고르는 신조Gesinnung이다. 실존주의가 이런 동어반복 이상의 것을 [33] 가르치게 되면, 유일하게 실체적인 것으로서의 대자적인 주관성을 복구시키는 것으로 전락한다. 라틴어 실존하다existere의 파생어를 표어로 내거는 유파들은 소외된 개별과학에 맞서 생생한 체험의 현실을 복구시키려 한다. 그래서 이 조류들은 내실 있는 것은 전혀 흡수해 들이지 않게 된다. 그리고 이 조류들이 정지έποχή 상태로 묶어 놓은 것이 철학의 등 뒤에서, 철학적으로 말하자면 비합리적 결단들에서 자신의 폭력을 관철시킴으로써 이 조류들에 복수하게 되는 것이다. (32) 사안의 내실들Sachgehalten을 깔끔하게 비운 사유는 무개념적인 개별과학보다 나을 게 없다. 이런 사유는 사유가 철학의 본질적인 이해관심에 따라서 질타했던 바로 그 형식주의에 재차 빠지고 마는데, 이 형식주의는 그런 다음 우연한 차용들로 특히 심리학에서 추후에 속을 채우게 된다. 실존주의의 지향은 최소한 그 가장 급진적인 형태인 프랑스 실존주의에서는 사안의 내실들부터 거리를 취해서가 아니라, 위협적일 만큼 지나치게 가깝게 다가감으로써 실현되어져야 하는 것이다. 주체와 객체의 분리는 단순한 사유행위를 통해, 종국에 가서는 인간으로의 환원을 통해 지양될 수 있는 것이 아니다. 이러한 표지들, 실존이라는 표지를 붙이고 추상적이고도 아무런 연관 없이 닥치는 대로 사유되는 것, 이런 처리는 관념을 목 조르는 개별과학적인 것의 또 다른 얼굴에 해당한다. 실존을 화두로 이리저리 무리를 지은 학파들이 초월적 주체에 맞서 개인의 실존에 호소하면서 열망하였던 외화Entäußerung에 얼마나 무능한지를 그들은 비록 명목론의 그림자가 그 용인의 변증법에 대한 고려 없이.

사르트르는 얽혀 들어간 상태로부터 절대적 주체가 벗어나지 못하는 그 지점으로까지 밀고 나간다. 다른 경우 부르주아 의식은 이 지점에서 몸을 빼 하늘로 오른다. 입센.

이에 대한 참된 근거는 하지만 사르트르에게서 나타나지 않는다. 이렇다. 절대적 주체가 부숴버리고 싶어 하는 사슬들은 절대적 주체성 자체의 원칙과 하나이다. 절대적 주체의 추상적 자유 = 지배.

실존주의는 이미 명칭에서부터 인간의 단순한 현존을 두 배로 강화시킨다.

존재하는 것 말고 어떤 다른 선택이 있기라도 하다는 듯.— 의미가 그 의미의 부재로 인해 동어반복으로 된다.

[33] 라틴어 실존하다existiere의 파생어를 표어로 내세우는 것은 소외된 개별과학에 반대하여 생생한 체험과 자기체험의 현실을, 역할을 거슬러 자신의 존재를 회복시키려 한다. 사물화에 대한 두려움 때문에 그 내실das Sachhaltige 앞에서 뒤로 물러난다. 그런데 이는 본질에 대한 실존의 안티테제를 의미하는 것이다. 존재자를 진지하지 않게 여기는 것. 모르는 사이에 모든 내용이 다시금 단순한 표본으로 된다. 그러므로 사르트르 극작품들의 테제적 특성 그리고 카뮈camus의 소설들 다수에서조차도 그렇게 되는데, 베케트Beckett의 경우와 현격하게 대비됨.— 브레히트에게서도 비슷한 현상이 나타난다. "앙가주망"222) 언급.

형식주의로부터 벗어나고자 했던 것이, 가장 냉혹하게는 무규정적인 존재에서, 제2의 형식주의로 흐르고 그러고는 나중에 추가적으로, 대부분은 심리학으로, 채워진다.

적어도 급진적인 —'현실참여적인'— 프랑스 실존주의의 지향은 구체적인 것들에 거리를 두는 가운데에서는 제대로 실현되지 못한

질은 가운데에서도 그 개념에 떠오르지 않는 것, 개념에 반대되는 것을 헤겔의 본을 따서 그것을 다시 개념으로 가져감으로써 철학적으로 제압하고자 하는 가운데 스스로 자인하고 있다. 개념이 아닌 것이라는 개념이 그것을 사유에 헌정해야만 할 터인데 말이다. 이 문제에서는 전통을 따라서 자신이 해야 할 과제 앞에서 몸을 사리는 것이 이 학파들이다. 개념에서 거절된 것을 거기에 고유한 개념에 맞추어 추론함으로써 동화시키고 증발시키는 대신 개념적으로 따라잡아야 하는 과제 앞에서 뒤로 물러나는 것이다.

처리과정은 언어들에서는 사안들을 범주적으로 덮어버리지 않는 이름들에서 불명확하고 저 만큼 먼 자신의 근원상Urbild을 취하는데, 물론 언어의 인식기능을 희생하고서이다. (33) 축소되지 않은 인식은 사람들이 그 앞에서 어쩔 수 없구나 하고 체념하도록 닦달을 받는 것, 그리고 이름들이 그것을 가지고 있음으로써 그 이름들이 중지시키는 것을 원한다. 체념과 기만은 이데올로기적으로 서로를 보완하는 습성이 있다. 마치 말들이 사안들을 지명해야만 한다는 듯, 인식하는 말들을 고를 때 보이는 병적 정확성은 철학에서 서술이 본질적이라는 것에 대한 결정적인 근거이지, 어떤 외적 매개물이 아니다. (34) 바로 이러한 어떤 것τόδε τι 앞에서 표현을 그처럼 고수하는 것에 대한 인식근거는 그 자체에 고유한 변증법적 본질이고, 그 자체 내에서의 그것의 개념적 매개이다. 개념적 매개는 그것에서 개념이 아닌 것을 파악하는 작전개시 지점이다. 인식이 실존하는 것에서 아직은 잠복한 상태에 있는 개념적인 것을 비판적으로 깨닫게 됨으로써 인식은 잠재적으로 불투명한 것에 도달하고, 오로지 이러한 관계 내부에 있게 된다. 왜냐하면 비개념적인 것에서 이루어지는 매개는 빼고 남은 무엇이거나 그런 경과들의 악무한성schlechte Unendlichkeit으로 돌려질 수 있는 것이 아니기 때문이다. 오히려 질료ὕλη의 매개는 그것의 내재된 역사이다. 그 앞에서 여하튼 정당화된 채로 계속 해나가도록 하는 것을 철학은 부정자에서 퍼온다. 이는 바로 저 해소되지 않은 것인데, 그 앞에서 철학이 굴복했다. (그 밖에도 브레히트의 추상화들에서 비슷한 문제.)

주체 + 객체 분리는 순전한 사유행위에 의해, 종국에는 인간을 불러들여 호소한다고 해서, 지양되지 않음.

개념적이지 않은 것이라는 그 순전한 개념을 통해서는 그런 지향이 사유에 헌정되지 않는다.

개념에서 거부되어 나오는 것을 개념적으로 뒤따라가야, 그 개념으로 추론하여 동화시키지 말고.— 그래서 증발시키지 말고.

[34] 내가 여기에서 의미하는 처리는 사안을 범주적으로 덮어버리지 않는 이름들에서 —물론 인식기능을 희생하고— 희미한 옛 원형을 갖고 있다.

축소되지 않은 인식은 체념하도록 주입받은 것 그리고 이름들이 가지고 있으면서 어둡게 만들어 놓은 그런 것을 원한다. 체념과 기만은 이데올로기적으로 서로를 보완한다. 뭔지 알지도 못하고 말다.[223]

그런 까닭에 서술의 구성적 기능.

서술의 중요성이란 말하자면, 단어들을 고르는 데 있어서의 병적 엄밀성, 마치 단어들이 사안을 명명해야만 한다는 듯, 사안의 이름이기나 하듯. 개념적으로 매개되어 있다면, 그러면 언어는 이 매개에 개입할 수 있다.

언어는 불투명한 것에 접근한다.

질료ὕλη에서의 매개는 그것의 함축된 역사이다.

철학은 하나의 부정자에서 자신의 실증자를 만들어낸다. 그 앞에서 철학이 투항하고 그래서 관념론이 시작된 해소되지 않은 것das Unauflösliche이 '달리 될 수 없는 그런 존재So-und-nicht-anders-Sein'로서 다시금 하나의 물신으로, 존재자의 비가역성이라는 물신으로 된다.

었고 그래서 관념론의 폭력이 그로부터 불거져 나오는 해소되지 않은 것은 그 자신의 바로 그러하며 달리 될 수 없는 존재So-und-nicht-anders-Sein 속에서 다시금 존재자의 불가역성이라는 어떤 물신이다. 이 물신은 그냥 단순히 '바로 그러하며 달리 될 수 없는' 상태가 아니라 조건들 하에서 그렇다는 사실에 대한 증명을 접하면 깨진다. 이 되어짐 Werden은 사안에 깃들어 있으며, 그 [35] 결과로부터 분리시켜 (35) 잊어버릴 수 있는 것도, 그 개념에 걸어 정지시킬 수 있는 것도 아니다. 이 점에서는 관념변증법과 유물변증법이 일치한다. 관념론에서는 직접성의 내적 역사가 직접성을 개념의 단계로 정당화하는 반면, 유물변증법에서 직접성은 개념들의 비진리뿐 아니라 그보다는 존재하는 직접성의 비진리에 대한 척도로 된다. 두 변증법 모두에게 공통적인 것은 대상들 속으로 흘러들어간 역사에 대한 강조이다.

그것은 단순히 '바로 그러하며 달리 될 수 없는' 상태가 아니라 조건들 하에서 그렇다는 사실에 대한 증명 아래서는 해소된다.

이러한 되어짐dies Werden은 사안Sache에 둥지를 틀며, 그 [35] 결과로부터 분리시키고 잊을 수 있거나 (35) 개념으로 넘겨 정지시킬 수 있는 것이 아니다.

여기에 관념론적 변증법과 유물론적 변증법의 상동성Analogie이 있는 것.

관념론에서는 직접적인 것의 내적 역사가 그때마다 이것을 정당화한다. 유물론에서는 이 역사가 비진리의 척도이다.

a) 이를테면 자유주의 이론들, 개념들의 척도. (이데올로기 비판)

b) 개념이 약속하는 것과 같지 않은 현실의 척도. (사회비판)

양자 모두 흘러간 역사에 대한 강조.

_1966년 2월 17일[224)

그 밖의 핵심용어들

[35] 부정변증법의 힘은 사안 내부에서 실현되지 않은 것의 힘이다.

언어로 다시 돌아가서. 단어들은 그러나 개념들로 머물러 남고, 이념에 따라서 되풀이 되듯이 그렇게 이름들이 사안 자체인 것은 아니다.

이름들과 사안 자체 사이의 빈 공간.

이 빈 공간에 상응하는 것이 상대성과 자의의 침전물이다. 언어선택에 있어서나 서술 전반에 있어서나 마찬가지로. 극도로 정확한 단어, 그것만이, 그 자신과 동일하지 않다.

그러므로 개념들의 언어적 권위에 거스르는 개념들의 비판적 반성, 벤야민이 수용하였듯이.

개념들만이 개념이 방해하는 것을 완성할 수 있다. 상처입은 자가 치료할 것이다τρώσας ἰάσεται.225)

보편적인 것으로서 어떤 개념도 그가 의미하는 것 그리고 연결어 Copula(계사)를 통해 그것과 동일하고자 하는 것과 동일하지 않다.

개념은 규정가능한 오류를 갖는다.

이것이 다른 것을 통해 개념의 교정을 촉발한다.

이름의 희망은 각각의 개념이 자신을 교정하기 위해 자기 주위에 모은 개념들의 짜임관계에 있다.

규정된 부정을 통해 철학의 언어는 여기에 접근한다.

[36] 주류에 편승하는 일의 중단. 흐름을 거슬러 + 메인 스트림, 나의 하이데거 비판을 논박하는 나쁜 논거.

반대논증: 무수한 상황들 속에서 전망 없는 것을 시도하는 것. 논쟁 역시 새로운 작용연관이 아니라 하나의 형식이다.

바로 여기에 근거지어진 자발성의 과잉이 있는 것.

그뿐 아니라 개입의 불가능성이 실체화되지는 말아야.

모든 근세 철학의 지배적 경향들 중 하나. 철학에서 전통적인 요인들을 모두 제거하고(바로 이것이 철학의 새로운 전통이다), 역사를 하나의 특수원칙에 의한 사실들의 학문으로 지정.

직접성이라고 추정된 주관성. 순수한 현재라는 이상이 시간을 고려하는 가운데, 공간과 관련된 느낌Empfindung의 이상에 상응함.

베이컨과 데카르트의 친족성.

[37] 역사적인 것은 순수논리학의 무시간성 하에서 배열될 수 없다. 그러면 우상이, 미신이 된다.

하지만 전통은 그 대상들의 매개로서 인식에 내재적이다. 전통은 기억에 의해서 범주적으로 인식에 참여한다. 과거를 고수하지 않고, 한 번이라도 형식 논리적이지 않은 인식은 없다. 칸트의 연역.226)

(지배하는 어리석음 = 기억하지 않음.)

동기부여된, 시간 내적으로 전진하는 운동으로서의 사유의 형태는 대우주적인, 역사적인 운동에 미시적으로 필적한다.

사유란 역사의 내면화이다.

하지만 시간적인 것, 존재자 없이는 시간도 없으므로 사유의 내적 역사성은 순수한 형식에 머물지 않는다.

형식이 내용과 뒤엉키면 바로 전통이라 부르는 것이 된다.

순수한, 절대적으로 승화된 주체라면 하나의 점이리라, 즉 절대적으로 전통이 없는.

무시간성은 의식의 현혹이 저 꼭대기까지 올라간 것.

이것이 자율성이라는 모티브의 참된 한계이다.

[38] 당연히 외부에서, 자의적으로 전통을 끌어당겨서는 안 되고─ 타율성은 자율성의 추상적 안티테제.

사유는 내재적 전통을 활성화시켜야 한다. 바로 이것이 정신적 체험이라는 것.

구성요소로서, "영혼 깊은 곳에 있는 숨겨진 메커니즘으로서"[227] 전통적 계기.

사유의 탈시간화에 맞서는 시도로서의 베르그송.

여기에 정신적 체험이라는 개념의 핵심이.

그러나, 전통에 관여하는 철학의 몫은 그것의 규정된 부정이다. 텍스트들에 대한 비판을 통한 전통. (정신적으로 미리 형성된 재료에 대한 관계.)

이 텍스트들에서 철학과 전통은 통약가능하다.

철학의 해석하는 계기는 여기에 근거함.

철학은 상징이든 상징된 것이든 실체화해서는 안 된다.

진리는 열려 떠오르는것das Aufgehen이다. 성경 텍스트들에 대한 관계의 세속화.

이 관계 속에서 철학은 방법론적 이상Ideal이라는 구실로 부인하려 했으나 수포로 돌아간 것, 즉 자신의 언어적 본질을 시인한다.

근대 철학사에서 언어적 본질은 수사[228]로 배척되었다.

[39] 맥락에서 이탈된 채, 진리는 결여하고 목적의 수단으로 물화되어 수사는 철학에서 속임수의 매체였다.

수사에 대한 경멸이 수사의 빚을 갚아주었다.

하지만 수사를 금기시함으로써 언어로써만 사유될 수 있는 것, 관념의 미메시스적 계기를 근절하였다.

수사는 서술의 요청들 가운데 살아남는다. 이는 자신의 형식들에 대해서는 무관심한 고착된 내용들의 의사소통과는 다른 것이다.

여기에서 수사는 지속적으로 설득하려는 목적에 의해 타락에 직면한다.

플라톤 이래로 표현에 대한 알레르기가 철학에 파고들었다. 훈육되지 않은 것은 모두 질책하는 계몽의 전반적인 특성에 걸맞게. 사유에서 미메시스적 금기Tabu의 규범은 형식논리학이다.

물화된 의식은 자신이 결여하고 있는 것에 대한 앙심으로 가득하다.

철학에서 언어를 폐기하는 것에(=철학의 수학화) 반대하여 철학의 언어적 긴장.─ 대부분의 철학에서 언어적 체험이 아쉽다는 점 지적.

언어의 퇴락을 따라가자는 것이 아니라, 반성을 통해 그것에 저항하자는 것.

언어적으로 엉성함 + 학문적 제스처는 함께 간다.

[40] 철학에서의 언어의 폐기는 사유의 탈신화화Entmythisierung가 아니다.

철학은 자기 대상에 대해 순전히 의미론적 연관과는 다른 연관을 갖게 되는 언어에 몰두한다.

언어로서만 유사한 것은 유사자를 인식할 수 있다.

여기에서 수사에 대한 명목록적인 비판을 무시해서는 안 된다.

그렇다고 해도 수사는 명목론보다 더 오래된 것이다. 플라톤. 229) 『크라틸로스Kratylos』에서 언어에 대한 변증법적 관계. 언어는 도구이자 관례이다. 하지만 자의적인 것이 아니라 유사성의 계기를 포함하고 있다.

크라틸로스 대화를 잠깐 살펴봄. *30 a

[첨가 *30 a] 크라틸로스230)

주제: 언어는 자연인가 아니면 관습인가?

진정 정답은 있을지어다.

하지만 언어는 행위들πράξεις에 속한다. (즉 본질적으로 도구 Werkzeug이다.)

관습이다. 하지만 자의적이지는 않다.

감정인鑑定人, Sachverständige의 기준, 변증론자διαλεκτικός.

명목론의 관점이 우세, 하지만 여기에 대립하여 설정된 사실주의적 계기 역시. 이 계기는 사물의 미메시스 개념에 일차적 단어들로 관련지어져 있다.

플라톤의 언어이상은 반혜라클리트적, 즉 확고하게 고수된 의미들의 이상임. [첨가 끝]

변증법은 언어적 계기를 비판적으로, 즉 표현의 정확성을 통해 구출해야 한다. 언어는 관념과 사안을 서로 갈라놓는 어떤 것 그리고 이러한 분리에 맞서 활성화될 수 있는 것 둘 다이다.

이것이 언어(-의미-)분석으로서의 현상학의 진리계기이다.

표현의 정확성은 사유의 결함으로 등장하는 것, 바로 언어와의 연관을 자기 것으로 만든다.

수사적 질 속에 문화, 사회 그리고 수사가 매개하는 관념의 전통 전체가 침전되어 있다. 수사에 대한 적나라한 반대는 부르주아 사유가 종착하는 야만과 동맹관계이다.

정신과학의 야만적인 언어에 대한 증거. "17세기에는 독일 문학에서 주관성이 아직 모습을 드러내지 않았다"(트룬츠Trunz).[231] 여기에서 형식 + 내용의 관계.

키케로를 비방하는 데 들어 있는 원한, 이른바 계몽주의[232] 문사들에 대한 헤겔의 원한. 생활고가 생각의 자유를 쓰러 넘어뜨렸다. 현학의 시금석은 언어적 허접함이다.

변증법은 임의적인 의견과 본질 없는 교정자 사이의 딜레마

극복을 추구한다.

변증법은 계획에 따라 미리 결정된 것이 아닌, 개방된 것으로서의 내용에 자신을 내맡긴다. 신화에 대한 이의제기.

내용을 원하는 인식은 유토피아를 의미한다.

[41] 유토피아, 즉 가능성에 대한 의식이 일그러지지 않은 것에 들러붙어 있다. 그것은 가능자das Mögliche이지 일그러지지 않은 것의 자리를 봉쇄하고 있는 직접적으로 현실적인 것das unmittelbar Wirkliche이 결코 아니다. 그렇기 때문에 가능자는 현존하는 것 속에서는 언제나 추상적으로 나타난다.

사유가 이 가능자에 봉사한다. 언제나처럼 부정적으로, 존재하지 않는 것에 접근하는 한조각 현존인 사유가.

이곳으로 철학은 수렴한다. 아주 먼 곳에서, 허나 가까운 듯이.

철학은 이들의 색깔들을 모아들이는 프리즘이다.

-끝-

182) 철학자, 사회학자, 정신분석학자였던 울리히 존네만Ulrich Sonnemann (1912-1993)은 1957년부터 아도르노와 알고 지내는 사이였다. 그가 남긴 자전적인 기록에는 "1966년부터 Th. W. Adorno와 친구 사이가 됨"이라고 적혀 있기도 하다. 아도르노는 1969년 존네만의 주저 Negative Anthropologie. Vorstudien zur Sabotage des Schicksals에 대해 다음과 같이 평가하였다. "존네만의 새 책은 집중도가 매우 강하면서도 자기비판적인 발전의 정점을 보여주는데, 진부한 것, 대세에 순응하는 것에 대한 거부반응으로 가득한 언어가 일품이다. 그의 언어는 사안을 위해서라면 어디서든지 관행적인 용법이 의사소통이라고 칭하는 것을 거스른다. 이 언어가 보여주는 반역의 힘은 사유에서의 그것에 뒤지지 않는다. 언어와 사유는 진정 서로를 매개한다. 이런 언어는 실증적인 전문가들에게는 너무 에세이적이고, 저널리스트들에게는 너무 어렵고 부담스러울 것이다. 그 언어의 진리는 여기서 확인된다"(GS 20·1, S.263).

183) 벤야민이 주저로 생각하고 추진한 파사주 작업은 —이 작업의 목적은 근대의 시원사Urgeschichte der Moderne를 제시하고, 방금 지나간 것을 그보다 훨씬 오래전 것을 짜 맞추는 퍼즐게임으로 읽으며, 19세기를 여전히 신화에 사로잡힌 것으로 제시하려는 데 있었는데— 1927년에 시작되었다. 벤야민은 이렇게 저렇게 든 생각들, 책을 읽은 결과들을 "파리의 파사주"라는 제목 하에 일기형식으로 적어두었다. 이 기록들을 토대로 몇 년 뒤에 '초기의 초안들'이 나왔다. 이는 저자가 작업의 첫 단계에서 염두에 두었던 "파리의 파사주. 변증법적 몽환극"이라는 에세이의 집필과는 직접적인 연관이 없는 생각의 씨앗들에 해당한다. 1929년 가을 이 작업을 중단하면서 벤야민은 회고조로 무엇보다도 서술의 문제에 책임을 돌렸다. 집필 당시 그가 자신의 일이라고 여겼던 '문학적' 형상화를 "허용하지 않는" 서술의 "단편적인 특성"이 동시에 "우리 세대의 결정적인 역사적 이해들을 대상"으로 만들어야만 하는 의도에 전혀 들어맞지 않았다는 것이다. 벤야민이 확신하고 있었던 이런 이해들은 사적 유물론에서만 지양되는 것이었다. 훗날 벤야민은 『파사젠베르크』 초기 작업 단계를 지배했던 그의 "별생각 없이 태고적인, 자연에 사로잡힌 철학함"을 끝내게 된 데에는 그 자신이 역사적인 것이었다고 성격 규정한 호르크하이머 그리고 아도르노와의 대화

가 결정적이었다고 밝혔다. 이 두 사람이 마르크스의 자본분석을 고려하지 않고는 19세기에 대해서는 진지하게 다룰 수 없다고 고집했다는 것이다. 그래서 1934년에 파사주 프로젝트의 변경된 구상이 모습을 드러내었다. 이 구상이 이제 얻게 된 "새 얼굴"은 무엇보다도 "새롭고 그리고 개입하는 사회학적 전망들"에 의해 각인되었다. 이 전망들이 미완의 단편으로 남게 될 이 작업을 계속 규정할 것이다.— 참조: GS 10.1 S.247ff. Rolf Tiedemann. Mystik und Aufklärung. Studien zur Philosophie Walter Benjamins. Mit einer Vorrede von Theodor W. Adorno und sechs Corollarien, München 2002, S.220ff.; R. Tiedemann, Christoph Gödde und Henri Lonitz, Walter Benjamin 1892-1940. Eine Ausstellung des Theodor W. Adorno Archiv in Verbindung mit dem Deutschen Literatuarchiv, 3.Aufl., Marbach am Necker 1991, S.259ff.

184) restitutio ad (혹은 in) integrum이라는 표현은 요즘 와서는 의학 분야에서만 질병에서 완전히 치유되었다는 의미로 쓰이고 있다. 본래는 로마의 법률용어에서 유래하며 판결의 해지 혹은 민법에서 법률효력이 발효된 것을 원점으로 돌리는 것을 의미했다. 하지만 아도르노는 이 개념을 "신학적 정치적 단상들"에서 "불멸로 인도하는 정신적restitutio in integrum … 에는 몰락의 영원성으로 인도하는 세속의 그것이 [상응한다]"(벤야민, Gesammelte Schriftene, a.a.O. [Anm. 58], Bd. II·I S.204)라고 했던 벤야민처럼 신학적 의미에서 사용하였다. 틸리히의 신학에 따르면 그 이면에는 기독교 사유의 역사에서 추적이 되는 대립명제가 있다. 한편으로는 "영생에서 배제되는 죽음의 위협"이면서 다른 한편으로는 "영생에 뿌리박고 있으며 그래서 영생에 속한다는 확실성"이다. "처음의 견해를 대변한 이들은 아우구스티누스, 토마스 그리고 칼뱅 등이며, 나중 견해는 오리게네스 Origigenes, 슐라이어마허 그리고 유니테리언파의 보편 구제설 등이 대변한다. 여기에서 갑론을박되고 있는 신학적인 개념은 오리게네스의 '만유회복 apokatastasis panton' 개념이다. 이로써 의미하는 바는 시간적인 것은 모두 그것이 나온 영원으로 회귀한다는 것이다. 개별자의 구원에 대한 믿음과 우주적 구원에 대한 믿음 사이의 대립에는 서로 반목하는 이념들과 이념의 실천적 중요성 사이의 긴장이 드러난다"(Paul Tillich, Systematische Theologie III, übers. von Renate Albrecht und Ingeborg Henel, Berlin, New York 1987, S.469). 아도르노가 '쪼개진' '조각들Stücken'의 회복이라는

맥락에서 말하고 있음은 루리안 카발라Lurianische Kabbala를 생각해서라고 여겨진다. "이른바 'Schebirath ha-Kelim'설 '용기파괴설' 그리고 "Tikkun설, 파괴로 생긴 흠집의 회복 혹은 치유에 관한 이설 등"(Gershom Scholem, Die jüdische Mystik in ihren Hauptströmung, Frankfurt a. M. 1957, S.291)을 생각한 듯하다.

185) 아도르노의 횔덜린 논문 Parataxis 참조. 정령의 세계는, 횔덜린이 즐겨 쓰는 말로는, 탁 트인 것이고 그 자체로서 친숙한 곳이다. 더 이상 이제 막 만들어져서 낯선 곳이 아니다. "그러니 와라! 우리 탁 트인 곳을 둘러보자, / 우리 내 고유한 것을 찾아보자, 그것이 아무리 멀리 있더라도"(GS 11, S.488; 인용은 횔덜린, Brod und Wein, v.41f.).

186) 불분명함. 첨가 12 a는 (위 S.171f. 볼 것) 명확하게 지정되어 있어 해당될 수 없다. 서문 두 번째 판본 여백에는 여기서 구체적인 것의 개념 그리고 그 개념으로 파악된 것 자체의 개념에 관해 추가할 것(Vo 13406 u. Vo 13366)이라고 쓰여 있으나, 세 번째 판본에서는 삭제됨― GS 6, S.82f. 참조.

187) 헤겔을 겨냥하여 아도르노가 Minima Moralia에서 구성한 문장, G 4, S.55; NaS I·I, S.290, Anm.42.도 참조.

188) "Machine infernale", 지옥의 기계. 장 콕토Jean Cocteau(1934)의 드라마 제목이기도 하다. 콕토를 일정하게 평가하고 있었던 ―아도르노는 1933년 이전에 모노드라마 "목소리"를 작곡할 생각을 가지고 있었다― 아도르노가 오이디푸스 소재를 현대적으로 해석하면서 신화를 지옥기계로 다룬 콕토의 작품을 염두에 두었었다고 생각해볼 수 있다.

189) 생애 마지막 몇십 년간 그 발전과정을 지켜본 후기 자본주의 사회를 해명하는 아도르노의 핵심사상이다. 아도르노는 당대 사회에 대한 이론도 포함하는 책을 계획하고 있었는데, 『해체로서의 통합』이라는 제목을 붙일 작정이었다. 다른 시대들에 대하여는 『통합-해체』라는 제목도 나온다.

190) Minima Moralia에 나오는 격언. GS 4, S.218 참조.

191) Negative Dialektik에서도 역시 마찬가지이다. "헤겔은 인식론에 맞서 대장간 일을 해야만 대장장이가 될 수 있다고 주장하였다. 즉 인식은 자신에게 저항하는 것, 비이론적인 듯한 것과 씨름하는 가운데 이루어지는 것이다"(GS 6, S.38, 홍승용 옮김, 『부정변증법』, 84쪽). 헤겔에게서는 Geschichte der Philosophie에 나오는 아래 구절만이 확인되었다. " … 사

람들이 도구인 인식을 우선 먼저 탐구하는 것은 타당하다고 여겨진다. 이
것이 학자σχολαστικός에 의해 이야기되어진 역사인바, 학자란 자신이 수
영을 할 수 있을 때까지 물에 들어가지 않겠다고 말하는 사람이다. 인식을
연구한다 함은 인식을 인식하는 것이다. 그런데 인식하지 않고 어떻게 인식
하겠다는 것인지에 대해서는 말할 수 없다"(Hegel, Werke, a.a.O. [Anm.
10], Bd.20. Vorlesungen über die Geschichte der Philosophie III,
S.430).

192) 아도르노 철학이 보이는 단자 및 단상들과의 유사성은 역사철학적으로 체
계의 몰락에 근거하고 있으며 사유를 통해 전체 혹은 총체성을 어떤 식으
로든 확보하는 일의 불가능성과도 관련이 있다. 단자 개념에 이의를 제기하
는 가운데 ―이 개념을 아도르노는 오히려 상동성의 형태로 사용한다(주
131도 볼 것) ― 사람들은 여전히 개별자에 상징적으로 들어 있는 전체에
대한 전통적인 표상을 완결시킬지도 모르겠다. 하지만 파편적인 것이라는
말로 단호하게 모습을 드러낸 사태는 진지하다. 역사의 불연속성, 아우슈
비츠가 가능했던 세계인 것이다. 단상Fragment의 개념은 무엇보다도 예술
작품의 역사에서 시작되어 퍼져나간 것인데, 아도르노는 미적 단상들, 파
편적인 예술작품들에서 출발하는 경우가 잦다. 그가 망명생활에서 돌아와
자극을 주고 지도했던 첫 박사논문이 철학형식으로서의 단상과 격언을 다
룬 것이었음은 따라서 우연이 아니다(Heinz Krüger, Über den Aporismus
als philosophische Form. Mit einer Einführung von Theodor W.
Adorno, München 1988 [Dialektische Studien I] 참조). 그리고 아도르노는
죽기 얼마 전에 페터 폰 하젤베르크Peter von Haselberg와 [형식과 우연으로
서의 단상]이라는 제목으로 가장 성공적이고도 풍부한 라디오 대담의 하나
로 꼽히는 방송을 했었다(NDR, 1967년 2월 2일 녹음). 파시즘이 끝난 직
후 아도르노의 아래 문장들이 출판되었는데, 당대의 예술에 비할 데 없이
중요한 문장으로 여겨졌다. "인식하는 것으로서 예술작품은 하지만 비판적
이고 그리고 파편적이다. 오늘날 예술작품들에서 살아남을 기회를 갖는
것, 그것이 무엇인지에 대해서는 쇤베르크나 피카소, 조이스 그리고 카프
카 또 프루스트도 모두 의견의 일치를 보았다고 하겠다. 그리고 이것은
아마도 다시금 역사철학적 사변을 허락할 것이다. 완결된 예술작품은 부
르주아적인 것이고, 기계적인 것은 파시즘에 속한다. 파편적인 것이 완전
한 부정성의 상태에서 유토피아를 의미한다"(GS 12, S.120). 알반 베르크

의 오페라 〈룰루Lulu〉와 관련하여 아도르노는 이렇게 썼다. "오늘날의 상황에서는 정신적으로 결정적인 것은 모두 파편으로 단죄되었음이 명백하다"(GS 14, S.260). 이 말은 아무런 제한 없이 오늘날의 철학에도 해당된다. 초라하고 개별적인 것으로의 맹목적인 자기침잠의 모티브를 아도르노는 철학동료인 벤야민 그리고 블로흐와 공유했으며, 후설의 현상학에 대해서조차도 그는 딜타이, 막스 베버와 같은 유형의 학자들과 공유하고 있는 "단상에의 성벽이라는 점에서" 연루되어 있음을 알고 있었다. "후설 현상학은 '연구들을' 실행된 분석들을 손쉽게 하나로 묶지 않고, 심지어 개별 연구들에서 귀결된 불일치성조차도 조정하지 않은 채, 나란히 등치시킨다"(GS 5, S.217). 완결된 것 모두에 대한 저항심에서 파편적인 것을 선택한 결단도 아도르노가 벤야민에게 사의를 표했던 다음의 동기유발에 포함시켜도 될 것이다. "박사논문에서 독일 낭만주의 초기의 핵심적인 이론적 측면을 파고들 만큼 그렇게 벤야민은 프리드리히 슐레겔과 노발리스에 평생 동안 구속감을 가지고 있었다. 철학적 형식으로서의 단상이라는 구상은 광범위한 기획에서는 달아나버리는 우주적인 것의 예의 그 힘에서 무엇인가를 파편적이고 불완전한 채로 곧바로 거머잡는 것이다"(GS II, S.570). '완전한 부정성의 유토피아 단계'는 그러나 계몽의 파국적인 실패 속에서 '손상된 삶'이 그 내용인데, 파편적인 것이 이 내용을 등록시킨다. "존재자가 오늘날 무의미한 것으로 자신을 드러내면 낼수록, 그것을 해석하려는 충동혹은 욕구, 그리고 그 무의미성을 끝장내려는 충동은 더욱더 불가항력이 된다. 파편적이고, 몰락하고 분열된 현상들에서 떠오르는 빛은 철학 전체에 여전히 불을 지필 수 있는 유일한 희망이다"(NaS IV·13, S.198f.).

193) "동위성의 오래된 원칙은, … 이 원칙에 의하면 유사한 것은 오직 유사한 것에 의해서만 인식되어질 수 있다는 것인데, 이 원칙은 파르메니데스와 엠페도클레스에 의해 처음 주장된 이래로 철학에서 완전히 사라진 적이 없다"(Rolf Tiedemann, Mystik und Aufklärung, Studien zur Philosophie Walter Benjamins, a.a.O. [Anm.183], S.160)를 빗대어 쓴 것. "눈이 태양 같지 않다면 / 눈은 결코 태양을 식별할 수 없으리라." 플로틴은 Zahmen Xenien에서 이렇게 번역하였다. "… 눈은 그 자신 스스로가 태양과 같아지지 않고서는 결코 태양을 바라볼 수 없다οὐ γὰρ ἂν πώποτε εἶδεν ὀφθαλμὸς ἥλιον ἡλιοειδὴς μὴ γεγενημένος"(Ennead I 6, 9). 철학사에서 비할 데 없이 중요한 동위성homolog의 인식이라는 원칙은 특히 아

도르노의 미메시스 이론에도 밑바탕을 이루고 있다. 무엇보다도 Metakritik der Erkenntnistheorie, GS 5, S.147f.의 제3장에 나오는 방대한 각주 참조. 아울러 NaS IV·4, S.407 Anm.279. 참조. 최근에 이 주제를 다룬 Renate Wieland의 연구 "감정이입, 능동적 참여를 통한 인식의 형태는 역사적으로 축소되어왔다. 괴테에게는 유사한 것이 유사한 것만을 인식할 수 있다는 Plotin의 학설이 여전히 생생했으며, 이런 체험은 신비주의적 전통이 유지되는 하부의 흐름에 계속 살아 있었다. 도구적 이성이 지배하는 오늘날에는 아이들에게서만 이런 체험이 남아 있고 예술가들도 그럴 것이다. 하지만 그 잔재는 점점 줄어들고, 미메시즈적 충동은 점점 살아남기 힘들게 되었다. 감정적 지성과 신비주의에 대한 새로운 관심은 추방된 것을 다시 등록시켰는데, 하지만 주변적이고, 그저 사적으로만 실현될 뿐이다. 그리고 수상쩍은 비합리주의로 빠져버리고 마는 경우가 너무도 흔하다"(Renate Wieland/Jürgen Uhde, Forschendes Üben. Wege instrumentalen Lernens. Über den Interpreten und den Körper als Instrument der Musik. Kassel u. a. 2002, S.15f.).

194) 아도르노가 중고등학교 시절부터 끊임없이 위기에 빠지곤 했던 친분관계를 맺어온 크라카우어는 1966년 2월 26일에 죽었기 때문에 『부정변증법』에 대하여 무어라 의견을 표명할 처지가 아니었다. 아도르노는 크라카우어가 자신의 후기저작들에 대해 전반적으로 표명했던 의견을 인용하고 있다.

195) 보들레르의 『악의 꽃』에 들어 있는 이 제목의 시 참조. 이 시는 아도르노에게 미적 근대의 등대 구실을 하였다. 아도르노의 해설은 GS 13, S.295 그리고 GS 18, S.222 하지만 그 무엇보다도 Gs 7, S.40 참조. "보들레르적인 근대의 민꽃들은 새것을 알려지지 않은 것에 등치시킨다. 숨겨진 목적에 그리고 항상 똑같은 것에 대한 통약불가능성을 위해 견디기 힘든 것에, 허무의 맛에 새것을 등치시키는 것이다."

196) 아도르노는 종종 구체적인 것과 관련된 개념을 모은다는 표현을 즐겨 사용하였는데, 이는 『독일 비애극의 원천』에 벤야민이 플라톤주의적으로 쓴 서문을 빗댄 것이다. "어떤 평균적인 것으로서의 보편자를 제시하려고 하는 것은 잘못되었다. 보편자는 이념이다. 반면 경험자는 더욱 엄밀하게 극단적인 것으로 받아들여질 수 있을수록 더욱더 깊이 파고들어간다. 개념은 극단에서 시작된다. 어머니가 온 힘을 다해 자식들의 무리를 친애의 감정으로 자기 주위에 감싸는 그곳에서 삶을 시작하는 것과 같이 이념들은 극

단들이 주위에 모여드는 그곳에서 비로소 생명을 얻게 된다. 이념들은 ―괴테의 언어사용법으로는 이상들Ideale― 파우스트적인 어머니들이다. 이 어머니들은 현상들이 자신을 밝히지는 않고 주위에 모여들면 어둠속에 머문다. 현상들을 모아들이는 것은 개념들의 사안이며 그리고 구별하는 지성에 의해 수행되는 분배는 하나의 동일한 실행에서 그것이 이중적인 것을 완성하였을 때, 더욱 의미심장해진다. 현상들의 구제 그리고 이념들의 제시"(벤야민, Gesammelte Schriften, a.a.O. [Anm.58], Bd.I·i., S.215).― 개념들의 짜임관계라는 아도르노의 이념에 대하여는 Rolf Tiedemann, Begriff, Bild, Name. 참조. 아도르노의 인식의 유토피아에 대하여는, Frankfurter Adorno Blätter II, München 1993, S.92.ff. 특히 S.104f. 참조.

197) NaS IV·4, S.96 참조.

198) Lk II·23.

199) '자유롭게 부유하는 지식인' 개념으로 만하임은 마르크스의 이데올로기 개념을 대체하려 했는데, 아도르노는 끊임없이 이 개념을 공격하였다. 후기 저작 중 하나인 Meinung Wahn Gesellschaft에서 이렇게 말한다. "좀더 나중에 나온 지식사회학 특히 파레토와 만하임의 지식사회학은 학문적으로 정련된 개념성과 도그마에서 벗어난 계몽성을 약간은 마음대로 휘저어 놓았다고 해야 할 것이다. 그들은 이데올로기 개념을 다른 개념으로 대체시켜 놓았는데, 그들에게는 총체적이라고 명명하는 것이 당연했으며, 맹목적이고 총체적인 지배와 너무도 스스럼없이 함께 거론되는 그런 개념으로 대체해놓은 것이다. 이에 따르면 어떤 의식도 사전에 이해관계에 구속된, 단순한 의견이다. 진리의 이념 자체는 이러한 의견들로부터 운율이 조절되는 전망으로 회석된다. 그 전망 역시 자유롭게 부유하는 지식인의 의견에 불과할 뿐이라는 이의를 방어하지 않는다. 이렇듯 우주적으로 확대됨으로써 비판적인 이데올로기 개념은 그 의미를 잃게 된다. 친애하는 진리에는 경의롭게도, 모든 진리들이 그저 한갓 의견에 불과하다고 하니, 진리의 이념이 의견에게 길을 내주고 물러나게 된 것이다. 사회는 이론에 의해 더 이상 비판적으로 분석되지 않으며, 사회가 실제로 점점 그렇게 되어가는 것으로서 서투르고 우연적인 이념들과 힘들의 카오스를 확인해준다. 이 힘들의 맹목성은 전체를 몰락으로 내몬다"(GS 10·2, S.585).

200) 만하임과 파레토의 상대주의에 관해서는 아도르노의 Beitrag zur Ideoligienlehre, GS 8, S.457ff.도 참조.

201) 후설의 표현. Metakritik der Erkenntnis의 첫 인용 참조(GS 5, S.12.).

202) Über den Begriff der Geschichte의 다섯 번째 테제 참조. "'진리는 우리를 버리고 갈 수 없다'− 고트프리트 켈러가 한 말인데, 역사주의의 역사상에서 보자면 이 말은 정확하게 사적 유물론에 의해 그것이 타파된 그 지점을 지적한다"(Benjamin, Gesammelte Schriften. a.a.O. [Anm. 58], Bd Ⅰ·1, S.695). 켈러의 글 어디에서 인용한 것인지는 확인할 수 없음.

203) 최소한 키케로가 또 다른 천성altera natura이라고 말한 이래로 철학에서 익숙하게 된 이 오래된 생각을 아도르노는 헤겔, 마르크스 그리고 초기 루카치의 글들을 통해 수용하였다. 헤겔의 '제2의 자연'개념에 대하여 쓴 글을 저서 『부정변증법』에서 직접 읽을 수 있다. "헤겔은 정신철학이 좌우할 수 없는 일종의 자동현상에 따라 자연과 자연의 폭력을 역사의 모델로 끌어들인다. 하지만 철학에서 자연과 그 폭력이 중요해질 수 있는 것은 동일성을 정립하는 정신이 맹목적인 자연의 속박과 동일하기 때문인데, 정신은 속박을 부인하느라 그렇게 되는 것이다. 심연을 들여다보면서 헤겔은 세계사적 대사건들을 2차적 자연으로 감지하지만, 그것과의 가증스러운 공범관계 속에서 그 속에 담긴 일차적 자연을 찬양한다. '법의 토대는 일반적으로 정신적인 것이며, 그것의 좀 더 엄밀한 위치와 출발점은 자유로운 의지다. 그래서 자유가 그것의 실체와 규정을 구성하고, 법체계가 실현된 자유의 왕국을 구성하며, 정신의 세계가 그것 자체로부터 2차적 자연으로서 산출되었다.' 하지만 루카치의 소설이론에서 철학적으로 다시 다루어진 제2의 자연은 어쨌든 일차적 자연으로 생각될 수 있는 것의 부정자로 남는다. 인공물 즉 비록 개인들에 의해서는 아니더라도 그들의 기능연관에 의해 비로소 산출된 것은, 실로 시민의식에 대해 자연으로 간주되고 자연스럽다고 여겨지는 것처럼 가장된다. 그 바깥에 위치하는 어떤 것도 그런 의식에는 더 이상 나타나지 않는다. 어떤 의미에서는 실제로도 그 바깥에는 아무것도 없다. 즉 총체적 매개에 포착되지 않은 것은 아무것도 없는 것이다. 그 때문에 그 속에 사로잡힌 것이 그 자체에 대한 타자성 Andersheit으로 되는데, 이것이 관념론의 근원현상이다. 사회가 점점 더 가차 없이 인간적, 인간상호적 직접성의 모든 계기들을 제어하게 될수록, 그러한 연관관계가 형성된 것이라는 사실을 기억하는 것은 점점 더 불가능해지며, 자연의 가상은 더욱더 불가항력으로 된다. 인류의 역사가 자연으로부터 거리를 둠에 따라 그러한 가상은 더욱 강화된다. 즉 자연이 감옥

상태에 대한 불가항력적 비유로 된다"(GS 6, S.350f. / 홍승용 옮김, 463쪽). 나중에 쓴 글들에서도 '제2의 자연'이라는 범주가 아도르노 철학에서 매우 중요하게 되는 이런 모티브들이 많이 다시 등장한다. 빠르기로는 1932년에 행한 연설문을 들 수 있다. [자연사]라는 제목의 강연은 "자연과 역사의 관계에 대한 물음을 진지하게 제기"했다고 한다. 하지만 아도르노가 원하는 대답은 다음의 경우에만 나올 수 있는 것이었다. "극도로 역사적인 규정성 속에 있는 역사적 존재를 그것이 가장 역사적인 그곳에서 그 자체를 어떤 자연적인 존재로 파악하는 일에 성공하거나 아니면 자연이 자연으로 자기 속 가장 깊숙이에 파묻혀 있는 곳에서 자연을 역사적 존재로 파악하는 일이 가능한"(GS I, S.354f.) 경우에 한해서이다. 자연, '자연다운 존재'를 고집하는 것, 역사, 존재했던 일 중에서 신화적·태고적이고 자연스러운 소재를 고집하는 것은 이성이 역사적으로 탈주술화된 세계로 펼쳐지면서 점점 더 시야에서 사라진 영역을 상기시킨다. 강연에서 자연과 겹치는 신화적인 것의 개념에 관해서는 아도르노가 '매우 막연하다'고 인정한 바 있다. "이것이 의미하는 바는 예로부터 거기에 있었던 무엇, 그무엇이 운명적으로 결합된, 미리 주어진 존재로서 인간 역사를 짊어지고가는 그 무엇이 역사 속에서 등장한다는 것, 무언가 실체적인 것이 역사속에 있다는 사실이다. 이런 표현들로 한계 지어진 것은 내가 여기에서자연이라고 말한 것이기도 하다"(Ebd., S.346). 이렇게 파악된 신화적 자연은 역사에서 안티테제를 갖는다. "역사는 무엇보다도 그 가운데에 질적으로 새로운 것이 등장함을 통해 특징지어지는 … 인간의 행동양식을 의미한다. 행동양식이 하나의 운동인, 그저 순전한 동일성, 언제나 이미 거기에 있었던 것의 단순한 재생산에서 끝나버리는 것이 아니라 그 가운데에 새로운 것이 등장하고 그리고 그 가운데 새로운 것으로 등장한 것을통해 참된 성격을 획득하는 그런 하나의 운동이라는 사실로 특징지어지는 것이다"(Ebd.). 자연과 역사 혹은 신화와 역사의 관계를 비판적으로 규정하는 것이 아도르노 철학의 핵심 의도 중 하나이다. 1932년에 쓴 텍스트에는 이렇게 되어 있다. "정말은 제2의 자연이 제1의 자연이다"(Ebd., S.365). 그리고 50년대에 나온 Essay als Form에서는 이렇게 명시되어 있다. "에세이의 시각에서는 제2의 자연이 자기 자신을 제1의 자연으로 알아챈다"(GS II, S.29). 아도르노는 성장기에 쓴 글들에서 후기 자본주의의 생산관계들(Vgl. GS 9, S.365)에 대해 대중문화에서의 인간의 반응형식들

(vgl. GS 12, S.20) 혹은 조성의 음악적 체계(vgl. GS 12, S.20)와 마찬가지로 '제1의 자연'이라는 특성을 부여하고 있는데, 그렇다면 역사를 자연사로 읽는 시도를 한 이런 과정에서 현실추수적인 구석은 조금도 없는 것이다. 그의 작업은 언제나 Kriktik der Polictischen Ökonomie을 학습한, 비판적인 것이었다. 그래서 아도르노는 헤겔식의 '제2의 자연'에 반대하는 것과 마찬가지로 슈펭글러도 공격한다. "역사에서 인간이 더불어 겨루어야만 하는 자연은 슈펭글러의 철학에 의해 한옆으로 밀쳐내어졌다. 그 대신 역사 자체가 제2의 자연으로 변해 맹목적이고 빠져나갈 곳이 없으며, 그저 식물성의 삶처럼 숙명적으로 되고 말았다. 사람들이 인간의 자유라고 부르는 것은 순전히 자연강제를 꺾는 인간의 시도들 속에서만 구성되는 것이다. 이런 인간이 무시된다면, 세계는 순수 인간존재의 단순한 형상으로 되고 말 것이며, 그러면 역사의 이러한 전인성 속에서 자유는 실종될 것이다. 자유는 전적으로 존재자의 저항에서만 전개된다. 자유가 절대적으로 설정되고 영혼이 지배원칙으로 올라가면, 영혼 자체가 단순한 현존으로 전락한다"(GS 10·I S.67). 『부정변증법』에서는 제1의 자연과 마찬가지로 제2의 자연의 굴레를 공격하면서 자유의 편을 든다.- 아래 주 207도 참조.

204) 객체우위에 대하여는 Negative Dialektik에서 그런 표제가 달린 단락 참조. GS 6, S.184ff. 마찬가지로 NaS IV·4, S.412ff., 주 297; NaS IV·7, S.333ff., S.415, 주 354, 그리고 NaS IV·14, S.266, S.442, 주 282. 참조.

205) 프로이트의 저술 Wege der psychoanalytischen Therapie in: Freud, Gesammelte Werke, a.a.O. [Anm. 110], Bd.12: Werke aus den Jahren 1917-1920, London 1947, S.185f. 참조.

206) Metakritik der Erkenntniskritik 첫 장의 제목, GS 5, S.48ff. 참조

207) 물신주의 범주는 마르크스가 '제2의 자연' 범주에 부여한 형식이다. 마르크스 자신은 이 개념을 사용하지 않은 것 같지만, 그래도 경제적 사회구성체의 발전을 자연사적 과정으로 파악할 수 있다는 이론에 결정적인 전기를 마련해주었다(마르크스, Das Kapitel, MEW, Bd.23, S.16). 아도르노는 상품물신성 이론을 익히 알고 있었고, 그 세대의 많은 지식인들이 그랬던 것처럼 Geschichte und Klassenbewuβtsein의 물화를 다룬 장에서 볼 수 있는 루카치식 버전이었다(참조: NaS IV·7, Anm. 1994). 루카치가 상품물신성의 경제적 정황을 곧바로 철학에 옮겨놓고 그리고 물화 범주를

부르주아적 사유의 이율배반에 적용시켰다면, 아도르노는 이 범주를 훨씬 더 일반화시켜 역사적 현상들에 ―일단은 자본주의 하에서의 현상들에 먼저, 하지만 여기에 머물지만은 않는― 해당되도록 하였다. 1938년의 논문 "Über den Fetischcharakter in der Musik und die Regression deo Hörens"에서 아도르노는 마르크스에게서 결정적인 문장을 인용한다. 마르크스는 상품의 물신적 성격을 생산자와 교환자를 ―인간을― 마찬가지로 소외시키는 교환가치로서 자가제조된 것Selbstgemachtn에 대한 외경으로 규정한다. "상품형식의 불가사의함은 그러므로 간단히 말해서 상품형식이 인간에게 그에 고유한 노동의 사회적 성격을 노동 생산품 자체의 대상적 성격으로, 사물의 사회적 자연속성으로 되돌려 놓고, 그래서 생산자가 전체 노동과 맺는 사회적 관계를 생산자 밖에 존재하는 대상들의 사회적 성격으로 돌려놓는 데 있다"(GS 14, S.24). 『계몽의 변증법』의 저자들은 마르크스가 자본주의적 생산의 가치추상화들에서 밝혀낸 것을 개인들에게서 그리고 개인의 다른 사람들 및 그 자신과의 관계에서 재발견하였다. 이 경우 지난 세기 40년대 미국사회가 배경이다. "애니미즘이 사물을 정령화했다면, 산업주의는 영혼을 물화한다. 경제적인 장치는. 총체적인 계획이 수립되기 이전에도 벌써, 인간의 행동방식을 결정하는 '가치'를 자동적으로 상품이 갖도록 만든다. 자유로운 교환의 종결과 함께 물신적 성격을 제외한 나머지 모든 경제적 질을 상품이 상실한 이래로, 이러한 물신적 성격은, 중풍에 의한 마비가 오듯 사회생활의 모든 국면에 확산된다. 대량생산과 그것이 만든 문화의 수많은 브로커들에 의해 규범화된 행동양식은 유일하게 자연스럽고, 품위 있고, 합리적인 향식으로 개인의 뇌리에 박힌다. 그는 단지 사물로서, 정적인 요소로서, 성공 혹은 실패로서 규정될 뿐이다"(GS 3, S.45. 김유동 옮김, 『계몽의 변증법』, 59쪽). 이러한 물신주의 범주의 우주성은 오늘날에도 여전하다. 지금까지 여기에서 변한 것은 아무 것도 없다.

208) NaS IV·14, S.240f., Anm.38― 아도르노가 플라톤의 파르메니데스 대화에 관심을 갖게 된 것은 아마도 아도르노의 강의에 빠지지 않고 참석한 Karl Heinz Haag(주 68 볼 것) 덕택일 것이다.

209) 참조: NaS·IV 7, S.367f., Anm.100.

210) 이 문장의 sie는 동일성Identität으로 읽힘.

211) 하이데거에 대한 반대. Sein und Zeit, §40 참조. "현존이 열려서 밝혀진

하나의 탁월한 상태로서의 불안의 근본처지Grundbefindlichkeit" 아도르노의 비판에 대해서는 NaS IV·7, S.177도 있음.

212) 여기서부터 1965년 2월 22일로 날짜가 적힌 이른바 첫 번째 중간필사본 (Vo 13352ff.)의 페이지 수를 표기함.

213) 주 148을 볼 것.

214) 1930년에 프랑크푸르트에서 교수직을 획득했고 그때부터 아도르노가 알고 있던 프리츠 하이네만Fritz Heinemann(1889-1970)이 사르트르에 대해 후설의 지향성을 오해했다고 비난했던 방식 참조. "지향의 객체는 그(사르트르)에게서는 원칙적으로 의식 외부에 있다. 즉 초험적transzendent이다. 후설이 초험적인 것의 단순한 현상적 존재 그리고 내재적인 것의 절대적 존재를 강조한 반면, 사르트르는 모든 종류의 내재주의에 반감을 가지고 있었다. 의식의 어떤 내용이 된다는 상Bild은 중단되고, 그 상은 더 이상 의식 속에 있지 않다. 그것은 초험적 객체와 관련을 맺는 의식의 지향적 구조로 변한다. 이러한 초월은 '밖에 있음'과 같은 것을 의미하는데, … 사르트르도 그러하다. 프랑스식으로 그는 지향성을 주저 없이 살아 있는 것 das Lebendige으로, 무엇을 향해 터져나가고, 분출하고, 파열하는 것으로 번역하였다. 누군가를 증오한다는 것은 특별한 방식으로 누군가에 시선을 돌리는 것뿐 아니라 그를 향해 폭발하는 것이기도 하다. 이 지향성이 갑자기 폭발적인 에너지로 채워지는 것과 같은 것이다. … 무척이나 매혹적인 프랑스어이긴 하나, 그러나 후설의 세계와는 동떨어진 것이다! 후설을 창조적으로 오해함으로써 사르트르는 내면생활로부터 해방되었다. '마침내 모든 것이 외부에 있다. 모든 것이, 우리 자신마저도. 외부에 이 세상 안에, 다른 이들 사이에'"(Fritz Heinemann, Existnezphilosophie— lebendig oder tot, Stuttgart 1964, S.116f.).

215) 참조: Jean-Paul Sartre, Critique de la raison dialectique, paris 1960.

216) 아도르노는 칼 슈미트에 관해 잘 언급하지 않았는데, GS 4, S.148와 NaS IV·13, S.325 및 S.453 Anm.330.에서 언급한 것을 볼 수 있다.— 조금 전에 나온 파르티잔에 대한 언급을 칼 슈미트의 1963년 저술(칼 슈미트, Theorie des Partisanen, Zwischenbemerkungen zum Begriff des Politischen, Berlin 1963. 참조)에 관련짓는 것은 매우 신빙성이 없어 보인다.

217) 이른바 마르크스와 엥겔스 그리고 레닌마저도 공산주의 하에서 국가가 마침내 사멸한다고 언급한 바 있다.

218) 키르케고르의 결단범주에 대해서는 GS 2, S.57, 62, 97 passim, 그리고 NaS IV·7, S.177도 참조.

219) 사르트르의 자발성 개념은 Lêtre et Lenéant의 여러 곳에서 논증된 것으로 보이는데, 앞에서 짧게 요약되었듯이 (그리고 GS 6, S.59f.에서 반복되는) 이 자발성 개념에 대한 비판이 이 책의 저자에 대해 정말로 정당했었는가에 대하여는 다른 곳 특히 강령적인 구절들을 보면 의심스러워진다. 다음을 참조할 것(J.-P. Satre, L'être et le néant. Essai d'ontologie phénoméno- logique, Paris 1957, p.559). 그리고 아도르노 자신이 하이데거의 Sein und Zeit에 "그의 '기투Entwurf'에서는 그래도 역시 생각의 자유에서의 무엇인가가 단순한 순진성을 거슬러 구제되었다(GS 6, S.497)."고 인정한 점이 최소한 사르트르에 대해서도 마찬가지로 적용되어야 할 것이다. 물론 다음과 같은 점도 마찬가지이다. "그동안 [키르게고르 이래로] 실질적으로 힘을 박탈당하고 그리고 내부로는 허약해진 주관성은 고립되고 그리고 ―그 대립항의 하이데거적인 실체들에 대해 보완적으로― 실체화된다. 주체의 분열은 존재의 분열과 다르지 않은데, 사르트르의 Lêtre et Lenéant에서 명백하게 드러나듯이, 매개된 것의 직접성이라는 환상으로 귀결된다. 이처럼 존재가 개념에 의해서 그리고 이로써 주체에 의해 매개된다면, 반대로 주체는 그 주체가 삶을 영위하는 세계에 의해, 그토록 무기력하고 그리고 그의 결단이 그저 내적인 것에 불과할지라도 이 세계에 의해 매개되어 있다. 이러한 무기력이 주체에 대해 사물적 비존재가 승리하도록 하는 것이다(Ebd., S.129)".

220) Jean-Paul Sartre, Le Diable et le bon Dieu, Paris 1951. 참조.

221) 네스트로이의 트라베스티(희화)Judith und Holofernes, 1849, 헵벨의 Judith(1840)를 패러디함.

222) 참조: 같은 제목을 단 아도르노의 논문(GS II, S.409ff.).

223) 이 문장은 베케트의 L'Innommable에서 인용. "Cela, dire, sans savoir quoi"(Samuel Beckett, L'Innommable, Paris 1953, p.8).

224) 아도르노가 기입한 마지막 날짜. 그래서 2월 17일에 겨울학기 마지막 강의가 열렸을 것이며, 그래서 그가 시행일시를 기입한 핵심용어를 적었다고 여겨짐. 책으로 출간된 Nagative Dialektik으로는 GS 6, S.62 중간부분에 해당한다. 그 다음에 나오는 용어들은 강의에서는 더 이상 고려되지 않은 것으로 보인다.

225) 출간된 책 Nagative Dialektik 참조. 인식은 상처의 치유이다. 상처입은 자가 치료할 것이다τρώσας ίάσεται(GS 6, S.62). 아도르노는 이렇게 하여 소외를 통한 소외의 치유, 물성을 통한 물화의 부정이라는 자신의 근본생각 중 하나를 다르게 표현하고 있다. 이는 바그너의 파르지팔에서 아도르노가 자주 인용하는 "찌른 그 창만이 상처를 치유한다."는 구절과 마찬가지이다.

226) 아도르노의 『순수이성비판 강의Vorlesung über die "Kritik der reinen Vernunft"』에 따르면 칸트는 범주들을 연역하면서 그와 같은 보편적인 하지만 개별화에 결부된 사태들 이를테면 기억, 구상력의 재생산을 생각한다. 이런 사태는 진정 칸트에게서 초월적 구성의 중심을 이루고 있다(NaS IV·4, S.232).

227) "현상들과 그것의 순전한 형식에 관계하는 우리 오성의 도식주의는 인간 마음의 깊은 곳에 숨겨져 있는 기술로서, 우리가 이 기술의 참된 운용방법을 있는 그대로 '자연대로' 알아내서 우리 눈앞에 노정시킨다는 것은 언제고 어려운 일이다"(A 141, B 180f. / 백종현 옮김, 381쪽).

228) 아도르노에 의한 수사의 구제는 ─GS 6, S.65f.는 물론 S.219f. 역시 볼 것─ 수사를 '폭력 즉 부당함'으로, "이웃을 속이는 사람의 입장에서 나오는 화법"으로 비판한 레비나스의 좀 더 관습적인 입장과 비교됨(Levinas, Totalität Unendlichkeit. Versuch über die Exteriorität, a.a.O. [Anm. 144], S.94f.).

229) 여기에 다음과 같이 삭제된 문장이 있었다. "반면 이념들을 하나의 즉자적인 존재자로 실체화하는 것과 연관되어 있는바, 그것이 얼마나 사소한 일인지 전달될 필요가 있기 때문이다"(Vo 11060).

230) 언어에 대한 미메시스적 혹은 전통적인 이론의 양자택일과 크라틸로스 대화Kratylos-Dialog에 나타난 이 양자에 대한 플라톤의 냉소적 비판에 대하여는 Hermann Schweppenhäuser, Sprachphilosophie, in: Philosophie, hrsg. von Alwin Diemer und Ivo Frenzel, Frankfurt a. M. 1958, S.315f. 참조.

231) 에리히 트룬츠Erich Trunz(1905-2001), 문학사가, 함부르크 판 괴테 전집 편집자 그리고 바로크 연구가이다. 프라하, 뮌스터 그리고 킬에서 교수로 재직했다. 공공연한 나치당원으로 아도르노는 그를 특히 경멸했다.─ 인용은 확인되지 않음. 하지만 Erich Trunz, Weltbild und Dichtung im deutschen Barock, Sechs Studien, München 1992 등 참조.

232) 참조: NaS, IV·13. S.393, Anm. 67.

Vorlesung über
Negative Dialektik

부록

(I) [I]

정신적 체험 이론을 위하여[233)

철학은, 어느 한 역사적 순간에는 철 지난 듯 보였지만, 그 실현의 순간을 놓쳐버림으로써[234) 되짚어 자신을 회복하게 되었다. 그 반동으로 철학은 이제 무심하지 않게 되었다. 세계를 그저 해설해왔을 뿐이고[235) 그러면서 자신을 현실에 맞추느라 정작 자신은 불구가 되었다는 철학에 대한 후려치는 판단은 세상이 변하지 않은데다 이론이 그 자체로서 무능하다고 백일하에 밝혀지는 지점이 나타나지 않아 입증할 근거를 잃고 말았다. 어쩌면 실천적인 이행을 예고했던 해설이 불충분했을지도 모르는 일이다. 이론을 비판하던 순간이 이론적으로 영원하게 되는 법은 없다. 결코 오지 않을 날 ad Kalendas Graecas로 미뤄져 온 실천은 더 이상 철학에 대한 이의 제청 기관일 수 없다. 거꾸로 철학이 자신과 현실이 일치한다는 기대를 저버리고 난 후 스스로를 가차없이 비판할 필요가 있게 되었다. 이런 비판은 바라마지 않는 격변을 앞두고 철학이 최고로 고양되는 상황에서라면 멈추지 말아야 한다. 형이상학의 가능성을 묻는 와중에 합리주의에 대한 비판을 주문했던 칸트처럼 [2] 헤겔 철학의 몰락 이후에도 철학이 도대체 가능한 것인지 그리고 어떻게 가능할지에 대해 반성하는 비판이 있어야만 한다. 변증법에 관한 헤겔의 학설은 철학 개념들에 이질적인 것을 철학개념으로 충분히 다룰 수 있음을 보여주려 했으나 뜻을 이루지는 못한 시도로 끝났다. 이런 시도가 파탄이 났다면 어떻게 변증법적으로 사유를 할 수 있다는 것인지, 여기에 대한 해명이 제시되어야만 할 것이다. 관념론적 변증법이 다시 발붙이는 일은 없도록 해야만 한다. 하지만 관념론이 변증법에 고유한 특수판본이었던 것은 아니다.

그렇지 않고 개념의 개별적 움직임 각각을 부정적으로 발생시키고 또 변증법적 진행을 총괄 지휘하는 힘인 절대적 주체의 패권과 깊숙이 맞물려 있는 것이 변증법이다. 하지만 주체우위는 흰 인간의 개별의식만이 아니라 칸트 및 피히테적인 의미에서의 초월의식마저 능가하는 헤겔의 구상에서도 역사적으로 파산선고가 내려진 터이다. 여기에는 세상만사의 엄청난 힘 앞에서 기가 꺾여[236] 그 세상만사를 구성할 생각을 잠재운 관념의 무기력에 의해 주체우위가 추방되었다는 사정만 있는 것이 아니다. 절대관념론은 ―다른 관념론들은 모두 하나같이 일관성이 없다― 그 바닥을 여지없이 드러냈다. 헤겔 논리학 첫 시작부터가 그렇다. (2) 존재를 무에 등치시킬 수 있기 위하여 전혀 규정되지 않은 것으로서의 존재가 존재의 비규정성으로 대체되는데, 이 비규정성으로 말할 것 같으면 그것은 이미 개념적인 것이다. 헤겔은 자신에게 그다지 낯설지 않은 농간을 부려서 책 전체의 결과로 도출되어 나와야만 하는 개념을 선차적으로 미리 확보한다. 관념론적 변증법이 세간의 교양으로 된 것과 마찬가지로 관념론적이지 않은 형식의 변증법 역시 그사이 도그마로 변질된 터에 변증법 과정을 재개하는 일은 철학함 혹은 인식대상의 철학적 구조에서 역사적으로 전승된 어떤 한 방식이 지닌 시의성에 관련된 문제라고만 할 수 없다. 헤겔에게서 지속적으로 나오는 힘은 헤겔이 철학에 내용적으로 사유하는 권한과 능력을 되돌려주어 공허하고 참으로 무의미한 [3] 인식형식의 분석에 만족하는 철학을 끝장낸 데서 비롯된다. 변증법의 이 모티브를 자신에게서 제거시키게 되면, 사유는 내용적인 것을 다룬다고 나서면서 세계관이라는 자의로 전락하거나 아니면 형식주의 그리고 헤겔이 한사코 반대한 이나저나 마찬가지라는 태도에 빠진다. 한때 내용에 대한 욕구로 충만했던 현상학이 모든 내용을 오염이라고 내치는 존재의 호소로 치닫고 말았음이 역사적으로 이 사실을 증명한다.

내용을 다루는 헤겔의 철학함은 주체우위를, 혹은 『논리학』 도입 부분의 유명한 정식에 따라 동일성과 비동일성의 동일성*이라고 말할 수 있는 것을 기초이자 귀결로 삼았다. 규정된 개별자란 그의 규정이 정신 이외에는 달리 없기 때문에 정신으로 규정되어져야만 했던 것이다. 이런 가정을 하지 않는다면, 내용적인 것과 본질적인 것을 인식하는 철학은 더 이상 가능하지 않다는 것이 헤겔의 생각이다. 설혹 관념론적으로 획득된 변증법 개념에 (3) 헤겔이 힘주어 강조하는 바와는 어긋나게 관념론의 장치들로 걸러지지 않은 체험들이 섞여들어 있다하더라도 그렇다. 그렇지 않으면 내용적 통찰을 거부하고, 자신을 학문의 방법론으로 축소시키면서 그 방법론은 또 그대로 철학이라고 천명하는 와중에 자기도 모르는 사이에 스스로를 삭제하는 그런 체념상태가 불가피하게 된다.

헤겔에게는 역사적으로 지정된 출발점 상의 불합치가 있었는데, 이는 방법론 상의 어긋남이라 할 만한 것이다. 당시 철학이 참된 관심을 기울이던 지점이 바로 헤겔이 전통에 합당하게 자신의 무관심을 천명했던 지점, 즉 무개념자das Begrifflose였기 때문이다. 플라톤 이래로 덧없고 사소한 것이라 배척당하고 그리고 헤겔이 너절한 실존이라는 딱지를 붙인 그 무개념자 말이다. [4] 개념은 개념의 추상화 메커니즘이 배제시킨 것, 개념의 표본이 아닌 것에 직면하여 개념의 힘이 미치지 못하게 되면, 절박해진다. 철학적 근대의 담당자인 베르그송과 후설이 이 문제의 신경을 건드리기는 했지만, 다시 몸을 사렸다. 베르그송은 비개념자를 위해 무리를 감수하면서까지 하나의 다른 인식유형을 고안해냈다. 그렇게 함으로써 베르그송은 변증법이라는 소금이 생Leben의 무차별적 흐름 속

---

* Hegel, Sämtliche Werke, Jubliäumausgabe, hrsg. von Hermann Glockner, Bd. 4: Wissenschaft und Logik. I. Teil, stuttgart 1965, S.78.

으로 씻겨 내려가도록 하였을 뿐 아니라, 그 자신이 창을 겨누었던 데카르트와 칸트의 그것만큼이나 가파른 이원론을 통해 구속력 있는 인식에서 관건이 되는 그 무엇을 인식에서 세거시켰다. 자신이 염두에 둔 바가 그냥 헛되도록 내버려두지 않으려면 오로지 인식능력의 도구들만을 가지고 인식능력에 고유한 수단들을 반성함으로써 도달될 수 있어야지 처음부터 무매개적으로 인식을 처리하는 것으로 되는 그런 처리를 통하지는 말아야 한다는 사실에 별로 신경 쓰지 않았다. 반면 논리학자 후설은 일반화하는 추상화에 날카롭게 대립시켜 본질을 터득하는 양태를 강조하였다. 그의 머리에는 특수자로부터 본질을 꺼내볼 수 있어야 하는 어떤 특수한 정신적 체험이 맴돌고 있었던 것이다. 그런데 그 정신적 체험이 적용된 본질이라는 것은 주변에 널린 보편개념들과 (4) 아무런 차이를 보이지 않는 것이다. 그는 본질직관을 하는 행사들과 그런 거사의 최종목적 사이의 비변증법적 모순에 빠지고 말았다. 두 사람의 돌파시도가 불충분했던 원인은 두 사람이 모두 관념론에서 벗어나지 못했다는 데 있다. 베르그송은 의식의 직접적 소여들에 생각의 방향을 집중했으며, 후설은 의식의 흐름의 징후들에 방향을 맞추었다. 실체적인 것으로서의 보편개념에 대한 강조는 이 두 철학자에 의해 구성적이라고 인가받은 주체에 대한 강조와 하등 다를 바 없으며, 개념우위는 초월적 자아ego의 우위인 것이다. 이들 두 사람에 대해서는 그들이 의도했으나 이루지는 못한 것을 고집할 필요가 있다.237) 철학에서라면, 비트겐슈타인에 맞서서, 말해지지 않는[5] 것을 말할 수 있어야 한다.238) 이 요구에 들어 있는 단순한 모순은 철학 그 자체의 모순이다. 이 모순이 철학이 그저 자신의 구체적인 모순들에 얽혀 들어가 버리기 전에 철학에 변증법의 자격을 부여하는 것이다. 철학적 자기반성은 이 역설을 두고 일어난다. 여타의 것은 모두 의미화 내지 추후구성으로서 오늘날에나 헤겔 시절이나 철학 이전적인 것이다. 철학에 그래도 여전히 가능성이 남아 있다고 믿는 것, 개념이 자기 자신을 넘어서서, 즉 정비하는 것 그리고 잘라내는 것을 넘어서고 그 과정을 통해 무개념자를 파악할 수 있으리라는 의심쩍긴 하나 그래도 아직 남은 한 가지 믿음은 철학에서 절대 빼놓을 수 없는 것이다. 그렇지 않다면 철학은 두 손 들고 항복해야 하며, 철학과 더불어 정신도 전부 패배를 선언해야 한다. 사유하게 되질 않고, 진리란 없으며, 실로 모든 것이 그냥 무無, Nichts일 따름이라는 식이 될 것이다. 하지만 개념을 통해 그 개념들의 추상적인 범위를 넘어서 진리에 접촉하는 부분은 개념들에 의해 억압되어진 것, 추방된 것, 무시된 것들에서만 내보여질 수 있다. 인식의 유토피아는 무개념자를 개념과 등치시키지 않으면서 개념으로 무개념자를 해명하는 것이다. 그렇다면 관념론이 남긴 유산이지만 그 무엇보다도 바로 관념론에 의해 타락한 무한자 이념이 달리 작동할 터이다. 철학은 과학적인 사용으로 소진되지 않으며, 징후들을 (5) 명제들의 최소치로 환원시키지 않는다. '격언Spruch' 하나를 내놓고 거기에서 출발하는 피히테를 논박하는 헤겔은239) 이 점을 지적하고 있는 것이다. 그런 척하는 수준이 아닌 명실상부한 철학은 자신에게 이질적인 것을 미리 완비된 범주로 보내는 대신 오히려 그 이질적인 것 속으로 침잠하려 한다. 철학은 이 이질자에 아주 가까이 접근하고 싶어 한다. 현상학과 짐멜의 프로그램이 그렇게 해보려 소망했지만, 제대로 외화시켜낼 만한 프로그램은 못 되었다. 철학이 철학적 실제내용Gehalt을 억지로 강요하지 않는 곳, 거기서만 철학적 실제내용은 파악될 수 있다. 철학이 유한한 철학적 규정들에 본질을 묶어놓을 수 있다고 믿는 환상은 깨져야 한다. 아마도 관념철학자들은 자신들의 개념장치가 앙상한 유한성에 머물지 모른다는, 그 반대라고 생각했던 헤겔의 장치까지도 그냥 유한할 뿐일지 모른다는 의혹을 떨쳐버릴 수 없어 괴로운 나머지 이를 가라앉히기 위해 거의 숙명적으로 [6] 무한이라는 단어를 쉽사리 입 밖에 냈을지도 모른다. 전통적인 철학은 무한한 대상을 철학의 대상으로 갖는다고 믿으면서 철학으로서는 유한한 채, 완결되었다. 변화된 철학이라면 이 요구를 압수해버려야 하며, 더 이상 자신과 남을 향해 자신이 무한한 것을 처분한다고 말하고 다녀 믿게 해서는 안 된다. 그 대신 손으로 셀 수 있는 몇몇 명제들의 결절Corpus에 자신을 묶어두는 일을 마다하게 되면, 그렇게 하는 한에서 철학은 스스로 무한해질 것이다. 철학은 자신이 고르거나 아니면 자신을 향해 쇄도하는 대상들의 어떤 도식으로도 정돈되지 않은 다양성에서 참되게 자신의 실제내용을 찾는다. 철학은 진지하게 대상들에 자신을 내맡기지 대상들을 거울로 삼아 그로부터 자기 자신이 되비쳐 나오는 자신에 대한 모상Abbild이 구체와 혼동되도록 하지 않는다. 이런 경우의 철학을 두고 개념적 반성의 매개체Medium 속에서 온전하게 남은, 축소되지 않은 체험 바로 그것이라고 할 것이다. 반면 '의식의 체험에 관한 학문'[240]은 체험내용을 범주들에 대한 예시들로 격하시켜 버렸다. 철학이 자신에게 고유한 무한성에 시지포스처럼 끊임없이 도전하는 데에는 무한성이 성사되는 개별적인 것과 부분적인 것 그 각각이 라이프니츠의 단자식으로 어떤 전체를 표상하게 된다는 보증되지 않는 기대가 있기 때문이다. 이 전체는 그 자체로서 거듭 무한성에서 이탈하게 되어있는데, 물론 예정 조화설이라기보다는 예정 부조화설에 따라 그렇게 된다고 하겠다. (6) 제1철학에 대한 메타비판은 무한성에 대해 호언장담하면서 정작 존중하지는 않는 철학의 유한성에 대한 비판이기도 하다. 인식은 어떤 대상도 완전하게 수용하지 못한다. 따라서 인식은 하나의 완전한 전체라는 망상이 생기도록 해서는 안 되지만, 진리가 인식 안에서 결정結晶되기는 해야 한다. 마찬가지로 작품을 개념 속으로 모두

구겨 넣어 작품과 개념의 동일성을 만들어내는 것이 [7] 예술에 대한 철학적 해석의 과제일 수는 없다. 하지만 그래도 작품은 철학적 해설 속에서 자신을 개진시켜낸다. 반면 설득력 있게 추진된 추상화로서든 개념을 그 개념으로 파악한 것에 적용한 것으로서든 무엇인가 간파되도록 하는 것은 넓은 의미에서의 테크닉으로 보아 유용한 구석이 있다. 그런데 이것은 스스로 정돈하지 않는 철학을 위해서는 아무 의미가 없다. 이 말은 대상을 획득하려는 의지를 지닌 철학은 보장된 대상을 갖지 못한다는 뜻이다. 그렇지 않다면 철학은 이미 동어반복이다. 원칙적으로 철학은 늘 오류를 범할 수 있으며, 하지만 바로 그 때문에 무언가를 얻을 수 있다. 회의주의도 그랬고 실용주의 역시 마찬가지인바, 더할 나위 없이 인간적이었던 존 듀이도 끝내 인정했던 사실이다. 이 사실을 엄중한 철학의 효모로 도입해봄 직하다. 절대적, 상대적 지知라는 추상적 대립 속에서 엄중한 철학을 포기하기보다는 말이다. 방법론의 총체적인 지배에 맞서 철학은, 교정적으로, 유희의 요소를 가지고 있는데, 철학을 과학화시킨 전통은 철학에서 이 계기를 몰아내고 싶어 한다. 철학은 이 세상에서 가장 진지한 것이지만, 또 그렇게 진지하지 않은 것이기도 하다. 선험적으로a priori 이미 그 자신이 아니고 그리고 그에 대해 어떤 권한도 보증 받지 않은 것을 추구하는 일은, 그 나름의 개념에 따르면, 개념적 본질에 의해 터부시된 통제되지 않은 것의 영역에 속한다. 개념은 자신이 추방시킨 사안, 즉 미메시스의 사안을 대변하려면, 자기 나름의 행동방식을 유지하는 가운데 무언가를 미메시스로부터 탈취해 와야 하는데, 이는 개념적인 기준으로 말하자면 유희적인 것이라고 하는 것에 접촉하는 일이다. 이런 까닭에 미적 계기가 셸링에게서와는 완전히 다른 동기에서이기는 하지만 철학에 우연적이지 않다고 하는 것이다. [7 a] 나이브하지 않고 자체 반성적인 관념은 자신이 미적 계기를 완전히 가지고 있지 않은데도 마치 그런 것처럼 말하고 다녀야만 하는 사정을 아는데, 그래서 관념이 유희적인 것의 외관을 띠게 되는 것이다. 관념은 이런 유희적 득성들을 부정해서는 안 되는바, 관념의 전망에 유희적인 것들이 들어서도록 해서 이를 통해 관념이 바로 자신에게 거부된 것에 대한 희망을 갖도록 한다. [7, 계속] 하지만 그에 못지않게 철학에는 현실적인 것을 통찰해야 하는 (7) 의무 속에서 미적 계기를 지양해야만 하는 부담이 지워져 있다. 이 의무와 유희가 철학이 견뎌내야 하는 긴장의 두 극점을 이룬다. (7 a) 철학이 예술과 친화성을 갖는다고 해서 예술을 [8] 차용해도 된다는 것은 아니다. 야만인들이 예술의 특권이라고 여기는 직관에 의해서는 더더욱 아니다. 심상치 않은 기운의 번갯불이 하늘에서 아래로 떨어지듯 그렇게 예술적인 작업 속으로 고립된 채로 파고들어가는 직관은 없다. 직관은 형성물Gebilde의 형식법칙과 단단히 결합되어 있다. 사람들이 직관을 실험용처럼 떼어내 박제시킨다면, 직관은 더 이상 일종의 한계가치로서의 역할을 하지 못할 것이다. 신선한 물이 흘러나와 사유를 해방시키는 그런 특별한 권한을 가진 샘은 사유에 없다. 직관주의가 필사적으로 벗어나려 했었지만 다 소용 없었던 인식유형인 대상을 처리하는 인식과 전적으로 다른 어떤 유형의 인식도 동원이 불가능한 것이 현실이다. 예술을 모방하면서 스스로 예술이 되고자 했다면 철학은 이미 끝장이 났을 것이다. 철학이 동일성을 요구주장하고 나섰던 것인데, 이질자가 재료로 철학에 편입되는 처리방식에 철학이 우선권을 부여함으로써 철학의 대상이 철학에 떠오른다는 식이다. 이질자에 대한 철학의 관계가 철학의 의제이면서도 말이다. 형식이나 형상화하는 처리가 아니라 사이비형상들Pseudomorphose을 금지하는 행동방식에 예술과 철학의 공통점이 있다. 철학개념은 무개념자인 예술에 혼을 불어넣으려는 열망, 그렇게 채우면 가상에서, 그 무개념적 직접성에서 벗어나리라는 열망을 도외시하지 않는다. 개념은 사유의 기관이면서 동시에 사유와 사유되는 것 사이에 처진 담장 같은 것인데, 이러한 열망을 부정한다. 철학은 이 부정을 회피할 수도 없고 거기에 굴복할 수도 없다. 철학에는 개념을 통해 개념을 넘어서려고 하는 긴장이 들러붙어 있다. 개념이 어떻든 자기 일을 하지 않겠느냐는 기만을 용납해서는 안 된다.

(7, 계속) [9] 관념론을 거절한 이후에도 철학은 관념론이 영광의 자리로 끌어올린 후 그 관념론과 더불어 금기시된 사변 없이 해나갈 수 없다. 실증주의자들에게는 객관적인 본질법칙에서 출발하지 결코 직접적인 데이터나 속기록에서 출발하는 법이 없는 마르크스주의 유물론에 사변이라는 딱지를 붙이는 일이 어려울 리 없다. 마르크스를 계급의 적이라고 부르기보다 형이상학자라 칭하는 편이 이데올로기적 혐의를 피하는 데 더 적절한 방편이 되었다. 하지만 확실한 토대라는 것은 진리에의 요구가 이른바 토대라고 추정된 것을 넘어서야 한다고 압박하는 곳에서는 망상으로 되는 것이다. 철학의 본질적인 이해가 철학에서 깎아내려는 것에 말려들지 않음으로써 철학은 저항의 힘으로 된다. 아니라고 하는 식으로일망정 본질적인 이해를 만족시키지 말아야 한다. 이것이 19세기 이래 칸트에 반대해온 저항운동이 지녔던 옳음이다. 하지만 물론 다시금 지속적으로 반계몽주의에 의해 훼손당하기는 했다. 철학의 저항은 철학이 전개되는 과정을 필요로 한다. 음악 역시, 여느 예술도 다 마찬가지이지만, 매번 첫 박자에 혼을 불어넣는 충동을 찾게 되는데, 이 충동은 직접적으로는 충족되지 않고 음악의 발화되는 경과를 통해서만 충족된다. 이런 한에서 음악은 어디까지나 총체성으로서 가상이긴 해도, 이 총체성을 통해서 가상에 비판을 가한다. 이러한 매개는 철학에도 그에 못지않게 적용된다. 철학이 이러한 매개 없이 성급하게 말을 하겠다고 설치고 나서면,

철학은 공허한 깊이라는 헤겔식 심판을 감수해야 한다. 티베트어로 존재라는 낱말을 반복하는 그런 식으로 깊이를 입에 올리는 자는, 그렇게 한다고 해서 조금도 깊이 있게 되지 않는바, 등장인물들의 형이상학적 견해들을 나열하는 소설이 형이상학적이지 않은 것과 마찬가지이다. 깊이라는 이념에 철학은 사유하는 호흡을 통해서만 참여한다. (8) 모델을 들자면, 근세에 등장한 것으로, 칸트의 순수 오성개념 연역이 있다. 이를 두고 저자는 심하게 방어적인 반어의 어투로 연역이 "다소 깊이 있게 되었다."* 라고 말했다. 깊이 역시, 헤겔에게서 드러나듯이 변증법의 한 계기이지 고립된 질이 아니다. 깊이의 가상은 고통과의 공모를 통해 발생된다. 독일의 혐오스러운 한 전통에서는 악과 죽음의 변신론을 신봉하는 생각들이 심오한 척하는 모습을 하고 나타난다. 슬그머니 신학적 종착지가 밀려들어서고 있는 것인데, 마치 관념의 품위에 대해서는 관념의 결과가, 초월에 대한 증명이 결정을 한다는 듯이 아니면 내면성으로의 침잠, 순전한 대자존재가 관건이라는 듯이 말이다. 세상으로부터 물러나는 것이 세상의 밑바닥을 의식하는 것과 유보 없이 일치한다고 생각하는 모양이다. 정신사에서 기존의 것에 호의적이었던 깊이라는 망상들, 이 망상들에 비하자면 기존의 것은 천박하기 그지없지만, 이 망상들에 대해서는 저항이 그 참된 척도가 될 것이다. 기존의 것이 지닌 권력은 의식이 그 위에 부딪혀 떨어지는 외표면을 구축한다. 의식은 이 외표면을 뚫고 들어가려고 애써야 한다. 이것만이 깊이에의 요청에 이데올로기적이지 않은 의미를 부여할 수 있다. 그와 같은 저항에서 사변적인 계기가 살아남는 것이다. 주어진 사실Tatsache들로부터 법칙을 처방 받지 않은 것이 대상들과 긴밀히 접촉하는 가운데 그 주어진 사실들을

---

* 칸트, 『순수이성비판』, A, XVI.

초월한다. (9) 관념이 불러내올 수 있는 것에 대한 관념의 사변적 과잉은 관념의 자유이다. 이 자유는 모든 진리의 한 조건인 주체의 표현충동에 뿌리박고 있다. 고통이 말해지도록 하려는 욕구에 뿌리가 있는 것이다. 왜냐하면 고통이란 주체에 하중이 걸리는 객관성의 무게이기 때문이다. 가장 주관적인 것으로서 주체가 체험하는 것, 그것의 표현은 객관적으로 매개되어 있다. 이 점은 철학에서 서술Darstellung이 [11] 사소하거나 외적이지 않고 그 철학의 이념에 내재적이라는 사실을 해명하는 데 도움이 될 수 있다. 철학에 본질적인 표현계기, 개념적이지 않고 미메시스적인 계기는 서술 ―언어― 을 통해서만 자신을 밖으로 드러낼 수 있다. 철학의 자유는 자신의 부자유가 목소리를 낼 수 있도록 도와주는 능력에 다름 아니다. 표현계기가 그 이상인 척 우쭐거리면, 이 표현계기는 세계관으로 타락해버리고 만다. 철학이 표현계기와 서술에의 의무를 포기하면, 철학은 과학과 하등 차이가 없게 되어 버린다. 원래 철학은 과학을 반성하면서 과학을 넘어서는 폭넓은 사유를 진행해야만 하는 것인데 말이다. 표현과 논리정연함은 이분법적으로 갈리는 철학의 가능성들이 아니다. 그들은 서로 상대를 필요로 하며, 상대가 없으면 이쪽도 없는 것이다. 표현은 사유가 표현을 붙잡고 그렇게 하듯 끝을 볼 때까지 움켜쥐고 담금질해야 하는 사유를 통해 자신의 우연성에서 벗어난다. 표현을 붙잡고 실랑이하는 사유는 표현을 통해, 언어적 서술을 통해 비로소 구속력을 지닌다. 느슨하게 말해진 것은 항상 불충분하게 사유된 것이다. 표현 속에서 논리정연함이 탈취되는바, 표현된 것에서 쥐어짜지는 것이지 표현된 것을 대가로 하는 자체 목적이 철학적 비판의 대상이기도 한 물적 외화로부터 탈취되는 것이 아니다. 관념론적 하부구조를 갖지 않는 사변철학은 관념론의 권위주의적 행패를 분쇄하기 위해 논리정연함에 대한 충실성을 요구한다. 『파사젠베르크』 초안에서 비할 데 없는 사변적 능력과 해당사실에 대한 미시적 접근을 결합한 벤야민은 (10) 나중에 이 작업의 첫 단계, 형이상학적인 층위에 대해 편지에서 이렇게 밝힌 바 있다. 그것이 "용납될 수 없을 만큼 '문학적인 것'으로서만"* 제압될 수 있는 성질의 것이었다고. 이러한 항복은 옆길로 새지 않으려는 철학의 어려움을 말해주면서 아울러 철학의 개념을 계속 추동시켜야 하는 지점이 어디인지를 밝혀준다. 이 격언을 정지된 변증법적 유물론의 도그마적 수용, 그러한에서 다시금 세계관으로의 수용과 [12] 충분히 관련지어 볼 수도 있는 일이다. 하지만 벤야민이 파사주이론의 최종 판본을 완성시킬 수 없었다는 사실은 철학이 아직 그래도 어떤 존재이유를 가지고 있다면, 전통적으로 거짓 약속된 절대적 확실성에 대한 답변으로서 자신을 총체적 실패에 그대로 노출시키는 곳에서일 뿐임을 경고한다. 벤야민이 자신의 관념을 대하는 패배주의는 신학적 단계에서부터 유물론적 단계에 이르기까지 그가 끌고 들어간 비변증법적 실증성의 잔재에 발목이 잡힌 결과였다. 형식적으로 보자면 아무런 변화가 없는 이동이었다. 헤겔은 부정성을 주체 그리고 관념과 동일시하는데, 과학의 실증성으로부터 그리고 특이한 것의 우연성으로부터 철학을 보호하려고 하는 관념과 부정성의 동일시에는 체험의 핵이 들어 있다. 사유란, 그 자체로서 이미, 그 모든 특수한 내용에 앞서, 부정이고 자신에게 밀려드는 것에 맞서는 저항이다. 이런 관계설정을 사유는 자신의 원형Urbild에 해당하는 노동이 자신의 재료와 맺는 관계에서 취했다. 오늘날 이데올로기는 그 어느 때보다도 관념이 실증성으로 빠지도록 부추기고 있는데,

---

* Benjamin, Briefe, hrsg. und mit Anmerkungen versehen von Gerschom Scholem und Theoder W. Adorno, Frankfurt a. M. 1966, S.686 (16. 8. 1935, an Gretel Adorno).

이 이데올로기는 실증성이 사유와 대립하므로 관념을 실증성에 길들도록 하기 위해 사유가 사회적 권위의 친절한 위로를 받을 필요가 (11) 있음을 낱낱이 드는 영리함을 발휘하고 있다. 수동적인 직관에 대한 상대역으로서 사유라는 개념 자체에 함축되어 있는 긴장은 이미 그 개념의 부정성이며, 모든 직접성에 의해 수동적으로 감당하라고 개념에 요구된 것에 대한 반발이다. 사유에 대한 비판 역시 사유형식 없이는 안 되는바, 판정Urteil과 추론Schluβ을 비롯한 사유형식들은 그 안에 비판의 싹을 보유하고 있다. 이들 사유형식들의 규정성은 동시에 사유형식에 의해 도달하지 못한 것의 배제이며 그리고 사유형식들이 형식에 의거하여 요청하는 진리는 동일성에 의해 주조되지 않은 것을 비진리라고 하면서 부정한다. 어떤 것이 어떠하다는 판정은 주어가 술어와 맺는 관계가 판정 [13] 에 표현되어 있는 것과 다르다는 사정을 잠재적으로 거부한다. 사유형식들은 그냥 지금 있는 것, '주어진' 것에서 더 나아가고자 한다. 여기에서 헤겔은 영감을 얻었다. 현재 있는 것의 압력을 주체와 동렬에 놓는 동일성 테제의 힘을 빌려 그냥 지금 있는, 주어진 것을 다시금 망가뜨려 놓았을 뿐이긴 하지만. 오로지 정신적으로 된 자연지배만이 사유형식 속에서 사유의 재료Material를 거슬러 저항하는 것이 아니다. 사유가 재료에 진테제를 적용하면서 폭력을 가하지만, 이는 동시에 사유가 자신의 상대역에 잠복해 있는 잠재적 가능성에 따르는 것이며, 동시에 자신이 박살낸 조각을 원상회복하라는 이념에 무의식적으로 순종하는 것이다. 철학에서는 이러한 무의식적인 것이 의식된다. 화해되지 않은 사유에는 화해에 대한 희망이 실려 있는바, 순전한 존재자에 대한 사유행위의 저항, 주체의 기세등등한 자유는 객체가 객체로 되는 채비를 차리느라 객체에게서 잃어버린 것 역시 그 객체에게서 생각해내기 때문이다.

철학의 이런 점을 베르그송과 후설 세대 철학자들의 숨겨진 소망, 의식내재와 체계의 속박을 끊고 나오려는 소망으로 해석할 여지는 있다. 그런데 그들의 탈출은 일관성이 없어 실패로 돌아갔다. 횔덜린식의 (12) "탁 트인 곳Offenes"으로 치고 나감을 구속력 있게 실행하는 그런 전통을 잊지 않으면서 그 전통과 결별하는 철학에서라야 가능할 것이다. 일단 비판철학이 주관적 반성을 통해 철학의 직접적인 지향성直志向, intentio recta에서 그 순진한 도그마를 박탈하면, 그러면 제2차 반성운동에서는 예의 저 순진성이 제거된 직접적 지향성intentio recta이 다시 획득되어질 수 있으리라. 왜냐하면 그 어떤 주관성의 형태라 하더라도 어떤 식으로든 규정된 객관성을 늘 거듭하여 전제하고 있기 때문인데, 이런 규정된 객관성은 사유가 간접적인 지향성斜志向, intentio obliqua의 모델에 따라 유일무이하게 성사시켜야 하는 것이거나 아니면 인식에 보증해야만 하는 것이다. 철학이라면 대상들을 나쁜 자명성으로 굳어져버린 처리규칙에 따라 미리 정리정돈하지 말고 대상들에 대해 심사숙고해야 할 것이다. 20세기 초반 몇십 년 동안 [14] 철학적 사유가 강령적으로 외친 구체화Konkretion는 이데올로기였다. 왜냐하면 철학은 구체를 항상 그것의 상위개념을 통해 표본처리하고 그러고는 의미심장하다고 추켜세우며 느긋해하였기 때문이다. 이와 달리 제2차 반성은 소리 없이 진행되는 추상화과정들을 그 나름으로 대단히 구체적인, 즉 사회의 추상적인 법칙성에 의해 사전에 정해진 구체들 속에서 비판적으로 도출해내야만 한다. 또 다른 한편으로 제2차 반성은 디테일에 대한 심리유보Mentalreservat가 없다면 길을 잃고 말 것인데, 디테일의 소재성 그 이상인 것은 단지 그 디테일속에만 있고 싶어 하지 디테일의 위로 튀어나오고 싶어 하지 않는다는 사실을 알기 때문이다. 사안으로Zu den Sachen라는, 후설이 그저 선언해놓기만 한 구호는 사안들이 인식론적 범주들에 의해 대체되는 일이 없다면, 실행에 옮겨질 수 있기는 하다. 여기에서 신기루를 쫓아가면 안 된다. 벤야민이 말년에 『파사젠베르크』 텍스트를 순전히 인용들로 짜 맞추려 마음먹도록[241] 그를 유혹한, 개념 없이 철학하기의 함정에 빠져서는 안 되는 것이다. 방점이 찍힌 개념 없이는 디테일이 구축되지 않는다. 전통적인 철학과의 차이는 방향성의 차이다. 전통철학은 개념으로의 상승을 암묵적인 이상으로 가지고 있었다. 이러한 이상에 따라 철학의 재료들이 선별되고 사전 예약된 편대編隊로 정렬되었다. 그렇게 하지 말고 개념들의 짜임관계Konstellation에서 무개념자가 해명되도록 (13) 개념들이 수합되어야 했을 터이다. 목표라고 한다면, 철학이 자구 그대로의 의미로 제시된 개별자에서 상승하는 일일 터인데, 이런 목표는 관념이 스스로 설정하는 것이 다 그렇듯이 관념이 실천으로 이전되지 않는 한 도달 불가능한 것이다. 개념들 말인데, 철학은 이 개념들을 사용해야만 한다. 자의적인 행위를 이행된 것과 혼동하지 않으려면 말이다. 철학이 디테일들에 가져가는 문제제기들을 철학은 전통의 현안 단계에서 받아들이게 되는데, 그렇다고 해서 대상들로부터 동떨어진χωρίς 상태로 고정시키지는 않는다. 대신 개념들의 순전한 대자존재에서 즉자를 갖는다는 망상에 진저리를 치면서 철학은 대상들 속으로 파고든다. 전통의 상황 자체를 [15] 여하튼 철학은 역사적으로 현실적인 상황과 대질시켜야 하는바, 그러면 이론은 더 이상 추론이 아니라 개념적인 계기들 서로서로의 관계로 될 터이다. 이 관계는 그 중심을 해소할 수 없는 것의 해소에, 혹은 칼 하인츠 하아크의 말대로 "반복될 수 없는 것"[242] 속에 갖게 된다. 이론은 이론을 그 유통되는 형태 속에서 폐지시키기 위해 전제되고 사용되어진다. 변화된 이론의 이상Ideal이라고 한다면 이론의 소멸일 것이다. 엄호되지 않은 것das Ungedeckte을 향한 지향志向은 어떤 열린 혹은 완결되지 않은 변증법에 대한 지향보다 더 심한 논란거리이다. 논리적-형이상학적 동일성원칙을 적출해내기는 했는데, 그 다음에는 그럼 대체 무엇이 사안과 개념의 변증법적 움직임을 촉발시키는지 열린 변증법은 더 이상 제대로 제시할 수 없나. 열린 변증법에서는 관념론적 변증법의 부정적인 진리세기가 가볍게 무시된다. 의식이 ―의식만 그런 것은 아니지만― 벗어나고 싶어 하는 객관적인 지옥기계machine infernale가 무시되는 것이다. 그런데 의식은 그 지옥기계를 무시하면서 그 기계에서 벗어나고 싶다는 생각을 해서는 안 된다. 그 기계를 파악하면서 그런 희망을 가져야 한다. '변증법의 강압외투'라는 오래된 비난에 대해 헤겔은 맞서 옹호하는 입장을 유지했다. 그것은 세계의 강제겉옷이다. 전도된 본질에 대한, 차단되었음에 대한 완화되지 않은 의식을 통하지 않고는 열린 것das Offene은 사유될 수 없다.

(14) 이런 방식으로 체계와 맺는 관계를 성격규정 지을 수 있을 것이다. 전통적인 사변은 칸트적인 토대 위에서 그 사변에 의해 카오스라고 표상된 잡다를 철학적 원칙을 통해 종합해야만 했고, 마침내 이 잡다가 그 자신으로부터 발전해서 통일체를 이루도록 도모해야 했다. 이것은 사태를 전도시킨 것이다. 철학의 궁극목적Telos, 열려 있고 엄호되지 않은 것, 징후들을 해석하는 데 아무런 방어기제 없이 그 징후들로 개방된 것을 받아들이는 철학의 자유, 이런 것들은 반反체계적antisystematisch인 것이다. 하지만 철학에 이질적인 것이 체계라는 이름으로 철학에 맞서 다가오는 만큼 철학은 체계와 관련해서는 주의를 기울여야 한다. 그런 경직된 체계성으로 관리된 사회는 접근해 가고 있다. 체계는 부정적인 [16]객관성이지, 실증적 주체가 아니다. 체계들이 진지하게 내용들에 관련되던 때, 그 체계들을 관념시Gedankendichtung라는 의심적은 제국으로 몰아넣고 그 체계로부터는 단지 질서도식의 창백한 그림자만을 남긴 그런 역사적 단계가 지난 후에는 무엇이 과거 한때 철학 정신을 체계로 추동했는지 생생하게 표상하기 어렵게 되었다.

니체의 비판에 따르면 체계는 그저 결국에는 존재자에 대한 절대권력을 개념적으로 구축함으로써 정치적 무력감을 보상하려는 학자들의 옹졸함을 증명할 따름이다. 하지만 체계적인 욕구 즉, 지식의 찢어발겨진 사지四肢, membra disiecta들에 만족하지 않고 절대자에 도달하려는 욕구는 그런데 개별적인 판단 하나하나를 정확하게 내리는 가운데 이미 제기되어 있다고 보아야 하는데, 사실 거역하기 어려운 수학적-자연과학적 방법론에서 어줍잖게 결정된 정신의 사이비 형상Pseudomorphose 이상의 것이었다. 역사철학적으로 특히 17세기의 체계들은 보상적 목적을 가지고 있었다. 시민계급의 이해관계라는 의미에서 봉건질서 그리고 그것의 정신적 반성형태인 스콜라주의적 존재론을 파괴했던 이성ratio은 (15) 자기 자신의 작품인 파괴의 잔해들을 보고는 그만 겁을 집어먹고 말았다. 자신의 지배권 아래에 있으면서도 계속 위협적으로 존속하고 그리고 자신이 폭력을 가하면 거기에 비례해 강해지는 카오스 앞에서 겁이 덜컥 난 것이다. 이 두려움은 수세기를 통과하면서 부르주아 사유를 구성해온 행동방식에서 그 초창기부터 두드러지게 드러나는 특징인바, 해방의 발걸음을 질서를 강화함으로써 모두 철회시켜버리는 그 두려움이다. 불완전한 해방이 드리운 그늘 아래서 부르주아 의식은 좀 더 진보적인 의식에 의해 폐기처분당하지 않을까 두려워하지 않을 수 없다. 부르주아 의식은 자신이 완전한 자유가 아니기 때문에 자유의 왜곡된 이미지만을 불러일으킨다는 사실을 알아차린다. 부르주아 의식이 이론적으로 자신의 자율성을 체계로 끌어올려야 하는 데에는 이러한 사정이 있는 것이며, 이와 더불어 체계는 부르주아 의식의 강압메커니즘들에 닮아간다. 시민적 [17] 이성은 자신이 외부에서 부정했던 질서를 자기 자신에게서 끌어내어 생산해내어야만 했다. 생산된 것으로서 이 질서는 하지만 이미 더 이상 질서가 아니며, 그러므로 충족될 수 있는 것이 아니다. 이처럼 부조리한, 합리적으로 설정된 질서가 체계였던 것이며, 즉자존재Ansichsein로서 등장하는 설정된 것Gesetztes이었다. 체계는 자신의 근원을 자신의 내용과는 분리된 형식직 사유 속에서 찾을 수밖에 없었다. 그러한 분리에 힘입어서만 체계는 재료에 대한 자신의 지배권을 행사할 수 있었다. 철학적 체계에서는 발생의 단초가 불가능성과 서로 얽혀들어 있었던 것이다. 바로 이 불가능성이 체계들의 초기 역사에서 어떤 한 체계가 다른 것에 의해 폐기되는 사태가 발생할 수밖에 없도록 하였다. 체계로서 자신을 관철시키기 위해 자신이 관련을 맺고 있는 것의 질적 규정들을 잠재적으로 지워버린 이성은 객관성을 파악한다고 사칭하면서 폭력을 가한 객관성과 화해불가능한 적대관계에 빠진다. 이성은 객관성을 자신의 공리들Axiome에 점점 더 완벽하게 종속시키고, 그러다가 끝내 동일성의 공리에 종속시키게 되는데, 그러면 그 객관성으로부터 이성은 점점 더 멀어진다. 칸트 그리고 헤겔에서조차 나타나는 건축술적 장황함은 그들 체계의 프로그램과 매우 어울리지 않는 것인데, 이 모든 체계들의 좀스러움은 선험적으로 조건 지어진 실패의 낙인들이다. 칸트의 체계에서 드러나는 단절들이 이 실패를 가장 정직하게 드러낸다. 파악되어져야만 하는 것에서 개념의 동일성 때문에 멈칫 뒤로 물러나는 그 무엇, 이것은 이 개념이 비정상적으로 과도하게 일을 벌이도록 강요한다. 그런데 이는 사유산물의 완결성과 수미일관함에 그 어떤 의혹도 일어나지 않게 하기 위해서일 뿐이다. 위대한 철학은 백설공주 이야기에 나오는 여왕과 같은 편집증적 열정에 사로잡혀 있다. 여왕은 왕국의 어느 구석에 자기보다 더 어여쁜 이가 ―타자가― 있음을 참아내지 못하고 온갖 생각을 (16) 다 짜내 그 예쁜 아이를 뒤쫓지만, 타자는 쫓아갈수록 더 멀리 뒤로 물러나는 식이다. 비동일성의 아주 적은 잔재라도 동일성 [18] 전체를 박살내기에 충분했다. 합리주의가 온통 들고 일어나 파고들었다가 다시 연역해 내놓은 데카르트의 송과선松果腺, Zirbeldrüse 그리고 스피노자의 공리들Axiome 이래, 체계들이 자행하는 일탈은 그 일탈의 비진리 속에서 체계 자체에 대한 진리를, 그 미망을 천명한다. 하지만 체계들이 자체의 불충분함으로 인해서 스스로 주저앉는 과정은 사회적 과정에 그대로 투영된다. 시민적 이성은 교환원칙으로서 자신과 통약가능하게 만들고 동일화시키고자 했던 것을 실제로 체계들에 접근시켜 체계 밖에 남을 수 있는 것이 줄어들게 했다. 그 성과는 갈수록 늘어났지만 사실 잠재적으로는 살인적인 성공이었다. 이론에서 공허한 것으로 입증되었던 것이 역설적이게도 실천을 통해 그렇지 않다고 강변할 수 있게 된 것이다. 그래서 체계의 위기라는 말을 니체 이후의 세대가 즐겨 입에 올린 것인데, 이미 진부하게 된 체계라는 이상에 따라 전문용어들로 신랄한 재담을 늘어놓는 것으로 만족할 수 없었던 사람들 사이에서 더욱 이데올로기적으로 되었다. 현실은 더 이상 구성되지 말아야 하는데, 현실이 너무도 철저하게 구성될 수 있기 때문이라는 것이다. 그리고 통합을 통한 해체243)라고나 할 만한, 개별적인 합리성의 압박 하에서 자신을 더 강화시키는 현실의 비합리성이 여기에 대해 핑계거리를 제공하고 있다. 사회가 완결되고 그래서 주체들에게는 화해되지 않은 체계로서 간파된다면, 그러면 그런 사회를 주체들은, 그들이 여전히 주체인 한에서는, 견디기 힘들지 않겠느냐는 것이다. 어제까지만 해도 강단철학의 암호였던 사회의 체계적 성격이, 강단철학의 대가들에 의해 고의적으로 부인되어져야만 하게 되었다. 여기에서 이 대가들은 자유롭고 본원적이며, 어쩌면 아카데믹하지 않은 사유의 대변인인 척 행세를 하고 다녀도 될 것이다. 이와 같은 오용이 체계에 대한 비판을 무용지물로 만들지는 않는다. 엄격함을 포기한 회의적인 철학과는 반대로 모든 엄격한 철학에는 공통적인 원칙이 하나 있다. 철학은 체계로서만 가능하다는 원칙이다. 그런데 이 원칙은 경험주의 노선들만큼이나 철학에 적대적이다. 철학이 드디어 정곡을 찔러 판단해야 하는 것이 철학의 시작단계에서 세기된 요구에 의해 미리 정해지고 있는 것이다. (17) [19] 자신의 외부에 아무것도 남겨두지 않는 총체성의 서술형식인 체계는 관념을 그 관념의 모든 내용에 대해 절대적으로 설정하고 그래서 내용을 관념 속으로 휘발시켜버린다. 관념론을 옹호하는 그 모든 논증들에 앞서 관념적인 것이다.

비판한다고 해서 그저 손쉽게 체계가 소멸되는 것은 아니다. 내용에 따라 관념의 헤게모니에서 벗어나는 세계에 체계의 형식이 그저 적합해서만은 아니다. 통일성과 수미일관함은 동시에 더 이상 적대적이지 않은, 화해된 상태를 지배적이고 억압적인 사유의 좌표에 잘못 투사시켜 놓은 것이다. 철학적 체계성의 이중적 의미는 니체에게서조차 나타나는 비체계적인 사유의 트릿함, 무기력함과는 달리 일단 체계들에서 풀려난 관념의 힘을 개별 계기들의 개방된 규정으로 옮겨놓는 것 이외의 선택을 허용하지 않는다. 헤겔 논리학의 방법론이 여기에 조준하면서 시야를 놓치지 않는 경향이 있었다. 개별 범주들의 반성은, 위로부터 범주들에게 덧씌워진 것에 대한 고려 없이, 각각의 개념들이 모두 다른 개념으로 움직이도록 작용해야 하는데, 바로 그런 움직임의 총체성이 헤겔에게서는 체계를 의미했다. 다만 이 체계는 이제 비로소 자신을 결정結晶해내는 대신에, 함축적이며, 각각의 개별규정 속에서 이미 사유된 터이므로 슬쩍 집어넣기만 하면 되는 것이었다. 의식이 자신이 입장을 취하는 징후들 속으로 무의식적으로 침잠하는 것을 이루어내는 데만 급급했던, 그럼으로써 당연히 변증법도 질적으로 변화시켰던, 그런 헤겔이라는 인상은 삭제되어야 할지도 모른다. 체계적인 수미일관함은 와해되었다. 징후는 더 이상 자기 개념의 본보기로 남지 않을 것이다. 헤겔에게서는 그러했지만 그가 원했던 것은 아니다. (18) 징후는 관념으로부터 헤겔이 무어라고 그렇게 명명한 것보다 더 많은 노동과 긴장을 요구하는데, [20] 왜냐하면 헤겔에게서 관념은 언제나 관념이 그 자체로서 이미 무엇인 것을 그 대상들에서 설명하고 있을 뿐이기 때문이다. 외화 프로그램이 있긴 하나 관념은, 비록 자주 반대편임을 맹세하기는 해도, 자기 자신에 머무르면서 그저 중얼거리기나 한다. 관념이 진정 자신을 사안에서 외화시킨다면, 그러면 객체는 관념의 엄격한 눈초리 아래서 스스로 말하기 시작할 것이다. 이런 한에서 철학의 이상Ideal은 해석Deutung이다. 이는 전통적인 철학개념에서는 금기였다. 헤겔은 인식론에 이의를 제기하면서 대장간 일을 해야만 대장장이가 되는 법이라고 하였다. 인식에 저항하는 것, 그래서 이론적이지 않은 것, 거기에서 인식을 집행해낸다는 것이다. 헤겔의 이 말은 곧이곧대로 받아들여질 필요가 있다. 그래야만 철학은 자유를 되찾을 수 있는데, 이 자유를 철학은 자유개념에 묶어둔 채, 의미부여하는 주체의 자율성이라는 마법에 걸려 잃어버리고 말았다. 철학의 실체는 개별자와 특수자 속에 있다. 그런데 지금까지의 철학전통은 모두 이를 그냥 무시해도 좋은 것으로 처리해왔다. 해소될 수 없는 것을 폭파하는 사변적 힘은 그러나 부정의 힘이다. 오로지 이 부정 속에서만 체계적인 특성은 계속 유지된다. 체계에 대한 비판의 범주들은 동시에 특수자를 파악하는 범주들이기도 하다. 일단 체계에서 합법적으로 개별자를 넘어선 것은 엄호되지 않은 곳에 둥지를 튼다. 그저 순전히 그것인 것보다 더 많은 것을, 그리고 오로지 바로 그것인 것만을 통해 더 많은 것을 징후에서 감지해내는 시선은 형이상학을 세속화한다. 철학이 일정기간 발을 담그는 단상Fragmente들은 관념론에 의해 착시현상을 불러일으키도록 기획된 단자Monaden들을, 그 자체로서는 표상불가능한 개별적인 것 속에서의 총체성이라는 표상들을 비로소 제 본래의 것으로 돌려놓을 것이다. 반면 변증법적 집행 밖에서는 아무것도 실증적으로 실체화하면 안 되는 관념은 자신이 [21] 대상과 일치한다고 더 이상 속이시 않으면서 대상을 넘어선다. 관념은 주권적인 것과 예속적인 것이 서로 뒤엉기며, 하나가 다른 것에 얽매어 있는 절대적인 관념이라는 발상에서 보다 더 독립적인 것으로 된다. 예지계에서 내재를 모두 배제시키면서 아마도 칸트는 이 점을 노렸을 것이다. 관념의 이러한 과잉은 변증법적 미시Mikrologie와 같이 가지 않는다. (19) 극단으로 치닫는 변증법적 내재, 개별자 속으로의 침잠은 그 계기로서 대상으로부터 벗어나는 자유도 필요로 하는데, 동일성요구는 이 자유를 차단한다. 헤겔이라면 마지막에 가서 이 자유를 허용하고 대상들 내에서의 완벽한 매개에 떠맡겼을 것이다. 풀리지 않는 것을 풀어내는 인식의 실천에서는 관념의 그와 같은 초월의 계기가 확연하게 드러난다. 바로 풀리지 않는 것을 해명하는 미시론이 오직 거시론적 수단만을 활용하고 있다는 점에서 말이다. 정말이지 분류하는 개념이 불투명한 것을 해명하지 않는다. 그 개념에 포섭된다고 되는 일이 아닌 것이다. 그렇지 않고 구성하는 관념이 그것에 들이민 개념들의 짜임관계를 통해 열리는데, 마치 굳게 잠긴 금고의 자물쇠가 암호 하나 혹은 한 번호를 통해서가 아니라 번호들의 조합을 통해서만 열리듯이 그렇게 되는 것이다. 철학은 무슨 수로 자신의 대상들이 그들 자신 속에서 움직이도록 하든 간에 그 대상들에 외부로부터도 흘러들도록 해야한다. 이 점에서 자신과 다른 이들을 기만한다면, 철학은 다시금 라이프니츠와 헤겔의 예정조화설의 희생양이 될 것이다. 철저한 현실추수의 희생물이 되는 것이다. 대상들 그 자체 속에서 기다리고 있는 것은 외부개입이 있어야만 말해질 수 있다. 외부에서 동원된 힘들, 결국은 징후들에 들이대어진 이론도 모두 그 대상들 속에서 다 소진되리라는 지향은 남는다. 철학적 이론은 자기 자신의 종말을 의미한다.

(20) [22] 더 이상 동일성에 "매여"* 244) 있지 않은 변증법은, 파시
스트적 귀결들에서 찾아볼 수 있는 바닥 없음das Bodenlose이라는
이의제기에 부딪히거나, 아니면 현기증을 일으킨다는 항변을 거세
게 받는다. 어떤 철학이 짐을 쌀 수도 있을 것이라는 염려 이면에
는 대부분 그것을 치워버리겠다는 욕구, 공격성이 있는 것이며, 이
는 역사적으로 학파들이 서로서로를 해치웠다는 데서 증명된다.
채무와 보상의 등가는 관념의 연속으로 이전되었다. 바로 이처럼
지배적인 원칙에 정신이 동화되는 것을 철학적 반성은 통찰할 수
있어야만 한다. 전통적인 사유 그리고 이 전통적 사유가 철학적으
로 소멸하면서 남긴 건전한 인간오성의 습관들은 그 안에서 모든
것이 자신의 자리를 갖는 하나의 연관체계를, 준거 틀frame of
reference을 요구한다. 그저 생각들 하나하나에 보호막을 감싸고 그
리하여 엄호되지 않은 관념을 격리시키기만 하는 정도인 이 연관
체계의 통찰력에 ─이 체계는 심지어 도그마적 공리들에 자리 잡
고 있을 수도 있다─ 절대 대단한 가치가 부과되지는 못한다. 헤겔
이 고정시킨 틀을 내동댕이친 변증법은 어떠한 안전조치도 없이
배수진을 치고 대상에게 자신을 내던질 때, 그때에만 자기 자신에
게 만족한다. 여기에서 발생하는 현기증이 진리의 시금석index veri
이다. 열려진 것의 충격이 불러일으키는 현기증 즉 부정성은, 엄호
된 것 그리고 항상 똑같은 것에 필연적으로 그 부정성으로서 나타
난다. 거짓에 대한 비진리로 나타나는 것이다. 부분 체계들과 체
계의 분해는 형식적-인식론적이지 않고 단호하게 내용적이다. 디테
일들은 더 이상 도열해서 대기하고 있지 않다. 이전에 체계가

---

* Kant, Kritik der reinen Vernunft, B134.

디테일들에서 취하려고 했던 것은 질적으로 다른 것으로서 오직 그 디테일들에서만 찾아질 수 있다. 그것이 거기에 있는지 그리고 그것이 무엇인지, 미리 관념에 보증되어 있는 것은 아무것도 없다. 이렇게 해서 비로소 철저하게 악용되어 온, 구체적인 것으로서의 [23] 진리라는 말이 제자리를 찾게 되리라. 이 말은 사유로 하여금 지극히 사소한 것을 쪼아대도록 몰아간다. 구체적인 것에 대하여 철학을 할 것이 아니라 그 구체적인 것으로부터, 그 주변의 개념들을 모아가면서 철학을 시작해야 할 것이다. 특수자가 보편자라는 헤겔의 명제는 헤겔에 대한 가장 신랄한 비판이다. 이 비판에 주목할 일이다. 특이한 대상에 몰두하는 것은 명백한 입장이 결여되었기 때문이라고 선뜻 치부하는 외침이 있다. 실존하는 것과 다른 것은 이 실존하는 것에게는 요술로 간주된다. 속박 아래 있는 것은 그 자체를 위한 장점을 갖는바, 잘못된 세계에서 어하튼 친근성, 고향 그리고 안전함이라고 했던 것 모두가 그 나름으로 속박의 형상들이라는 견지에서이다. 이 장점을 잃는다면 그와 더불어 모든 것을 잃지 않을까 사람들은 두려워한다. 왜냐하면 사람들은 무엇인가에 매달릴 수 있다는 것, 즉 부자유 이외에 어떤 다른 행복도, 심지어는 관념의 행복도 알지 못하기 때문이다. 무엇을 원하는지, 그 원하는 것을 최소한 내다보고는 (21) 있어야 하지 않겠는가. 존재론 비판의 한가운데에서 존재론 한 조각이 더 잘 손에 잡히는 법이다. 선언하는 데서 의도된 바가 머무는 지향의 선언보다는 엄호되지 않은 개개의 통찰이 의도된 바를 더 잘 표현하듯이 말이다. 쇤베르크가 전통적인 음악이론에서 언급했던 체험은 철학에서도 확인된다. 그는 전통적인 음악이론에서는 어떻게 한 악장이 시작되고 끝나는가를 배울 뿐 악장 자체나 악장의 흐름에 대하여는 배우는 바가 아무것도 없다고 하였다. 마찬가지로 철학은 자신을 범주들로 환원시켜버릴 것이 아니라 어떤 의미에서는 이제 비로소 작곡되어져야만 하는 것이라고 할 수 있다. 제1의적이고 확실한 것에는 눈독들이지 않는, 하지만 이미 그 서술의 규정성에 힘입어 절대주의의 형제인 상대주의에 조금도 양보하지 않고 스스로 학설에 접근하는 행동방식은 물의를 불러일으키게 되어있다. 이런 행동방식은 헤겔을 치고 나간다. 헤겔의 변증법은 모든 것을 포괄하려 했고, 또한 제1철학이 되고자 했으며 그리고 동일성원칙 즉 절대적 주체라는 견지에서 실제로 제1철학이었다. [24] 사유가 제1의적이고 확고한 것과 결별한다고 해서 그 결별을 통해 사유가 허공에서 부유하는 것으로 절대화되지는 않는다. 이러한 결별은 바로 사유를 사유가 아닌 것에 고정시키며, 그리고 사유의 자주독립이라는 환상을 제거한다. 바닥 없는 것이 꼭 비난받아야만 한다면, 그렇다면 이의제기는 절대적 근원들의 영역으로서 자기 자신 속에 유지되는 정신적 원칙을 향한 것이 되리라. 하지만 하이데거를 선두로 존재론이 바닥 없는 것에 걸려 넘어지는 곳, 그곳이 진리의 장소이다. 진리는 유동적이며, 시간적 실제내용 때문에 부서지기 쉽다. 벤야민은 진리가 우리에게서 달아날 수 없다고 단언한 고트프리트 켈러Gottfried Keller에게 맹렬한 비난을 퍼부었다. 진리란 잃게 되는 것이 아니라는 위안을 철학은 단념해야만 한다. 형이상학의 (22) 근본주의자들이 장황하게 떠들어대는 심연, 그 심연으로 추락할 수 없는 철학이라면 ―그런데 이런 철학은 능숙한 소피스트라기보다는 망상에 가깝다― 안전원칙이라는 계율 아래서 분석적으로 되며, 잠재적으로 무의미한 동어반복이 된다. 극단으로까지 나아가는 그러한 관념만이 확실한 동의同意라는 전지전능한 무기력에 반기를 들 수 있다. 두뇌의 곡예만이, 두뇌가 자기만족에 탐닉하느라 경멸하는 사안과 그래도 여전히 관계를 맺게 된다. 철학에서 확실성이라는 개념의 기능은 전도顚倒되었다. 한때 자기 확신을 통해 도그마 및 후견관계를 넘어서려고 했던 것이 사회보장된 인식의 예의범절로, 모든 것을 매끄럽게 통과시키는 행동거지로 되어버렸다. 실제로 아무 일도 일어나지 않는다.

속박에서 벗어난 변증법은 헤겔 변증법과 마찬가지로 어떤 확고한 것ein Festes 없이는 해나갈 수 없다. 하지만 이 변증법은 그 확고한 것에 더 이상 우위를 부여하지 않는다. 헤겔은 자신의 형이상학이 발원하는 원천에서 이 확고한 것을 그다지 강조하지 않았다. 그것은 형이상학으로부터 마지막에, 철저히 규명된 전체로서 도출되어야만 했다. 그러기 위해 그의 논리적 범주들이 독특한 이중성을 띠게 되었다. 그 범주들은 발생해서, [25] 자기 지양하는 구조이지만, 아울러 동시에 선험적이며 불변적인 구조들인 것이다. 변증법적 단계들 모두에서 새롭게 다시 회복되는 직접성이라는 독트린에 의해 역동성으로 매개되는 것이다. 이미 비판적인 색조를 띠는 제2의 자연 이론은 부정변증법에 그대로 보존되어 있다. 이 이론은 사회 그리고 그 사회의 (23) 발전을 관념에 갖다 들이대는 구성체들을, 매개된 직접성을 있는 그대로 받아들이는데, 징후들과 이 징후들 스스로가 자신이 무엇이어야 한다고 요구하는 바 사이의 내재적 차이를 기준으로 삼아 분석해서 그 매개들을 밝혀내기 위해서이다. 변하지 않고 자신을 고수하는 확고한 것, 젊은 시절 헤겔에게서 나타나는 "실증자"는 그런 분석에서는, 헤겔에게서도 마찬가지인데, 부정자이다. 주관성의 자율성이 비판적으로 자신을 제한하면 할수록, 즉 자신을 매개된 것으로서 의식하면 할수록, 관념이 필요로는 하지만 자기 속에 가지고 있지 않은 것, 그리고 그것이 없다면 변증법이 확고한 것을 지양시키는 그런 역동성이 결코 될 수 없는 것을 관념에게 가져가 단단히 붙들어 매는 우월한 지위를 객체들에 허락하는 의무는 더욱 설득력을 갖게 된다. 부정변증법의 가능성은 객체의 우위를 증명하는 데 달려 있다. 그렇다고 해도 이 우위는 변증법을 위해서 어떤 절대적인 원칙으로 될 수 없는데, 순진한 리얼리즘의 재탕일 수 없다는 것이다. 서로 얽힌 연관 속에서만 유효한 우위이다. 일단 수용되었다고 쾌재를 부르면서 객체우위가 변증법에서 이탈해 나와 실증적으로 자리 잡는다면, 그러면 철학은 후기 루카치의 경우처럼 복사 혹은 반영이라는 어처구니없는 도그마로 격이 떨어져 버린다. 또다시 어떤 원칙, 하나의 "격언"이 실체화되는 일이 벌어진다면, 그러면 존재하는 것을 하나의 최소공통분모로 사유가 보내버리는 결과를 끝내 초래하고 말 것이다. 이데올로기가 언제나 관념론적 일반정립에 닮아가는 것은 결코 아니다. 이데올로기는 제1의적인 것, 어떤 내용인가와는 상관없이, 그 자체의 토대들에 포함되어 있다고 하는 편이 옳다. 이데올로기는 개념과 사안의 [26] 동일성을 포함하며, 그리하여 세계를 정당화하면서 의식의 존재에 대한 종속성을 개괄적으로 확정할 때에도 그렇다. 역사의 신정론은, 옹호적인 배음과 더불어, 마르크스에게 낯설지 않았다.

어떤 확실한 근본원칙에 기대고 있지 않는 사유는 진테제의 개념에 맞서 각을 세운다. 이 진테제는 철학의 목적론으로서나 개별적인 처리의 모델로서나 방법론을 관념론에서 주체와 객체의 동일성이라고 불리는 것에 종속시킨다. 진테제는 헤겔의 변증법이 결과를 처음 출발지로 그냥 되돌려버리는 (24) 원의 모양새를 갖추도록 만든다. 이에 따라 진테제 개념은 와해를 막는 민첩한 성물로서, 프로이트 심리분석학에 반하는, 이름하여 심리종합학의 발명 중에서 아마도 가장 고약한 것일 수 있는 숙명적인 것das Fatale을 받아들인다. 입에 올리기만 해도 금방 소름이 돋는 단어이다. 이 말이라면 주절주절 소리 나는 삼단의 도식을 기대하게 만든 당사자가 물론 헤겔인 것은 사실이지만, 정작 헤겔은 이 단어를 별로 필요로 하지 않았다. 헤겔 철학의 짜임새가 그런 도식에 상응한다고 해야 할 것이다. 헤겔 철학에서는 사유작동이 거의 언제나 아주 가까운 곳에서 정조준된, 이리저리로 방향을 틀어 빠져나가는 개념에 대한 규정된 부정으로 된다. 그와 같은 분석에서 형식상 진테제로 성격 지어지는 것은 부정의 형식을 갖는데, 앞서간 개념의 운동에서 희생된 것이 구출되어야만 한다는 견지에서이다. 헤겔의 진테제는 전적으로 이른바 한 차원 높은 단계가 동시에 하나 낮은 단계로서 드러나는, 과거완료로의 한발 후퇴인 운동으로 되는 불충분함에 대한 통찰이다. 의기양양해하는 실증성으로 진테제를 표상하는 세간의 천박함으로부터 헤겔이 구별되는 지점이 바로 여기이다. 물론 이 실증성에서 헤겔의 경우 매번 새롭게 스스로를 형성하는, 그래서 그 고유한 [27] 매개가 사라져야만 하는 직접성들이 단지 흔적 그 이상을 등에 업고 나오게 되지만 말이다. 그렇기 때문에 그렇게 되어진, 설정된 직접성들에 헤겔 변증법이 후기의 체계형태에서 전적으로 보냈던 신뢰를 거둬들이는 결과가 이미 마르크스의 법철학 비판에서부터 나타난 것이다. 칸트와 달리 헤겔은 진테제의 우선권에 제한을 가하였다. 그는 다수Vielheit와 단수(통일)Einheit를 그들 중 어느 것도 타자를 배제하고는 있을 수 없는 계기들로 인식하였다. 그들 사이의 긴장은 부정을 통해서 견지된다. 그럼에도 헤겔은 칸트 그리고 전통 전체와 통일에 대한 선입견을 공유하고 있다. (25) 그렇다고 해도 역시 사유는 통일의 추상적 부정에 계속 머물러 있으면 안 되는 것이다. 다자多子를 직접 손에 넣겠다는 환상은 신화로 전락하고, 혼돈의 공포에 빠진다. 그 반대의 경우인 통일하는 사유가 자연 억압을 통한 즉 신화적 지배를 통한 눈먼 자연의 모방으로 되듯이 말이다. 계몽의 자기반성은 계몽의 철회가 아니다. 그렇게 한다면 계몽은 현재의 지배를 위해 타락한다. 통일하는 사유의 자기비판적 방향전환은 개념들에, 그러므로 진테제들에 기대어서 진행되는데, 그러므로 처리하는 몸짓으로 이들을 모함하고 내치면 안 된다. 통일은, 추상적으로 보자면,

아래 두 가지를 위한 공간을 제공한다. 관념들 속에서는 해소될 수 없는 질Qualitäten들의 억압을 위한 공간과 그리고 반목을 넘어선 화해의 이상Ideal을 위한 공간. 통일은 거듭하여 인간에게 통일의 폭력에 대한 흥미를 유발시켰는데, 거기에서 무폭력과 평화롭게 된 것의 흔적이 내비치고 있기 때문이다. 통일의 과학에 관한 그 모든 언설에도 불구하고 반성되지 않은 명목론에서 잠재적으로 그렇게 되듯이 통일의 계기가 근절되어야 하는 것은 아니다. 진테제를 만드는 계기들의 경향은 이 계기들이 자신들이 다자多子에 무슨 짓을 하는지 자각하면 방향이 돌려질 수 있다. 통일만이 통일을 초월한다. 그래도 일말의 무언가가 동일성계기에서 생존권을 유지하는데, 통일을 이루면서 앞으로 나감을 통해 뒤로 밀쳐졌지만, 그럼에도 그 통일 속에 거의 식별 불가능할 정도까지 세속화된 [28] 채로 남아 있는 유사성 말이다. 통일하는 주체는 엄호되지 않은 인식을 제거하지 않는다. 객체를 체험하는 가운데 그 엄호되지 않은 것은 해소될 수 없는 것으로 된다. (26) 주체에 고유한 진테제들은, 플라톤이 확연히 파악하고 있었듯이, 간접적으로, 개념을 가지고 변화시키면서 그런 진테제가 그 자신의 입장에서 원하는 것을 모방하고자 한다.

대상들에 자신을 내맡긴 사유는 철학에 내용을 부여한다. 베르그송과 짐멜, 후설 그리고 셸러Scheler의 세대 이래로 철학은 이를 열망했지만 아무 소득이 없었다. 전통이 중단시켜버린 것은 이 전통에 고유한 욕구였다. 자기비판적으로 방법론의 강제가 느슨해지면, 그러면 이를 보완하느라 철학적 긴장은 갈수록 그 내용에 의해 결정된다. 비개념자가 그 개념과 동일하지 않다는 사실이 인식하는 일의 내용화를 통한 인식의 실천에 의해 제대로 대접을 받는 것이다. 사회적인, 철학적 어법으로는 '존재적인ontisch' 변증법, 꾸준하게 지속되는 반목의 변증법은 주체와 객체의 철학적 변증법에서 반성된다. 어쨌든 존재론이, 다시 말해 불변하는 고정변수가 존재한다면, 그렇다면 이는 영속하는 반목의 부정존재론일 것이다. (27) 내용상의 사유는 그럼에도 방법론적 추론을 그렇게 간단하게 벗어버릴 수 없다. 독단론이나 임의로 떠오르는 착상의 희생양이 되려 하지 않는다면 말이다. 물론 방법론적인 단계를 밟게 되면 그 확실성이 결실을 축소시키기 때문에 이런 임의적인 착상이 진리에 훨씬 가까이 있기는 하다. 내용적인 개별분석들이 변증법 이론과 어떤 관계에 있느냐는 물음은 이론이 개별분석들에서 소멸된다는 관념론적 확언으로 입막음되지 못한다. 그 물음은 방법론과 사안의 잘못된 동일성을 재차 끌어들인다. 맹목성이 방법론적 원칙이다. 이 맹목성으로 관념은 실체화됨 없이, 또 말하자면 방법론도 결여한 채 자신이 관계하는 것에 그냥 자신을 넘기는 것이다. "자기 자신을 이해하지 못하는 관념들만이 참되다."* 관념이 [29] 자기 대상들 바깥의 외적인 반성에 의해 휘둘리지 않을수록, 관념은 특수자 속에서 보편자를 더 깊이 알아챈다. 철학 자체의 전통을 거스르면서 그 철학의 선례에 맞서 칸트, 헤겔, 니체가 보였던 공격들이 이 사실을 잘 드러내준다. 해당되는 각각의 징후를 사회적 총체성을 통해, ―그런데 이는 철학에서는 순수한 주관성으로 역전된다― 내용상 일반적인 것으로 매개하는 보편자는 모든 특수자에 각각 잠복해 있다. 하지만 철학적 체험은 이런 보편자를 갖지 못하거나, 혹은 순전히 추상적으로만 갖는데, 그런 까닭에 철학적 체험이 가지고 있지는 않지만 알고는 있는 것이 무엇인지 잊지는 않은 채 특수자에서 출발하는 태도를 취한다. 철학적 체험은 징후들의 현실적 규정을 그 개념을 통해 확신하기는 해도,** 이 개념을 (28)

---

* Theodor W. Adorno, Minima Moralia. Reflexionen aus dem beschädigten Leben, 2.Aufl., Frankfurt a. M. 1962, S.254 (GS4, S.218).
** Theodor W. Adorno, Gesellschaft, in: Evangelisches Staatslexikon, hrsg.

존재론적으로, 그 자체가 참인 것으로서 내놓지는 못한다. 개념은 거짓과 즉 억압하는 원칙과 혼융되어 있으며, 그래서 개념의 인식 비판적 품위는 줄어든다. 개념은 그 안에서 인식이 정지되는 텔로스를 실증적으로 형성하지 않는다. 보편자의 부정성은 구제되어야만 하는 것인 특수자에 인식을 붙들어 맨다. 특수자의 구제는 그러나 그 특수자로부터 방출되어 나오는 보편성 없이는 결코 시작되어질 수가 없는 것이다. (29) 모든 철학은, 자유에의 지향을 지닌 철학 역시, 그 때문에 부자유를 끌어들이는 것이며, 그 속에서 사회의 부자유가 연장되는 것이다. 신존재론적 구상들은 이것에 저항하였다. 하지만 그들의 몸짓은 참된 혹은 허구의 근원άρχαί을, 바로 강압원칙에 불과한 근원을 다시 움켜쥐는 거동이었을 뿐이다. 사유는 자의와 강압이라는 상호 대립적인 계기들의 매개를 확인하는 과정에서 둘 사이의 양자택일로부터 벗어날 수 있다. 사유는 자체 내에 강압을 내포하고 있다. [30] 강압은 사유가 자의로 퇴행하는 것을 막아준다. 하지만 사유는 사유에 내재적인 강압의 성격을 비판적으로 인식할 수 있다. 사유에 고유한 강압이 사유가 해방되는 매체이다. 헤겔이 말하는 객체로의 자유는, 헤겔의 경우는 억압적으로 되어 주체가 그저 무기력하게 되지만, 일단 조성될 필요는 있다. 그때까지는 방법론으로서의 변증법과 사안의 변증법은 서로 어긋나게 될 것인바, 서로를 억지로 등치시킬 수 없다. 물론 개념이 현실과 마찬가지로 모순에 찬 존재라는 사실이 어느날 불쑥 등장했던 것은 아니다. 사회를 적대적으로 갈라놓는 것, 즉 지배원칙은 개념과 그 개념에 종속된 것 사이의 차이를 발생시키는 것, 바로 그것을 정신화시킨다. 하지만 이 차이는 모순이라는 논리적 형식을 획득하는데, 지배원칙의 통일에 굽히고 들어가지

von Hermann Kunst u.a., Stuttgart, Berlin 1966, Sp.636ff. (GS8, S.9ff.).

않는 것이 원칙 자체의 척도로 보았을 때 이 원칙에 대해서 아무래도 좋은 어떤 다른 것이 아니라 논리의 훼손으로, 즉 모순으로 드러나기 때문이다. 다른 한편, 철학적 구상과 그 실행 사이에 드러나는 편차에 가라앉은 잔재에는 어떤 참된 것ein Wahres이 모습을 드러내기도 하는데, 물론 방법론이 내용들 안에 들어 있긴 해야 하나 그 내용들과 온전히 일치하는 방법론을 허용하지는 않으며, 참이 화해된 것에 속할 수도 있기나 하다는 듯이 내용들을 정신화시키지도 않는 비동일성의 무엇인가가 드러나는 것이다. 내용 우위는 방법론의 필연적 결함으로 나타난다. 철학자들의 철학 앞에서 무기력하게 되지 않기 위해 보편적인 반성의 형태 속에서 방법론으로서 말해져야만 하는 것은 하지만 실행 속에서 정당화되며, 그리고 이를 통해 방법론으로서는 다시금 부정된다. 방법론의 과잉은 내용에 직면해서는 추상적이며, 오류이다. 이미 헤겔은 『정신현상학』 서문이 그 책에 대해 적절하지 않은 관계일 수밖에 없음을 감수해야만 했다. 철학적으로 이상적인 상태를 들자면, 사람들이 행한 무엇에 대한 경위를 밝히는 일이 그가 그 무엇을 함으로써 불필요해지는 경우이리라.

　　(30) [31] 개념물신주의로부터 벗어나려는 가장 최근의 시도는 ―구속성에 대한 요구를 놔 버리지 않으면서 강단철학으로부터 벗어나려 한― 실존주의라는 이름으로 진행되었다. 근본주의 존재론을 비판하면서 갈라져 나온 실존주의는 정치적 참여주의에도 불구하고 근본주의 존재론과 마찬가지로 이상주의에 사로잡혀 있다. 정치참여는 철학적 구조에서 보면 약간은 우연적인 것이었으며, 실존주의의 형식적 특성을 충족시키기만 한다면 정반대방향의 것으로도 대체 가능한 것이었다. 실존주의와 결정론Dezisionismus 사이에 이론적 경계선은 없다. 그렇더라도 실존주의의 이상주의적 구성성분들은 그 나름으로 정치적 기능을 한다. 사회비판가들로서

이론적인 비판에만 머물지 않으려 한 사르트르와 그의 친구들은 공산주의가 권력을 잡으면 어디에서건 행정체계로 둔갑한다는 사실을 간과하지 않았다. 중앙집권적 국가당의 사회기구는 지난날 국가권력과의 관계를 두고 사유했던 그 모든 것에 대한 조롱이다. 그래서 사르트르는 지배하는 실천이 더 이상 참아주지 않는 계기를, 철학의 용어로 말하자면 자발성이라는 것을 핵심으로 끌어들였던 것이다. 이 자발성에 사회적 권력이 배분될 기회가 객관적으로 적으면 적을수록, 사르트르는 더욱 배타적으로 결단이라는 키르케고르의 범주로 이 자발성을 해석하였는데, 키르케고르에서 결단의 의미는 궁극목적terminus ad quem이라는 기독교학에서 수용된 것이다. 사르트르의 극단적인 명목론에도 불구하고, 그의 철학은 주체의 자유로운 행위라는 관념론의 오래된 범주에 따라 조직되어 있다. 피히테의 경우와 마찬가지로 실존주의 역시 객관성에는 아무런 관심도 두지 않는다. 사르트르의 연극작품에서는 사회적 관계들과 조건들이 안개에 묻힌 듯 불명확한 상태에서 한갓 행동을 촉발하는 단순한 계기들로 끌어내려질 뿐이다. 이 행동Aktion은 무객체성Objektlosigkeit의 지위에서 비합리성으로 전락하는 운명이 되었는데 불굴의 [32] 계몽주의자가 이를 의도했다고 보기는 어렵다. 결단을 내리는 절대적 자유를 표상하는 것은 세계를 자기 자신으로부터 이끌어내는 절대적 자아라는 표상과 마찬가지로 착각이다. 사르트르의 연극들은 철학을 조롱한다. 연극작품이 철학을 매우 강령적으로 다루고 있는 것이다. (31) 주인공의 결단에 외피를 입히는 무대 위의 상황들을 제대로 간과하기 위해서는 극히 간단한 정치적 경험만 있어도 된다. 구체적인 역사적 착종상황에서 그런 식으로 주권적 결단을 내리라고 미학적으로 요구할 수는 없는 일이다. 전쟁 중에 어떤 사령관이 만행을 실컷 저지르고는 이제부터는 더 이상 잔혹행위를 하지 않겠다고 이전과 매한가지인 비합리적 결단을 내린다면, 그리고 그가 적진에서 일어난 반역으로 이미 자신의 수중에 들어온거나 마찬가지인 도시의 정복을 중단하고 유토피아적 공동체를 세운다면, 아무리 낭만화된 독일 르네상스의 거친 시대일지라도 모반하는 병사들에 의해 살해되거나 아니면 상관에 의해 소환될 것이다. 호언장담하는 괴츠Götz야말로 그냥 여기에 딱 들어맞는 경우이다. 리히트슈타트Lichtstadt의 학살로 자신이 내키는대로 만행을 저질러 왔음을 깨달은 괴츠는 조직화된 민중운동에 자발적으로 투신하는데, 이런 조직화된 민중운동이야말로 사르트르가 절대적 자발성 개념을 적용하면서 공격했던 사람들이 내걸었던 변명거리로 해석되기에 충분한 것이 아닐 수 없다. 그런데 이 우직한 남자는, 이번에는 그저 공공연하게 철학의 동의를 얻어서는, 자신이 자유의지로 이제 다시는 저지르지 않겠다고 맹세한 잔혹행위를 또 저지르는 것이다. 절대적 주체는 자신의 착종들에서 빠져나오지 못한다. 그가 끊어버리고 싶어 하는 사슬, 지배의 사슬은 절대적 주관성의 원칙과 하나로 묶여 있다. 정치적 실존주의의 우매함은 탈정치화된 독일 실존주의가 관용적으로 사용하는 말들과 마찬가지로 나름의 철학적인 근거를 갖는다. 실존주의가 조장하는 것은 단순한 인간의 현존을 뭐 다른 선택의 여지가 있기나 한다는 듯 골라야만 하는, 여하튼 있는 것을 고르는 신조Gesinnung이다. 실존주의가 이런 동어반복 이상의 것을 [33] 가르치게 되면, 유일하게 실체적인 것으로서의 대자적인 주관성을 복구시키는 것으로 전락한다. 라틴어 실존하다existere의 파생어를 표어로 내거는 유파들은 소외된 개별과학에 맞서 생생한 체험의 현실을 복구시키려 한다. 그래서 이 조류들은 내실 있는 것은 전혀 흡수해 들이지 않게 된다. 그리고 이 조류들이 정지ἐποχή 상태로 묶어 놓은 것이 철학의 등 뒤에서, 철학적으로 말하자면 비합리적 결단들에서 자신의 폭력을 관철시킴으로써 이 조류들에 복수하게 되는 것이다. (32) 사안의 내실들Sachgehalten을 깔끔하게 비운 사유는 무개념적인 개별과학보다 나을 게 없다. 이런 사유는 사유가 철학의 본질적인 이해관심에 따라서 질타했던 바로 그 형식주의에 재차 빠지고 마는데, 이 형식주의는 그런 다음 우연한 차용들로 특히 심리학에서 추후에 속을 채우게 된다. 실존주의의 지향은 최소한 그 가장 급진적인 형태인 프랑스 실존주의에서는 사안의 내실들부터 거리를 취해서가 아니라, 위협적일 만큼 지나치게 가깝게 다가감으로써 실현되어져야 하는 것이다. 주체와 객체의 분리는 단순한 사유행위를 통해, 종국에 가서는 인간으로의 환원을 통해 지양될 수 있는 것이 아니다. 이러한 표지들, 실존이라는 표지를 붙이고 추상적이고도 아무런 연관 없이 닥치는 대로 사유되는 것, 이런 처리는 관념을 목 조르는 개별과학적인 것의 또 다른 얼굴에 해당한다. 실존을 화두로 이리저리 무리를 지은 학파들이 초월적 주체에 맞서 개인의 실존에 호소하면서 열망하였던 외화Entäußerung에 얼마나 무능한지를 그들은 비록 명목론의 그림자가 짙은 가운데에서도 그 개념에 떠오르지 않는 것, 개념에 반대되는 것을 헤겔의 본을 따서 그것을 다시 개념으로 가져감으로써 철학적으로 제압하고자 하는 가운데 스스로 자인하고 있다. 개념이 아닌 것이라는 개념이 그것을 사유에 헌정해야만 할 터인데 말이다. 이 문제에서는 전통을 따라서 자신이 해야 할 과제 앞에서 몸을 사리는 것이 이 학파들이다. 개념에서 거절된 것을 거기에 고유한 개념에 맞추어 추론함으로써 동화시키고 증발시키는 대신 개념적으로 따라잡아야 하는 과제 앞에서 뒤로 물러나는 것이다.

처리과정은 언어들에서는 사안들을 범주적으로 덮어버리지 않는 이름들에서 불명확하고 저만큼 먼 자신의 근원상Urbild을 취하는데, 물론 언어의 인식기능을 희생하고서이다. (33) 축소되지 않은 인식은 사람들이 그 앞에서 어쩔 수 없구나 하고 체념하도록 닦달을 받는 것, 그리고 이름들이 그것을 가지고 있음으로써 그 이름들이 중지시키는 것을 원한다. 체념과 기만은 이데올로기적으로 서로를 보완하는 습성이 있다. 마치 말들이 사안들을 지명해야만 한다는 듯, 인식하는 말들을 고를 때 보이는 병적 정확성은 철학에서 서술이 본질적이라는 것에 대한 결정적인 근거이지, 어떤 외적 매개물이 아니다. (34) 바로 이러한 어떤 것τόδε τι 앞에서 표현을 그처럼 고수하는 것에 대한 인식근거는 그 자체에 고유한 변증법적 본질이고, 그 자체 내에서의 그것의 개념적 매개이다. 개념적 매개는 그것에서 개념이 아닌 것을 파악하는 작전개시 지점이다. 인식이 실존하는 것에서 아직은 잠복한 상태에 있는 개념적인 것을 비판적으로 깨닫게 됨으로써 인식은 잠재적으로 불투명한 것에 도달하고, 오로지 이러한 관계 내부에 있게 된다. 왜냐하면 비개념적인 것에서 이루어지는 매개는 빼고 남은 무엇이거나 그런 경과들의 악무한성schlechte Unendlichkeit으로 돌려질 수 있는 것이 아니기 때문이다. 오히려 질료ὕλη의 매개는 그것의 내재된 역사이다. 그 앞에서 여하튼 정당화된 채로 계속 해나가도록 하는 것을 철학은 부정자에서 퍼온다. 이는 바로 저 해소되지 않은 것인데, 그 앞에서 철학이 굴복했었고 그래서 관념론의 폭력이 그로부터 불거져 나오는 해소되지 않은 것은 그 자신의 바로 그러하며 달리 될 수 없는 존재So-und-nicht-anders-Sein 속에서 다시금 존재자의 불가역성이라는 어떤 물신이다. 이 물신은 그냥 단순히 '바로 그러하며 달리 될 수 없는' 상태가 아니라 조건들 하에서 그렇다는 사실에 대한 증명을 접하면 깨진다. 이 되어짐Werden은 사안에 깃들어 있으며, 그 [35] 결과로부터 분리시켜 (35) 잊어버릴 수 있는 것도, 그 개념에 걸어 정지시킬 수 있는 것도 아니다. 이 점에서는 관념변증법과 유물변증법이 일치한다. 관념론에서는 직접성의 내적 역사가 직접성을 개념의 단계로 정당화하는 반면, 유물변증법에서 직접성은 개념들의 비진리뿐 아니라 그보다는 존재하는 직접성의 비진리에 대한 척도로 된다. 두 변증법 모두에게 공통적인 것은 대상들 속으로 흘러들어간 역사에 대한 강조이다. 부정변증법은 현실이 자신을 속이고 앗아갔지만, 대상 하나하나가 모두 그 앗아간 것에 대한 증거로 되는 가능성, 그 가능성으로 딱딱하게 굳어버린 대상들에 파고들어간다. (33, 계속) 하지만 표현을 통해 비개념자에 도달하려는 극도의 긴장 상태에서조차 말들은 개념들로 남는다. 개념들의 정확성은 사안의 그 자체임Selbstheit을 대신하려 하지만, 사안이 개념들에 온전히 들어앉게 되지는 못할 것이다. 개념들과 '지금 그리고 여기' 사이를 텅 빈 공간이 비집고 갈라놓는다. 자의와 상대성이 가라앉은 침전물이라고 할 만한 것이다. 단어선정에서도 그렇고 서술 전체에서도 마찬가지이다. 반면 개념들의 비판적 반성, 바로 구체적인 개념들의 반성은 그냥 도움이 된다. 벤야민의 경우, 개념들은 권위를 내세워 자신들의 개념성을 숨기려는 성향을 보인다. 개념들만이 개념이 방해하는 것을 마지막까지 밀고 갈 수 있다. 상처입은 자가 치료할 것이다τρώσας ἰάσεται.245) 모든 개념들은 그들에 의해 요청된 내용을 판정하는 가운데 저항에 돌입한다. 개념들은 보편적인 것으로서 그들이 의미하는 것 그리고 그들이 같아지려고 하는 것과 결코 같지 않다. 이 사실이 개념들의 규정 가능한 오류로 된다. 이 오류는 다른 개념들을 통한 개념들의 수정을 촉발시킨다. 여기에서 오직 이름이 주는 희망에 의해 무엇인가가 지속되는 그런 짜임관계가 발생하는 것이다. 철학의 언어는 이름을 부정함으로써 이름에 접근한다. 말들이 직접적으로 갖겠다는 요구를 내세우는 것을 철학은 말들에서 비판하는데, 이것은 항상 거의 말과 사안 사이의 실증적인, 존재하는 동일성의 이데올로기이며 그 어떤 것이든 관념론의 은밀한 미신이다. 이 관념론은 절대자의 무한성을 꿈꾸거나 아니면 [36] 자신이 무한성을 규정하겠다고 사칭하는 식으로 절대자를 과소평가한다. (34, 계속) 무한자의 내재로의 불가역적인 세속화는 동시에 무한자를 위조한다. 개별 단어나 개념 앞에서 버티는 것, 제대로 맞는 열쇠가 있다면 열리게 되어 있는 청동문 앞에서는 버텨보는 것 또한 꼭 필요한 하나의 계기인 것이다. 내향적인 것은 표현 속에서 인식에 자신을 밀착시키면서 인식되어지기 위한 열쇠로서 그 자신에게는 외적인 것을 필요로 한다. 사물을 그 내부로부터 이해하라는 라이프니츠와 헤겔의 요구는, 칸트에 맞서면서 따를 만하다. 다시금 동일성철학에 빠지지는 일은 없도록 하면서 말이다.

(35, 계속) 더 이상 이른바 근대 철학의 주류와 더불어 휩쓸려 들지 말아야 할 것이다. 20세기 전반기에 가장 큰 논란을 불러일으킨 대항적 사유의 잡지는 한때 『흐름을 거슬러』라는 이름을 가지고 있었다. 같은 당에서 나온 서방의 잡지는 그 당이 동구권에 정착을 한 후로는 "주류"246)라고 불렀다. 이런 식의 주류가 철학에서 사유의 전통적인 계기를 쓸어내고자 했었고, 사유를 그에 고유한 실제내용에 따라 탈역사화하려 했으며 그리고 역사를 사실을 규명하는 과학의 한 특수 분야로 만들려고 의도하였다. 추정된 직접성인 주관성 속에서 모든 인식의 기반을 보기 시작한 이래로, 사람들은 직접성과 마찬가지로 현재라는 회로에 갇혀서 사유에서 역사적 차원을 제거하려고 안간힘을 썼다. 이런 관점에서 보면 공식적으로는 양극이라고 간주되는 근대의 두 가부장, 자신의 방법론적 근원을 자서전적으로 설명하는 데카르트와 우상론을 전개하는 베이컨은 서로 기분 좋게 화답하는 사이이다.247) 사유에서 역사적인 것은, 객관화된 논리학의 한껏 추켜올려진 무시간성에 [37] 자신을 꿰어 맞추지 않아 미신과 동일하게 여겨졌는데, 사실 미신으로 말하자면 사유의 자율성에 반대하느라 제도화된 교회 전통에

호소하는 것 일터이다. 그 권위를 무너뜨리기 위해 전통에 가하는 비판은 그러는 중에 전통이 인식대상들을 매개하는 계기로서 인식 자체에 내재되어 있다는 사실을 (36) 알아차리지 못하도록 가로막는다. 인식은 정지시키는 객관화의 힘을 빌려 대상들을 가지고 백지장tabula rasa을 만드는 즉시 자신의 대상들을 왜곡한다. 인식 그 자체는 내용에 대해 독립적으로 된 형식 속에서 무의식적인 기억으로서 전통에 관여한다. 어떤 물음도 지나간 것에 관한 지식이 저장되고 그리고 계속 뒤로 내밀려지는 일이 발생하지 않으면서 제기되는 법이 없으며, 그리고 사유의 형태는 동기를 부여받아 추진되는 시간내적 운동의 형태로서 사유의 구조 속에 내면화된 대우주적 역사적 운동에 앞서서 미리, 소우주적으로 닮아있다. 범주들을 연역한 칸트의 성과들 중에서 가장 상급의 것을 치자면 그가 인식의 순수형태인 사유하는 나Ich denke의 통일성 속에서 기억, 즉 사라지고 지워질 수 있는 역사적인 것의 흔적을 구상력Einbildungs-kraft의 재생산으로서 감지했다는 사실이다. 하지만 어떤 시간도 그 속에 존재하는 것 없이는 있을 수 없으므로 후설이 후기에 내적 역사성이라 칭했던 바248)의 그것은 순수형식으로 남을 수 없다. 사유의 그러한 내적 역사성은 사유의 내용과 뒤엉키게 되며, 이로써 전통과 얽히게 된다. 반면 순수하고, 승화가 완결된 주체는 절대적으로 무전통적인 것이리라. 그러한 순수성의 우상, 총체적인 무시간성의 우상을 철저하게 따르는 인식은 형식논리학이나 같을 것이므로, 이는 말 그대로 동어반복이 될 것이다. 어느 한번이나마 초월논리학에 더 많은 공간이 허용되었던 적이 없었다. 부르주아 의식이 아마도 자신의 필멸성에 대한 보상으로 추구했을 것으로 보이는 무시간성은 기만의 절정을 보여준다. 이 사실에서 자극받은 벤야민은 자율성의 이상을 —너무 무매개적이기는 했다— [38] 거부하고 자신의 사유를 어떤 한 전통에 내맡겼는데 물론 이 전통은 자의적으로 끌어들여진 까닭에 자족적인 관념이 내세워야 하는 권위를 가지지 못하였다. 겉으로는 초월적으로 보이지만, 전통적인 계기는 초월적인 계기의 반대역이다. (37) 칸트가 영혼 깊숙한 곳에 숨겨져 있다고 말한 메커니즘은 주관성이 아니라 사실 제대로 구성적인 것이다. 『순수이성비판』의 출발점을 이루는 문제제기들이 엮어내는 변주들 중에는, 전통에 자신을 외화시켜야만 하는 사유가 어떻게 그 과정에서 변화하면서도 전통을 보존할 수 있는가의 물음 역시 한 자리 차지할 터다.* 베르그송의 철학, 그 이상으로 프루스트의 소설은 여기에 몰두하였다. 다만 직접성의 강박관념에 빠져든다는 사정이 있는데, 개념의 기계적 작동으로 미리 삶을 폐지시켜버리는 부르주아적 무시간성에 추상적으로 반대입장을 취하느라 그렇게 되었다. 전통에 참여하는 철학의 지분은 오로지 전통에 대한 규정된 부정 그것뿐이다. 철학은 자신이 비판하는 텍스트들을 통해 일으켜 세워진다. 전통이 철학에 날라다준 텍스트들, 그리고 이 텍스트들 자체가 전통을 구현하고 있는 것이기도 한데, 이 텍스트들에서 철학의 행동거지는 전통과 공통분모를 갖는다. 그렇기 때문에 철학에서 해석으로 넘어가는 일이 정당화되는 것이다. 물론 이때 해석은 해석된 것이나 그것에 관련된 관념, 그 상징을 실체화하는 것이 아니라 자신의 기체를 남김없이 흡수해들인 관념이 성스러운 텍스트들의 다시 복구할 수 없는 원형을 세속화시키는 곳에서 무엇이 참된지를 찾아보는 작업이다. 공공연하게든 잠재적으로든 텍스트들에 대한 구속성을 통해 철학은 방법론적 이상Ideal이라는 구실로 근절시키려 했으나 수포로 돌아간 자신의 언어적 본질을 시인한다. 철학의 최근세사에서 이 언어적 본질은 사

---

* Theodor W. Adorno, Thesen über Tradition, in: Insel Almanach auf das Jahr 1966, Frankfurt a. M. S.21ff. (GS 10.1, S.310ff.).

실 전통의 경우와 같은 측면에서 수사학으로 내몰린 바 있다. [39] 맥락에서 동떨어진 채 효과를 위한 수단으로 전락한 이 언어적 본질은 철학에서 속임수의 담당자가 되었다. 수사에 대한 경멸은 안티케 이래 수사가 사안으로부터 이탈하면서 떠안은 부채를 상쇄했다. 플라톤은 이 이탈을 비난한 바 있다. 사유 속으로 침투하는 표현이 보존되는 수사적 계기를 내쫓는 것은 객체를 무시하는 가운데 수사를 갈고닦는 것 못지않게 사유의 기계화 그리고 잠재적 폐지에 기여한다. 수사는 언어로써가 아니고는 사유될 수 없는 것을 철학에서 대변한다. 수사는 서술의 요구사항들에서 (38) 자신을 주장하는데, 이 서술을 통해 철학은 이미 알려져 고정된 내용들을 주고받는 의사소통과 구분된다. 무언가를 대변하는 것이 모두 그렇듯이 이 수사는 서술이 관념에 매개되지 않은 채로는 가져다줄 수 없는 것을 찬탈하려 할 때 위험에 처한다. 수사는 설득하려는 목적에 의해 끝없이 타락한다. 하지만 이런 목적이 없다면 다시금 사유가 사유행위 자체에 들어 있는 실천과 필수불가결하게 맺는 관계가 사라질 것이다. 『파이드로스』에서 시작하여 언어에서 표현의 마지막 흔적까지 제거하고 싶어 하는 의미론자들에 이르기까지, 공인받은 철학적 전통 전체가 보이는 알레르기는 논리학까지 샅샅이 파고들어 거동에 규율이 안 잡혀 있다고 힐책하는 계몽의 총출동과 같은 꼴이다. 이런 알레르기는 사물화된 의식이 자신에게서 결여된 것, 의식이라면 가지고 있어야 하는데 자신은 못 가진 것에 맞서면서 생기는 양심의 산물이다. 철학과 과학의 동맹은 잠재적으로 언어의 제거로 귀결되고, 그렇게 되면 철학의 생존은 철학의 언어가 감당하는 노고에 밀착되어 맞물리게 된다. 철학이 언어의 추락을 그대로 따라가서가 아니다. 그것에 대해서 반성하기 때문이다. 언어적인 허접함이 ―학문적으로 부정확함― 언어를 통해 매수할 수 없음에 대한 과학적 제스처와 아주 잘 맞아떨어지는 데는 그럴 만한 근거가 있다. 사유에서의 [40] 언어폐기는 사유의 탈신화화가 아닌 것이다. 현혹된 채로 철학은 자신의 사안에 대해 단순한 의미론직 연관 이상의 관계맺음을 일궈내는 언어에 몰두한다. 언어로써만이 유사한 것Ähnliches은 유사자das Ähnliche를 인식할 수 있다. 유명론의 근본테제에 의하면 이름은 문자 그대로 허망한 것이고 그 이름이 말한 것과는 아무런 유사성도 없게 되는데, 이런 식으로 유명론이 수사학에 줄기차게 제기해온 비난은 그럼에도 수사학적 계기를 (39) 분절되지 않은 상태 그대로 불러 모으게 하지도, 그냥 무시하도록 하지도 않는다. 변증법은 말뜻을 따져보자면 사유의 기관으로서의 언어라는 점을 상기시켜 주는데, 수사학적 계기를 비판적으로, 사안에의 적합함을 통해 구제하려는 시도라고 할 것이다. 변증법은 역사적으로 사유의 오점으로 드러나는 것을, 사유가 언어와 맺고 있는 그 무엇으로도 완전히 깨뜨릴 수 없는 연관을 관념의 힘으로 가로채 버린다. 이것이 현상학에 영감을 주어, 비록 나이브한 수준이지만 현상학이 말들의 분석에서 진리를 확인하려고 했던 것이다. 문화가, 사회 그리고 전통이 매개하는 관념의 전통 전체가 수사학적 질質 속에 침전되어 있다. 적나라하게 반수사학적인 것은 부르주아 사유의 종착지인 야만과 동맹을 맺는다. 키케로의 비방이나 헤겔이 지녔던 디드로에 대한 반감은 생활고 때문에 비상하려는 자유에 타격을 입은 이들 그리고 언어의 숨결이 죄스럽게 여겨지는 이들에게서 나타나는 원한의 메아리라고 할 것이다. 변증법에서는 수사학적 계기가 내용의 편을 든다. 반면 논리적 계기는 형식적인 경향을 좇는다. 이 둘을 매개하면서 변증법은 자의적인 견해 그리고 본질은 결여된 정확함 사이의 딜레마를 극복할 방안을 모색한다. 하지만 변증법은 짜여진 틀로 미리 결정된 것이 아니라, 열린 것으로서의 내용으로 기울어진다. 신화에 불복하는 것이다. 늘 똑같은 것das Immergleiche은 마침내 형식적인 사유법칙성으로 희석되어 버린다고 해도 신화적인 것이기 때문이다. 내용을 원하는 인식은 유토피아를 뜻한다. 이 유토피아, 가능성 [41]에 대한 의식이 일그러지지 않는 것으로서의 구체적인 것에 들러붙어 있게 된다. 그것은 가능자das Mögliche이다. 유토피아가 들어설 자리를 차단하는 직접적으로 현실적인 것이 결코 아니다. 그래서 가능자는 기존의 것 한가운데에서 추상적인 것으로 모습을 드러낸다. 퇴색될 수 없는 색채가 비존재자로부터 나온다. 현존의 한 부분인 사유는 언제나 부정적이긴 하지만 비존재자에 다가감으로써 이 가능자에 봉사한다. (40) 이러한 이념 속에서 모든 철학은 가장 멀리 있는 것에 접근한다. 이런 극단적인 소원함만이 비로소 가장 가까운 것이 될 것이다. 철학은 그 먼 것의 색을 모아들이는 프리즘이다.

233) 편집자가 붙인 제목이다. 아도르노가 강연원고 가장자리에 적어놓은 것을 따랐다.

234) 위 S.68, 주 78 참조.

235) 위의 마르크스 인용 참조. S.68, 주 77.

236) 원문에는 nicht verzagt로 되어 있는 것을 추측하여 바로잡음. 아도르노는 처음 구술할 때 nicht länger sich zutraut로 하였다. 그 후 손으로 교정을 하면서 verzagt로 고쳤는데, 그 과정에서 nicht에 지우는 선 긋기를 잊은 듯하다.

237) 베르그송과 후설의 탈출시도에 대한 최종적인 정식들은 GS 6, S.20f. 참조.

238) 다시금 생각해볼 수 있는 것은 (위 주 129를 볼 것) Tractatus logico-philosophicus의 마지막 문장이다. 이에 대해 아도르노는 이렇게 쓴다. "말할 수 없는 것, 그것에 대하여는 침묵해야만 한다."는 비트겐슈타인의 경구에는 실증주의적 극단이 공경하며-권위적인 고유성의 태도Habitus 속으로 넘나든다. 그리고 바로 그렇기 때문에 일종의 지적인 대중암시를 행하는 바, 전적으로 반철학적이다. 철학은 어찌되었든 그것이 철학이라면, 사람들이 말할 수 없는 것에 관하여 말을 하는 긴장으로 정의되는 것이다. 표현이 비동일자를 항상 동일화해내고 있긴 하지만, 비동일자에 표현을 부여하도록 돕는 것, 헤겔은 이를 시도했다(GS 5, S.336).ー GS 6, S.21, GS 8, S.336f., 마찬가지로 NaS IV·4, S.271 그리고 99도 참조.

239) 확인되지 않음.

240) 헤겔의 『정신현상학』을 두고 하는 말이다. 애초에 1807년의 첫 판에서 이 책은 '학문체계'의 '제1부'라는 제목을 달고 있었고, 다시금 ―'서론' 앞에 '서문'을 붙인 후에― 제1부'로 되었지만 바로 여기에 'Wissenschaft von der Erfahrung des Bewußtseyns'라는 부제를 달았다.

241) Rolf Tiedemann, Mystik und Aufklärung. Studien zur Philosophie Walter Benjamins, a.a.O. [Anm.183], S.224f., 그리고 Ebd., Anm.5. 참조.

242) Karl Heinz Haag, Das Unwiederholbare, in: Zeuginisse, a.a.O. [Anm. 58], S.152ff.; Haag, Philosophischer Idealismus, a.a.O. [anm.68], S.7ff. 참조.

243) 주 189를 볼 것.

244) 아도르노가 의미하고 있는 구절은 이렇다. "그래서 통각의 종합적 통일은 거기에 모든 지성사용이 전체 논리학조차도, 그리고 그에 따라 초월철학이 '매여' 있어야 하는 최고지점이다. 정말이지 이 기능이 바로 지(오)성 자체이다"(백종현 역, 칸트 『순수이성비판』 1, 347-348쪽).

245) 위 S.220, 주 225 참조.

246) Gegen den Strom는 아도르노가 둘 다 알고 있었을 수 있던 잡지들의 명칭이다. 하나는 1928년에서 1935년까지 나왔고 KPD(독일 공산당: 옮긴이)의 기관지였다. 다른 하나는 독-미 문화연맹의 기관지였는데, 1938/39 뉴욕에서 나왔고 Robert Beck-Gran과 Rudolf Rocker가 편집인이었고 무정부주의적 성향을 지닌 반파시즘, 반스탈린주의 노선의 망명자 잡지였다.― '주류'는 잡지 명칭으로는 확인불가능하다.

247) 익명으로 출판된 데카르트의 첫 저술인 Disours de la Metode은 대상을 서술하면서 항상 라 플래슈La Fléch 학교를 다니던 시절의 자전적인 이야기를 곁들인다. "나는 … 역사에 나오는 기억할 만한 사건들은 정신을 높여주며, 찬찬히 읽으면 판단력을 형성하는 데 도움이 된다는 것, 모든 양서를 읽는 것은 그 책들을 지은 지난날의 가장 훌륭한 사람들과의 대화와도 같고, 나아가서는 그들 사상의 제일 좋은 것을 보여주는 차분한 대화라는 것, … 등을 알고 있었다. 그러나 나는 여러 나라의 말을 공부하는데, 옛날 책들을 읽는데, 이 책들에 나오는 역사와 우화에 이미 충분한 시간을 들였다고 생각하고 있었다. 다른 세기의 사람들과 대화하는 것은 여행하는 것이나 다름없는 것이다. … 그러나 여행하는 데 시간을 너무 많이 보내면 마침내는 자기 나라 사정에 어둡게 된다. 또 과거에 있었던 일에만 너무 흥미를 가지면 현재 일어나고 있는 여러 가지 일에 대하여 아주 무지해지기 쉽다. … 또 역사책들은 가장 충실한 것인 경우, 더욱 읽을 만한 것이 되기 위하여 사물들의 가치를 바꾸지도 않고 늘려 놓지도 않는다 해도, 적어도 비교적 너절하고 신통치 않은 사정들은 거의 언제나 빼어버린다. 그래서 나머지 부분은 사실과 맞지 않아 보이고…"(Rene Descartes, Discours de la Méthode · Von der Methode des richtigen Vernunftgebrauchs und der wissenschaftlichen Forschung, übers. und hrsg. von Lüder Gäbe, Hamburg 1969, S.9, I 1, I 3. 『방법서설 · 성찰 · 데카르트 연구』, 최명관 옮김, 훈복문화사, 2005, 74-75쪽). 베이컨의 경우는 그 자

신이 명망 있는 역사학자였지만 사정은 좀 더 불명확하다. 그는 역사에 대하여 Instauratio magna에서 다루려고 했지만, 실행하지는 못하였다. 아도르노는 베이컨이 우상론에서 말한 시장의 우상idola fori에 대한 연구 Beitag zur Ideologienlehre에서 이렇게 강조한다. "기만의 책임이 사람들에게, 즉 바로 고정불변의 자연존재들에 있다고 서술하면서 사람들을 그렇게 몰아가는 조건들 혹은 사람들이 대중으로서 종속되는 조건들에는 책임을 묻지 않는다. … 더 나아가 기만들의 책임이 전문용어에, 논리적 불명료함에 지워지고, 이로써 객관적 역사적 배치에서 한 자리 차지하지 못하는 주체들에 책임이 전가된다.…"(GS 8, S.459). 여기에서 사람들은 경험주의와 합리주의가 사실은 철학사적 상식으로 거론되는 통념보다는 훨씬 서로 가깝게 근접해 있음을 알게 될 것이다(위 S.52 이하 참조).

248) 아도르노는 1929년 Metakritik der Erkenntnistheorie을 쓰면서 인용하고 논평한 후설의 Formaler und transzendentaler Logik의 한 구절[후설 선집 (주 122 참조), Bd.7, S.215]을 생각하고 있다. ""판단들의 의미생성 과정을 드러낸다 함은 정확하게 말해서 공공연하게 드러나는 의미 속에 포함되어 있고 그리고 거기에 본질적으로 속하는 의미계기들을 풀어낸다는 뜻이다. 어떤 '구성' 혹은 '생성'의 완성된 산물로서의 판단들은 이것에 따라 물어질 수 있고 물어져야만 한다. 바로 그러한 산물들의 본질들의 통일체인 까닭에 판단들은 생성의 의미함축으로서 일종의 역사성을 그 안에 지니고 있는 의미들인 것이며, 판단들에 단계적인 의미가 본래적인 의미에 그리고 그에 속하는 의식대상적인 의미에 되돌려지는 것이며, 그리하여 의미형태를 모두 그에 본질적인 의미역사에 따라 물을 수 있게 되는 것이다." 후설의 진면목을 여실히 드러내 보여주는 문장들이다. 내용에서 새로운 점은 별로 없을지 모른다. 사물의 정체성을 주체의 종합에서 근거지우는 것은 칸트에서 유래하며, '내적 역사성'의 증명은 헤겔 논리학이다. 하지만 후설의 통찰이 지닌 영향력은 그가 종합과 역사를 고착된 사물 그리고 심지어는 추상적인 판단형식에서 잡아끌어내고 있다는 데에서 찾을 수 있을 것이다. 고전적인 관념론자들의 경우 이런 일은 사전에 미리 사유된 ㅡ바로 '체계적인'ㅡ 정신의 견해에 속하는 것이었던바, 바로 변증법적 경과 속에서 자신의 세계의 상태를 물화의 상태로 인식하고 그리고 이 인식을 방법론을 통해 표현하는 법이 없이 사물세계를 포괄하는 식이었을 뿐이다. 하지만 세세한 것을 파고드는 연구자이고 거꾸로 선 실증주의자인 후설은

고정되고 낯선 인식대상 앞에서 그 대상이 메두사의 눈빛에 굴복할 때까지 자신을 고수한다. 사물은 판단에 동일화된 대상으로서 열려지고 그리고 한순간 그 순간의 응시가 은폐할 수밖에 없는 것, 즉 역사적 성취를 드러내 보인다"(GS 5, S.218). 그 밖에도 위 S.221를 볼 것. 그리고 Horkheimer, Gesammelte Schriften, a.a.O. [주 9], Bd.12: Nachgelassene Schriften 1931-1949, hrsg. von Gunzelin Noerr, Frankfurt a. M. 1985, S. 499ff.에 실린 아도르노와 호르크하이머 1939년 10월 13일 대화도 참조할 것. "모든 판단은 그 의미에 따라 그 나름의 발생을 그 속에 품고 있다."는 후설의 관념은 아도르노의 사유에 매우 큰 의미를 지니고 있다.

Vorlesung über
Negative Dialektik

편집자 후기

편집자 후기

아도르노가 1960년에서 1966년에 이르는 기간 동안 『부정변증법』
집필과 연계해서 열었던 4개의 대형강의들* 중 마지막이었던 이 강
의에서 다루는 주제들은 1966년에 출간된 『부정변증법』의 첫머리
에 그가 『정신현상학』을 연상시키는 단어 '서문Einleitung'이라는 표
제를 붙인 부분에서도 찾아볼 수 있다. 헤겔이 서문과 책 전체에
서 다룬 '의식의 체험', 아니 그보다는 그 체험의 '과학'이라고 하는
게 더 적합할 내용이 아도르노의 용어들로 다시 귀환한다는 느낌
마저 들게 하는데, 여기에는 아도르노가 『부정변증법』 서문의 제
목으로 한때 "정신적 체험 이론을 위하여"를 염두에 두면서 '철학적
체험의 개념'(GS 6, S.10)에 대한 설명을 개진함으로써 서문의 성격
을 구체화시키려 했다는 사정이 작용하고 있다. 아도르노는 주저
하지 않고 '정신적 체험'이라는 말을 개념적 반성을 매개로 한, 축소
되지 않은 온전한 체험과 동의어로 사용하였다. 그리고 이 말로 항상
그의 눈앞을 가로막고 나서던 바로 그 철학을(181쪽 참조). 고쳐 쓰려
고 시도하였다. '정신적 체험 이론'은 그가 『부정변증법』 서문에서 그
리고 이와 연계된 강의에서 잡아놓은 윤곽대로라면, 아도르노 철학의
방법론에 해당할 만한 것이다. 다른 경우처럼 그런 어떤 것을 말해
도 된다면 말이다. 아도르노 자신은 『부정변증법』이 전체적으로
"재료들을 다루는 작업들materiale Arbeiten에 대한 방법론"이라고 말
하기도 했지만, 이는 곧바로 수정하기 위해서일 뿐이었다. "부정변

---

* 앞선 세 개의 강의는 『존재론과 변증법 강의Ontologie und Dialektik』, 『역
  사와 자유에 관한 강의Zur Lehre von der Geschiclte und von der Freiheit』,
  『형이상학 강의Mataphysik. Begriff und Probleme』이다.

증법 이론에 따르면 방법론과 재료를 다루는 작업 사이에 어떤 연속체가 존재하지는 않는다. 그러나 아마 이 불연속성 및 사유를 위한 지침들로서 그로부터 읽어내야 할 것들은 나루세 될 것이다. 이러한 처리 자체는 논증되지 않고 정당화될 것이다. 필자는 가능한 카드들을 책상 위에 내어놓을 것이다. 하지만 그 카드들이 그대로 게임이라고 할 수는 절대 없다"(GS 6, S.9 / 홍승용 옮김, 51쪽). 기묘한 것은 이러한 규정들이 『부정변증법』 텍스트에 부합하지 않는다는 사실이다. 그의 재료를 다루는 작업들이 하나의 고정된 '방법론' 하에 추론될 수 없다는 바로 그 사실, 그리고 작업 대상 및 내용들과 무관하지 않은 상태로 작업들이 임의로 이리저리 엮인다는 사실을 아도르노는 거듭 강조하였으며 그리고 텍스트를 보면 이 점은 명백해진다. 그렇다면 『부정변증법』이 '재료들을 다룬 작업들'의 앙상블과 뭐가 다르다는 말인가? 존재론이나, 역사철학 그리고 도덕철학 혹은 형이상학을 위한 재료적 작업들, 심지어는 하이데거, 헤겔과 칸트, 혹은 아우슈비츠 이후의 철학의 가능성까지도 포함될 수 있는데, 이런 것들을 위한 재료적 작업들의 모음 일체와 다른 점은 무엇인가. 또 어떻게 보면 책의 중간부분, 부정변증법 개념과 범주들을 다룬 부분은 이제껏 해오던 방식대로의 방법론에 속하는 것으로 분류될 수 있음을 부인하기 힘들다. 심지어는 사유를 위한 무기력한 '지침들'이라고도 여겨질 수 있는데, 이쯤 되면 그 어떤 아도르노의 적수도 가하기 어려울 만한 경지의 모욕이 아닐 수 없다. 그의 대표작이 그처럼 신빙성 없는 '지침들'을 유포했다고 하다니 말이다. 결국 이렇게 반문할 수 있을 것이다. 그렇다면 대체 그 '게임'이란 것이 재료를 다루는 철학함과 '방법론상'의 철학함 사이에 가로놓인 불연속성을 다루는 것이 아니고 무엇이겠는가? 사람들이 방법론이라는 원래의 말뜻에 곧이곧대로 매달리기만 해도, 각각의 방법론 하나하나에 내재한 이성λόγος을 생각해서,

어떤 특정한 하나의 방법론이 아니라 다수의 방법론의 정당화를 기대한다면, 아도르노의 개별 작업들이 취하는 서로 다른 처리들에서 드러나는 경향에 비추어보더라도 『부정변증법』 '서문'이나 여기 강의록에 나오는 개념은 자기 몫을 제대로 하고 있는 것이다. 그렇다고 하더라도 헤겔의 '체험내용'을 다룬 논문에서 한 것처럼 (GS 5, S.295 참조) 아도르노가 자신의 사유를 '자극하고' 그리고 사유의 '진리내용'이 거하는 '정신적 체험의 모델들'에 관해서 이야기했더라면 더 좋았으리라.―『부정변증법 강의』에서 인용된 시구 "케스트너 씨, 실증자는 어디에 있나요?"(46-47쪽에 수록된 시: 옮긴이)에 그만큼이나 무미건조한 ―그의 생전에도 그랬지만, 지금도 여전하기는 마찬가지이다― '그런데 말입니다 아도르노 씨, 당신의 방법론은 무엇입니까?'라는 문구를 대비시켜볼 수도 있겠다. 한두 가지 자백을 그가 하려는 듯 보이기는 한다. 요구된 방법론적 코르셋을 자기사유에 끌어들이는 시도를 하는 중에 짐짓 자기 자신의 의도를 태연하게 외면하다가 또 거듭 재료를 다루는 철학하기로 빠져들기 위함이라고 말이다. 그러다가 방법론과 정신적 체험의 이율배반에 대한 철학함으로 빠져드는 수가 있기도 하다는 것이다.

전승된 모든 철학이 안고 있는 문제들, 심층적인 만족을 주지 못하는 것, 자기 대상에의 부적합함, 세상만사에 의해 반박된 철학이라는 문제들을 아도르노는 전문용어들을 이리저리 바꿔 써가면서 '하지만 여전히 열려져 있는 비판의 도정道程'에 보내려고 시도하였다. 제1의적인 사유, 근원의 사유, 모든 것을 지배하는 원칙인 주관성 우위같은 용어들로― 그리고 바로 또 방법론 구성으로 그렇게 하고자 했다. '함축적인 의미에서의 방법론'은 그에게 "어디서나 언제든지 정신이 믿고 적용시킬 수 있는 처리방식이었다. 왜냐하면 이 처리방식은 인식의 대상인 사안에 대한 연관에 자신을 외화Entäußerung시키는 것이기 때문이다"(GS 5, S.19). 대상을 처리하는 과정은 편재하는 수학화이다. 경험적인 것들이 내려앉은 골짜기 위로 높이 솟아오른 플라톤적 하늘처럼 수학은 언제나 모든 엄격한 방법론의 이상Ideal이었다. 아도르노는 그와 같은 '수학의 승리 그리고 이러저러한 승리를' 플라톤의 『메논Menon』에서 "미덕을 불변적인 것으로, 그래서 추상적인 것으로"(Ebd) 갖다붙이려는 소크라테스에게서부터 찾아낸다. 추상화한다는 것은 미리 개념을 만들어 사용하는 그런 방법론이자, 처리방식이라는 것이다. 사람들이 매번 접하게 되는 특수자를 도외시하는 이런 처리방식은 특수자를 조작할 수 있게, 즉 지배할 수 있게 만든다. 방법론자와 논리학자들은 이런 방식으로 특수자, 유한자, 현존하는 것에 대한 타자로서 보편자를 손에 넣을 수 있다고 생각하는데, 매우 잘못된 일이다. 수학이 어마어마한 동어반복이듯이 "수학의 전일적 지배 역시 수학이 미리 표본으로 처리해 둔 것, 익히 알고 있는 것에 대한 지배일 뿐이다"(같은 곳, 위 62쪽도 볼 것). 그래서 방법론들은 늘 자기 자신과 관계할 수밖에 없고, 모든 것들 그리고 그것 하나하나를 모두 보편개념적인 것으로서만 대하고 그들 자체로부터는 정작 아무것도 더 이상 찾지 않음으로써 방법론 스스로가 그렇게 세상을 부숴 내놓은 예의 저 가장 희박한 것, 추상적인 것, 나머지 등과 관계하게 되는 것이다. 이런 난처함으로부터 미덕을 만들어낸 것이 관념론이다. 관념론은 자아로부터 비아를 연역하고, 모든 객체를 주체로 규정하며 혹은, 그것이 무엇이든지 간에, 이것으로 저것을 '대체'한다. 다르게는 아니고 바로 이렇게 주어져 있으며 그것은 다시금 처음부터 신세를 지고 있는 주관성의 지배를 받고 있다는 것이다. 이렇게 이해된 방법론은 사회적 모델에서 최종적으로 자기 자신에게로 되돌아온다. 즉 사용가치가 다양한 질Qualität들로서가 아니라 양Quantität의 측면에서, 교환가치에 의거해 돈으로 비교될 수 있는 것으로 받아들여지는 교환사회의 등가성 원칙에서 말이다. 이 길 —칸트가 있음에도 불구하고 그로부터 한참 멀어진 '비판적이지 않은'— 정신과 현실이 걸어온 이 길을 아도르노는 『인식론 메타비판』의 '서론'에서 깊은 거리감을 가지고 아주 밀착해서 묘사하였는데, 아도르노의 저작들 중에서 저평가된 이 책은 철학적으로 제대로 된 철학사 서술로서 니체 이후 독일어를 사용하는 사상가가 보여준 언어적 송가의 문학적 성공사례로 꼽힐 만하다. 아도르노의 '두 번째 서문' 즉 『부정변증법』의 서문은 첫 번째 서문을 발전시킨 것인데, 이 두 번째 서문에서 그는 본질적으로 비판-부정적인 처음의 내용을 부정-변증법적인 것으로 밀고나갔다.

　　방법론 물신주의에 맞서 아도르노는 철학적 체험, 혹은 좀 더 보편적으로 말한다면, 정신적 체험을 제시한다. 이 체험은 구체적인 개별자로부터, 말로 표현할 수 없는 개체individuum ineffabile로부터 출발함과 그 개별자에 오래 머무르면서 개별자에 자신을 토로함을 뜻하지만, 그런 신뢰 속에서 자신을 다 소진시키지도 않는다는 의미로 이해할 수 있겠다. 추상화하는 방법론과는 반대로 정신적 체험은 체험된 것에서의 차이들에 관심을 기울이며, 다른 것들과의 동일함이 구현되는 그런 것에는 관심을 기울이지 않는다. 이 말이 바로 부정변증법이 '뜻하는 바'로, 동일성이 아니라 비동일성의 변증법이다(위 5쪽). 아도르노가 열의를 가지고 사용하는 체험개념은 아리스토텔레스의 경험ἐμπειρία과 친근성이 있는 만큼 영국의 경험주의가 experientia와 experience로 이해했던 내포와의 친근성도 가지고 있음을 강조함에는 의문의 여지가 없다. 부정변증법론자가 얻고자 노고를 마다하지 않는 사유는 개체를 우선한다. 이 사유는 개체가 개별적 존재자에 보내는 시선 혹은 그 시선으로 시작함을 뜻한다. 이런 견지에서 아도르노는 다음과 같이 말할 수 있었다. 자신이 추구하는 전환이 "약간 틀어진, 변증법적 방법으로 경험주의를 구제하는 것 역시 포함하며, 그런데 이는 원칙적으로 위에서 아래로가 아니라 아래에서 위로의 인식이 그리고 연역이 아니라 자신을 내맡기는 것이 중요함을 뜻한다"(위 181쪽). 이 문장에서 결정적인 것은 역시라는 단어이다. 아노르노의 경험주의적 선환이 경험주의를 구제하는 것이기도 하지만, 결코 옛것 그대로의 경험주의나 새로운 경험주의는 아닌 것이다. 이사야 벌린Isaiah Berlin은 아도르노와 매우 대립적이면서 또 어떻게 보면 친근성이 있는 하만에게서 "합리주의에 반대한 신비주의와 경험주의의 결합"이 나타났다고 지적한 바 있는데(Isaiah Berlin, Der Magus in Norden. J.G. Hamann und der Ursprung des modernen Irrationalismus, übers. von Jens Hagestedt, Berlin 1995, S.74. 참조. NaS IV·13, 412f. 역시 참조), 그렇다면 아도르노의 사유는 신비주의에 반대한 합리주의와 경험주의의 결합으로 특징지어질 수 있을 것이다.─ "사유하는 사람은 도대체가 사유라는 것을 전혀 하지 않는다. 그렇지 않고 자신을 정신적 체험의 전시장으로 만드는데, 이때 그 체험을 바로잡지 않는다"(GS II, S.21). 이렇게 아도르노는 '형식으로서의 에세이'의 특수함에 대하여, '에세이적으로 사유하는 사람'에 대하여 말했는데, 이런 사유를 하는 사람은 철학자에 아주 근접할지는 모르나 그래도 철학자는 아니라고 하였다. 철학적으로 사유하는 사람은 자신의 임무를 그와는 반대로 그가 추적하는 체험을 그 따라감 속에서 '바로잡는' 일에서 찾는다. 이 경우, 사유는 있는 그대로의 사실에 대한 체험의 '바로잡음'이다. 체험과 정신은 별개이다. 로크에게서처럼 모든 사유가 체험에 근거하지만, 라이프니츠의 관념론Ideenlehre이 여기에 보태져야만 하는 것이다. 감각 안에 있지 않다면 그 어떤 것도 지성 안에 존재하지 않는다. 지성 그 자체가 아니고서는 말이다nihil est in intellectu, quod non fuerit in sensu, 'nisi intellectus ipse. 체험이 정신적인 것으로 되려면 정신이 체험된 것에 남김없이 파고들었다가 그리고 초월해야만 할 것이다. 하지만 그런 일이 벌어지지는 않는다는 사실을 아도르노는 휠덜린과 더불어 깨우치고 있었다. "정신은 자기 스스로 왕좌에 오른 것으로서 타자가, 자신의 순수함을 유지하는 초월자가 아니다. 그렇지 않고 그 역시 자연사의 일부이다. … 정신 위에 덧씌워진 현실의 족쇄가 순전한 존재자에 대해 그 자신의 개념이고자 하는 무엇이 정신으로부터 비상하지 못하도록 막는다"(GS 10·2, S.633). 그러나 체험은 체험 자체로서는 충분하지 않다. 체험이 정신적인 체험이 되는 곳에서 비로소 존재자는 '존재하는 것이 그렇다고 전부는 아니다'에 대한 부서지기 쉬운 지시들, 예의 저 '타자의 퇴락한 흔적들'을 떼어낼 수 있는 것이다. 이 정신적 체험은 어떤 '추가로 개입하는 것'이기도 한데, 이 '추가개입'이 없으면 부정변증법은 성사되지 않는다. 비합리적 계기가 여기에 고유하다고 하겠지만, 그렇다고 비합리주의에 전부 다 털어 넣어버릴 만한 것은 결코 아니다. 오히려 이렇게 말할 수 있다. "철학적으로 사유한다 함은 자신이 확보하고 있는 것과는 정반대이지만 같은 결론을 도출하는 논리에서 정신적 체험을 단련한다는 뜻이다. 그렇지 않다면 정신적 체험은 연관이 없는 단편적인 것으로 남는다. 이렇게 할 때만 체험된 것을 반복해서 서술하는 것 그 이상인 사색이 된다"(GS 10·2, S.160). 여기에서 말하고자 하는 바는 정신적 체험이란 자신을 개념성과의 느슨한 관계에 설정하는 것이 결코 아니며, 더욱 엄격하게 논증성과 합리성에서 자신을 입증해야만 한다는 사실 그 이상도 이하도 아니다.

아도르노의 부정변증법은 차이différence와 별도로 차연différance 이라는 이상한 말을 만들어 요술을 부리듯 개념성의 속박된 운명을 벗어날 수 있다고 믿게 만드는 데리다 류의 '차이의 철학'과 비교될 수 없다. 또 그 정도만큼 부정변증법은 관념론의 종말 이후에도 여전히 객체와 주체의 동일성이 주어져 있다거나 만들어 낼 수 있다고 말하지 않는다. 사안과 개념은 더 이상 개념이 사안의 내용으로 자신을 내보일 수 있는 그런 방식으로 일치하지 않는다. '사안 자체'는 부정변증법에서는 "결코 사유의 산물이 아니다. 오히려 동일성을 관통하는 비동일자이다"(GS 6, S.189). 사안의 객관적 규정성에 도달하는 것, 그것은 주체의 더 큰 긴장을 요구하지 긴장을 늦추어서 되는 게 아니다. "그것은 의식이 칸트의 학설에 따르면 거의 자동적으로, 무의식적으로 수행하는 동일화들인 지속적으로 진행되는 주관적 반성을 필요로 한다. 칸트가 구성의 문제로 간주한 정신활동은 바로 그가 정신활동과 동일 선상에 놓은 그런 자동주의와는 다른 것이라는 점, 이 사실이 특수하게 정신적 체험의 본령을 이룬다. 정신적 체험은 관념론자들에 의해 발견되었지만, 당연히 그 즉시로 거세되었다"(같은 곳). 만일 철학의 사안이 그동안 헤겔에 의해 '게으른 실존'으로 경시되고 그래서 배제된 무개념자의 영역이라면, 그렇다 하더라도 여하튼 "개념들에 의해 억압되고 경시되고 내팽개쳐진"(GS 6, S.21) 이런 것에 정당성을 되돌려줄 방도는 그래도 개념적인 언어를 통해서일 수밖에 없다. 부정변증법은 개념성과 추상성을 폐기할 수 없으며 그리고 어떤 다른 인식유형으로 대체하겠다는 마음을 먹을 수도 없다. 보나마나 현실적인 것에 먹혀들지 않을 것이 분명하기 때문이다. 그리고 또 부정변증법은 직접 사안에 대해 반성하는 것이 아니라, 사안 자체를 파악하는 데 장애가 되는 것을 반성한다. 이는 인식의 사회적 구속성에 대한 반성으로서 단지 추상을 통해서, 논증적인 언어를 수단으로 해서만 가능한 일이다. 이러한 반성은 논증성Diskursivität에서 불거져 나오지 않는다. 이 반성은 "개념들에 들어서지 않는 것을 개념들로 치고 나가고 싶어 한다"(GS 11, S.32). 자신이 추구할 만하다고 생각한 그런 인식에 관해서 주저하지 않고 일단 규정의 형식으로 말을 하는 경우, 아도르노는 그 인식을 반드시 개념에 결부시켰다. "인식의 유토피아는 무개념자를 개념들과 등치시키지 않으면서도 개념들로 무개념자를 해명하는 것이다"(GS 6, S.21). 그러나 이 무개념자란 사안 자체, 비동일자 혹은 무의도자das Intentionslose란 —아도르노는 이런 개념들을 동원해 그저 예시와 표본과는 다른 무엇을 암시하고자 시도하였는데— 어디엔가 이미 주어져 있거나 현존하는데 인식이 그냥 미처 거기에 도달하지는 못한 그런 것이 아니다. 이 무개념자는 무엇보다도 "(그것의) 사회적, 역사적 그리고 인간적 의미가 펼쳐지는 가운데 채워질 것이다"(GS 3, S.43). 하지만 경직된 채로 마무리해버리는 개념의 고착화를 넘어서도록 몰아갈 가능성으로서 무개념자는 추상적인 개념들 자체 내에 들어 있다. 이런 강압Nötigung에 고스란히 따르기를 부정변증법은 추구하며 그리하여 현실적인 것을 싹둑 잘라 분류하고 고정시키는 범주들이 새로운 것을 향해 다시금 열리도록 도모한다.

비동일자는 고립된 개념으로는 결코 해명되지 않고 —그보다는 '순전한' 개념성에 대한 비판을 촉발한다고 하는 편이 더 나을 터인데— 개별적으로 서로 다른 개념들의 짜임관계, 그 다수에 의해서나 해명되는 것일 수 있다. "분류하는 개념은 그 개념의 표본에 해당하는 개별자를 드러내놓지 않는다. 그렇지 않고 구성하는 관념이 개별자에 들이대는 개념들의 짜임Konstellation이 그 개별자를 열어젖힌다.— 금고열쇠의 번호판에 비유할 수 있을 것이다"(위 277쪽). 앞의 강의록 핵심용어들에서 아도르노는 이렇게 말하였다. 짜임관계로konstellativ 혹은 배치관계로konfigurativ 사유한다는 관념은 아도르노가 가장 오랫동안 그리고 심혈을 기울여 확보하고자 했던 관념들에 속한다. 그의 철학에 대한 일종의 강령서에 해당하는 1932년의 강연문 「자연사 이념Die Idee der Naturgeschichte」에서 이미 아도르노가 보편개념들로 사유하는 것에 매우 불만족스러워 하고 있음이 드러난다. 보편개념들은 사유가 인식했다고 간주하는 존재자로부터 개별자 각각에서 그 특수한 것을 이루는 가장 좋은 것을 도려내는 것이다. 도구들로 사용될 수 있게 되기 위하여 개념은 그것이 해당되어야만 하는 사물들에서 다수가 서로 공유하고 있는 그런 추상적인 것만을 붙들어 쥐고 있다. 보편개념적인 처리에 맞서 아도르노는 '다른 논리적 구조'에 의한 처리를 제시하고자 했다. "그것은 짜임관계의 구조이다. 개념들로부터 나오는 해명이 중요한 것이 아니라 이념들의 짜임관계가 중요하다. … 이 개념들과는 '고정불변의 상수'로서 관계 맺지 않는다. 개념들을 찾아내는 것은 문제제기의 의도가 아니다. 개념들은 구체적 역사적 사실성 주변에 모여드는데, 이 사실성은 예의 저 계기들이 자신의 일회성 속에서 맺는 연관 속에서 해명되는 것이다"(GS 1, S.359). 아도르노에게 철학의 유일한 대상은 '일회성' 혹은 '구체적 역사적 사실성'이었다. 그는 말년의 작업에 이르기까지 여기에 집착하였다. 물론 그는 한 번도 잘 개진된, 내적으로 일치하거나 혹은 일관성 있는 짜임관계적 인식에 관한 이론을 내놓지 않았다. 단 한 번도 짜임관계나 배치관계가 구성되는 혹은 서로 모아지는 결절들이 동일하게 같은 것이었던 적이 없다. 개념들, 이념들, 계기들, 존재하는 것들τὰ ὄντα. 이들 모두에서 짜임관계적 사유는 자신을 입증해보여야만 했다. "철학을 계기들의 배치관계로 규정하는 것은 계기들 하나하나의 명확성, 그 배치관계에서의 명확성을 따지는 것과는 질적으로 다르다. 왜냐하면 배치관계 자체는 그 계기들의 총합 이상이며 그리고 또 다른 어떤 것이기 때문이다. 짜임관계는 체계가 아니다. 아귀가 맞도록 정련되지 않으며, 모든 것이 다 그 속으로 수렴되지 않지만 그러나 한 계기가 다른 계기에 빛을 던져준다. 그리고 개별적인 계기들을 모아 형성하는 꼴들Figuren은 특정한 표지Zeichen이며 해독가능한 필체Schrift이다"(GS 5, S.342). 아도르노의 저술들에 수없이 등장하는 짜임관계의 개념으로 읽힐 만한 인식론적 방법론적 설명들은 ─그리 만족할 만한 것은 아니지만─ 짜임관계들의 이론이 전승된 인식론에 대한 맞수Widerpart로 고안되었다고 볼 수 있게 해준다. 이 이론은 그러나 아도르노의 재료를 다루는 작업들에서 그 속이 채워진다. 이 작업들은 존재하는 세계가 짜임 관계로 엮어낸 표지들의 규정이며 필체의 독해이다. 부정변증법을 비동일성의 변증법이라 한다면, 변증법을 촉발시키는 정신적 체험의 진리내용이 부정적인 것이라는 이야기이다. 그 진리내용은 개념이 그 개념으로 파악된 것에 결코 부합하지 않는다는 사실만이 아니라 존재자가 그 개념에 ―아직은― 상응하지 않는다는 사실 역시 기록해둔다. "화해되지 않은 상태에서 비동일성은 부정자로서 체험된다"(GS 6, S.41). 이것이 부정변증법과 정신적 체험의 부정변증법적 형태의 역사철학적 낙관Signatur이다.

　『부정변증법』의 '서문'은 그것을 인용하고 변주하는 『부정변증법 강의』와 마찬가지로 두 가지 의미에서 아도르노의 후기 작업에 속한다. 하나는 『부정변증법』이 초고상태로 이미 완성된 다음에 '서문'이 쓰이고 강의가 이루어졌다는 문자 그대로의 의미에서이고 다른 하나는 좀 더 넓은 의미에서인데, 아도르노의 죽음으로 그의 작업이 종결되었음을 지시하게 되었기 때문에 전기적인 의미에서 후기저술에 속하게 되었다. '서문'과 『부정변증법 강의』는 무엇보다도 아도르노가 20세기 전반 문명과 문화의 붕괴가 야만의 시기를 유도한 '그 시간'에 발견한 '마지막 철학'에 속한다고 하겠다. 그런데 그 야만의 시대는 그때 이래로 계속되고 있다.

유감스럽게도 이 책에는 단편적인 부분들이 포함되어 있다. 전반부 10강은 녹음테이프를 사회연구소가 텍스트로 변환시킨 것인데, 현재는 테오도르 W. 아도르노 자료실에 일련번호 Vo 10809-10919로 정리되어 보관 중이다. 텍스트를 편집하면서 편집자는 아도르노 자신이 자유롭게 행한 강연을 출판하라고 내놓으면서 신경을 썼던 그런 태도를 그대로 취하려고 노력했다. 특별하게 고려한 사항은 구어체의 성격을 그대로 유지하는 것이었다. 편집자는 전해진 텍스트에 가능하면 개입하지 않는다는 원칙과 동시에 필요하면 얼마든지 손을 본다는 원칙을 견지했다. 아도르노 강의록을 이전에도 편찬해 본 경험이 있는 편집자는 이 책과 그리고 앞서나온『존재론과 변증법 강의』에서는 원본에 수정을 가하면서 ─아도르노에 돌릴 수도 없고 그로부터 인정받지도 못할 것이 분명하나─ 약간의 자유로움을 누렸다. 파격적인 구문 그리고 생략이 심한 표현들은 문법 규칙들을 위반한 경우와 마찬가지로 그냥 수정하였다. 문맥 이해를 오히려 방해하는 반복들은 조심스럽게 삭제함과 아울러 알아볼 수 없는 구문론적 구성들 역시 이따금 대폭 손질하였다. 비교적 말을 빠르게 했던 아도르노는 간혹 단어들을 약간씩 뒤섞어 놓기 일쑤였다. 그런 단어들이 의미에 따라 명확하게 자기자리를 찾을 수 있는 곳에서는 문장 순서에 맞게 고쳤다. 허사들, 특히 nun, also, ja 등과 같은 단어들 그리고 도처에서 과도하게 등장하는 eigentlich 역시 그저 단순하게 흐름을 방해할 뿐인 췌사로 전락하는 경우에는 삭제되었다. 사안의 본질에 따라 편집자가 추가로 적용해야 했던 구두점 사용에서는 전적으로 자유롭게 처신하였으며, 아도르노가 텍스트를 작성하면서 고려했던 규칙들은 고려하지 않고 말해진 것이 가능하면 명백하게 그리고 오해의 여지없이 정리되도록 노력하였다. 하지만 어느 곳에서도 아도르노의 텍스트를 '더 좋게' 만들려고 하지 않았으며, 편집자가 이해하는 한에서의 그의 텍스트를 만들어내려 하였다.

핵심용어들은 가능하면 아도르노가 쓴 친필 그대로 ─외교상 곧이곧대로─ 인쇄되었다. 편집자가 확실하게 해독할 수 없었던 4개의 단어들에는 (?)를 해두었다.

출처를 밝히는 데에서는 아도르노가 언급한 인용을 가능하면 확인함과 아울러 아도르노가 연관 지었거나 연관 지을 수 있다고 여겨진 구절들을 인용하였다. 더 나아가 강의록에서 설명된 것을 명확하게 해주는 저술들, 아니면 강의와 저자의 저술이 여러 다양한 층위에서 서로 관련되었음을 명시해주는 저술들 역시 그 해당되는 부분들을 찾아 덧붙였다.― "사람들은 어느 한 철학에 고유한 강조와 악센트들에서 그 관련을 철학적 연관관계 내에서 해명하고 그리고 그에 따라 제대로 철학을 파악하는 그런 기관을 발전시켜야 한다"(NaS IV·14, S.81). 아도르노의 지침을 배워 익히는 독서에 주석 역시 도움을 주어야 한다. 주석은 아도르노의 강의활동이 이루어졌으나 어느새 더 이상 자명하게 전제될 수 없게 된 교양의 층위를 현재화하는 데 도움을 주고자 한다. 『부정변증법』과 관련하여 실시된 4개의 강의들에 대한 주석은 전체로서 아도르노 철학의 보다 중요한 개념들에 대한 해명을 포함한다.

*

편집자는 다시금 편집을 도운 미하엘 슈바르츠Michael Schwarz에게 감사한다. 대단한 식견과 지식으로 항상 곁을 지켜준 친구 헤르만 슈베펜호이저Hermann Schweppenhäuser에게 편집자는 깊은 감사의 빚을 지게 되었다. 이 책으로 테오도르 W. 아도르노 자료실를 위한 편집을 이제 마감하게 된 편집자는 이 자리를 빌려 지난 17년간 편집자의 작업을 가능하게 해준 학문과 문화 지원을 위한 함부르크 재단과 그 경영진에 특히 얀 필립 렘츠마Jan Philipp Reemtsma에게 감사의 뜻을 전하고자 한다.

_2002년 9월 24일
롤프 티데만 Rolf Tiedemann

Vorlesung über
Negative Dialektik

옮긴이 후기

옮긴이 후기

이번에 옮긴 책 『부정변증법 강의』는 테오도르 W. 아도르노가 프랑크푸르트 대학에서 1965/66년 겨울학기에 열었던 강의를 토대로 하고 있다. 프랑크푸르트학파 제1세대에 속하는 이 유태계 사상가는 히틀러 집권 직전에 잠시 프랑크푸르트 대학에서 강의를 맡았다가 영국을 거쳐 미국에 망명하였다. 전쟁이 끝난 후 다시 프랑크푸르트 대학으로 돌아와 교편을 잡았다. 전후 복구과정과 그 이후 찾아온 물질적 풍요의 시기 그리고 냉전체제하에서의 복지국가 수립을 자본주의 세계체제 재정비 과정으로 이해한 아도르노는 바로 그런 자본주의적 체제안정에 저항하였던 학생운동세력에 저항하였다. 아도르노의 '부정변증법적' 시각에 따르면 그들의 '저항'은 체제내적으로 끝날 수밖에 없다. 이 책은 아도르노가 어떤 사유를 통해 그러한 결론에 도달했는지를 알려준다.

1)

20세기 후반 시민사회 구성기획이 끝내 좌절되고 '관리된 사회'로 자본주의 문명사회가 재편되던 시기, 보편해방의 이념을 표방하고 등장한 서구 68학생운동세력은 표방한 이념에 맞지 않는 '지금, 여기'의 실행전략을 채택함으로써 실패를 자초하였다. 학생들의 전략은 소시민적 조급증을 증폭시켰고, 그 조급증에 의해 이념은 갈수록 실현가능성에서 멀어져갔다. 이념과 전략 사이의 불일치와 간극이 초래하는 공허감에 시달리던 운동세력은 문화적 퍼포먼스의 '재미'로 '지금, 여기'의 충만함을 대체하였다. 손에 쥐는 확실한 결과로 운동의 동력을 계속 유지하고 활성화시키려 했던 결과 모든 파괴가 혁명적 파괴로 해석되었다. 아도르노 역시 소시민적 '키득

거림'의 무차별적 저격을 피해갈 수 없었다. 반지성적 방해로 인한 강의 중단 그리고 '성차별적' 공격은 아도르노가 '소시민적 전망'을 강하게 비판한 데 따른 충돌이었다. 내립은 격화되었다.

아도르노가 사망한 이후 독일은 실패한 혁명의 부담을 고스란히 사회구조 속에 내재시키는 방향으로 발전하였다. 폭력이 혁명의 전 과정을 흡수하는 개념으로 굳어졌고, '혁명 대신 개혁'이라는 독일식 이행전망이 재차 힘을 발휘하게 되었다. 18세기와 다른 면모는 자본주의와 사회주의 양 진영 간의 체제경쟁을 개혁의 조건으로 삼아야 하는 제2차 세계대전 이후의 국제정세에서 비롯되었다. 이 조건은 혁명적 폭력을 제어하는 훌륭한 발판이 되었다. 독일은 나토체제를 울타리 삼아 분단체제를 안정시켰고, 동·서독 양진영의 체제경쟁을 통한 안정이라는 구성원칙을 성공적으로 구가하여 이른바 '사회적 시장경제'와 '인간의 얼굴을 한 사회주의'라는 화두를 인류 문명사에 내놓을 수 있었다. 그런데 이처럼 매력적인 언어를 구성시킨 동서독 분단체제의 성공이 객관적인 현실에서는 전혀 매력적이지 못한 결과를 불러들이고 말았는데, 히틀러 치하 제3제국이 전쟁수행을 위해 정비하고 발전시킨 중공업과 군수산업의 비약적 성장을 분단체제의 역사철학적 귀결로 굳혀놓았기 때문이다. 독일의 장인정신이 만들어낸 질 좋은 무기가 아프리카 대륙을 '비동시성의 동시성'이라는 '포스트모던'적 문화지형으로 탈바꿈시켜나가는 동안 동, 서독 모두 풍요와 안정의 사회시스템을 구축할 수 있었다.

아도르노의 지적 작업은 실패한 혁명이 필연적으로 불러올 수밖에 없는 이와 같은 '폭력의 사회구조적 내재화'에 대한 경고였다. 아도르노가 친애했던 제자 하버마스는 스승의 경고를 수용할 겨를이 없었다. 폭발적인 경제성장의 속도에 발맞출 수 있는 사회시스템 구축이 관건이었던 70년대, 사회구성원들 사이의 관계를 조절하는 방안을 강구할 수밖에 없었다. 현재의 풍요를 가능하게 하는 군수산업의 파괴적 결과를 자국에서 목도하지 않는 한, 경제적 풍요의 원인을 이론구성에 적극적으로 수용할 이유는 없었다. 결국 객관적인 사회구조를 사람들 사이의 의사소통으로 대체해도 무방하리라는 유혹을 받아들였고, 실제로 하버마스가 이론구성에서 수행한 '언어적 전회'는 무기생산의 경제적 잉여는 자국으로 흡수하고 파괴를 부르는 생산물의 사용결과는 가시권에서 벗어난 곳으로 넘기는 사회에서는 대단히 매력적일 수 있었다. 풍요를 보장하는 사회의 틀이 유지되는 한, 그 틀 안에서라면 얼마든지 양보할 수 있는 문명인으로 자신들을 정당화할 수 있었던 것이다. 독일연방공화국의 철학자 하버마스는 서독 복지국가의 양심으로 등극하였다. 이 미래의 제자와 힘겹게 싸워야 하는 운명을 아도르노는 제자를 알기 전부터 걸머졌다. 이 책은 이상주의와 자본주의가 독일 비판철학의 전통을 현대화한 스승과 제자 사이에 걸어놓은 운명의 기록이다. 현실 역사진행에서 아도르노는 패배하고 하버마스가 승리했다. 그런데 분단체제의 몰락과 더불어 사실은 이 전투가 아직 끝나지 않았음이 밝혀지게 되었다. 전투는 다시 새롭게 시작되어야 할 시점에 이르렀다.

2)

독일은 18세기 신분제 사회에서 시민사회로 나아가는 과정에서 프랑스와는 다른 변화를 겪었다. 그동안 일반적으로 프랑스적인 길, 즉 사회혁명을 통한 사회구조변화가 변혁의 정도征途로 받아들여지면서 혁명에 의한 계급관계의 재편을 이루지 못한 독일은 예외적인 길Sonderweg로 분류되는 편이었다. 꼭 그렇게 분류하지 않더라도 독일사회가 자국의 독특한 문화지형에서 비롯된 독일적인 길을 걸었음은 분명한 사실이다. 정도에서 벗어난 예외로서가 아니라 그냥 자신의 길을 걸었는데, 가고 보니 '인문학의 길'이라는 지극히 독일적인 길이 닦여 나왔다. 세계사적 과제인 혁명을 치르지 못한 독일사회는 반면에 자기반성의 공론장을 안착시키는 성과를 거두었고, 이 '반성하는 공론장'을 발판으로 비판철학의 전통은 사회구조의 미성숙을 철학내부의 논의로 변환시키는 '혁명의 인문학화'를 수행할 수 있었던 것이다. 한국은 물론 프랑스나 영국과도 다른 독일 공론장의 특성은 '혁명부재'의 전통에 기인한다고 할 수 있다. 이처럼 사회혁명을 겪지 않고 시민사회로 진입한 독일이 20세기에 겪어야 했던 역사적 부담 즉 파시즘과 양차 세계대전을 도덕적으로 판단하는 일은 이제 무의미해 보인다. 그리고 그 무엇보다도 제2차 세계대전 이후 독일사회가 이룩한 복지국가 모델이 관념론 전통에 크게 의지하고 있다는 사실 앞에서 더욱 혼란스러워지는 것이 사실이다. 독일관념론은 계급관계를 비롯한 사회구조적 취약성이 그대로 온존되도록 하여 결국 독일이 제1, 2차 세계대전이라는 파국으로 치달을 수밖에 없도록 한 원흉임과 동시에 또 다른 한편으로는 복지국가 성립의 1등 공신으로 평가되기 때문이다. 독일식 복지는 개인의 생존과 욕구를 사회라는 전체das Ganze의 전망에 따라 매개하는 탁월한 조율능력을 개인과 사회 모두에게 요청하는데, 이 '매개'라는 정신활동을 발굴하고 사회적 기제로 가다듬어 낸 것이 바로 독일관념론이다.

결국 독일관념론은 시민사회구성 과정에서 실질적인 작용력을 발휘한 패러다임이라고 할 수 있다. 부분과 전체의 매개를 통한 '인문학적 질서구성'이라는 패러다임이 시민사회 구성을 주도하였으며, 이런 관점에 따라 18세기 이래 독일역사의 전개과정을 일관되게 설명하는 일이 가능한 것도 사실이다. 두 차례에 걸친 세계대전 역시 이 매개가 성공적으로 작동한 결과로 파악하는 프랑크푸르트학파의 비판이론은 '시인과 사상가의 나라' 독일이 보여주는 자기비판의 정점을 이룬다고 하겠다. 히틀러의 집권과 전쟁수행 역시 전체의 전망에 개인을 너무도 잘 적응시킨 구성원들의 합의로 뒷받침되었다고 할 수 있는바, 아도르노가 개념화시킨 동일화 사유가 여기에 해당된다.

이러한 견지에서 아도르노는 지난세기 60년대의 독일사회 발전과정에 비판적이었다. 그는 복지국가 역시 비판하였다. 그런데 여기에서 우리가 유의해야 할 점은 이러한 비판에 대해서도 그것이 '독일적'인 접근에서 비롯된 비판임을 잊지 않는 것이다. 복지국가를 비롯해 의회주의 등 독일 시민사회가 제2차 세계대전 이후 성취한 제도들에 대한 비판이 시민사회의 구성 원리를 근본적으로 재검토하는 과정에서 이루어지는 내재비판이라는 사실에 주목했을 때, 우리는 독일 비판철학의 전통으로부터 유의미한 시사를 얻을 수 있다. 비판철학의 전통이 부재한 여타의 나라들에서 이루어지는 정치적 비판과는 성격이 근본적으로 다른 것이다. 무엇보다도 아도르노가 수행한 시민사회에 대한 내재비판은 시민사회의 보완을 의도하지 않는다. 그러므로 그가 행한 비판의 내용은 시민사회가 지양된 이후에나 시시비비가 가려질 수 있는 성질의 것이다. 복지국가가 현재의 시민사회에 대한 대안적 보완인가 아니면 시민사회와 더불어 지양되어야 할 대상인가에 관한 문제는 다른 차원에서 논의되어야 할 사안이므로 아도르노의 발언을 정치적 역학관계에서 논하는 일은 무의미하다. 아도르노의 사유는 시민사회의 구성 원리를 천착하는 가운데 시민사회 극복을 지향한다.

아도르노는 자본주의 세계체제에서 독일 비판철학의 전통을 충실하게 구현한 사상가라고 할 수 있다. 칸트가 체계구상의 일환으로 내놓은 『판단력비판』의 정신을 현대의 변화된 사회관계 속에 적용시키고, 이를 통해 정신이 자기 자신을 다시 점검하는 비판활동을 수행하였기 때문이다. 점검해본 결과 기존의 인식론으로는 자본주의 원리에 따라 구성되는 사회관계에서 진리를 도출할 수 없음이 명백하게 드러났다. 따라서 대상에 부응할 수 있는 새로운 인식방법을 모색해야 하였다. 결국 '부정변증법'을 구성하였지만, 이는 현실에 진리를 산출해 내놓는 방법이 아니다. 진리가 아직도 존재한다면, 이는 현실이 진리로부터 완전히 멀어졌다는 인식 그 것뿐이다. 따라서 해소될 수 없는 모순에 대한 의식이 후기 자본주의 세계체제를 살아가는 사람들에게는 가장 정직한 의식이 된다. 여기에서 새로운 패러다임을 이야기한다면, 비동일자 범주가 활동하는 '부정합성'을 고수하는 부정사유라고 할 수 있겠다. 이에 따라 예술론이 기존의 사회구성체론에 대한 대안으로 제시되었다.

"몰락하는 형이상학을 보는 순간에도 형이상학과 연대를"* 이루는 사유를 구체적인 패러다임으로 실행할 수 있는 철학은 없다. 이런 일은 예술만이 할 수 있으며, "개념을 통한 화해의 긍정을 단호히 거부"**하는 화해의 이념을 고수하는 사유인 까닭에 비동일자의 예술에 기대를 걸 수밖에 없다. 지극히 독일적인 논리구성이다. 예술에 '세계사적' 부담을 지울 수 있다는 생각은 철학적 미학의 전통을 이어온 독일사회에서나 가능한 일이기 때문이다.

3)

아도르노의 부정변증법을 이해하는 한 가지 방법으로 우리는 철학적 방법론으로서의 변증법을 '삶의 태도' 문제로 옮기는 변환과정을 생각해볼 수 있다. 개념과 대상의 일치를 추구하여 진리를 인식한다는 '철학적 관심'으로부터 개념과 대상이 일치하지 않는 (혹은 인간적 한계 때문에 개념으로 대상에 다가갈 수 없는) 세계상태 속에서 살면서도 '진리'에 대한 표상은 버리지 않는 '태도'로 나아가

---

* Th. W. 아도르노, 홍승용 옮김, 『부정변증법』, 520쪽. 책의 마지막 구절이다.
** 같은 책, 283쪽.

는 것이다. 이를 두고 무의미한 세계에서 살면서도 삶의 의미를 확보하려는 태도라고 이름붙일 수도 있을 것이다. 21세기의 인간학은 이러한 조건위에서만 계속 유지될 수 있는 어떤 '당위'여야 할지도 모른다.

아도르노는 기존 변증법의 운동과정에서 반反과 합合의 관계를 단절시켰다. 이 '단절'의 과정이 꼭 명쾌하게 해명된 것은 아니지만, 합의 상태가 현실에 실증적인 양태로 나타나는 것이 모든 비진리의 척도임을 증명하는 논리만큼은 설득력 있게 풀어간다. 타격의 주방향은 이른바 변증법이 현실에 진테제를 산출한다는 식으로 이해된 헤겔의 변증법이다. 이런 변증법적 사유에 아도르노는 '실증적positiv'이라는 꼬리표를 붙인다. 아도르노의 어법에 따르자면 우리는 이미 칸트와 헤겔의 방법론과 진리관에 의지해 사유된 결과로 구성된 세계에서 살고 있으므로 실증자das Positive로 나타나지 않는 합으로의 운동과정을 구체적으로 표상하기는 힘들다. 아도르노의 부정변증법이 주관적인 편향을 보인다는 비판은 바로 이 지점을 공략하는 것이다. 하지만 아도르노가 주관적으로 문제가 해결된다는 견지의 논리를 구성한 적은 없다. 주체의 사유활동이 이제껏 늘 특정한 관성에 사로잡힌 채 진행되었음을 확인하고 그 관성을 분석한 후 차단할 가능성을 찾으려 노력했을 뿐이다. 그가 발견한 가능성은 오직 하나, 아직 객체로 구성되지 않은 물질이 사유과정에 무매개적으로 개입해 들어오도록 통로를 열어두는 길이다. 아도르노의 부정변증법 역시 세단계의 운동과정을 설정한다고 보는 것이 옳다. 정/반/반으로 요약할 수 있겠는데, 반이 합으로 넘어가는 관성을 차단해야 한다는 요지로 정리할 수 있겠다. 이 반/반의 사유운동을 파악하기에 적합한 개념은 아직 없어 보인다. 예술작품을 통해서 그런 사유의 가능성을 따라잡아볼 수 있을 따름이다.

4)

한국의 작가들 중 박경리와 황석영이 아도르노의 '부정사유'에 근접하는 작품을 내놓았다고 평할 수 있다. 박경리의 문학세계에서 일부 사회과학적 인식으로 무장한 평론가들에게 요령부득으로 다가온 어떤 부분이 진테제로 타락하지 않는 부정변증법적 사유를 보여준다고 설명할 수 있기 때문이다. 특히 박경리가 『토지』에서 형상화한 지리산은 평사리와 경성 그리고 간도에서 살아가는 사람들에게 그들의 일상과는 '전혀 다른 계산법'이 적용되는 '딴 세상'이다. 지리산에 가는 사람들은 산에 오르는 도중 어디에선가 기존의 문법을 버리고 '산사람'이 된다. 그리고 산에서 내려오면서 다시 옛날의 문법을 입는다. 인간에게는 평사리와 경성과 간도에서 살아가야 할 '체계의 강압'으로 모두 환원되지 않는 어떤 '나머지'가 있음을 박경리 소설의 인물들은 터득하고 있다. 아도르노가 『부정변증법 강의』에서 사안Sache은 개념보다 '더Mehr'라고 표현한 내용을 『토지』의 인물들이 구현하고 있는 것이다. 여기에서 드러나는 이질적인 세계들의 공존은 독일 철학적 미학이 제출한 조화미 범주, 아도르노가 독일 시민사회의 전체주의화에 기여했다고 분석한 예술조화미의 가장 타락한 양태인 '한국적' 반영론을 정면으로 배반하는 것이다. 한국의 리얼리즘론이 박경리를 제대로 평가하지 못한 이유이기도 하다. 이질자의 공존은 이질적인 세계들을 하나로 묶는다. 인간은 이질적인 요소들의 혼합이고 또 지난 시기 한반도의 역사 역시 이질적인 두 이념의 공존으로 내용이 채워졌으며 지금도 그렇다. 비동일자는 이질자들을 동시에 표상할 가능성으로서 이질자들이 서로 충돌하면서 일으키는 갈등을 약화시키거나 해소하지 않는다. 『토지』에서는 갈등하는 삶들이 생생하게 펼쳐진다. 새로운 전망은 이 '동시표상'에서 열린다.

황석영의 『바리데기』는 미학이론에서 아도르노가 내세운 미메시스와 합리성의 결합 가능성을 보여주고 있다. 북한 소녀 바리가 영국으로 건너가는 과정 그리고 영국에서의 생활을 소설의 줄거리로 삼아 작품을 구성한 작가는 고도의 분석능력으로 대상 자체에 접근하였다. 하지만 정작 주인공으로부터는 분석능력을 탈취하였다. 주인공 바리는 주술의 능력을 타고났고, 이 능력이 아니라면 바리가 영국으로 건너가는 일 자체가 불가능했을 것이다. 그리고 영국에서 살아남기도 힘들었을 것이다. 바리는 '설명될 수 없는' 어떤 힘에 의지해 불가항력의 고통을 넘어선다. 살아남음으로써 소설을 완성시키고, 작가는 바리의 생명력에 의지해 자신의 '분석'을 계속 이어갈 수 있다. 분석 결과 이 세상은 분석으로 구원될 수 없다는 '진리'에 도달한다. 부정의 진리이다. 근대의 패러다임이 어린 소녀의 어깨에 올려놓은 세계사적 모순을 근대의 패러다임으로 풀 수 없음이야말로 현 단계에서 인류가 확보하고 있는 유일한 진리일 것이다. 예술작품은 이런 식으로 진리에의 요구권을 행사한다. 부정변증법의 방식이다. 바리에게서 분석능력을 탈취한 작가는 리얼리즘이 범해온 오류를 극복할 수 있었다. 바로 체계통합적 오류이다. 만일 작가가 리얼리즘의 입장을 고수하면서 이 소설을 썼다면, 작가는 바리에게 사화과학을 학습시켰을 것이다. 왜 자신이 그토록 고통 받아야 하는지를 깨우치기 위해 자본주의의 모순을 알려주는 것이다. 하지만 모순의 내용을 터득하는 순간, 바리는 자본주의 세계체제에 포섭된다. 그러면 소설의 전망은 다시 옛 패러다임에 갇히게 된다. 옛 패러다임에 갇혀 살 수밖에 없는 한계를 지닌 현실의 우리들에게는 바리와 같은 허구의 인물, 우리 모두 그런 옛 패러다임에 갇혀 있음을 일깨워 새로운 전망을 사유하도록 하는 예술작품이 필요하다. 노동운동과 사회운동이 현실적으로 얼마마한 유용성을 발휘할 수 있는가의 문제와 별도로, 이 소설은 '새로운' 사회의 전망을 위해서는 전혀 다른 상상력이 필요함을 역설한다.

5)

2003년 아도르노 탄생 100주년 기념행사에서 새삼스럽게 강조된 요점은 현대문명을 위협하는 계몽의 한계가 인간의 정신능력 때문이 아니라 사회적·물적 조건의 한계 때문에 발생하는, 따라서 인간의 처분권을 벗어나는 한계라는 당연사항이다. 이 당연사항 앞에서 이성의 팽창메커니즘에 경종을 울리는 자연 그 자체로서의 지구를 진지하게 대해야 한다는 '정언명령'은 지구에서 인간의 삶을 지속가능하게 하는 필연적 조건이 된다. 프랑크푸르트학파 1세대가 제출한 '계몽의 변증법' 테제는 '개념의 짜임관계'라는 학파 고유의 레토릭을 빌려 계몽과 도덕을 일치시킨 '분석적 당위'이고, '당위를 증명하는 분석'이다. 따라서 이 테제는 계몽의 한계를 계몽하는 계몽으로 정확하게 읽혀져야 한다. 지구는 20세기 후반으로 접어들면서 이성의 팽창메커니즘을 경고하는 신호음을 부쩍 많이 울리고 있다. 지구 나름의 인간에 대한 배려일 것이다. 이러한 지구의 배려에 응답함으로써 우리는 지구인으로서의 도리를 다해야만 하며, 따라서 분석적 계몽과 도덕적 요청을 분리시키지 않는 사유도 구성가능성에 포함시켜야 한다. 자연의 명령에 승복하는 훈련을 할 일이다. 인간의 능력으로 할 수 있지만 하지 말아야 하는 일도 세상에는 매우 많음을 터득해야한다.

사회적 소통가능성에 매몰된 '위로의 인문학'으로 그동안 인문학 담론을 주도해온 언어적 전회는 스스로 물적 기반으로부터 완전히 떠나버렸음을 증명하였다. 계몽의 한계를 절감한다면, 이제 위로의 언어로 사회현실을 대체하는 일을 끝장내고 미메시스적 전회를 통해 생각하는 방법 그리고 삶의 양식을 바꾸는 작업을 시작해야 할 것이다. 여태 익숙하게 살아온 분석적 사유의 메커니즘에서 벗어나는 미메시스의 계기를 지구에 불러들여야 이성의 팽창메커니즘에서 벗어날 길을 개척할 여지가 생기기 때문이다. 지구가 둥글다는 사실은 지구에 발붙이고 있는 순간에는 터득하지 못한다. 지구 바깥의 관점에서 보아야만, 우리의 의식이 지구 밖으로 나가보아야만 인간이 처분할 수 있는 자원이 그리 넉넉하지 않음을 선명하게 의식하고 그런 깨달음을 통해 자연 앞에서 겸손해지는 인간이 될 수 있다. 18세기 이래 근대의 계몽이 자연자원에 대한 인간의 처분권 향상을 위해 노력하였다면, 21세기부터는 그런 계몽의 한계를 계몽하는 일에 인문학이 앞장서야 할 것이다. 세칭 '1대 99'의 극심한 빈부격차를 동반한 사회전반적인 재봉건화 과정에서 인문학은 삶의 새로운 형식을 모색하는 과제를 담당해야 한다. 그 어느 때보다도 치열한 사유가 요청되는 시기인 것이다.

이제 사유의 우주선을 타고 지구바깥으로 나가볼 일이다. 그리고 사유의 우주선은 인간의 경험적 존재구속성을 벗어나는 예지계의 사안을 경험세계에 불러들이는 작업을 통해 어렵지 않게 발사될 수 있다. 그런데 이처럼 외계인이 되지 않고 지구바깥으로 나가보는 일을 할 수 있도록 근대의 계몽은 자체적으로 이미 확실한 방도를 마련해 두고 있었다. 예술이다. 자율적 예술을 사회적 기관으로 정착시켜 분석적 계몽의 전횡을 막겠다는 복안을 가지고 있었던 것이다. 하지만 근대예술은 자신에게 허락된 자율성을 제대로 유지하지 못하였다. 특히 분석적 인식에 심하게 횡령당하고 말았는데, 이른바 '언어적 전회'에 의해 언어의 경험적 한계에 갇혀버린 예술도 그 경우에 해당한다. 예술을 부분담론으로 정착시켜 사회적 담론의 확대메커니즘을 완성한 언어적 전회는 예술에서 반성능력을 박탈해버렸다. 내가 대상에 의미를 부여하는 일을 하면 그 대상이 가치를 지니게 된다는 수용자 중심의 미학은 신자유주의 소비문화에 동력을 달아주었다. 예술을 정보로 전환시켜 무수한 하위담론들을 양산시킨 포스트모더니즘 역시 이 흐름에 크게 기여하였다. 허약해진 예술과 자기증식 메커니즘을 더욱 강화시켜

나가는 자본. 이 둘의 밀월이 우리의 문화지형을 지배하고 있다. 그래서 예술에는 근대의 기획안 중 가장 부실한 부문이라는 굴욕적인 낙인이 찍히고 말았다.

예술은 다시 상징체계로서의 위상을 회복하고 지구의 경험적 구속성에서 벗어나야 한다. 지구가 둥근 자연이라는 생존의 조건을 잊고 팽창과 소비의 관성을 반복하고 있는 인간의 머리 저 위 높은 곳에서 우리 삶의 조건을 비추는 상징이 되어야 한다. 한국의 문학과 예술도 리얼리즘의 강압외투를 벗고 미메시스의 계기를 통해 이 '리얼한 현실'을 벗어날 필요가 있다. 아도르노의 『미학이론』이 『부정변증법』을 통과하고서야 구성될 수 있는 이유가 여기에 있다.

이 책이 한국사회에 도착하기까지 우여곡절이 많았다. 하지만 끝내 세창출판사에 '안착'함으로서 책과 독자 모두에게 축복이 되었다. 축복을 주재하신 이방원 사장님께 크게 감사드린다. 라틴어와 희랍어 번역을 도와주신 김준서 선생님께도 감사드린다. 간단하지 않았던 번역작업, 그 묵직한 시간들이 이렇게 제자리를 찾아 공간의 한 점으로 구체화되기까지 오랜 친구 인선과 지숙을 비롯해 많은 분들의 도움이 있었다. 모두에게 머리 숙여 감사드리고 함께 기뻐하고 싶다.

_2012년 6월 25일
이 순 예

테오도르 W. 아도르노 연보

1903

9월 11일 독일 프랑크푸르트 암 마인Frankfurt am Main에서 포도주 도매
상을 운영하는 오스카 알렉산더 비젠그룬트Oscar Alexander Wiesengrund와
이탈리아 혈통의 성악가 마리아 바바라 카벨리-아도르노Maria Barbara
Cavelli-Adorno della Piana의 외아들로 태어남. 10월 4일 프랑크푸르트 성
당에서 가톨릭 세례를 받음. 출생신고 때 사용한 성姓 Wiesengrund-
Adorno를 1943년 미국 망명 중에 Adorno로 바꿈. 유명한 피아니스트였
던 이모 아가테Agathe가 늘 아도르노 식구와 함께 살았음. 어머니, 이모
와 함께 음악에 둘러싸여 유복한 어린 시절을 보냄.

1910

프랑크푸르트 독일인 중등학교에 다님. 견진성사 수업에 참여.

1913

카이저 빌헬름 김나지움으로 전학.

1921

김나지움 졸업. 최우수 졸업생. 프랑크푸르트 암 마인 대학 등록. 중학생
시절부터 받아오던 음악 레슨 계속. 베른하르트 제클레스에게서 작곡 수
업을 받고 에두아르트 융 문하에서 피아노 레슨을 받음. 당시 지방 신문
사의 기자였고 후일 망명지 미국에서 영화이론가로 명망을 떨치게 되는
14세 연상의 사회학자 지그프리트 크라카우어Siegfried Kraucauer(1889-
1966)와 알게 됨. 크라카우어와 함께 칸트 『순수이성비판』 읽기 시작.

1921-1924

프랑크푸르트 대학에서 철학, 심리학, 사회학, 음악학 강의 수강.

1922

대학의 한 세미나에서 막스 호르크하이머Max Horkheimer(1895-1973)를 만남.

1923

발터 벤야민Walter Benjamin(1892-1940)을 만남. 편지교환 시작. 그레텔 카플루스Gretel Karplus(1902-1993)를 알게 됨. 음악비평문들 발표.

1924

바이에른의 한적한 시골마을 아모르바흐Amorbach에서 후설 현상학을 주제로 박사학위 논문 집필. 6월에 프랑크푸르트 대학 철학과에 제출. 박사학위 취득. 지도교수는 한스 코르넬리우스Hans Cornelius(1863-1947). 초여름 작곡가 알반 베르크Alban Berg(1885-1935)를 그의 오페라 〈보체크Wozzeck〉 초연에서 알게 됨.

1925

3월에 알반 베르크에게서 작곡을 배우고 에두아르트 슈토이어만Eduard Steuermann에게서 피아노를 배우기 위해 오스트리아 빈Wien으로 감. 아놀드 쇤베르크Arnold Schönberg(1874-1951), 조마 모르겐슈테른Soma Morgenstern(1890-1976), 게오르크 루카치Georg Lukács(1885-1971)를 알게 됨. 8월 크라카우어와 함께 이탈리아로 휴가를 다녀온 뒤 프랑크푸르트로 돌아옴. 작곡에 몰두하여 〈현악 4중주 op.2〉 등을 작곡. 이 곡은 1926년 빈에서 초연됨. 음악비평문들을 씀.

1926

한스 코르넬리우스에게서 철학 연구 계속함. 알반 베르크와 서신교환 지속. 베를린과 빈에 체류. 알반 베르크, 안톤 베베른Anton Webern(1883-1945)에 관한 논문과 12음 음악에 관한 논문들 작성.

1927

교수자격논문 착수. 음악비평문들 다수 발표. 9월에 그레텔 카플루스와 이탈리아 여행. 11월에 첫 번째 논문 「초월적 영혼론에서 의식되지 않은 것의 개념」을 지도교수 코르넬리우스에게 제출하였으나 지도교수의 의견에 따라 대학에 제출하지는 않음.

1928

연초에 베를린으로 여행. 그 사이 약혼한 그레텔 카플루스 방문. 베를린에서 음악비평가로 활동하기 위한 안정된 직장을 구했으나 실패함. 에른스트 블로흐Ernst Bloch(1885-1977), 베르톨트 브레히트Bertolt Brecht(1898-1956) 알게 됨. 음악지 『여명Anbruch』의 편집위원. 연초에 작곡가 에른스트 크레네크Ernst Krenek(1900-1991) 알게 됨. 새로 작성할 교수자격논문의 주제를 키르케고르로 결정. 키르케고르의 철학에서 미학이론적 내용을 찾아보려 함. 아도르노가 작곡한 〈Sechs kurze Orchesterstück op.4〉가 베를린에서 발터 헤르베르트Walter Herbert의 지휘로 초연됨. 알반 베르크에 헌정한 〈Liederzyklus op.1〉 완성.

1929

『여명』 편집진과 불화. 베를린에서 〈Liederzyklus op.1〉 초연. 또 다시 음악비평가 자리에 도전. 갓 프랑크푸르트 대학 철학과 정교수가 된 파울 틸리히Paul Tillich(1886-1965)가 아도르노에게 교수자격논문 제출해보라고 허락. 1월에 마틴 하이데거Martin Heidegger(1889-1976)와 처음이자 마지막으로 대학 재단이사 쿠르트 리츨러의 집에서 만남.

1930

두 번째 교수자격논문에 몰두. 10월에 탈고. 여배우 마리안네 호페 알게 됨.

1931

1월 교수자격논문 통과. 지도교수는 파울 틸리히. 부심은 막스 호르크하이머. 2월 교수자격 취득하고 철학과 강사로 임용됨. 5월 취임강연 「철학의 시의성」.

1932

7월 프랑크푸르트 칸트학회 초청으로 강연. 「자연사 이념Die Idee der Naturgeschichte」. 사회연구소 기관지 『사회연구Zeitschrift für Sozialforschung』에 논문 「음악의 사회적 위상에 대하여」 게재.

1933

교수자격논문이 『키르케고르. 미적인 것의 구성』이라는 제목으로 J. C. B. Mohr (Paul Siebeck) 출판사에서 출간됨. 국가사회주의자들이 권력을 장악하는 동안 베를린에 머물면서 빈으로 가 다시 교수자격을 취득할 생각을 함. 9월에 유태인 교수에 대한 면직 조치에 따라 강의권을 박탈당함. 프랑크푸르트 집이 수색을 당함. 11월과 12월 사이 대학 연구원 지원 단체(AAC)에 영국대학의 초청장을 받을 수 있도록 도움 요청.

1934

4월 영국으로 망명. AAC가 옥스퍼드 대학과의 접촉을 주선함. 6월 옥스퍼드 대학의 머튼 칼리지Merton College에 연구생으로 등록. 후설 현상학 연구 시작. 박사학위 논문 초안이 대학 당국에 받아들여짐. 10월 뉴욕에 있는 호르크하이머가 아도르노에게 연락. 사회연구소와 계속 연락하지 않았다고 아도르노를 질책.

1935

옥스퍼드에서 철학 저술 작업을 하는 동시에 음악에 관한 기고문도 작성. 6월 26일 이모 아가테 사망. 에른스트 크레네크가 전하는 알반 베르크의 사망소식을 듣고 충격 받음. 베르크의 비참한 최후는 경제적 이유로 병원에 가지 않고 집에서 가위로 허벅지 종기를 제거하다가 걸린 패혈증이 원인.

1936

『사회연구』에 헥토르 로트바일러Hektor Rottweiler라는 필명으로 논문 「재즈에 관하여」 게재. 빌리 라이히Willi Reich(1898-1980)가 편집을 주도한 알반 베르크 평전에 참여. 호르크하이머가 아도르노에게 영국에서 박사학위를 받는 즉시 사회연구소의 상임연구원으로 임용하겠다고 알려옴. 알프레트 존-레텔Alfred Sohn-Rethel(1899-1990)과 서신교환 시작. 11월에 파리에서 벤야민과 크라카우어 만남.

1937

호르크하이머의 초청으로 6월 9일 2주간 뉴욕 방문. 8월에 파리에서 벤야민, 존-레텔 그리고 크라카우어 만남. 두 차례 철학 심포지엄. 아도르노의 논문 여덟 편이 실린 빌리 라이히 편집의 알반 베르크 평전이 빈에서 출간됨. 8월에 베를린의 그레텔 카플루스가 런던에 도착. 9월 8일 패딩턴Paddington 구청에서 결혼. 막스 호르크하이머와 영국 경제학자 레드버스 오피Redvers Opie가 증인. 10월에 호르크하이머가 아도르노에게 편지로 미국에서 라디오에 관한 연구 프로젝트에 참여할 수 있음을 알려옴. 베토벤 프로젝트 시작. 리하르트 바그너Richard Wagner(1813-1883)에 관한 저술 시작.

1938

빈 출신의 사회학자 파울 라자스펠트Paul Lazarsfeld(1901-1976)가 주도하는 라디오 연구 프로젝트에 연구원 자리를 얻기 위해 미국으로 건너감. 나치 집권 후 뉴욕으로 근거지를 옮긴 프랑크푸르트 사회연구소의 공식 연구원이 됨. 미국에서 처음 작성한 논문 「음악의 물신적 성격과 청취의 퇴행에 관하여Über den Fetischcharakter der Musik und die Regression des Hörens」를 『사회연구』에 게재. 이 해 후반부는 발터 벤야민과 유물론적 미학의 원칙들에 관한 논쟁이 정점에 오른 시기임.

1939

아도르노의 양친이 쿠바를 거쳐 미국으로 망명. 아도르노와 라자스펠트 사이에 공동연구에 대한 견해 차이 발생. 5월에 컬럼비아 대학 철학부에서 「후설과 관념론의 문제」 강연. 후에 『철학저널』에 게재됨. 『사회연구』에 「바그너에 관한 단편들」 발표. 라디오 프로젝트의 음악부분에 대한 재정지원 종료됨. 호르크하이머와 아도르노가 공동 작업으로 구상했던 『변증법 논리』의 기초가 될 대화와 토론들이 두 사람 사이에서 이루어짐.

1940

라디오 프로젝트에서 부정적인 경험을 한 아도르노에게 호르크하이머가 연구소 기관지 『사회연구』 편집을 담당하는 정규직 제안. 아도르노는 반유태주의 프로젝트 구상. 『국가사회주의의 문화적 측면』 초안 작성. 벤야민이 9월 26일 스페인 국경 포르 부Port Bou에서 스스로 목숨을 끊음. 아도르노와 그레텔 큰 충격 받음. 『건설Aufbau』에 「발터 벤야민을 기억하며」 기고.

1941

『신음악의 철학』 작업. 호르크하이머와 『변증법 논리』 공동 작업을 계속하기 위해 로스앤젤레스로 이주 계획. 「대중음악에 대하여」와 「라디오 심포니」 발표. 11월 로스앤젤레스로 이주.

1942

연초부터 호르크하이머와 함께 후에 『계몽의 변증법』이라는 제목으로 출간될 책의 저술에 집중. 아도르노는 영화음악을 위한 프로젝트를 위해 한스 아이슬러Hans Eisler(1898-1962)와 작업. 할리우드 사교계의 수많은 망명인사들과 교제. 그레타 가르보Greta Garbo, 막스 라인하르트Max Reinhardt, 알렉산더 그라나흐Alexander Granach, 프리츠 랑Fritz Lang, 릴리 라테Lilly Latté 등.

1943

토마스 만Thomas Mann(1875-1955)과 알게 됨. 만이 집필하는 『파우스트 박사Doktor Faustus』의 구상에 결정적 영향을 미침. 그동안 정기적으로 편지를 주고받았던 뉴욕의 양친을 7월 방문. 버클리 여론 연구 그룹과 공동작업. 반유태주의의 본성과 외연에 관한 프로젝트 진행. 그 결과물이 『권위주의적 인성』.

1944

한스 아이슬러와 함께 『음악을 위한 작곡』 집필에 많은 시간 투여. 호르크하이머와 공동 저술한 철학적 단상 『계몽의 변증법』이 프리드리히 폴록Friedrich Pollock(1894-1970)의 50회 생일을 기념하여 출간. 전미 유태인 협회Das American Jewisch Committe(AJC)가 반유태주의 프로젝트 지원 승인. 샤를로테 알렉산더Charlotte Alexander와 내연관계.

1945
2월 막스 호르크하이머의 50회 생일을 기해 후일 출간될 책『미니마 모랄리아』의 제1부 보여줌.

1946
부친이 7월 8일 뇌출혈로 사망. 9월에 뉴욕으로 어머니 방문. 위장장애, 심장이상 등. 편도선 절제 수술.

1947
『계몽의 변증법』이 암스테르담의 퀘리도 출판사에서 나옴. 『권위주의적 인성』 마무리 작업. 한스 아이슬러와 3년 전에 마무리 지은 저술『영화를 위한 작곡』이 아이슬러의 단독저술로 출간됨. 아도르노의 이름을 제외시킨 것은 정치적인 고려에 의한 결정.

1948
라 하브라La Habra 칼리지에서 음악학자로 활동. 로스앤젤레스의 심리분석 연구소에서 강의. 토마스 만이『파우스트 박사의 성립』이라는 저술에서 파우스트 소설에 기여한 아도르노에게 감사를 표함. 『미나마 모랄리아』 2, 3부 완성.

1949
『신음악의 철학』. 연말, 15년 만에 독일로 돌아옴. 막스 호르크하이머의 교수직 대행으로 프랑크푸르트 대학에서 강의. 비정년 트랙. 파리를 거쳐 10월에 프랑크푸르트에 도착. 편지와 그 밖의 그리고 여러 공식적인 언급들에서 독일 민주주의에 진실성이 결여되었다는 한탄을 늘어놓았지만 학생들의 정신적 참여에는 매우 감동을 받았다고 밝힘. 한스 게오르크 가다머Hans-Georg Gadamer(1900-2002)가 하이델베르크 대학의 초빙을 받아 떠나면서 후임으로 아도르노를 추천. 알반 베르크의 미망인 헬레네 베르크 Helene Berg와 베르크의 오페라 〈룰루Lulu〉의 오케스트라 편성작업 관련으로 서신교환.

1950

『권위주의적 인성』이 포함된 『편견연구Studies in Prejudice』가 뉴욕에서 발간됨. 다름슈타트 지역연구Darmstädter Gemeindestudien에서 주관한 독일 과거사 문제 연구에 참여. 호르크하이머와 함께 사회연구소 재건에 노력. 다름슈타트 '신음악을 위한 국제 페스티벌Internationle Ferienkurse für neue Musik'의 위원이 됨. 중간에 몇 번 불참하기는 했지만 1966년까지 위원자격 유지. 마리 루이제 카슈니츠Marie-Luise Kaschnitz(1901-1974)와 친분 시작.

1951

주어캄프Suhrkamp 출판사에서 『미니마 모랄리아』 간행. 발터 벤야민의 아들 슈테판 벤야민Stefan Benjamin으로부터 부친의 저작 출간에 대한 전권 위임받음. 10월에 잠깐 프레드릭 해커Fredrick Hacker가 주도하는 심리분석 재단Psychiatric Foundation 설립에 참여하기 위해 캘리포니아의 비벌리 힐즈 방문. 12월 바인하임Weinheim에서 열린 제1차 독일 여론조사를 위한 대회에서 기조발표. 잡지 『메르쿠어Merkur』에 「바흐 애호가들에 맞서 바흐를 변호함」 발표.

1952

『바그너 시론(試論)』. 2월 23일 뉴욕에서 아도르노의 모친 사망. 10월부터 해커 재단의 연구소장Research Director. '독일 청년음악운동' 진영과 정치적 미학적 논쟁 시작. 1959년에 이르기까지 양 진영에서 학회, 라디오 대담 그리고 저술출판을 추진하는 형식으로 논쟁 계속됨.

1953

프레드릭 해커와의 격렬한 갈등으로 재단에 사퇴를 통보하고 8월에 독일로 돌아옴. 『미니마 모랄리아』에 대한 호평. 프랑크푸르트 대학 철학 및 사회학 전공 교수로 부임. 정원 외 교수. 정년트랙. 「카프카 소묘」, 「이 데올로기로서의 TV」, 「시대를 초월한 유행」, 「재즈에 관하여」 등 수많은 에세이 발표.

1954

사회연구소의 소장 대리로서 연구과제에 대한 책임 증가. 7월에 에두아 르트 슈토이어만Eduard Steuermann 그리고 루돌프 콜리쉬Rudolf Kolisch와 함께 다름슈타트 신음악을 위한 국제 페스티벌에서 가르침. 하이델베르 크에서 열린 제12차 독일 사회학자 대회에서 이데올로기 개념에 대해 발 표. 아놀드 쉰베르크 메달 받음.

1955

『프리즘』출간. 미국여권이 만료됨에 따라 1938년 미국으로 이주하면서 상실했던 독일 국적 회복. 부인 그레텔과 함께 프리드리히 포드추스 Friedrich Podszus의 도움을 받아 벤야민의 저술 두 권 출간. 8월에 토마 스 만 사망 소식을 들음. 알프레드 안더쉬Alfred Andersch(1914-1980)와 친 분. 서신교환 시작됨.

1956

『불협화음들』, 『인식론 메타비판』출간. 4월 헬레네 베르크와 빈에서 만 남. 오랜만에 크라카우어와 프랑크푸르트에서 만남. 게르숌 숄렘Gershom Scholem(1897-1982)과의 활발한 교류.

1957

『헤겔 철학의 면모들』. 철학 및 사회학 전공 정교수로 임용됨. 『시와 사회 에 대한 강연Rede über Lyrik und Gesellschaft』. 바그너의 오페라 〈파르지팔 Parzifal〉의 악보에 관한 에세이가 바이로이트 축제공연 프로그램에 게재.

1958

『문학론』제1권. 사회연구소 소장이 됨. 여가수 카를라 헤니우스Carla Henius와 알게 됨. 불면증. 연초 빈에 강연을 하러 가서 처음으로 사무엘 베케트Samuel Beckett(1906-1898)의 『막판극Das Endspiel』 접함. 파리에서 그를 만남. 파리에서 세 차례 강연.

1959

베를린 비평가 상, 독일 문학비평가 상. 5월 베를린에서 열린 제 14차 사회학 대회에서 「얼치기 교육Zur Theorie der Halbbildung」 발표. 10월에 카셀 도큐멘타 기간에 신음악에 대하여 발표. 바덴바덴에서 현대예술에 대하여 발표. 기독교 유태교 공동작업을 위한 연석회의에서 「과거청산은 무엇을 의미하는가」 발표. 페터 스촌디Peter Szondi(1929-1971)가 주선한 파울 첼란Paul Celan(1920-1970)과의 만남은 성사되지 않음. 프랑크푸르트 대학 시학강의를 계기로 인게보르크 바흐만Ingeborg Bachmann(1926-1973)과 친분.

1960

빈에서 구스타프 말러 100주기 추도 강연. 첼란과 서신교환. 사회연구소와 향후 설립될 지그문트 프로이트 연구소와의 관계를 정립하기 위해 알렉산더 미처리히Alexander Mitscherlich의 주선으로 바덴바덴에서 2주 간 체류.

1961

Paris College de France에서 3회에 걸친 대형 강의. 이탈리아(로마, 팔레르모, 페루자 등)에 강연요청. 아도르노와 칼 포퍼Karl Popper(1902-1994) 사이에 있던 '사회과학 논리'에 관한 토론이 촉발시킨 이른바 '실증주의 논쟁' 시작. 주어캄프사가 주관한 Vortragsabend에 베케트에 관한 장문의 발표문. 「베케트의 막판극 이해」.

1962

1월에 아도르노와 엘리아스 카네티Elias Canetti(1905-1994)의 라디오 공동 대담. 3월 토마스 만 전시회 개막 연설. 알렉산더 클루게Alexander Kluge (1932-)와의 친분.

1963

독일 사회학회 회장으로 선출됨. 60회 생일에 프랑크푸르트 시가 수여하는 괴테휘장Goethe Plakette 받음. 6월 빈에서 개최된 유럽학회에서 20세기의 박물관을 주제로 강연. 베를린에서 횔덜린에 관한 강연.

1964

독일 사회학회 회장으로 하이델베르크에서 제15차 사회학 대회 개최. 주제는 막스 베버와 오늘의 사회학. 바이로이트 트리스탄과 이졸데 공연안내문에 「바그너의 시의성」 게재.

1965

2월에 아놀드 겔렌Arnold Gehlen(1904-1976)과 '사회학은 인간에 관한 학문인가?'라는 주제로 라디오 방송에서 논쟁. 호르크하이머 70세 생일을 축하하는 아도르노의 글이 주간신문 디 차이트Die Zeit에 실림. 3월에 파리에서 강연. 사무엘 베케트 다시 만남.

1966

게르숌 숄렘과 함께 벤야민의 편지들을 편집하여 두 권으로 간행. 브뤼셀에서 음악사회학에 관한 대형 강의. 다름슈타트 페스티벌에 마지막으로 참여. 「음악에서 색채의 기능 Funktion der Farbe in der Musik」이라는 주제로 3회 강연(매회 두 시간).

1967

베를린 예술아카데미에서 발표(「음악과 회화의 관계」, 「예술과 예술들 die Kunst und die Künste」). 게르숌 숄렘의 70회 생일을 맞아 12월 스위스 취리히 신문Neue Züricher Zeitung에 숄렘에 대한 아도르노의 헌정사가 실림. 7월 베를린 자유대학에서 아도르노 강의에 학생운동 세력이 반발하고 방해하는 행동 처음 발생.

1968

갈수록 과격해지는 학생운동 급진세력과 갈등 심화. 1월에 파리에서 미학에 관한 강연. 다시 베케트 만남. 2월에 쾰른에서 열린 베케트 작품에 관한 TV 토론회 참석. '비상사태하에서의 민주주의 행동본부Demokratie im Notstand'가 주최한 행사에 참여. 이 행사는 TV로 중계됨.

1969

피셔Fischer 출판사에서 『계몽의 변증법』 재출간. 『미학이론』 저술에 몰두. 1월 운동권 학생들이 사회연구소를 점거하자 경찰에 해산요청. 4월 학생들의 도발로 강의중단 사태 발생(이른바 '가죽점퍼 탈의 사건'). 자유베를린 방송에서 「체념Resignation」에 대해 강연. 학생운동의 행동주의를 두고 허버트 마르쿠제Herbert Marcuse(1898-1979)와 논쟁. 이론과 실천의 관계에 대한 메모들. 스위스의 휴양지 체르마트Zermatt에서 휴가를 보내다가 8월 2일 심장마비로 비스프Visp의 병원에서 사망.

1970

그레텔 아도르노와 롤프 티데만이 편집한 『미학이론』 출간.

* 위 연보는 슈테판 뮐러 돔Stefan Müller-Doom의 아도르노 전기 Adorno. Eine Biographie, Frankfurt/Main(2003)에 기초함.

연도별로 본 아도르노의 저작*

1924

• Die Transzendenz des Dinglichen und Noematischen in Husserls Phänomenologie. Phil. Dissertation. Frankfurt/M.
후설 현상학에서 물적인 것과 노에마적인 것의 초월

1927

• Der Begriff des Unbewußten in der transzendentalen Seelenlehre (Habilitationsschrift, wurde aber noch vor der Einleitung des Habilitations-verfahrens zurückgezogen).
초월적 영혼론에서 의식되지 않은 것의 개념

1933

• Kierkegaard, Konstruktion des Ästhetischen. Tübingen. J. C. B. Mohr.
키르케고르. 미적인 것의 구성

1947

• Dialektik der Aufklärung. Philosophische Fragmente. Amsterdam, Querido, zusammen mit Max Horkheimer geschrieben.
계몽의 변증법

---

* 1983년 프랑크푸르트 대학교에서 개최된 '아도르노에 관한 토론회 Adorno-Konfernz'에서 발표된 원고를 정리한 책인 Adorno-Konfernz 1983, Frankfurt/M. Suhrkamp, 1983에 첨부된 르네 괴르첸Rene Goertzen의 목록을 기준으로 하였다. 연도는 아도르노의 개별 저작의 최초 출판 연도를 의미한다.

1949

• Philosophie der neuen Musik. Tübingen. J. C. B. Mohr.
  신음악의 철학

1950

• The Authoritarian Personality. New York. Harper & Brothers.
  권위주의적 인성

1950

• Minima Moralia. Reflexionen aus dem beschädigten Leben. Berlin, Frankfurt/M. Suhrkamp.
  미니마 모랄리아

1952

• Versuch über Wagner. Berlin, Frankfurt/M. Suhrkamp.
  바그너 시론(試論)

1955

• Prismen. Kulturkritik und Gesellschaft. Berlin, Frankfurt/M. Suhrkamp.
  프리즘. 문화비판과 사회

1956

• Zur Metakritik der Erkenntnistheorie. Studien über Husserl und die phänomenologischen Antinomien. Stuttgart. W. Kohlhammer.
  인식론 메타비판. 후설과 현상학적 이율배반들에 관한 연구
• Dissonanzen. Musik in der verwalteten Welt. Göttingen. Vandenhoeck & Ruprecht.
  불협화음들. 관리된 세계에서의 음악

1957

• Aspekte der Hegelschen Philosophie. Berlin, Frankfurt/M. Suhrkamp.

헤겔 철학의 면모들

1958

• Noten zur Literatur I. Berlin, Frankfurt/M. Suhrkamp.
  문학론 I

1959

• Klangfiguren. Musikalische Schriften I. Berlin, Frankfurt/M. Suhrkamp.
  울림의 형태들

1960

• Mahler. Eine musikalische Physiognomik. Frankfurt/M. Suhrkamp.
  말러. 음악적 인상학

1961

• Noten zur Literatur II. Frankfrut/M. Suhrkamp.
  문학론 II

1962

• Einleitung in die Musiksoziologie. Zwölf theoretische Vorlesungen.
  Frankfurt/M. Suhrkamp.
  음악사회학 입문
• Sociologica II. Rede und Vorträge. zusammen mit Max Horkheimer,
  Frankfurt/M. Europäische Verlagsanstalt.
  사회학 II

1963

• Drei Studien zu Hegel. Frankfurt/M. Suhrkamp.
  헤겔 연구 세 편
• Eingriffe. Neuen kritische Modelle. Frankfurt/M. Suhrkamp.
  개입들

- Der getreue Korrepetitor, Lehrschriften zur musikalischen Praxis. Frankfurt/M. Fischer.
  충실한 연습지휘자
- Quasi una fantasia. Musikalische Schriften II. Frankfurt/M. Suhrkamp.
  환상곡풍으로

1964

- Moments musicaux. Neu gedruckte Aufsätze 1928~1962. Frankfurt/M. Suhrkamp.
  음악의 순간들
- Jargon der Eigentlichkeit. Zur deutschen Ideologie. Frankfurt/M. Suhrkamp.
  고유성이라는 은어

1965

- Noten zur Literatur III. Frankfurt/M. Suhrkamp.
  문학론 III

1966

- Negative Dialektik. Frankfurt/M. Suhrkamp.
  부정변증법

1967

- Ohne Leitbild. Parva Aesthetica. Frankfurt/M. Suhrkamp.
  길잡이 없이

1968

- Berg. Der Meister des kleinen Übergangs. Wien. Verlag Elisabeth Lafite/Österreichischer Bundesverlag.
  알반 베르크
- Impromptus. Zweite Folge neu gedruckter musikalischer Aufsätze.

Frankfurt/M. Suhrkamp.
즉흥곡

1969

- Komposition für den Film. zusammen mit Hans Eisler, München. Rogner & Bernhard.
영화를 위한 작곡
- Stichworte. Kritische Modelle 2. Frankfurt/M. Suhrkamp.
핵심 용어들. 비판적 모델 2.
- Nervenpunkte der Neuen Musik(Ausgewählt aus Klangfiguren: cf. Klang-figuren von 1959).
신음악의 예민한 문제들
- Th. W. Adorno u.a., Der Positivismusstreit in der deutschen Soziologie. Neuwid und Berlin. Luchterhand.
독일 사회학에서 실증주의 논쟁

1970

- Ästhetische Theorie. Hrsg. von Gretel Adorno und Rolf Tiedemann, Frankfurt/M. Suhrkamp.
미학이론
- Über Walter Benjamin. Hrsg. und mit Anmerkung versehen von Rolf Tiedemann. Frankfurt/M. Suhrkamp.
발터 벤야민
- Aufsätze zur Gesellschaftstheorie und Methodologie. Frankfurt/M. Suhrkamp.
사회이론과 방법론에 관한 논문들
- Erziehung zur Mündigkeit. Vorträge und Gespräch mit Helmut Becker 1959~1969. Hrsg. von Gerd Kadelbach. Frankfurt/M. Suhrkamp.
성숙함으로 이끄는 교육

1971

- Eine Auswahl. Hrsg. von R. Tiedemann. Büchergilde Gutenberg.
  작은 선집
- Kritik, Kleine Schriften zur Gesellschaft. Hrsg. von R. Tidemann. Frankfurt/
  M. Suhrkamp.
  사회 비판

1973

- Versuch, das Endspiel zu verstehen. Aufsätze zur Literatur des 20.
  Jahrhunderts I. Frankfurt/M. Suhrkamp.
  베케트의 막판극 이해
- Zur Dialektik des Engagements. Aufsätze zur Literatur des 20. Jahrhunderts
  II. Frankfurt/M. Suhrkamp.
  사회 참여의 변증법
- Philosophische Terminologie. Zur Einleitung. Band I, Hrsg. von Rudolf zur
  Lippe. Frankfurt/M. Suhrkamp.
  철학용어들 I
- Philosophische Terminologie. Zur Einleitung. Band II, Hrsg. von Rudolf zur
  Lippe, Frankfurt/M. Suhrkamp.
  철학용어들 II

1974

- Briefwechsel. zusammen mit Ernst Kreneck, Hrsg. von Wolfgang Rogge.
  Frankfurt/M. Suhrkamp.
  에른스트 크레네크와의 편지 교환

1975

- Gesellschaftstheorie und Kulturkritik. Frankfurt/M. Suhrkamp.
  사회이론과 문화비판

1979

- Der Schatz des Indianer-Joe. Singspiel nach Mark Twain. Herausgegeben und mit einem Nachwort von R. Tiedemann. Frankfurt/M. Suhrkamp.
  인디언-조의 보물. 마크 트웨인에 따른 징슈필
- Soziologische Schriften I. Hrsg. von R. Tiedemann. Frankfurt/M. Suhrkamp.
  사회학 논문집 I

1980

- Kompositionen, Band I: Lieder für Singstimme und Klavier. Hrsg. von Heinz-Klaus Metzger und Rainer Riehn. München. Edition Text+Kritik.
  창작곡 제1권. 성악과 피아노를 위한 가곡
- Kompositionen, Band II: Kammermusik.Chöre, Orchestrales. Hrsg. von Heinz-Klaus Metzger und Rainer Riehn. München. Edition Text+Kritik.
  창작곡 제2권. 실내악곡, 합창곡, 오케스트라곡

1981

- Noten zur Literatur IV. Hrsg. von R. Tiedemann. Frankfurt/M. Suhrkamp.
  문학론 IV

테오도르 W. 아도르노

아도르노는 독일 프랑크푸르트Frankfurt am Main에서 1903년 태어났다. 부친은 포도주 도매업으로 크게 성공한 유대계 상인이었고, 모친은 이탈리아계 성악가였다. 고등학생 때 지그프리트 크라카우어Siegfried Kracauer를 만나 여러 해 동안 칸트의『순수이성비판』을 함께 읽었고, 또 한동안은 알반 베르크 Alban Berg에게서 작곡을 배우기 위해 오스트리아 빈Wien에 머물기도 했다. 프랑크푸르트 대학에서 1924년 철학박사학위를 그리고 1931년 교수자격 Habilitation을 취득하였지만 1933년 히틀러 집권으로 1934년 고향을 떠나야 했다. 영국에 몇 년 머물다가 1938년 미국으로 망명했다. 그리고 1949년 말 다시 고향으로 돌아온다. 그 사이 15년 동안 "왜 교양시민의 나라가 야만의 종주국이 되었는가"라는 물음을 붙들고 독일의 지적 전통과 '이론상의 전투'를 벌였다. 이 전투의 결과 도출된 아도르노 사상의 요체는 서구 계몽의 개인주의와 보편해방의 원리를 결합하는 데 있다. 그런데 이 근대성의 대가가 21세기에 들어와 더욱 주목을 받고 있다. 그가 파시즘을 연구하면서 문명화 과정의 근본문제를 천착하였기 때문이다. 그의 저술들은 관리된 사회 속에서 관리된 삶을 살아야 하는 현대인에게 문제의 근원을 들여다보게 함으로써 무엇보다 먼저 개인이 자기의식을 회복할 단초를 제공한다. 개인은 자아를 회복함과 더불어 사회적 해방의 필요성을 절감하고 전망모색에도 동참하게 될 것이다. 파시즘과 전쟁으로 피폐해진 고향 땅에 독일교양의 전통을 다시 일으켜 보편해방의 이념을 재소환하려 고군분투하는 과정에서 정작 연대해야 할 학생층과 견해차가 생겼다. 이념상의 자유로운 충돌이 현실적인 갈등으로 비화되는 사건들이 이어지던 중 심장병을 앓던 아도르노는 1969년 8월 2일 휴가차 방문했던 스위스 산중 마을 비스프Visp의 작은 병원에서 사망한다.

역자소개

이순예

미학자. 서울대학교와 독일 빌레펠트대학교에서 공부하고 독일 철학적 미학 발전과정을 연구한 논문으로 빌레펠트대학교 독문과에서 박사학위를 취득하였다(Ph.D). *Aporie des Schönen*(Aisthesis, 독일), 『예술, 서구를 만들다』(인물과사상), 『예술과 비판 근원의 빛』(한길사), 『아도르노』(한길사), 『민주사회로 가는 독일적 특수경로와 예술』(길), 『테오도르 아도르노, 계몽의 변증법』(커뮤니케이션북스) 등을 썼고, 『발터 벤야민』(인물과사상), 『아도르노-벤야민 편지』(길), 『판단력 비판 첫 번째 서문』(부북스) 등을 번역하였다. 현재 홍익대학교 독어독문학과 조교수로 있다. 칸트 판단력 비판과 아도르노 미학 그리고 독일문학 및 고전예술이 주요 연구 분야이다.

부정변증법 강의